侨易

叶 隽 主编

（第一辑）

社会科学文献出版社
SOCIAL SCIENCES ACADEMIC PRESS (CHINA)

学术主持

侨易观念工作坊

资本语境项目组

学术委员会名单

编辑组名单

主　　编：叶　隽（中国社会科学院外国文学研究所）
执行编辑：王　涛（中国社会科学院外国文学研究所）
英文编辑：乔修峰（中国社会科学院外国文学研究所）
特约编辑：刘　超（清华大学）
　　　　　汪　海（中国人民大学）

通讯编辑：
杨　梦（德国柏林自由大学）
王　雨（加拿大多伦多大学）
贺樊怡（Stéphanie Homola）（法兰西公学院）
邰立楷（Nic Testerman）（加州大学洛杉矶分校）

助理编辑：
董琳璐（中国社会科学院研究生院外文系）
韩雪原（北京师范大学教育历史与文化研究院）

发刊词

就文明发展史进程来看，从告别洪荒到人猿相揖别，人类从野蛮走向文明，其中最根本的力量乃是"知识"。按照培根的著名论断"知识就是力量"，或许过于强调了文化层面的因素，但不可否认的是，知识的形成和发展乃是人类文明发展史上的核心推动器；如果用一种更为宏阔的理念来看，则是"知识决定命运"。哲学启自西方，古希腊哲人的"学园理念"和"哲人王理想"，不但开启了西方文化的源泉，而且将哲学构筑成为一种典型的"西学范式"，虽然其间几经反复，诸如基督教西征而成为主导型宗教、希腊文化东传阿拉伯再以"东学西渐"的方式使得欧洲精英重拾"希腊原典"。这种复杂的知识交易过程，成为现代世界发展的根本推动力。

自大航海时代以来，探险开辟了新的地理世界图景，并强化了与资本相关联的部分，使得资本语境成为西方现代性的基本特征；尤其是现代大学和学术制度建立之后，知识日益向高端发展，成为象牙塔中的"孤独精英"，分科治学本乃不得已而为之的人为割裂，却日益成为一种普遍的"科学方式"。其逻各斯思维取径不但成就了引领全球的美国模式，而且也深刻地影响到东方世界。但这不能否认，西方文化的发展已经陷入某种不可知的困境中去。回顾16世纪大航海时代以来的历史，我们现在已经可以有足够的长时段距离和眼光来审视明辨之，人类社会的发展，必须引入别种思维特质来"敞开心智"。西学东渐虽不仅限于明清之际，甚至亦非局限于东亚，但五四以来则极为强势，这主要表现在中国知识精英的自觉接受，"全盘西化"固为一种极端，但基本潮流则是其承认自己的文化落后而追随"德先生"与"赛先生"。对于现代中国而言，最核心的问题有三，一是现代汉语建构的任务远未完成；二是中国道路的制度模式仍未完全定型；三是我们的知识创造仍主要处于西方模式的学术和科学话语乃至思维模式之中。西方现代性虽为主导，但一元孤立必然导致"学脉难通"；所以东方现代性方兴未艾，似为大势所趋。虽然在欧洲形成当中亚洲扮演了重要的影响角色，但如何在一种更为融通的维度中把握其变与常的相关性，以不变为变、变为不变，在易有三义的框架下则显得更为清晰。学者求知必以务本求真为天职，而修炼理论利器，扩展知识资源则是学术演进的不二法门。正如人是不断"自否定"的过程，事物也永远在"侨动"之中，万物更无法摆脱"易道"之理。侨易学将运动（时间中的位移）引发的现象（变易、互动、不变）作抽象归纳，自有其思维特点。侨易思维在资鉴西学资源的基础上进一步凸显中国本身的文化资源，指向对事物的本体性认知乃至更广阔的思维模式探寻。凸显变化与不变的二元维度，同时强调"二元三维"的基本思维模式，关注物质位移和精神质变之间的枢纽关系，彰显"道变"与"求和"的过程。

故此，本刊以"侨易"为名，主要是为了彰显一种思维特征，至于具体研究内容，则并无限制，如留学、传教、外交、交流、比较、接受等固然是最佳内容，其他如涉及跨文化（空间）、跨领域（类型）、跨代际（时间）等，也都可纳入视域。就本刊具体的关注范围来说，核心领域有三，一为知识形成的流转过程，是所谓"知识史"也；二为资本语境的客观现象，是所谓"资本论"也；三为伦理本身的规约维度，是所谓"伦理学"也。诚如蔡元培所言："修身书，示人以实行道德之规范者也。民族之道德，本于其特具之性质、固有之条教，而成为习惯。虽有时为新学殊俗所转移，而非得主持风化者之承认，或多数人之信用，则不能骤入于修身书中，此修身书之范围也。伦理学则不然，以研究学理为的。"这二者虽有差别，但伦理学的学理探索，指向的却正是为世俗社会立法的"伦理范式"。这在如今"礼乐崩坏"的现时代似乎犹有意义。而无论何种具体内容，其实都摆不脱基本的流转变易的整体框架，这正是侨易思维的特长所在，即既可以"观侨取象""察变寻异"的方法细究具体研究对象的前世今生；同时又努力把握背后的规律性特征，庶几努力攀升"见木见林"的境界。

宇宙四维，大道侨易。或言女娲补天，或曰盘古辟地，乃有古族之延绵不绝；或谓走出非洲，或称华夏西来，则见五洲之关联雀跃。事物之间的发展、变化、位移，乃构成人类文明的进程代谢。李石曾侨学之名立，或许正隐约呼应了易经肇创后的思维嬗变之默契。此亦《侨易》所以创生之因缘也，愿得一方园地，聚四海贤士，青梅樽酒，月旦英雄；孜孜虔虔，以求知焉，以向真理，庶几近道矣。

目 录

Contents

学术空间与知识史

资本、制度与文化

器物、意象与观念

理论与方法

书评互照

|Contents|

Academic Space and History of Knowledge

Capital, Institution and Culture

Utensils, Image and Idea

Theory and Method

Book Review

学术空间与知识史

近代"百科全书"译名的形成、变异与文化理解

邹振环 *

【摘要】西方的百科全书是以一家之言为中心、按词典的形式分条编写的辞书。这一阐发系统的知识成果的辞书,究竟是何时让中国人知晓的?"百科全书"这一译名是何时出现在汉文文献中,"百科全书"一词在不同的汉文文献中又是如何构成?至今仍然没有真正得以澄清。通过对 19 世纪至 20 世纪初——近代中日两国保留的汉文文献和相关辞书的寻觅,本文尝试从历史学的角度来探讨"百科全书"这一译名在近代东亚汉字文化圈的形成、变异及在近代知识与思想转变中的意义。

【关键词】百科全书 近代 文化理解

"百科全书"(Encyclopedia)的词源出于古希腊语 Enkuklios Paideia 的变化(普通教育),其词义的原意为"Enkuklios Paideia"。"Enkuklios"意谓"普通的"或"各方面"的两种解释,而"Paideia"其意有"教育"或"学识"的意思。Enkuklios 还包含有"循环的,周期性,平常的"的解释,与 Paideia 结合,构成了带有相同词义的希腊词 Enkuklopaedia,其含义有"普通教育",从字面上看即一个欲接受通才教育的人所应该学习的艺术和科学知识。新拉丁语词 Encyclopaedia,则带着"指导教育的普遍课程"之语意又进入英语,意谓"系统的知识,包容一切学术的内容",包含有"普通教育"和"全面教育"的意思。该词被选中作为一本覆盖各科知识的参考著作的书名最先记载于 1531 年,也有的论著指出:把"Encyclopedia"作为专门书名,首见于 1559 年瑞士巴塞尔出版的德国作家斯卡利希(Paul Scalich)的《百科全书:或神与世俗科学知识》,在英国首次

---

* 邹振环,复旦大学历史系教授。

这样的用法记载于 1644 年。①

自此到 18 世纪中叶，欧洲已出版有相当数量的形式各异的《百科全书》。18 世纪初开始了欧洲历史上的"百科全书"运动，1728 年英国人钱伯斯（E. Chammbers）主编的《百科全书：或关于各种艺术和科学的综合辞典》（*Cyclopedia or Universal Dictionary of Arts an Sciences*）出版，这是一部重视科技，注意介绍古今哲学体系的百科全书。此书在问世到 1744 年的 16 年间，已经再版了五次。其中以法国狄德罗（D. Diderot，1713－1784）为主编，达兰贝尔（R. Dalembert，1716－1783）为副主编的《百科全书》最负盛名。此书全名为《百科全书：或科学、艺术和工艺详解辞典》（*Encyclopedie，ou Dictionnaire raisonne des Sciences，des Areset，des Metiers*），全书多达 28 卷，第 1 卷出版于 1751 年，第 28 卷出版于 1772 年，其中正文 17 卷，图片 11 卷，精细插图有 3000 多幅。后来出版商又加上补编 5 卷，索引 2 卷，合成第一版共 35 卷本。它风靡欧洲，并在整个世界产生了巨大的影响，狄德罗等因此而被誉为"百科全书派"的代表。《大英百科全书》的编者加尔文（J. L. Garvin）在序言中盛赞狄德罗《百科全书》，认为是"充满生动的描写与时代的理论，是急进思想的兵工厂，真实知识的总仓库。"② 1768～1771 年英国斯梅利（W. Smellie，1740－1795）主编了《不列颠百科全书》（Encyclopedia Britannica），他们注意区别于狄德罗百科全书的大学科、大主题、大条目；强调实用性。第一版 3 卷，2689 页，有 160 幅图版，1769～1771 年出版。以后多次修订再版，保持了旺盛的生命力。③

百科全书是以一家之言为中心，按词典的形式分条编写，按秩序排列，以阐发系统的知识世界的成果，它展示了西方学术的立体思维和知识信息的系统思维。百科全书究竟是何时让东方人知晓的，"Encyclopedia"中译名是何时在汉字语系中出现，其演变的过程如何？至今莫衷一是，20 世纪 50 年代初，曾经在中国极力提倡"学典"运动的李石曾，称自己首译"Encyclopedia"为"百科类典"，"后中国因受《四库全书》命名的影

① 参见《辞海》，上海辞书出版社，1999，第 4751～4752 页。
② 李石曾：《世界学典书例答问》，《李石曾先生文集》，中国国民党中央党史委员会，1980，第 478 页。
③ 《中国大百科全书》（新闻出版卷），姜椿芳与金常政合写的"百科全书"条，中国大百科全书出版社，1990，第 8 页。

响改译为'百科全书'。"① 即使中国一些权威的辞书——包括《中国大百科全书》中的解说仍没有真正澄清这一问题。金常政称:"中文'百科全书'一词是 20 世纪初才出现的。"② 而姜椿芳和金常政合写的"百科全书"条又称:"'百科全书'这个名称在 20 世纪初才在中国出现,是由日文的'百科事典'和中国传统大型丛书的名称'全书'融合而成。"③ 语文学家倪海曙在《关于"百科全书"》一文中认为,1903 年范迪吉的《普通百科全书》是首次出现在汉语中的"百科全书"的译名。④

近年来,关于近代中国百科全书的研究渐渐成为海内外学界关注的热点问题,2007 年北京大学出版社推出了陈平原和捷克学者米列娜主编的《近代中国百科全书》一书,来自中德等学者就近代中国百科全书的知识系统和不同范本进行了有意义的讨论,但其中的八篇论文仍未专门讨论"百科全书"的汉译名问题。"百科全书"的汉译名究竟是如何形成的;"Encyclopedia"的汉译名在近代又有过哪些变化? 如果我们对"百科全书"的译词的认识不仅仅停留在语言层面,而将这一译词的形成,放到 19 世纪至 20 世纪初这样一个广阔的近代文化视野中进行考察的话,这一译词的产生,就具有了独特的历史学和文化史的价值。本文通过对 19 世纪至 20 世纪初——近代中日两国保留的汉文文献和相关辞书的寻觅,尝试从历史学的角度来探讨"百科全书"这一译名在近代东亚汉字文化圈中形成、变异以及在近代知识与思想转变中的意义。

一

三才图会、渊鉴类函、杂文书、三百六十衡皆通、铨衡一书、逐类旁通、广事汇记、智环总录、百智汇记、大福节用、图书集成——西洋传教士对类书概念的利用

最早将百科全书带到东方的是新教传教士,1823 年马六甲英华书院当

---

① 李石曾:《世界学典书例答问》,《李石曾先生文集》,中国国民党中央党史委员会,1980,第 476 页。
② 《中国大百科全书》(图书馆、情报学、档案学卷),金常政的"百科全书"条,中国大百科全书出版社,1993,第 6 页。
③ 《中国大百科全书》(新闻出版卷),姜椿芳与金常政合写的"百科全书"条,中国大百科全书出版社,1990,第 8 页。
④ 倪海曙:《倪海曙语文论集》,上海教育出版社,1991,第 428 页。

时已有 3380 册藏书，其中中文书籍 2850 册，余为外文书籍，包括英文、法文、拉丁文、希腊文、希伯来文及其他东方语文的书籍，如马来语、暹罗语、泰米尔语等，图书馆里收藏有一部《大英百科全书》。[1] 这可能是从西方带到东方的最早的几套百科全书之一。19 世纪初 Encyclopaedia、Encyclopedia 也是通过早期传教士所编的英汉辞书进入了汉字语系的，如马礼逊（Robert Morrison）《华英字典》将该词译为"三才图会""渊鉴类函"。[2] 1844 年澳门出版的卫三畏（L. Wells Williams）编纂的《华英韵府历阶》（*English and Chinese Vocabulary*），也将该词译为"三才图会""渊鉴类函"，表明了编者在这一译词上对马礼逊字典的完全认同。[3]《三才图会》106 卷，是明朝王圻纂集的，其子王思义又进行续集，黄晟重校，有明朝万历年间印本。其中分为天文、地理、人物、时令、宫室、器用、身体、衣服、人事、仪制、珍宝、文史、鸟兽、草木等，前有万历三十七年（1609）陈继儒、周孔教、顾秉谦序和王圻万历三十五年（1607）的引言。《渊鉴类函》450 卷，清朝张英等总裁，有清康熙四十九年（1710）内府刻本，该书因《唐类函》所录故实仅至唐初，于是取《太平御览》等 17 种类书进行补充，增其所无，详其所略，又进一步增补明朝嘉靖以前的材料，供当时人作文采摭辞藻、典故之用。这两部都是明清两代著名的类书，西方传教士初来中国，对中国的类书感到非常新奇，可能马上就与西方百科全书对应起来，这就是为什么西方人会把明初解缙等人编纂的《永乐大典》称为"世界最大的百科全书"，把康熙时代编成的著名的类书《古今图书集成》视为"康熙百科全书"的原因。马礼逊等这一译词翻译法首先是便于让使用这些华英字典的外国人了解中国的类书。当然，像马礼逊那样博学多才的学者，是不可能区分不了西方百科全书与中国类书两者内涵之差别的，正如当年利玛窦附会儒学与天主教一样把百科全书与中国类书相对应，是为了让能够使用这些字典的中国士大夫最快地接受和理解西方百科全书所采取的一种有意的误读。西洋传教士多少已经了解到中国士大夫中流行"西学源于中国说"，西方现有的一切，都可以找到中国

---

① To the public, *Concerning the Anglo – Chinese College*（Malacca：Mission Press，1823），p. 7；转引自刘绍麟《古树英华——英华书院校史》，英华书院校友会有限公司，2001，第 22～23 页。

② 马礼逊：《华英字典》（*A Dictionary of Chinese Language*，three parts），1822 年伦敦版，第 496 页。

③ 卫三畏（L. Wells Williams）：《华英韵府历阶》（*English and Chinese Vocabulary*），1844 年澳门版，第 84 页。

的源头，正是基于迎合中国士大夫这种"虚幻心理"，与同时代麦都思"和合"中西历史、慕维廉在编译《大英国志》时模仿中国纪传体一般，①马礼逊等用类书来附会 Encyclopedia 一词，其用意都在于要"井底之蛙"的中国人知道西方人也有如中国一般广博的知识和学问。

　　1831 年出版有活动于澳门的葡萄牙传教士江沙维（J. A. Goncalves）所编的拉丁语辞书《洋汉合字汇》，该书中将 Encyclopedia 译成"杂文书""三百六十衡皆通""铨衡一书""三才图会""渊鉴类函""逐类旁通"。②显示该书编者觉得西方百科全书还不完全等同于类书，但又似乎找不到更合适的译词。于是就将"杂文""品鉴衡量"意思的"铨衡"之类的译词都用上了。1847 年麦都思（W. H. Medhurst）《华英辞典》也稍有变化，译其为"广事汇记""三才图会"。③ 上述这些英汉辞书与马礼逊字典尽管略有差异，但基本上还是按类书的线索去附会百科全书的。众所周知，类书与百科全书是有明显区别的，类书是用文摘的形式汇集和保存历代专题知识，百科全书是以一家之言为中心，按词典的形式分条编写，以阐发系统的知识成果。这一点当年邝其照似乎已经注意到了，他在《华英字典》和《华英字典集成》两种词典中都放弃了"三才图会"这一译词，而选用麦都思采用的"广事汇记"一词来对应"Encyclopedia"。④ 19 世纪 60 年代，罗存德在翻译"Encyclopedia"一词，进行了比较有意义的思考，在罗存德（W. Lobscheid）编的《英华字典》（*English and Chinese Dictionary*）中，在保留"广事汇记""三才图会"译法的同时，首次译出"智环总录""百智汇记""大福节用"的新译名。　"Encyclopedist"则被译成"作智环者"。⑤　"智环""百智"都是原来汉字语系中所不曾出现过新词汇，显示了极大的独创性。该书后来在日本广为流行，日本所采用的"百学""百科"的翻译思路，很有可能是来自这个"系统"。

　　当时一些传教士已经开始将百科全书中的资料编译为中文文献，较早注意利用百科全书的有英国传教士慕维廉，他在编译同时代的英国历史与地理

　　① 邹振环：《麦都思及其早期中文史地著述》，《复旦学报》2003 年第 5 期。
　　② 江沙维（J. A. Goncalves）：《洋汉合字汇》（*Diccionario Portuguez - China*），1831 年澳门版，第 294 页。
　　③ 麦都思（W. H. Medhurst）：《华英辞典》（*English and Chinese Dictionary*），1847，第 496 页。
　　④ 参见内田庆市《近代东西言语文化接触研究》，关西大学出版部，2001，第 234 页。
　　⑤ 罗存德：《英华字典》，香港 Daily Press Office，1866 - 1869；参见罗存德《英华字典》，井上哲次郎订增，1883 年藤本氏藏版，第 451 页。

学家托玛斯·米尔纳的原著《英格兰史》（*History of England*）时，将这部按照时间顺序排列的王朝更迭史编译为七卷，卷一为开国纪原、英降罗马纪；卷二英萨索尼朝；卷三英诺曼朝；卷四北蓝大曰奈朝；卷五都铎尔朝；卷六斯丢亚尔的朝；卷七北仑瑞克朝。译本的第八卷是由职官、宗教和地理等八种"志略"组成，据慕维廉的英文序文，第八卷的资料是采自《钱伯斯英文版百科全书》（*Chamber's Information for the People*）等书的相关内容。①

二

从"志"到"大类编书"——早期百科全书的编译和流产的宏大计划

中国有着悠久编纂类书的传统，尽管清代蒋廷锡编的《古今图书集成》，曾被外国学者冠以"康熙百科全书"的美称，将"Encyclopedia"与"图书集成"相对应。② 但类书与百科全书原并不能完全等同的。百科全书究竟何时出现，在很长时期里，中国学者，包括百科全书的主编人都一直不清楚清末中国曾经有过百科全书的编译计划和译述活动。笔者在 1998 年曾就此问题进行过探索。③

第一次组织译出西方百科全书的是林则徐。1839 年 3 月～1840 年 10 月，林则徐到达广东出任钦差大臣和两广总督时曾组织译员翻译出 114000 多字的《四洲志》，有人认为依据的蓝本是英国慕瑞（Hugh Murray）的《世界地理百科全书》（*The Encyclopaedia of Geography*，今又多译为《世界地理大全》）1834 年初版本。《四洲志》仅为原著的十五分之一。④ 《四洲志》具体所据

---

① 邹振环：《〈大英国志〉与早期国人对英国历史的认识》，《复旦学报》2004 年第 1 期。

② 参阅《申报馆内通讯》1 卷 10 期，"申报掌故"；19 世纪 70 年代，西人非常重视该书，认为是一部获知中国知识的百科全书，英国人美查兄弟组织资本在上海设立了"图书集成印书局"，运用铅活字来翻印这部巨著，开印后在光绪十四年（1888）竣工，共印1500 部，称为"美查版"，"集成"自此流传甚广，"K'ang His Imperial Encyclopaedia"（康熙百科全书）的名称亦由此而来，1911 年伦敦英国博物院印行的英国汉学家翟理斯（L. Giles）的〈An Alphabetical Index to the Chinese Encyclopedias〉曾对该书编制索引。（参见徐载平《清末四十年申报史料》，新华出版社，1988，第 324～325 页；胡道静：《〈古今图书集成〉的情况、特点及其作用》，《图书馆季刊》1962 年第 1 号，第 31～37 页）可见翟理斯是将 Encyclopedia 与"图书集成"对应的。

③ 邹振环：《近代最早百科全书的编译与清末文献中的狄德罗》，《复旦学报》1998 年第 3 期。

④ 萧致治：《林则徐眼中的世界——以编译〈四洲志〉为中心》，《鸦片战争与近代中国》，湖北教育出版社，1999，第 254 页。

的版本，至今说法不一。但是，《四洲志》中两次提到美国在 1836 年扩大领土，多次提到 1835 年的贸易情况，显然不是 1834 年的初版。陈华认为《四洲志》绝大多数内容是依据原著的美国版摘译和据书中的地图加译的。美国版从 1837 年起连续出版多年，版本很多，林则徐编译可能依据的是 1837 年或 1838 年版。① 有学者认为《地理百科全书》的原本是林则徐通过在马礼逊学堂任教的美国公理会的传教士鲍留云（Rev. Samuel Rollins Brown，1810－1880?②）购入的，或说是塞缪尔·布朗的。《世界地理大全》原本 1834 年出版于伦敦，两册本，共计 1567 页；1838 年修订版，共计三册，第 1 册 597 页、第 2 册 592 页、第 3 册 624 页，全书合计 1813 页。③ 慕瑞的《世界地理百科全书》由鲍留云介绍给林则徐，一下子就被林则徐所看中并选摘译出，使《四洲志》成为近代中国最早以汉文编译的西方专题百科全书。近代国人初次选译西方文献，就注意到地理百科全书的重要性并予以介绍，可见林则徐在翻译"夷书"时所确定的选书起点就非同一般。可惜，林则徐限于当时的学术背景，很难确切了解西方百科全书与传统典制体史书的区别，因此，在编译《四洲志》时保留的叙述的核心仍是以中国为中心，从越南、暹罗等叙起，由东及西，述及欧洲和北美。同时，他据佛教典籍中将大地分为"四洲"的认识，而将《世界地理百科全书》命名为"四洲志"，将 Encyclopaedia 与传统"志"对应起来。可以说"志"是近代国人在汉文文献系统所表述的 Encyclopaedia 第一个汉译名。

继林则徐之后，汉文百科全书的宏大编译计划是在江南制造局翻译馆策划的，主要的策划人可能是英国传教士傅兰雅和中国学者徐寿。"Encyclopedia"在 19 世纪 60 年代的上海曾被徐寿及傅兰雅等译为"大类编书"，《大英百科全书》（*Encyclopedia Britannica*）最早的中译名可能就是"泰西

① 陈华：《有关〈四洲志〉的若干问题》，《暨南学报》1993 年第 3 期。

② Brown 中文文献中又译勃朗、布朗、蒲伦等，此采用道光二十七年（1847）《致富新书》中的译名。鲍留云夫妇相携于安政六年（1859）十一月从神乃川上陆进入日本，1862 年在横滨创办英学学塾教授英语，植村正久、本多庸一、押川方义、井深梶之助等日本基督教界的名流都曾受教于他，出其门下的还有都筑馨六、岛田三郎、白石直治、松平定教等。1867 年一度回国，1869 年出任新潟英学校的英文教师。一年后转入横滨修文馆任教，1879 年回国。（参见樱井役《日本英语教育史稿》，敞文馆昭和 11 年，即 1936 年版，第 66 页）；他曾著有英文著作：*Colloquial Japanese, or Conversational Sentences and Dialogues in English and Japanese*（1863）；*Prendergats'Mastery System adapted to the Study of Japanese or English*；参见竹村觉《日本英学发达史年表》，载《日本英学发达史》，研究社，1933，第 318、333 页。

③ 参见樽本照雄《汉译〈天方夜谭〉论集》，清末小说研究会，2006，第 248~250 页。

大类编书"。① 1867 年江苏著名的翻译家徐寿受曾国藩的委派，到上海江南制造局主持翻译活动，他在西方传教士的帮助下，了解到西方有一种具有容纳广泛科学知识的文化工具书，于是"寄信至英国购《泰西大类编书》，便于翻译者，又想书成后可在各省设院讲习，使人明此各书，必于国家大有裨益。"② 张静庐为《泰西大类编书》加了一个注，即《大英百科全书》。③ 但参与江南制造局翻译的外国传教士对是否选用《大英百科全书》意见不一，中国政府又急需翻译馆提供有关军事技术的"紧用之书"，于是编译"大类编书"的计划只能放弃。

"大类编书"与"智环总录""百智汇记"相比，显得非常不雅，而且明显在翻译上作了低调的处理。作为专门从事译书活动的江南制造局翻译馆，无疑不会没有上述马礼逊、麦都思、罗存德等编的英汉辞书，徐寿等不去附会传教士关于中国类书的类比可以理解，这正反映出他们对大英百科全书和类书之间的区别有着比马礼逊等更为清晰的认识和了解。但徐寿等为什么不愿意采用比"大类编书"更漂亮、更典雅的"智环总录"或"百智汇记"的译名呢？笔者认为，在中国传统学者的眼光里，泰西属于遥远的蛮夷，晚清以来的学者虽然已经渐渐认识到西方有远远高于中国的坚船利炮和声光化电，但即使一些直接接触西学的学者，也仍然有着很深的文化上的自尊自大，一般不认可西方有中国值得学习的文化和礼教，早期郭嵩焘、王韬都曾有类似的见解，并不愿意承认近代西方文化有整体上的优势。尽管江南制造局翻译馆的创办人徐寿等有着相当丰富的西学科技知识，但他们仍然无法接受西方有属于"百科"的宏大知识系统，因此他们能够分辨西方百科全书与中国类书之间的区别，但不愿用类似"智环""百智"这样的典雅的译词去描述西方的百科全书。在他们看来，西方在"智"的系统上，仍是无法与中国文化媲美的，更何况能够称作"百智"？因此能为徐寿等所采用的只是"大类编书"这样比较一般的译名。

我们可以看到，尽管《大英百科全书》没有系统编译，但中国读者自19 世纪 40 年代起，从魏源的《海国图志》中已经读到了"简明世界百科全书"《四洲志》的内容，从中简要地了解到了当时世界各国的历史、地

① "大英百科全书"译名，最早出现汉文语系中见之于 1898 年日本博文馆发兑《帝国百科全书》的广告。
② 傅兰雅：《江南制造总局翻译西书事略》，载《格致汇编》第 3 年第 5 卷，1880 年 6 月。
③ 张静庐辑注《中国近代出版史料初编》，群联出版社，1953，第 11 页。

理以及经济、政治、军事、贸易、物产、风俗等的情况介绍。《大英百科全书》中的一些长篇条目，也见之于江南制造局出版的一些译本。如傅兰雅与华蘅芳译出了《大英百科全书》第 8 版中英国数学家华里司（WM. Wallace）著的《代数术》和《微积溯源》两文，分别于 1873 年和 1874 年由江南制造局出版了单行本；德国金楷理和华蘅芳还合作译出了上述版本中的《测候丛谈》一文，于 1877 年出版单行本。① 1880 年华蘅芳还与傅兰雅合译了英国数学家伽罗威（T. Galloway）的《决疑数学》一文，该书是据 1853 年《大英百科全书》第 8 版中有关概率论的辞条译出的，也有认为参考了 1860 年刊载于《钱伯斯（Chambers）百科全书》中英国数学家安德森（R. E. Anderson）所撰的辞条。② 而这些 19 世纪 70 年代译出的条目，几乎全部都是自然科学理论方面的，换言之，江南制造局翻译馆对西学的总体认识是在科技的层面。只是到了 90 年代，才由傅兰雅与汪振声合作译出了《大英百科全书》第 9 版中罗伯村（Edmund Robrtson）的《公法总论》一文（约于 1894 年前出版了单行本）。可以认为，在 19 世纪 40 ~ 70 年代，中国知识分子对西方文化的整体理解的误差，投射到了"百科全书"的"志"和"大类编书"等译词上。

三

厚生新编、百学连环、百科全书、节用集、学术字林、学术类典、百科字类、百科字汇、泰西政事类典、日本社会事汇、技艺百科、日用百科、百科辞林、百科事汇、百科宝典——日本学者的译解

中文"百科全书"的译名是一个日语外来词。文化八年（1811）日本学者，幕府在天文学者高桥景保的建议下，在江户设立洋书翻译局，聘用兰学家大槻玄泽（1757 ~ 1827）等译出日用百科全书荷译本，该书原书为法人诺埃尔·肖梅尔所著，原书名为"Huischoudelijk woordenboek, door

---

① 贝内特（A. A. Bennett）：《傅兰雅译著考略》（*John Fryer: The Introduction of Western Science and Technology into Nineteenth - Century China*），哈佛大学东亚研究中心，1967 年英文版，第 84、100、105 页。

② 王渝生：《华蘅芳》，载杜石然主编《中国古代科学家传记》（下），科学出版社，1993，第 1248 页。

M. Noel Chomel, Tweede druk gebeel verbetert en meer als belste verme erdert door J. A. de Chalmot. Te Leiden bei Joh. Le Mair, en Leewarden 1786"，也有认为原书是 1709 年出版，荷译本 1810 年输入日本。日译本当时定名为《厚生新编》，这可能是"百科全书"在东方最早的翻译活动，也是出现在汉字系统中的第一个译名，可惜稿本完成于 1839 年，而到 1937 年才由贞松馆长校订正式刊行的。① 日本在历史上是一个文化输入国，具有学习和模仿其他文化的悠久传统。在大化革新时，日本曾经从中国大量输入文字、制度、宗教和礼仪等。明治维新后日本把吸收新思想的目光聚焦于西方，向居于优势地位的欧美学习，并很快从器物的层次跃进到制度层面的模仿，并从思想价值层面对西方文化加以吸收。于是当西方百科全书在日本出现后，日本学者没有把它们去和中国的类书相附会，他们最早开始寻找最合适的崭新的术语，以准确地表达这一新事物。

最早对"百科"一词翻译作出贡献的是日本学者西周（1829～1898），1870 年他在一次育英社的"特别讲谈"中，将"Encyclopedia"译成"百学连环"。他的讲义就叫"百学连环讲义"，后由塾生据其草稿整理，编入《西周全集》第一卷。② "百学"一词可能是受中国宋代左圭辑丛书"百川学海"和明代王文禄所辑丛书"百陵学山"的启发，显然也有来自西方学者罗存德"百智""智环"的影响。可以说"百学""百科"是中西交互碰撞的产物。③

---

① 福镰达夫：《明治初期百科全书的研究》，株式会社风间书房，1968，第 19 页；弥吉光长：《弥吉光长著作集》，第二卷"图书馆史·读书史"，东京日外株式会社，1981，第 319～320 页；吴廷璆主编《日本史》，南开大学出版社，1994，第 296、312 页。

② "百学连环"分总论（学术技艺、学术的方略、新致知学、真理）；第一编普通学（Common Science），分历史、地理、文章学、数学等；第二编殊别学（Particular Science），分心理上学、物理上学；前者大致是关于宗教、哲学、法律、经济、伦理等；后者大致是关于天文、物理、化学、地质、矿物、动植物学等内容。参见杉村武《近代日本大出版事业史》，东京株式会社ニスーハ社，1967，第 290～298 页。

③ 本文初稿曾提交日本关西大学主办的"汉字文化圈近代于研究会"第 4 届讨论会，在 2004 年 3 月 13 日的大会讨论中，沈国威先生提出，近代日本翻译百科全书可选择的译词来源于"智环启蒙"和"百科全书"两个系统，为什么后来日本流行用"百科"而不是"智环"来翻译"Encyclopedia"呢？我认为也许正是《智环启蒙》各中课本在日本大量翻译和训点，广泛流行（参见沈国威、内田庆市《近代启蒙的足迹——东西文化交流与语言接触：〈智环启蒙塾课初步〉的研究》，关西大学出版部，2002），以至于影响太大，为了避免与"智环"所代表的这类综合性西学教科书相混淆，西周和箕作麟祥们才放弃了"智环"这个典雅的译词而创造了"百学"和"百科"的译名。

差不多与西周翻译"百学连环"同时，第一部日译本的《百科全书》由日本文部省编译局长箕作麟祥负责，组织学者 55 人，翻译英国占弗儿兄弟（William Chambers，1800－1883；Robert Chambers，1802－1871）编著的 *Information for the People* 第四版。这套文部省版百科全书的若干分册陆续出版在 1873～1880 年。据称到 1884 年，该书已再版了 46 次。① 这可能是在汉字语系中最早出现的"百科全书"的译名。明治八年（1875）大阪师范学校翻刻了日本著名学者箕作麟祥译出的《百科全书教导说》上下篇，该书是箕作麟祥据该《百科全书》中的"儿童教育说"译出的。② 文部省版《百科全书》在学界获得好评，同时也允许民间出版。明治十六年（1883）十月丸善商社有文部省版《百科全书》的再印本，明治十六年十二月（1884 年 1 月）该书又有有邻堂翻刻本。日本著名的思想家中村正直在丸善社版的《百科全书》前有一篇序言，很能代表当时日本学界对于西方百科全书的总体认识："此编英国学士产伯尔氏之撰，凡九十篇。自天文、地理、博物、教育、政治、法律、经济，以至农商、工作、艺术、游戏诸科，凡天地间不可不知之事，细大不遗，本末皆备，学者苟有待于此，于所谓格物致知、修身齐家，治国平天下工夫，有思过半所知，则人之思想，其必发达而不衰减也。世之学术，其必上进而不下退也。何以明之，既就百科全书之屡经改订可以证焉。据原序曰：此书自始印四十年于今，而板五改，其间学术之变进，人智之开达，实为迅速。故今所印，比诸初板全然不同者多矣。中村子曰：呜呼！欧米之多仪文明富强，其在于此欤。盖由思想之变新而致学术之变新，由学术之变新而致邦国之景象，亦由以变新。蒙昧者，浸假而文明矣；贫弱者，浸假而富强矣，成迹彰彰可得而征已。如我邦维新之事，亦人心变新之结果也。思想既已变新，则学术不得不变新，亦其势也。是以人心喜新事，竞新功，或沉酣西籍，或翘企新译。今此书世人多需用者，而书铺得以供给焉。谓文明富强之兆在此，岂夸言乎哉。抑此书博综百科之窍要，洵为人智之宝库，专门世业之士得之，则彼此有所触发，而可免面墙之叹；各般人民得之，则可以广智识，明物理，而各效其用。然则此书之行其于翼赞世运之开进，岂曰小补

① 杉村武：《近代日本大出版事业史》，东京株式会社ニスーハ社，1967，第 141 页；钟少华：《人类知识的新工具——中日近代百科全书研究》，北京图书馆出版社，1996，第 19、122～123 页。
② 箕作麟祥翻译《百科全书教导说》，大阪师范学校，1875。

之哉。"① 他把欧洲学术的发展和人类知识的迅速进步，与百科全书的不断修改和刊行联系在一起。他认为学术的变新反映在百科全书的刊行上，并将之称为"文明富强"的征兆，精英阶层通过其可以互相切磋探讨，普通百姓获得百科全书则可以广知识和明物理。

同一时期日本一些和译英文辞典中也出现了一些译名，如 1886 年攻玉社出版的斋藤恒太郎纂述《和译英文熟语丛》（*English – Japanese Dictionary of Words & Phrases*）译为"三才图会""大福节用"，② 显然，该书没有创造新词；但明治十七年（1884）小栗栖香平校订、傍木哲二郎纂译的《明治新撰和译英辞林》（*An English and Japanese Dictionary*）将"Encyclopedia"译为"节用集""学术字林"；将"Encyclopaedist"译成"学术字林编辑者"；这一译法为 1886 年丸善商社出版的棚桥一郎译《英和双解字典》（*English & Japanese Dictionary of English Language*）沿用。③ 1887 年大仓书店出版的岛田丰纂译《（附音插图）和译英字汇》则译为"学术类典""百科字类""三才图会"。④ 1888 年东京三省堂出版的棚桥一郎等共译的《和译字典》（*Webster's Unabridged Dictionary of the English Language*）完全沿袭棚桥一郎《英和双解字典》的译法："节用集""学术字林""百科全书"；"Encyclopedist"被译成"学术字林编辑者"。⑤ 1889 年东京六合馆出版有尺振八译的《明治英和字典》（*An English and Japanese Dictionary*）则沿用了以往的"智环总录""学术类典"的译词，但将"Encyclopedist"译成"学术类典编辑者"。⑥ 也许正是循着"类典"这一译法，1886 年日本植田荣所译 John Swinton 的《须因顿氏万国史》将法国狄德罗的《百科全书》译为《佛国类典》。⑦ 1886～1887 年松岛刚译述的维廉·斯因顿著的《万国史要》下卷述及了达朗贝尔（Dalambert）1717～1783，及其"百科字汇"。⑧

---

① 转引自福镰达夫《明治初期百科全书的研究》，株式会社风间书房，1968，第 73～74 页。
② 斋藤恒太郎纂述《和译英文熟语丛》，攻玉社，1886，第 192 页。
③ 小栗栖香平校订、傍木哲二郎纂译《明治新撰和译英辞林》，明治十七年（1884），第 266 页；棚桥一郎译《英和双解字典》，丸善商社，1886，第 243 页。
④ 岛田丰纂译《（附音插图）和译英字汇》，大仓书店，1887，第 266 页。
⑤ 棚桥一郎等共译《和译字典》，东京三省堂，1888，第 281 页。
⑥ 尺振八译《明治英和字典》，东京六合馆，1889，第 354 页。
⑦ 须因顿（John Swinton）：《须因顿氏万国史》，植田荣译，岩本米太郎，1886，第 661 页。
⑧ 维廉·斯因顿、松岛刚译述《万国史要》下卷，岛连太郎，1888，重版本，第 737 页。

19 世纪末 20 世纪初，尽管日本还出现过不少不同的译名，如经济杂志社 1882～1884 年出版有田口卯吉据 Henry G. Born；Political Cyclopaedia 翻译的《泰西政事类典》、1888～1896 年又刊行有田口氏主译的《日本社会事汇》。① 显然田口氏有向"百科"译名挑战的勇气，但"百科"一词的翻译在日本基本定局，如 1889 年的《实地应用技艺百科》和《使用教育新撰百科全书》；1891 年有沢田诚武编的《国民之宝（日用百科）》；1895～1900 年的《日用百科全书》；1898 年的《通俗百科全书》；1907 年的《家庭百科全书》。② 1898～1909 年博文馆推出的《帝国百科全书》一百种，该书发兑广告中称赞该书如同《大英百科全书》一般，将世界"万种事物"网罗殆尽。③ 1900 年有大町桂月的《新体作文百科辞林》、1902 年有渡边太郎编《农业百科》、1903 年田中芳四郎编《日本百科全书》、1906～1913 年的《大日本百科辞书》、1906 年富山房编刊的《日本家庭百科事汇》、1906 年小林鹰里编的《日用百科宝典》、1910 年尚文堂编刊的《国民百科全书》等。④ 这些译名都反映出日本学者对西方"百科"知识系统的理解，即承认这是一种具有近代知识系统的"学术"专门之学，有着丰富的"百科"知识内涵，具有经世致用的"厚生""日用""节用"的意义。特别是文部省的介入，使箕作麟祥"百科全书"这一原属于个人化的译词，在明治时代很快进入到制度化的层面，这也是日本"百科全书"这一译名能从一开始就居于学术优势地位的部分原因。但一个译词能否具有广泛的社会影响力，在很大程度上并不完全是制度推行和运作的结果，译词的合理性还是学者的首选原则。"百科全书"这个词确实比较精确地对应了"Encyclopedia"，能够显现出西学的总体特征。否则我们就很难解释后来日本与中国都仍有很多不同的译法，而且"百科全书"这一译词还遭到诸如像严复这样著名翻译家的反对，但"百科"这一译名在清末中国社会还是广泛流行，最终还是在汉字语系的文献中占有完全的优势。

---

① 杉村武：《近代日本大出版事业史》，东京株式会社ニスーハ社，1967，第 233～234 页；弥吉光长：《弥吉光长著作集》，第二卷"图书馆史·读书史"，东京日外株式会社，1981，第 328～329 页。
② 杉村武：《近代日本大出版事业史》，东京株式会社ニスーハ社，1967，第 300 页。
③ 日本东京博文馆发兑《帝国百科全书》广告，附载《帝国百科全书·日本文明史》一百编，东京博文馆，1903。
④ 钟少华：《人类知识的新工具——中日近代百科全书研究》，北京图书馆出版社，1996，第 126～127 页。

四

名物书、格致汇编、博物志、普通百科全书、小百科、百科书——中国对西译与日译的再选择

甲午战后，梁启超第一个提出了百科全书的新译名，1896 年 8 月 ~ 1896 年 12 月，他在《时务报》上连载了《变法通议》，其中有一篇题为《论幼学》（收录《饮冰室文集·丁酉集》），他认为西方启蒙读物中有一种叫"名物书"："名物书。西人有书一种，此土译者，命之为'字典'。其最备者，至数十巨册，以二十六字母编次，古今万国名物皆具焉。故既通文法者，据此编以读一切书，罔有窒矣。中土历古未有是书。"① 显然，这里的"名物书"是西方蒙学百科全书的另一种译名。同时，中国文化人也密切注意日本翻译出版界的动向，日本学者借助汇聚各种知识的"百科全书"的编纂，对日本民族进行系统西学启蒙的活动也受到了中国学者的注意。1897 年，康有为发表的《日本书目志》，在生理、理学、宗教、图史、政治、法律、农业、工业、商业、教育、文字语言、美术等门类中，列出了日本文部省藏版的《百科全书》80 多种单行本的篇目。② 1902 年由袁清舫、晏海澜编纂的《西学三通》的"西史通志"的"图籍志"中，也著录了 28 种日本文部省出版的"百科全书"的书名。③

这一时期"百科全书"的译名似乎没有在中国学者中普遍流行，西方传教士和中国学者合译的书仍然在采用其他的译法，如 1901 年上海广学会出版有英国唐兰孟编辑、英国李提摩太鉴定、吴江任廷旭翻译的《广学类编》，其中卷一"史事类"的"泰西历代名人传·性理道德诸名家"中提到："提特洛德生于一千七百十三年，卒于七百八十四年。为'格致汇编'馆之大主笔。俄后加他邻在位时，从充管理书楼之大臣。"④ 1905 年法人

---

① 吴松等点校《饮冰室文集点校》，第一集，云南教育出版社，2001，第 54 页。
② 姜义华编校《康有为全集》，第三集，上海古籍出版社，1992。
③ 袁清舫、晏海澜编纂《西学三通·西史通志·图籍》，上海萃新书馆，光绪二十八年（1902）。
④ 唐兰孟编辑、李提摩太鉴定、任廷旭译《广学类编》，卷一，上海广学会，1901，校刊本。

Le P. C. Petillon，S. J. 所编的《法华字汇》（上海土话本，法文书名：*Dictionnaire Francais – Chinois，Dialectede Chang – hai*）①，该书以字母顺序排列，每页分三栏：法文、上海土话、汉语翻译，其中 Encyclopedie 被译为"博物志"，这里的"格致汇编""博物志"，显然就是"百科全书"的另一种译法。

尽管如此，但与"百科全书"的译法相比较，上述译名都远不如"百科全书"译名的影响大，特别是在留日学生中这一译名广泛流行。1903 年 1 月 8 日，留日的马君武发表了《唯物论二巨子（底得娄、拉梅特里）之学说》一文，指出："百科全书者，法语称之曰 Encyclopedie，英语曰 Encyclopedia。编纂此书之学者，莫不主张无神论，底得娄 Diderot 与亚龙卑尔 Alembert 实当编纂《百科全书》中哲学一门之任。……《百科全书》亦绝大一纪念碑也。盖是书为一时有名之伟著，法国莫不知之，人民多读而受其思想之范铸者。因是知国家、真法律之性情及道德上之自由，信公理而不信真神也。造始也简，将必也巨，区区一书之效力，遂至是哉。"②

由于"百科全书"译名在中日文化界具有巨大号召力，1898 年起日本博文馆将大量教科书按类编辑，形成大型的丛书，也以"帝国百科全书"为名号，其实是由"文科书类""理科书类""工科书类""政治书类""经济书类""法律书类""农学书类""林学书类""工业丛书""商业丛书""医学新书""警察监狱丛书"等多种教科书所构成。江苏昭文（今常熟）的留日学生范迪吉（字枕石）主持的《普通百科全书》共计 100 种，1903 年由会文学社出版。全书的原本分别是据日本富山房出版的初级读物和部分中学教科书，其中绝大部分也是据东京博文馆的 1898 年开始出版、1903 年出齐的百种《帝国百科全书》，按政治、法律、哲学、历史、地理、数学、理学、工学、农学、经济学、山林学、教育学等分类，以三个系列由浅入深地编排。每本书独立成篇，各自为目。1903 年在为该书所写的《新译日本普通百科全书叙》中，汤寿潜指出："日本之重科学也，有《日用百科》、有《通俗百科》、有《小百科》，亦浸浸与欧美并隆矣！"郑绍谦在为该书所写的序中称："夫百科

---

① Le P. C. Petillon S. J. 《法华字汇》（上海土话），上海徐家汇天主堂，1905，第 222 页。
② 载《大陆》1903 年第 2 期，原无署名，马君武在《社会主义与进化论比较》一文中称此文系其所作，参载莫世祥编《马君武集》，华中师范大学出版社，1991，第 81 页。

书，东邦巨籍也，亚欧菁英于斯荟萃。今发见于中国，则东西文明之程度，虽未足以其蕴，固已有学皆臻，无科不备，可以研精，可以互证，响学之士，始无遗憾矣。"①

大量"百科"用语的使用，可见"百科"这个译词，不仅仅受到日本学人的认同，也深受 20 世纪初中国人的欢迎，它揭示了西方文化的总体性的特点，不仅是"用"，也是"体"。可以说，不仅西方百科全书成为中国学者汲取新知识的丰富的宝库，② "百科"也成为晚清中国人寻求"西学"总体知识系统的一个思想主题。19 世纪末 20 世纪初的中国人，不仅仅从日本引进了一个新词，事实上也是仿效东邻引进了一个全面寻求近代西方新知识系统的思想主题。

五

婴塞觉罗辟的亚、智环、学郛、学典、百科类典、英文百科类典、提氏类典、图书类编、百科汇书——中国学者的再创造

尽管 20 世纪初，来自日本的"百科全书"这一译名已被留学日本的学生普遍接受，但还是与一些中国学者不满足于经过日本的咀嚼再放入中国人口中的接受方式，于是还有学者提出要重新思考这一译词，并继续创造一些不同的新译法。

1907 年前后，英国书商通过中国一些书店推销《大英百科全书》，如 1908 年王云五就在商务印书馆的西书部购得一部《大英百科全书》，共 35 巨册。③ 1907 年 6 月《寰球中国学生报》第五、六期合刊本上刊出董寿慈的《拟译英文百科全书引言》，同期刊出的还有严复《英文百科全书评论》。可能为了配合英文版《大英百科全书》的销售宣传，商务印书馆推出了《大英百科全书评论》一书，收录《申报》1907 年刊出的关于大英百科全书的评论、商务印书馆《英华大辞典》的主编颜惠庆和严复关于

---

① 参见范迪吉等编译《编译普通百科全书》序，会文学社，1903。
② 20 世纪初有不少西学图书是据西洋百科全书编译而成的，如 1909 年黄枝欣所译《尼泊尔志》，"自英文《百科全书》译出"，参见劳祖德整理《郑孝胥日记》第三册，中华书局，1993，第 1175 页。
③ 王云五：《岫庐八十自述》，台湾商务印书馆，1967，第 42 页。

《大英百科全书》的评论。《申报》上的评论文章坚持认为"百科全书"是可以与"图书集成"对应的:"英籍中之有'百科全书',犹中籍之有'图书集成'也。所以称为'百科'者,其目则分历史、文学、医学、卫生、哲理、心理、理财、政治、制造、工商学、宗教神学,及律例、人类、博言、地理、风俗、迷信、美术、传记、音乐、戏曲各门。其著者,皆欧美知名专门士。其字数则都四千万言,其项目则二万六千种。"而颜惠庆则认为"百科全书"与中国类书有相同点,也有不同点,两者还是有着根本性的区别:"用集政界学界军界农工商界,暨乎实业美术图画歌舞,与凡游戏运动,一切科学之大成。俾从事于诸学者,知所率由,得所归宿。盖书为西国所仅见,尤为中国所罕闻,而实不可少焉者也。……方今中国自知贫弱,改官制、废科举,立学堂、实行新政,以期训政于富强,亦既率循泰西科学矣。……安见往日之退化,不将于此成为进化也哉。况中国地大物博,灵秀所钟。既得导师,造就所士。以科学为贤才根柢,以贤才为国家命脉。天荒既破,景远聿新,又何患富强隆盛,不英国若也。则夫是书即作中国进化券观亦可也。……百科全书深造诸科学之堂奥,而显有门径之可寻。故英首辅之言,谓求学者苟置是书,可减省无穷之劳悴,盖用少许精神,即能获多许粹美;而诸名流强思力索以得之者,亦可遽窥其隐赜。……是书与中国类书,类而不类,不类而类。不类者此为有用,彼为无用;类者同资参考也。"①

严复是一个非常不喜欢采用日本译名的翻译家,如不用"论理学",而使用传统的"名学";不用"经济学"而用"计学";不用"社会学"而用"群学"。但他也难以抗拒排山倒海般日本新词的冲击,特别是"百科全书"确实译得很好。但他还是不甘心完全就范,他曾反复强调"科学名词,含义不容两歧,更不容矛盾",因为在他看来,"科学入手,第一层功夫便是正名。凡此等处,皆当谨别牢记,方有进境可图,并非烦赘。所恨中国文字,经词章家遣用败坏,多含混闪烁之词,此乃学问发达之大阻力。"② 因此,1907 年严复在题为《书〈百科全书〉》一文中认为要对"百科全书"的译名重新加以斟酌:"百科全书者,西文曰'婴塞觉罗辟的亚',正译曰'智环',或曰'学郛'。盖以一部之书,举古今宇内,

---

① 转引自钟少华《人类知识的新工具——中日近代百科全书研究》,北京图书馆出版社,1996,第 22 页。

② 严复:《政治讲义》,载王栻主编《严复集》,第五册,中华书局,1986,第 1290、1247 页。

凡人伦思想之所及，为学术，为技能，为天官，为地志，为各国诸种有传之人，为宗教鬼神可通之理，下至草木、禽兽、药物、玩好，皆备于此书焉，元元本本，殚见洽闻，录而著之，以供检考。泱漭浩瀚，靡所不赅，唐乎多（上面一个大字）乎，真人慧之渊海，而物理之圜枢哉！尝谓方治化之进也，民有余于衣食，则思想问学之事兴焉。”严复一口气说了一个音译名，两个意译名。而且他对狄德罗的百科全书予以极高的评价：“于时法国笃生两贤：月狄图鲁，曰达林白。本英国哲家法兰硕培根之指，号召同志，闳规大起，议造此书，用分功之术。其著论也，人贡其所知，而两贤司其编辑。……而智环一书，实群言之林府。于是政教笃旧之家，心骇神愕，出死力以与是书抵距。盖其书越二十年而始成，编辑之人，屡及于难。迨书成，而大陆革命之期亦至，其学术左右世运之功，有如此哉！是故言智环者，必以此书称首。”他还专门论及英国“泰晤士百科全书”，认为泰晤士报馆所编百科全书“学者家置一编备考览，则不出户可以周知天下。上自国家政法病农之大，下至一名一物有器饰之微，皆可开卷了然，究终本始。”最后他感叹道：“惜乎，吾国《图书集成》徒为充栋之书，而不足媲其利用也。”① 但严复作为一个翻译家，他还是遵循了约定俗成的译名原则，他最终还是用了“百科全书”这一译名。

这一时期创造新译名的还有来自法国和英国的翻译系统。1906 年李石曾与吴稚晖、张静江等一起在巴黎创办了世界社，开始编译百科全书的工作。1908 年他们在巴黎达卢街 75 号世界社出版的中文画报《世界》第二期增刊《近代世界六十名人》一书，并计划推出一种“学典”（Encyclopedia）式的期刊。该书对学典派的代表人物狄德罗有如下介绍：“狄岱麓，法国哲学家及著作家也。生于七百十三年，卒千七百八十四年。狄氏与孟德斯鸠、服尔德、卢骚齐名，为当时四名家。……狄氏少学于教会小学，后入中学，精数学及外语，译‘英文百科类典’，即本之起草，为本国类典，有名当时。”1908 年杨家骆的父亲杨紫极读了该书中有关狄德罗的事迹，非常钦佩，便着手计划将狄德罗百科全书译成中文，从 1908 年至

① 以上三文见载于《大英百科全书评论》，该书无出版项，钟少华估计为商务印书馆出版（钟少华：《人类知识的新工具——中日近代百科全书研究》，北京图书馆出版社，1996，第 46 页）；参见王栻主编《严复集》，第二册，诗文（下），中华书局，1986，第 251 ~ 252 页。

1922 年共翻译了 200 多万字的《提氏类典》。① 李石曾后来在民国时期大力推出他的学典计划，并创办“世界学典社”，还编纂过《世界学典·朝鲜学典》。② 1908 年在英国窦乐安与中国学者黄鼎、张在新等人合作译出的《世界名人传略》中有“提多罗传”，其中提到“某书贾欲印行英人张伯尔（Chamders）的《图书类编》译本，延氏为总校”。③ 同年商务印书馆推出了颜惠庆主编的《英华大辞典》，这部吸收了当时英美诸多大辞典优点的英华大辞书将 Encyclopedia 分成两解，首先是译成“百科全书”，其次也译成“类书”“丛书”“百科汇书”“图书集成”，④ 而其中“百科汇书”似乎是该辞典的一个独创。

20 世纪初中国学者在“百科全书”译名上再创造的努力，显示出中国学者试图立足于自身的经典传统，设计自己的现代术语，而不仅仅是频繁地从日本借用概念。

六

系统性、结构性认识西学的思想资源与概念工具——结语

综上所述，我们似乎可以理解英国文化史家彼德·伯克所指所过的一句话：“所有的概念都不是中性的‘工具’。”⑤ 名词、概念都有着鲜明的

---

① 杨家骆：《狄岱麓与李石曾》，世界书局，1946，第 16、23 页；杨恺龄：《民国李石曾先生煜瀛年谱》，台湾商务印书馆，1980，第 17 ~ 20 页。李石曾后来曾经解释他为什么要使用“百科类典”和创造“学典“的译名，是因为“文学本百科中之一科，固然其中亦可析为多科，于一科之下，复系以‘百科’二字，终觉不甚妥当。且‘全书’二字，在中文易与《四库全书》之丛书式的全书相混，不足表示其为另一书体，故煜又改译为‘学典’。‘学’以知识全体为对象，‘字’、‘辞’仅指语言符号而言。‘字典’、‘辞典’之任务，在解释语言符号之形、声、义、用；‘学典’虽不能离语言符号以为书，然除可赅字典、辞典之解释外，而尤应推广于知识本身之详尽的论述，故字典、辞典之条目，仅由字与辞组成；而学典之条目，除字与辞外，尚有复合多数字与辞而成之论文名称式的各种专题。”李石曾：《世界学典书例答问》，《李石曾先生文集》，中国国民党中央党史委员会，1980，第 476 页。
② 邹振环：《李石曾与〈朝鲜学典〉的编纂》，载石源华主编《二十七年血与火的战斗》，人民教育出版社，1999。
③ 张伯尔：《世界名人传略》，[英] 窦乐安、黄鼎、张在新等人译述，上海山西大学堂译书院，光绪三十四年（1908）十月版，D 册，第 24 页。
④ 颜惠庆主编《英华大辞典》，商务印书馆，1908。
⑤ 伯克：《历史与社会理论》，姚鹏等译，上海人民出版社，2001，第 56 页。

价值倾向性。上述近 40 个关于"百科全书"的不同译名，都不同程度地携带着翻译者的某种重要的文化蕴含和知识信息。黄兴涛指出，近代中国出现的新名词实际上由三个层面的内涵构成：一是语言学意义上的词汇本身；二是它们所各自表示的特定概念和直接凝聚、传达的有关知识、观念、思想和信仰；三是由它们彼此之间所直接形成或引发的特定"话语"。他认为"从某种程度上说，一部具有近代意义的中国思想史，就是一张由各种新名词为网结编织起来的立体多维的观念之网。因此，要认知各种近代新思想和新思潮，测量其社会化程度，就不能不从总体上考虑这些新思想所包含的各种重要的新词汇、新概念的形成、传播和社会认同问题。"① 近代"百科全书"的译词虽然没有构成如其所说的第三个层面的"话语"，可能也没有他所描述的在理解中国近代思想史上有如此重要的作用。但通过笔者以上揭示的"百科全书"译词的形成和变化过程，不难看出"Encyclopedia"中文译词的形成和变异史，其实也是一部近代中日两国学人如何认识西学的知识、观念和思想的演变史。

已有译名研究者指出：近代中国外来的新名词与其母语中的原形词之间的对等关系的建立本身并非天然存在，而是两种或多种文明间思想观念互动的"实践"产物。外来新名词的思想史的意义，不仅表现在其形成之后，而且表现在其产生之时，即开始于两种或多种语言词汇"互译"的过程之中。② 我们从上述这些译名创造者的所创造的各种译词中可见，"百科全书"词汇形成和变异过程中，的确有许多值得中国近代思想史学者研究探讨之处。近代中日两国的发展历程都见证了这样一种事实，即汉字圈内使用的不少重要的术语，不管是经济的，还是政治的；是法律的，还是文化的，在稳定的译名出现之前，都曾有过不同的译名。"百科全书"的译名从最初在汉字文化圈的登陆到最后形成稳定的译名，其间同样出现过一段不平凡的翻译争议。最初西洋传教士有附会中国类书的译法，其中包含了文化接触初期的援引输入地名词的翻译和为了输入西学而故意进行的创造性文化误读。有着丰富西学知识的徐寿等，他们仍然无法接受西方有属于"百科"的宏大知识系统，因此他们创造了区别于中国类书的译名，但

---

① 黄兴涛：《近代中国新名词的思想史意义发微——兼谈对于"一般思想史"之认识》，杨念群等主编《新史学》，中国人民大学出版社，2003，第 324、336 页。
② 刘禾：《跨语际实践——文学、民族文化与被译介的现代性》，宋伟杰译，三联书店，2002。

极力想在译名的过程中保持中国文化的自尊。当 Encyclopedia 进入日本汉字文化圈时，同样展开了不同的翻译论争，"百科"首先出现在日语的汉字系统中，正好显示了日本学人在接受西学的初期对西方知识文化有着与中国学人的不同理解和解释。总体而言，除了少量译词，如"节用""杂文""铨衡""字林""名物"等来自中国传统词语外，绝大多数的译词，如"智环""百学""大类编书""学典""学术类典""百科字林""学郛"等都是传统汉字语系中所没有的，分明显示出这些译语的中外创造者在对西学本土化的不同取向中，还是非常强调译词翻译的独创性。特别是日本学者所创造的"百科"和"百科全书"的译词，显示了日本学者不仅注意吸收中国传统的词汇，而且在这基础上独立化解，推出这一富有独创性的译词，丰富了汉语词汇的宝库。

每一个时代所形成的名词和术语，也是这一时代所凭借的"思想资源"与"概念工具"，人们靠着这些资源来思考、整理、构筑他们的生活世界，同时也用它们来诠释过去、设计现在、想象未来。[①] 新名词和新术语往往能够帮助人们更好地认知和了解人类新思想产生和演变的过程，能够更方便、更精确地组织和表达自己的现代意识。新词汇和新术语一旦产生和流传，就会影响一个民族和社会的思维方式。这些汉字新词汇和新术语所指称的内容和所代表的事物，如"百科全书"在晚清中国，从真正完整的现代意义上，成为中国人自觉关注和开始整体进行把握的对象。百科全书作为收集整理知识之辞书编纂的最高形式，本身具有较深研究性质，代表了一个时代辞书编纂者的思想观念、知识水准和价值取向。同样，一个社会的真正的阅读水平和欣赏层次某种程度上是体现在辞书的选择上，只有有着强烈的求知欲和好奇心的读者，才有追根求源的热情，才会对辞书有永无休止的追求。近代中国对"Encyclopedia"译名的不断探索和解读，反映了西方百科全书的引进使得中国知识人在理解和诠释自己的经验世界时发生的某种深刻变化，对"Encyclopedia"译名和术语所附带的某种新的价值倾向和文化取向，对中国人的思维具有显著的启发性。

"百科全书"的形成首先是反映了日本学界对于西方学术文化价值的

---

① "概念工具"（conceptual apparatus）是王汎森在其论文中经常使用的一个术语，很多情况下是指词汇用语，参见王汎森《"思想资源"与"概念工具"——戊戌前后的几种日本因素》与《晚清的政治概念与"新史学"》，《中国近代思想与学术的系谱》，河北教育出版社，2001。

全面认同，它不是以往东亚汉文圈中一般的"字书"和"字林"，也不是单科知识的"集成"和"类编"；它是容纳了人类和世界知识、反映了西方学术立体思维的"百科"，是一种显现东西方知识之系统思维的"全书"。"百科全书"构成了理解西方近代知识与学术系统的一个立体的名词，这一新名词的引进与流行，使人们在不知不觉中加深了对西方文明系统性的了解，深化了对西方文化的结构性的认识。人们在经常性地使用"百科全书"这些新名词的过程中，潜移默化地受到了"概念工具"的思想训练和逻辑熏陶，使中国人也尝试建立某种区别于传统"类书"的现代"百科"的知识体系，西方百科全书不仅仅是一种知识体系，也是一种思想体系和学术话语。李石曾在评价狄德罗百科全书时曾经指出它不仅仅是一个辞典"还发动了一个智识的运动，以后无数的工作都建筑其上，并且，还有其他无数的工作要在它上面建筑起来。"① 从这种意义上来理解百科全书的话，我们可以说，清末中国人从西方和日本似乎只是引进了一个新名词和新术语，事实上也是引进了一种理解西方近代新知识的学术范型，一个寻求新思想和新文化系统的思想主题，开启了中国近代知识输入史上的一个新阶段。

附记：本文初稿是笔者在作为复旦大学与关西大学 2003 年度交换研究员访问期间完成的研究报告，2004 年 3 月 13 日曾提交日本关西大学主办的"汉字文化圈近代语研究会"第 4 届讨论会，在会上宣读并经大会讨论。在本文初稿写作过程中，日本关西大学沈国威教授和内田庆市教授，为笔者提供了不少珍贵的资料，并给予了许多真诚的帮助，特此鸣谢！

Form and Variation of "Encyclopedia"
Translation and Cultural Understanding in Modern China

Zou Zhenhuan

Abstract：When did the Chinese begin to know the western encyclopedia?

---

① 李石曾：《世界学典引言》，《李石曾先生文集》，中国国民党中央党史委员会，1980，第458 页。

When did the Chinese translation of "Encyclopedia" appears? There are no definite answers to these questions. This article aims to explore the formation, changes and significance of the Chinese translation of "encyclopedia", through the Chinese literature in China and Japan from the 19th century to the early 20th century.

Key words: encyclopedia, modern, cultural understanding

（编辑：王涛）

思想学术不可分离之初见

——兼议"思想淡出，学问凸显"

赵章靖*

【摘要】思想与学术二者不可分离，社会公理与精神守护是二者的共同目的，怀疑发问与反思批判是二者的共有品质；真正的思想必然有其学理支撑，真正的学术也必然有其思想气象。在特定历史条件下提出的"思想淡出，学问凸显"有其一定的局限性与合理性。真正的思想学术无所谓"民间"与"学院"标签，无论民间思想还是学院学术，均从不同领域呈现出体制内外"大家"的气象与抱负。"愤青思想"与"附庸学术"折射出了当前转型期社会现象与学术考评体制的问题，学人应意识到其不利影响，突破愤青思想、附庸学术的双重障碍；回归到自己，回归学术兴趣，独立思考，深谙自由要义，将思考与治学面向自身和自身所处的世界。

【关键词】思想　学术　独立　自由

一

何谓真正的思想？在笔者看来，真正的思想之魅力，首先在于它能够引起并促进人们关乎自己与世界的理性思考，通过不断地质疑批判，思考、再思考，焕发出生生不息的活力。思想不是发霉了的中国传统腐儒陋道酷法，也不是未曾批判审视就生吞活剥的这个主义那个学说的舶来品，①更不是长期困扰历史与现实的庸俗官方哲学。历史上，那些真正的思想家，都是名垂青史且对人类文明进程有着深刻影响的人物，"常虑常新"

---

* 赵章靖，中国教育科学研究院国际与比较教育研究中心助理研究员。

① 拙文的"批判"，乃取邓正来先生为之正名的"批判"，是个体在坚持学理基础上对已有理论的冷静审视与分析思考，而不是"文革"式"大批判"的"批判"，下同。

是不同学派人物思想之共性。他们中许多人生前甚或穷困潦倒，并且常常不为人知，盖因其思辨之力度，见解之深刻，乃至生活的孤独远远超过了彼时所谓"时代精神"充斥头脑而习焉不察的人们关注范围。知识生产第一阶段的"新知"提案，通常保存在个人著作里，不仅大众不知，连知识界也少有人知。①

反思"五四"以降之"标新立异"的北大思想概貌，这个思想，那个主义；尊孔读经，全盘西化，科玄论战，民主共和等吵吵嚷嚷正在兴头之上；那边厢自南向北的打倒军阀开将过来，"抱残守缺"的清华王国维乃断然自尽。②"五四"作为一种极富创造力的思想文化资源，遂不幸沦作江湖各派为一己利益所争做的嫁衣，到底是"救亡压倒启蒙"，还是思想文化资源被派系攫取之不幸？

人类历史的任何一次真正的进步，其前必然都有真正关乎个体自由解放的思想打头阵。单看中西方历史上的任何一次思想文化灿烂的时代，任何文明的进步，都有独立自由思考的先行者为之开路。轴心时代的西方社会，灿若群星的古希腊智者学派林立，他们关于人性、自由、爱智、民主、法制、公正的思想，奠定了后续西方文明发展的基调。"西方中世纪头脑虽然休克长达一千年，但毕竟没有成为植物人，到文艺复兴被希腊思想重新一充电，头脑再次复活"，③将人从神学的枷锁下解放出来，由此奠定了后续西方近现代社会发展的文化基调。对照西方文艺复兴之际的思想，就关乎社会进步的中国思想本身而言，如李劼所谓：（中国的）文艺复兴通常以孤寂为前提。④张远山亦曾有言：文艺复兴，不是一天两天可以一蹴而就的，要慢慢积累，日有寸进。因为对历史文化的反省，以及在此过程中的反思与思想学术探源，不是轰轰烈烈的运动，而是冷冷清清的思索。热热闹闹，总未免丧失应有的冷静理性；冷冷清清，方能在冷静寂

① 张远山：《哲学先知与时代精神》，《庄子奥义》，江苏文艺出版社，2008，第328页。
② 参见李劼《北大的标新立异与清华的抱残守缺》及《王国维自沉的文化芬芳》，《李劼思想文化文集》第三卷《中国语言神话和话语英雄·论晚近历史》，青海人民出版社，1998。
③ 张远山：《告别五千年》，《书屋》2000年第1期。
④ 自从2006年12月刘军宁在《南方周末》提出"中国，你需要一场文艺复兴"的话题后，中国式文艺复兴的讨论近些年络绎不绝。然而，基于常识的理解与感悟，在笔者看来，文艺复兴，不是说有就有的；中国式的所谓文艺复兴，其实质是传统文化的"内核"真正彻底地去伪存真后，重新焕发活力，在此仍然名之曰"文艺复兴"，以图中西对比理解叙述之方便，下文与此同。

寰中，求得自由独立的思考。思想者，关注的是人个体的自由解放——没有关于人之个体的考虑，一律付诸所谓大而无当的集体，也很难说会有独立思想可言。

何谓真正的学术？学术贵在求真，学术不是孔乙己式的"'回'字有四种写法"，也不是动辄就号称为填补某项空白而从事的所谓理论工作。学术也，贵在由已知走向未知，学术无假货，乃一步一个脚印地"盈科而进"。学术之于思想的使命，乃是为思想之延续提供坚实的基石，为问题之解决提出明晰透彻的分析基础，为所流行的思想论调、时代思潮做出冷静的审视与批判。学术往往随思想之后，非是步思想后尘式的亦步亦趋；而是伴随着思想的激情与沉淀所开展的冷静的审视与批判。借用孔夫子话以别解就是：言之无文，行而不远——"言"，思想也，"文"，学术也。往往是：思索质疑在前，如火花般，激活头脑，点燃思想的烈火；学理究诘在后，如清水般，冷静自知，彰显学术之于思想的求真务实；经由细致的辩诘、分析、论证，又可在局部乃至整体上梳理、修正思想。思想学术往往由质疑思辨的火花来点燃，确保思想之品质的，乃是牢固的学术基石，以及由此而来对基于问题思考而产生的思想之绵延不断的梳理与批判——在此过程中，一些为学人所推崇所津津乐道的学派开始形成。看看那些在历史上有影响的思想学术大家，他们是在深入反思个体、反思社会的过程中，提出了自己的一套话语，一种主张，然后在不断的质疑、反驳与批判中达成共识——其中，自由的氛围必不可少。马克斯·韦伯创造并提出科层制、价值中立、新教伦理、社会共同体等诸多社会科学原创性的概念，能说是在纯粹做理论分析与实证调研的学术？非也，实乃直面社会历史运用理性逻辑开展分析，且有着坚实学理支撑的思想。其后学人方在其思想的引导下，从学术的角度为之梳理批判；正名以求理论解释，分析以求实践应用。

思想与学术是不可分离的，社会公理与精神守护是二者的共同目的。二者融合，就其应用而言：面向大众，主要是以思想的面貌且以通俗生动的文字呈现；面向学界，更多是以学理的形式开展精确细致的知识探究。就社会发展而言，推动社会进步的，往往是立于现实批判的思想引领，促使人们个体觉醒，致力于社会的个体精神解放。就文明推进而言，促进文明前行的，常常是基于主义批判的学术反思，以求学界冷静自知，着眼于文明的自由精神守护。

思想与学术是不可分离的，怀疑发问与反思批判是二者的共同特征。二者离析，就其关系而言：没有学术为之梳理批判并正本清源的思想，不是真正的思想；没有思想为之质疑批判并引领突破的学术，不是真正的学术。前者之"批判"，乃严谨学术对思想创新的批判，在于考证分析与实证调研基础上的究诘修补，侧重"修补"；后者之"批判"，乃尖锐思想对学术范式的批判，在于自由思考与怀疑质问引导下的范式突破，侧重"突破"。

就学识推进而言，吸引学子求学的，往往是自由深邃的思想；规范学子治学的，常常是严谨求实的学术。放眼中外思想学术史，一个个大师以及随之其后的弟子乃至整个学派之工作，莫不如此。

这是笔者对思想与学术的新近理解。力图回归常识，旁鉴先贤思想，对多年来头脑中思想学术之纠结不清的关系进行稍许梳理，并将进一步展开认识，亦以此备作方家批判指谬之靶。

二

在前述之"立"的基础上，拟对诸多学者不假思索盲从李泽厚先生之"思想家淡出，学问家凸显"的观点行以"破"之批判；兼撰"愤青思想"与"附庸学术"两称谓，对过去与当下喧嚣一时既无冷静反思，又无源头活水的所谓思想、学术行以终极判词：伪思想，假学术。

在前述对思想与学术关系之观点的基础上，来看李泽厚先生提出的"思想家淡出，学问家凸显"。如果李先生部分同意或者不反对笔者上述关于思想与学术之观点的话，那么笔者相信，学贯中西的李泽厚先生当年口出此言之际或许有其言不由衷的酸楚，抑或也寄寓了对此后中国思想学术走向务实前行的期盼。[①] 不管怎么说，李先生早在1993年给香港《二十一世纪》杂志"三言两语"栏目撰文所提到的这句话，不经意间却成为后来思想学术界时常引用的词汇，并成为此后学人回溯思想学术史之际的一个经典性引语，其中几许的压抑、迷惘、彷徨与无奈，也只有交付浩浩汤汤的历史了。我们也许可以这样来自我安慰：人不可两只

① 参见张明扬《李泽厚再谈思想与学问》，《东方早报》2010年10月24日，http://www.dfdaily.com/html/1170/2010/10/24/529177.shtml，最后访问日期：2014年3月15日。

脚踏入同一条河流；但我们也必须这样警醒：历史往往会一次又一次地重演。

如果改革开放之初，社会倘真个能出现有如西方社会诸如孟德斯鸠之于法兰西、康德之于德意志、杜威之于美利坚那样，属于我们近现代以降的这个社会的原创思想大家，① 那么其思想就根本不会淡出，② 相反会继续促进从学人到大众冷静的思考终将推动社会的进步。由此可以断言，彼时所淡出的思想，仅仅是舶来品的喧嚣一时，与当时的八字胡、喇叭裤、蛤蟆镜等时髦装束的风靡一时落得个同样的命运。后来这些舶来品的淡出，是自然而然的事，根本原因在于，它们乃属于缺乏对中国社会问题及其根源思考、再思考的"空中楼阁"式思想。尽管彼时尚有从民国时期走来的学贯中西的老先生，他们经历了反右、"文革"等政治运动，文化浩劫的惨痛经历使其难以再提出颇有创见的思想话语，至于后来《随想录》《牛棚杂忆》等等，也大多体现在基于民族悲剧的文学式反省。又如顾准、李慎之者，"虽然没有太多的话语资源，但他们用很有限的词汇所表达出来的却是历经沧桑的生命体验和历史经验"，③ 然而，发出的声音又实在未能在全社会层面引发民众广泛深入的思考。

再来看"学问凸显"，对"思想淡出"之后的学术也抱以相当的期待，然而，收获的却不甚乐观。"学者与官方仿佛达成了一份契约，实现了一次交换：学者放弃了思想的权利，获得了学术的权力；而官方则让渡了学术的资源，保证了思想的权威"。④ 而放弃思想权利的学者，又能做出什么真正的学术成果？学术腐败层出不穷且不说，且看当前的人文社科研究，

---

① 此处的"原创"绝非凭空原创，而是说在对历史乃至整个人类文明的反思的基础上，根据独立自由的探究，提出的前承古人，于今开创，于未来有启示的思想学说

② 或如胡文辉在其《现代学林将录》中言曰：民国……这个时代只有"考据家"，没有"理论家"；只有"学问家"，没有"思想家"。自晚清以降，在"救亡图存"、"理性启蒙"的双重变奏中，西学东渐远未达致成熟。在民国那个所谓群星璀璨的时代尚未出现真正影响社会进步的思想大家，那么经历了"文革"的梦魇，思想文化遭到巨大破坏，乃至到了改革开放以后，体制内出现的思想学术大家更是寥寥无几。至于当前所谓的某些大师工作室，则更是赶"学术盛宴"、"思想大餐"之时髦，纯粹是其"意淫自乐"了。

③ 李劼：《论毛泽东现象的文化心理与历史成因》，《共识网》2010年5月30日，http://www.21ccom.net/articles/lsjd/lsjj/article_2010053010498.html，最后访问日期：2014年3月15日。

④ 程广云：《思想淡出，学问凸显——当代大陆哲学的学术转向》，《爱思想》2010年8月23日，http://www.aisixiang.com/data/35602.html，最后访问日期：2014年3月15日。

有哪些成果能够真正走出国门，并受到国外同行重视的现实境况就知道了。一如对历史上悠久的文字狱传统在某种程度和意义上的回响，学人也在"思想淡出，学问凸显"的时代走向"务实"，这种"务实"甚至不乏出于一种谋生的世故与乖巧。其实，早在国内"学问凸显"之前的80年代，撒切尔夫人访华归国之际，面向国民，掷地有声地说了这么一句：中国在未来的几十年内，不会出现真正的思想！西人所谓思想，更接近于笔者在前文提到的孟德斯鸠、托克维尔等人之于法兰西那样的思想，是切切实实能引发民众反思，推动社会进步的思想，是与学术不可分离的思想。马克思主义来到中国，在早期学人争辩的时候就带有了硝烟的气息，早在胡适之、李守常的"问题与主义"争论之际，经由俄国革命加工再造，再经由北大教授之手传到中土的马克思列宁主义，之于彼时的青年知识分子所引发的反应，一如后来19世纪80年代大学出现的"萨特热""尼采热""弗洛伊德热"，鼓舞了莘莘学子。马克思的阶级斗争学说指导劳苦大众取得了新民主主义革命的伟大胜利，成立新中国，功不可没。1978年重新掀起"实践是检验真理的唯一标准"大讨论，重新走向解放思想，实事求是的道路，才为改革开放伟大事业的推进廓清了道路。反观历史，思想被曲解及其所经历的曲折，学术研究的命运也可想而知。

思想学术界的可悲之处还有一点，就在于动不动就奉某些硕学渊博之士为"大师"，"大师"的话便成了权威从而毋庸置疑，从而难以在思想学术层面开展行之有效的批判式继承，这其实是将人神化的倾向在学人身上的进一步体现。

行文至此，笔者对"思想淡出，学问凸显"的观点并不敢全部苟同，至少还需在着眼于推进思想学术发展的层面开展进一步争鸣。笔者由此也得出进一步认识：我们不能在"思想淡出，学问凸显"的论调下丧失了对思想学术不可分割的认识，进而失去成为既具思想锋芒又兼学术理性的思想学术人的抱负；否则要么成为无学术理据的思想"愤青"，要么成为无思想观照的学术"工匠"。尤其是在当前学术风气浮躁、真正的思想学术"陆沉"以及学术量化考评体制等负面因素影响下，甚至出现了混淆视听的所谓思想和学术。以下是笔者自撰"愤青思想"与"附庸学术"二词，对当前喧嚣一时但既无问题深思又无理论活水的所谓思想与学术的分析。

愤青思想，乃侧重于当下对社会不公、体制僵化、学术腐败、各行各业虚假繁荣下孱弱不堪等等一切不满意见以及由此而来的批评与所谓主张。愤青思想更多侧重“抱怨”，故而凸显为网上所流行的“精神导师”“意见领袖”现象，这些“领袖”与“导师”的所谓思想，大都是因对现实不满而发出的批判文字甚至情绪宣泄，其实根本不是真正的思想。少有对传统文化的批判学习与对历史现实的深刻反思，使其先天缺钙；罕见对西方理论的透彻学习与对社会问题的冷峻分析，使其后天缺氧。因而面向社会现实问题难以做到冷静系统的理性思考，愤青思想便往往走向愤怒焦躁，对不合理现象的抨击也甚为猛烈。这样的所谓思想，很多付诸杂文的形式出现，从这类杂文观点与行文风格中，便不难发现其致命弱点。一如周泽雄所言：嬉笑怒骂取代理性思辨之尊严的底线被越过。① 浮泛嚷嚷，抱怨不已，然而于世于事、于人于己均为无济之策，徒增烦恼与失落。

　　附庸学术，乃侧重对当下高校、科研机构的行政主导、自由匮乏、学术不独立与考核机制不透明的环境下，官方掌控学术在一定程度上所导致的学术附庸现象。在这样管理体制中的社会科学研究，很多成了不得已而为之的“论证”行政决策之“正确性”的命题作文。在课题立项中，一些所谓国家级、省部级重点课题，不得不置身“主流思想”“领导意志”的指导之下；主持这类课题的研究者，大多为担负行政领导职务的人员。在后续的研究中，学术研究往往成了编制报告应付检查的文字堆砌。其指导思想往往不能摆脱领导讲话精神，怀疑和批判的精神难以于其中自由发挥；缺乏严谨求实的品格，难以得出科学合理的结论，东抄来西抄去，思想枯竭、学风不正、学术腐败层出不穷不说，并且由此在一定程度上沦为“官方”意志之附庸。在这样的研究体制下，尽管其中不乏真学者贯彻以西方经典理论解说之，也往往成了崇奉的西方理论论证之总体证实或局部“证伪”——难以从整体上对西方既定的理论范式开展反思与批判，进而也难以提出独立自主的新见解，终不改其西方学术之宗；尽管体制内不乏真学者抵制“附庸”学术得出的立言之说与诤言之策，但往往或陆沉于世，或沦为部分决策者的耳旁风。

　　对于前述罔顾现实与学理而言，愤青思想不是没有现实考虑，恰恰是对现实问题激愤的反弹；附庸学术也不是没有学理分析，而是往往王顾左右地机械盲目套用他者理论，难以“接地气”，成为主义死水。

　　于是，一方面是那些自诩“引领潮流”的愤青思想驱动着的愤青抨击

---

① 周泽雄：《我为什么反感当今杂文》，《书屋》2005 年第 7 期。

社会不公；另一方面是那些置身附庸学术场域中的专家为其理论加以粉饰与辩解，于事实真相澄明无补，于思想学术进展无益，混淆了视听，迷惘了大众。

当初的思想舶来品遇到重大历史事件，中国的道统复又呈武器的批判之威以威凛天下时，一度时髦的思想、主义的自由生存空间受到压制，知识分子由广场退回书斋，思想由此而自然淡出。而当前"愤青思想"之先天缺钙后天缺氧的现状，在面临社会问题时，本该冷静自知的学者，耐不住去坐冷板凳，却以彰其所谓道义为己任，以抓一把话语权力为目的，往往"学理不够、还用'道义'来凑"，从而在执道义以抨击社会不公的激昂声中，悄悄掩盖了学理分析的不足。一如某学者由《耻辱者手记》到《中国站起来》所完成的"华丽转身"，① 由此凸显出学者背后之虚无彷徨乃至追名逐利，尤为值得注意和反思。

再看附庸学术与学问凸显之联系。学问的凸显，从积极意义上讲，它说明了学者自身的自觉，"多研究些问题，少谈些主义"，不折不扣地走向务实。而附庸学术的存在，却成为真正的学问所难以凸显的很大障碍。虽然"明规则"的学术研究体制也逐步走向正规，如仿效西方所实施的科研项目负责制与同行评议的引进，以及学术规范的建构，等等。然而，由于长期以来的体制惯性，加上"官本位"的作祟，"附庸学术"及其不良影响仍然存在着。

愤青思想与附庸学术之间没有真正意义上的对话合作。偶有附庸学术拾起某些为愤青思想所诟病的问题，也常常机械套用外来时髦理论，削足适履般地说一些无关痛痒的话。偶有附庸学术场域中的真学者提出一二理性观点，部分为之认同的愤青思想者辄欣欣然"放之四海而皆准"地应用于其道义批判但始终难窥真相不得要领——这仍然是其"先天缺钙"与"后天缺氧"的表现。当下的愤青思想喧嚣至上，如某些以"新左派"自居者，动不动就对其眼中所谓的"右派""汉奸"的学理思想口诛笔伐，好不热闹；而真正的学理思想在这愤青叫嚷与喧嚣声中走向孤泊淡远。

有人厌倦"附庸学术"而批判、正名之，或因自身学养不够深厚，定力不够，不自觉地由"愤青思想"开始。以教育研究为例，许多学者在教育时评与学术研究之间往往倾向于前者，或因信奉"出名要趁早"，或由

---

① 例见邓晓芒：《读摩罗的"自审"》，《书屋》2010 年第 10 期。

于其实就是对这样附庸学术影响所形成不自信的学术心态；由此不慎盲从
"愤青思想"的喧嚣，丧失在学理深层的把握，停留在对各种表面现象指
指点点，终归成不了气候。更可怕的是借"愤青思想"之尸，还"犬儒行
为"之魂式地媚俗大众，① 一如某些学者借对传统糟粕的批判与对公民自
由社会之钦羡进而哗众取宠，张口叫骂："狗日的国学"，有辱斯文且不
说，更反映出其与传统延至当下的文化之天壤隔膜。

许多人对"愤青思想"的浮躁危害而批判、回避之，不自主地在"附
庸学术"的环境中开始，然而"附庸学术"所处的管理体制也对身处其中
的自由自主的研究存在一定不良影响；由此在愤青思想与附庸学术的左右
撄扰中郁闷不平。然而，与愤青思想、附庸学术并行的，是在这个时代，
救亡图存的任务一去不返；从现实的环境来说，商品经济的发展，使个体
比以往任何时代都自由解放，为真正的思想学术提供了生存的土壤和
空间。

突破愤青思想与附庸学术的双重障碍，只能由能够独立自由思考，坚
持理性，有着思想追求的个体来实现。

三

这里将思想学术划分为民间思想与学院学术，不是随意划分民间思想
学术与学院思想学术两派，更不是强行将思想归为民间，学术归为学院。
这样命名，仅仅出于以下表征：当前在民间生存的思想学术者，较偏重于
思想形式的呈现，故称"民间思想"；在体制内生存的学术思想者，更注
重学术话语的述说，故曰"学院学术"。然而，最终说来，独立思考与自
由探究为二者共同具有的特征。因为对于独立思考立世的自由学术个体而
言，无所谓民间标签还是体制内标签。

仅仅以民间思想者李劼、张远山与学院学术人邓正来、邓晓芒的思想
学术为例，试析之。笔者敬佩这样的独立学者，不仅仅是因其思想学术上
的巨大成就，更是因为真学者所具备的独立自由品质与思想学术大家气
象。从学统之承续看，其前有先贤的历史背影，后为新秀承续其学术思想

---

① 犬儒行为，不仅是指传统上对权力的依赖，同样也有对民众的媚俗，如迎合民众的愤怒
心理，借机哗众取宠，浪得虚名再赚个盆满钵溢，其实是没有独立向学人格的体现。

并发扬光大之提供了可能。囿于读书思考所限，下文是仅就个人理解基础上的自言自语，而非学术江湖上的排名点将。

彼时的 80 年代，即有李劼"叹文化沦丧而书红楼玉陈"，个体从深远的历史角度，通过对民族历史命运的幽深思索，痛彻肺腑反思之后提出了"论毛泽东现象"。① 尽管其观点或有可商，但在当时林林总总的舶来思想派系中，立足中国文化做出了独立思考，在遭到偏左意识形态打压的同时，也遭到了来自民间毛左民众的攻击。李劼彼时的读书治学，在诸多热热闹闹所谓"萨特热""弗洛伊德热"的喧嚣中，独自进行冷冷清清、自言自语的思索，其背后确实有着对民族苦难痛彻肺腑的悲悯，是冷静的而不是喧嚣的，是个体的自言自语而不是群体热闹分赃的众声喧哗，由此才能够在寂寞的环境中始终坚持"独立之精神，自由之思想"的品格。经过80 年代末短暂的沉寂，九二南方讲话之后，李劼先生与几位同人发起了"重建人文精神"的讨论，李劼本意乃是借重启开放之机，发起讨论以唤起个体觉醒，重整精神文明。② 然而最终结果却被悄悄移花接木，将人文精神的困境悄悄转移到了"对金钱的关怀远远大于对精神的关怀"话题之上，而对西方以个体自由民主平等为价值内蕴的商业文明，却加上类似"资本主义的腐朽虚伪"标签予以拒斥——所谓"新左派"中的某些"思想"也借机顺势而生，真正的人文精神之彰显，就此搁浅，所谓"人文精神"的讨论，在 90 年代沦为某些思想学者的话语噱头的同时，也让他们赚了个盆满钵溢，名利双收，此远非李劼本意。用其话说就是：经由话语权争斗过程中的层层造伪，本真意义上的人文精神早就成了"阿凡提那只兔子汤的汤的汤"。而李劼自始至终所秉持的人文精神，一如张远山祭先秦冷灶，关注的是中华传统的文化气象与生命力，李劼基于对先秦乃至商周以降的整个中国历史，从宏观角度的洞察，提出了对整个民族文化心理的反思，在此基础上力倡"人"的独立与自由的主张。从《历史文化的全息图像》到《中国文化冷风景》，从《论晚近历史》再到《百年风雨》，等等数十年先后完成的一系列代表性论著，行文不羁，气象万千，有着清晰的思想演进脉络，实乃真正有价值的，难得的深刻洞见。如此"荒郊野

---

① 参见李劼《中国革命及其语言神话和抗日话语》，《李劼思想文化文集》第三卷《中国语言神话和话语英雄·论晚近历史》，青海人民出版社，1998。

② 参见李劼《重建人文精神讨论的更正发言兼论新左派思潮——致〈读书〉杂志公开信》，《中国八十年代文学历史备忘》，秀威资讯科技股份有限公司，2009。

老屋，二三素心人"的冷清思索与独立治学，与站在所谓时代前列的精神领袖的鼓噪，隔膜天壤。

张远山说：80 年代，人人乐观，我不乐观；90 年代，人人悲观，我不悲观。其不乐观，乃是因 80 年代其时，学界在所谓西方文化热的热闹中，缺乏对中国传统延至现实问题的冷静思考，进而丧失了对历史发展与时代动向应有的理性认知与深切思索，故而不乐观；① 及至由广场回到书斋，远山不悲观，恰恰是因为这一现实促使那些真正爱思想有头脑的人回到真实的思想学术提供了可能，② 例如张远山开笔后的文化自信与日渐深入的思想洞察。李劼叹书红楼玉陈，远山抉发庄学奥义，均彰显了深邃思想之魅力。张远山苦心孤诣数十年，援先秦名学入庄而弘扬天道，非沽名钓誉，实乃着眼于先秦诸子争鸣灿烂之复兴的宏大主题，由胡适时代蹀入故纸堆套用西学以"整理国故"而不得其要领，终于走向重新回到先秦，抉发诸子思想，"神游冥想，与立说之古人，处于同一境界"———如西方之一而再再而三地"回到柏拉图，回到康德"。③ 思想与学术的结合，在独立学者如张远山身上得以充分体现。尽管如此，远山依旧坦言：其做的仍然是基础性的工作，尚需后续学人的努力。这话，相信绝非自谦，而实在是出于学人对学问承续的朴实之语，以及承载的中国式人文终极关怀的坚守。

从"文艺复兴"的角度去反思中西方思想学术，那么不论中西方，个体的独立自由应该是文化繁荣的必然基础。从这个角度来理解，邓正来先生在反思中国社会科学自主性的过程中提出了拒斥沦为中古与现世西方学术附庸的自主性发展，在强调学人个体独立自主的同时，本身也彰显了思

---

① 彼时笔者尚处幼年，对八九十年代的历史缺乏置喙的底气，然而可从图书馆里为当时学长们所翻烂了的译介来的西书，以及彼时所流行的电影，乃至后来汪国真诗歌的流行等等可窥见一斑，80 年代大学里所谓"天之骄子"的朝气，也带有很多稚气，远不如此前的伤痕文学之反思更切实更深刻。彼时朝野上下对"文革"的思考，在"历史宜粗不宜细""团结一致向前看"的调子下反思之不够彻底以及个体仍未独立，乃是后来个体盲目跟风，天真乐观，独立、自由、批判意识尚未真正觉醒的重要原因。

② 这也是笔者对李泽厚先生"思想淡出，学问凸显"与于述胜援引陈平原"由广场退回书斋"的"然于然"的认可——见于述胜：《改革开放三十年中国的教育学话语与教育变革》，《教育学报》2008 年第 5 期。

③ 这一点尤其可从吴励生关于《庄子奥义》的评述文章中可以见到，在诸多不乏隔靴搔痒的《庄子奥义》评述文章中，这一篇最能道出《庄子奥义》作者的哲学成果与文化抱负。参见吴励生《至知无知，天道无极——张远山〈庄子奥义〉解读》，《共识网》2011 年 7 月 21 日，http://www.21ccom.net/articles/read/article_2011072140130.html。

想与学术不可分离的观点。邓正来所谓谋取中国社会科学的自主性，意在避免西方学术霸权与争得中国现代化学术之空间，先生不遗余力地倡学术规范、批剽窃歪风、办学术杂志、彰学术理性便足以充分说明之。但是避免西方学术话语霸权的前提首先是自身要自强，有勇气正视民族自身的历史及现实，而不是说避免就避免得了，比如，有听众就质疑邓正来之建构中国学术的理想图景时，仍然提出邓是用西方话语范式来阐释中国学术自主的"吊诡"现象。恰恰笔者认为，追求中国社会科学的独立自主，理应有兼容并蓄的胸怀，未必在于刻意摆脱西方话语的阐释方式。西方学术传统中基于逻各斯的批判精神，是必须要借鉴过来并进一步发扬光大的，甚至就应该从中小学就进入课堂培养的，决不可由此成为拒斥国外思想而一味自我向壁虚构地求得所谓自主，传统文化与当下热热闹闹的体制内学术研究中，往往所缺乏的，还是这个拥有逻辑利器的独立批判品格。

同样，邓晓芒先生在译介西方哲学尤其是康德哲学，为"理性"正本清源方面功不可没，与此同时，也对中国传统腐儒专制帮闲与陋道专制帮闲，这些专制流毒文化进行了不遗余力的批判。并且提出了"让哲学说汉语"的学术抱负，往大处讲，意图民族学术自强，这对于长期缺乏逻辑利器的中国传统思想学术而言，不啻为振聋发聩之呐喊。仅仅立足于西方逻各斯本位对中国传统思想批判，固然是能在新时代作出创新之举；然"此亦一是非，彼亦一是非"，对于轴心时代以降延续至今的传统哲学思想之精华而言，如果不顾对语言传统的去粗取精与对思维方式的批判继承，仍未免有失偏颇。①

真正从事思想学术的学者，其各自的言论主张均有可待商榷之处，然而这绝不是说就可以攻其异端而不遗余力地不屑之，否认之。再者，我们不能中了所谓"一分为二"式的、不是让人真个去质疑批判践行朴素辩证而是诱惑灌输人去崇奉所谓"放之四海而皆准"的庸俗辩证法流毒。相对真理的获得，必定在允许偏激的思想中获得，应该允许他们剑走偏锋。否则，什么都说了都批了，就等于什么都没说都没批。所谓大师者，也首先在于他们诚实为学的素朴品格——这里并不是以道德文章要求他们，其次才在于其学识的渊博，因为说到底，思想学术毕竟是为"人"的，而不是

---

① 从语言哲学的角度反思批判先秦诸子思维方式，已有不少相关见解，在此仅举一例，见张远山《中西方思维层次差异及影响》，《文化的迷宫》，复旦大学出版社，2005。

人"伪"的事情。所谓大师者，也绝非让人对其进行仰视才称其大师，如果是非得仰视不可，则只能说明自身学养浅薄，底气不足，太不自信。

四

从学术体制与社会制度的层面而言，学术体制连同其所属的宏观体制如果未有根本的改观，则"附庸学术"的命运就根本不会有真正改观；社会公正民主不相对实现，民族文化心理不反思净化，为"沪上刀客"叫好的水浒式"愤青思想"更不会真正消除。

但是从学人个体的角度而言，则是完全能够改变自身所从事思想学术的概貌。毕竟，我们不能在抱怨、牢骚声中，忽略了自身之于思想独立、学术深入的努力。诚如邓晓芒先生所言：在这样一个时代，中国知识分子如果还不能找到自己独立的人格基础、把自己塑造成不同于儒道类型的新型知识分子，那就真是活该万劫不复了。[①] 因此，必须突破愤青思想、附庸学术的双重障碍。回归到自身；回归学术兴趣。

实现对这种双重障碍的突破，首先，个体应"回到你自己""认识你自己"进而才能"解放你自己"，做到独立自主的思考。深谙独立自由治学之于学人的"寂寞的欢愉"，以及这一过程本身凸显的学理关怀，学人不能仅仅满足于在热热闹闹的论坛争鸣上发几篇文章以博个虚名，而实在是要耐得住寂寞。

其次，深谙自由要义，真正领会学术求知本身乃是为学者最大的乐趣，做到"冷静自知"，以求个体内心自由；自由是个体觉醒基础上的内心自由，不是缘木求鱼般向外界求索的自由。冷静自知是回到自我、面向自我的必然前提；而个体内心的自由，用苏格拉底的话说是认识你自己；到了尼采那里是跟随你自己；中国轴心时代的伟大先知庄子的主张则是自适其适。当然了，三者说话的历史背景，思维方式及关注对象各有不同，但共同点均是基于人之为人的思考。苏格拉底其时，古希腊早由泰勒斯传下的宗旨就是为求真知两眼看天，哪怕一不小心掉进了井里，是求真；尼采则是这位酒神意志的超人在"重估一切价值"时说出的话，乃是基于上

---

① 邓晓芒：《当代知识分子的身份意识》，《书屋》2004 年第 8 期。邓晓芒先生基于对传统专制文化的冷静批判，对儒道之合理性或许不无偏颇，仍在此引用。先生所谓的儒道，笔者认为是在此文中言及的"专制帮忙腐儒与专制帮闲陋道"，应予批判。

帝死了，个体独立解放时说的豪言壮语，是自由。而庄子则是在间世趋道之中的"自适其适"，前提是因应外境，因循内德，是中国式永不懈怠永不自满的逍遥无待。

再次就是读书，读什么书，自然是个体的自由选择，允许不加分辨而泛滥，但必须要有老老实实的阅读与思考，力图还原到其思想学术的语境实境，不能戴有色眼镜看待自己与前贤。不能因了思想学术之"傍大款"而盲目崇奉权威。"傍大款"的可取之处，是自己不遗余力地同某位思想学术大家潜在的对话，借此发现自己。但比这个更重要的，是与此同时的独立思考，进而能做到合理批判学术大款，因为世上不存在绝对真理，否则就会沦落为依附他者的传声筒。个人所需要做且能做到的，是在独立自主的个体自由探究基础之上的谋取独立，进而改变所谓的"依附"现象。

最后，将治学与思考面向自身与自身所认识的世界。为学也，未经自身质疑批判并审慎思考的思想，是人云亦云的郢书燕说，不是自身习得的思想；未经自身分析批判并对照现实的学术，是亦步亦趋的邯郸学步，不是自己练达的学术。为文也，在阐释世界的同时也阐释自己。在此当然不是自娱自乐，更不是自欺欺人。如果学人以发表一些垃圾文章招摇现世，若不是生活所迫，那最好还是改弦易辙，不要为此东奔西走，徒然浪费精力不说，且容易在著文发表的浮华中迷失自己。谓予不信，诸多所谓著作等身的学者在现实生活中依旧迷惑便能说明这一点。

思想是个体浸淫先贤巨著，冷静分析现实结合独立自由思考得出的思想，旁人的所谓"大批判"、不屑甚至谩骂，于己则无大碍；当然理性的质疑与批判是必须要接受而不能回避更不能忽略的，否则就是伪思想，伪学术。学术也是个体独立自由冷静批判生成的学术，学术最需要的是有费厄泼赖精神保障的质疑批判以及由此基础上的不立不破；而不是大喧嚣至上、"武力批判""棍子帽子满天飞"甚或施加道德"判刑"下的不破不立。学术言语须专业规范，但真学者面向大众时，必须要把它用通俗的话语讲出来，做到深入浅出，逻辑清晰，才显思想功底；不惧质疑批判，真诚坦荡，方见学术涵养。而不能像某些所谓学者如此强辩："咱俩最大的区别，是你在别人的领域太自负"那样的欲盖弥彰。①

---

① 语出李玫瑾回应肖鹰就其关于"药家鑫案""弹钢琴杀人"的分析论调质疑抨击时的辩词。

对于追求彼岸绝对真理但永远只能立足于此岸相对真理的思想学术而言，笔者认同马克斯·韦伯所说的话：学术之于求学者所能达到的目标，在于头脑的清明，[①] "清明"既是认识所达致的目标，也是进一步认识自我、认识外物的必然前提，也赞同张远山抉发庄学，所提出的"然于然，不然于不然；然不然，不然然"的认识论主张，从道极视点的视角，去分析、求索。

> 慕鲲鹏逍遥南溟，无限趋道；援屈子章句以箴，恒久自勉：
> 路漫漫其修远兮，吾将上下而求索。

On the Inseparability of Thought and Academic Research

Zhao Zhangjing

Abstract：Thought and academic research are inseparable from each other. Their shared goals are social justice and spiritual guard；questioning and criticizing are their common virtues. True thought must have its academic foundation, and true academic research must have its pursuits in thought. "Less thought and more academic research" has its historical limitation. It is wrong to attach such tags as "popular" or "academic" to true thought and academic research. The so‐called "cynic thought" and "penster academic" reflect the problems in both the academic appraisal system and the present social transformation. Scholars should break through these barriers and keep their own academic interests，with free minds and realistic concerns.

Key words：thought, academic research, independent, freedom

（编辑：王涛）

---

① 马克斯·韦伯：《以学术为业》，《学术与政治》，生活·读书·新知三联书店，1998，第43页。

旧文学改良与新国语建构

沈国威 *

【摘要】1917 年，胡适发表《文学改良刍议》，其中提出了包括"不用典"和"须讲求文法"在内的八项改革文学的主张。对于这篇新文学革命的宣言及文中的各项主张，文学史研究者从建设新文学的视角有过很多精当的讨论；但是尚需从国语形成视角进行讨论。胡适"不用典"的意图是什么？"不用典"和新文学创造的关系如何？本文尝试把胡适的主张放回五四新文化运动前的历史场景之中，讨论文学改良和国语建构之间关系。

【关键词】胡适 文学改良 国语 成语 言文一致

一 缘起

陈独秀任主编的文学杂志《青年》第 1 卷第 3 号（1917 年 11 月 15 日）上刊登了谢无量所作的长律《寄会稽山人八十四韵》，并加按语说："文学者。国民最高精神之表现也。国人此种精神委顿久矣。谢君此作。深文余味。希世之音也。子云相如而后。仅见斯篇。虽工部亦只有此工力无此佳丽。（中略）吾国人伟大精神，犹未丧失也欤。"

对于谢的长律和编者的评语，胡适颇不以为然，1916 年 10 月，从大洋彼岸致信陈独秀，批评道："细检谢君此诗，至少凡用古典套语一百事"，"凡人用典或用陈套语者，大抵皆因自己无才力，不能自铸新辞，故用古典套语转一湾子，含糊过去，其避难趋易最可鄙薄"。对于中国文学之现状，胡适继续写道："综观文学堕落之因，盖可以'文胜质'一语包

---

* 沈国威，日本关西大学外语学部教授。

之。文胜质者，有形式而无精神，貌似而神亏之谓也"。胡适认为中国的文学已流于陈腐的形式，"欲救此文胜质之弊"，对旧文学需加以革命，而欲言文学革命，须从以下八事入手：

> 一曰不用典。
>
> 二曰不用陈套语。
>
> 三曰不讲对仗（文当废骈，诗当废律）。
>
> 四曰不避俗字俗语（不嫌以白话作诗词）。
>
> 五曰须讲求文法之结构。
>
> 此皆形式上之革命也。
>
> 六曰不作无病之呻吟。
>
> 七曰不摹仿古人语，语须有个我在。
>
> 八曰须言之有物。
>
> 此皆精神上之革命也。①

这封信经胡适进一步敷衍以《文学改良刍议》（以下略为《刍议》）为题在 1917 年 1 月的《新青年》上发表。《刍议》发表后所引起了巨大的反响，一场关于文学革命的讨论和实践由此展开。② 胡适点燃了五四新文化运动的烈火，而五四运动改变了中国。关于《刍议》，近代文学史界的研究可谓汗牛充栋，但是对胡适的主张还有很多需要从语言本身的角度进行探讨的地方。笔者曾专文讨论了"须讲求文法之结构"一项，③ 本文将继续对胡适"不用典"的内涵与外延，以及由此引发的一些语言层面的问题做初步的讨论。

二 初步的反响

胡适的"文"即"形式"，而这个术语对胡适而言，既有文学形式

---

① 《〈新青年〉通讯栏》第 2 卷第 2 号，1916 年 10 月 1 日。

② 胡适在致陈独秀信中先用"革命"，至《文学改良刍议》，"革命"销声匿迹，只用"改良"。"革命"与"改良"都是时代的流行语，有着意识形态上的含义。对此本文暂不作过多词义上的辨析。

③ 参见沈国威《"形式"与"精神"的拮抗》，《東アジア文化交渉研究》2013 年第 6 号，第 43～55 页。

(Genre) 的一面，又有语言形式（Language form）的一面。如第 3 项所涉及的骈体文、旧体诗是文学形式；而典、白话、文法等项是语言形式。①这样胡适的"形式上之革命"就包含了对旧文学形式的破除和新语言形式的建构两个方面了。"质"又被胡适称为"精神"，即文学的内容。胡适认识到当时的旧文学无论是形式还是精神，都无法适应新的社会生活，需要"革命"。20 世纪第一个十年，中国社会发生了翻天覆地的变化，语言最敏感地反映社会的变化。胡适认识到要想改变旧文学，除了内容上的革命外，还需要创建包括语言在内的新形式。对于胡适的信，主编陈独秀首先以按语的形式进行了回应："承示文学革命八事，除五、八二项，其余六事，仆无不合十赞叹，以为今日中国文界之雷音。"关于第五项"须讲求文法"，陈独秀指出：

> 第五项所谓文法之结构者，不知足下所谓文法，将何所指？仆意中国文字，非合音无语尾变化，强律以西洋之 Grammar，未免画蛇添足［日本国语，乃合音，惟只动词、形容词，有语尾变化。其他种词，亦强袭西洋文法，颇称附会无实用，况中国文乎？］若谓为章法语势之结构，汉文亦自有之，此当属诸修辞学，非普通文法。且文学之文与应用之文不同，上未可律以论理学，下未可律以普通文法，其必不可忽视者，修辞学耳。质之足下，以为如何？②

就是说，陈认为胡适的所谓"文法"定义含混，如果是西洋的 grammar，不讲也好，因为汉语和西方语言各有特点，无须画蛇添足；如果指作文章之法的话，中国古已有之，不过这样的"文法"应该归于修辞学，这才是文学之文所"必不可忽视者"。陈独秀把文章分为文学之文和应用之文，指出两种文章遵循不同的规则。而关于第八项，陈独秀则写道：

---

① 其实在当时"文学"一词兼有 literature 和 philology 两种意义。

② 陈文中的"合音"颇为费解，他一方面说"仆意中国文字，非合音"；另一方面又在夹注中说"日本国语乃合音"，把"中国文字"和"日本国语"放在一起讨论。令人难以判断陈氏所说的是文字学层面的问题，还是语言类型层面的问题，抑或两者兼而有之？日语的假名和印欧语的罗马字母都是表音文字，这是共性。但前者是音节文字，后者是音素文字，性质并不相同。从语言类型学上说，日语为胶着语，只有动词、形容词有屈折变化，其他词类，如名词等则没有。陈批评（一些语法学家）勉强附会英语等的语法分析日语，其实并不实用。而汉语是孤立语，既不使用表音文字，又无屈折变化，所以更不需要套用西文的语法体系。参见《新青年》第 2 卷第 2 号。

尊示第八项须言之有物一语，仆不甚解。或者足下非古典主义，而不非理想主义乎？鄙意欲救国文浮夸、空泛之弊，只第六项不作无病之呻吟一语足矣。若专求言之有物，其流弊将毋同于文以载道之说。以文学为手段、为器械，必附他物以生存。窃以为文学之作品，与应用文字作用不同。其美感与伎俩，所谓文学、美术自身独立存在之价值，是否可以轻轻抹杀，岂无研究之余地？①

即陈对胡适的"言之有物"和"文以载道"这一传统观念的关系提出了质疑。

紧接着《新青年》第2卷第4号刊载北京高等师范预科生，"年未及冠"的常乃德的来信，也对胡适的第一、三、四、七各项表示疑义。常指出：

上古文之一字，实专指美术之文而言。其他若说理之文谓之经，纪事之文谓之史，各有专称，不相混淆。（中略）一若除说理之文而外，即不得谓之文者，摧残美术思想，莫此为甚。胡先生以古文之敝，而倡改革说，是也。若因改革之故，而并废骈体及禁用古典，则期期以为不可。

常乃德认为：

改革文学，使应于世界之潮流，在今日诚不可缓。然改革云者，首当严判文、史之界（今假定非美术之文，命之曰史）。一面改革史学，使趋于实用之途，一面改良文学，使卓然成为一种完全之美术，不更佳乎？②

常乃德甚至认为：

吾国之骈文，实世界唯一最优美之文，……尽屏古典，似不免矫枉过正。诗文之用古典，如服饰之御珍品，偶尔点缀，未尝不可助兴。③

陈独秀在给常乃德的私信中，一方面说"分别文学之文，与应用之文作用不同，与鄙见相合"；另一方面又对常乃德"（胡适欲）尽屏古典，似

---

① 《〈新青年〉通讯栏》第2卷第2号，1916年10月1日。
② 《〈新青年〉通讯栏》第2卷第4号，1916年12月1日。
③ 《〈新青年〉通讯栏》第2卷第4号，1916年12月1日。

不免矫枉过正"的指责，替胡适辩解说"行文偶尔用典，本不必遽禁。胡君所云，乃为世之有意用典者发愤而道耳"。①

除了公开质疑外，胡适的友人等还直接给他写信讨论相关问题。如江亢虎在信中说：

> 所谓典者，亦有广狭两义。饾饤獭祭，古人早悬为厉禁。若并成语故事而屏之，则非文字之品格全失，即文字之作用亦亡。……文字最妙之意味，在用字简而涵义多，此断非用典不为功。不用典不特不可作诗，并不可写信，且不可演说。（中略）其用字之繁简，犹其细焉，恐一易他词，虽加倍蓰而涵义仍终不能如是恰到好处，奈何。②

江亢虎指出"典"有广义狭义之分，并明确地把典故和成语连在一起，指出汉语如果屏除成语，不但文章没有品位，还将影响语言的交流功能。江说作诗不能不用典，写信、演说也不能不用典。江亢虎的所谓作诗的"典"是一般的典故，写作、演说的典则应视为成语。成语作为词汇单位具有命名的功能，可以准确地指称对象，短语则没有这种功能。可以说江亢虎更多地注意到了"典"在词汇学上的特征。

三 由"革命"到"改良"：语言问题的历史时空

胡适接受了陈独秀"倘能详其理由，指陈得失，衍为一文，以告当世，其业尤盛"的建议，遂于 1917 年 1 月 1 日在《新青年》上发表《文学改良刍议》。文章内不再使用"革命"，改用"改良"，除此之外，八项主张的顺序和文字亦有所变动。兹列表对照如下：

表 1　文学革命八事对照表

《致陈独秀信》	《文学改良刍议》
一曰不用典。	一曰须言之有物。
二曰不用陈套语。	二曰不摹仿古人。

---

① 陈独秀：《答常乃惠》，《独秀文存》（第三卷），远东图书公司，1965 年港初版，第 24 ~ 25 页。

② 胡适：《文学改良刍议》，《新青年》第 2 卷第 5 号，1917 年 1 月 1 日。

续表

《致陈独秀信》	《文学改良刍议》
三曰不讲对仗（文当废骈，诗当废律）。	三曰须讲求文法。
四曰不避俗字俗语（不嫌以白话作诗词）。	四曰不作无病之呻吟。
五曰须讲求文法之结构。	五曰务去烂调套语。
六曰不作无病之呻吟。	六曰不用典。
七曰不摹仿古人语，语须有个我在。	七曰不讲对仗。
八曰须言之有物。	八曰不避俗字俗语。

如上所述，胡适在给陈独秀的信中把"八事"中的第一至五项称之为"形式上之革命"，第六至八项称之为"精神上之革命"，批评的重点是前者。但在《刍议》中，这种形式与内容的分类被打乱了，文章的主旨也随之变得混乱暧昧。胡适在《刍议》中响应陈独秀"详其理由，指陈得失"的请求，对若干项目详加论述，例如，对于"言之有物"，胡适解释说"物"即情感、思想，与"文以载道"无涉。对文法问题依然语焉不详的胡适却使用了大量的篇幅对"不用典"问题进行了说明。胡适采纳了江亢虎的典有广狭之分的观点，并说，不用典一项只适用于狭义之典。

广义之典非吾所谓典也，广义之典约有五种：

（甲）古人所设譬喻，其取譬之事务，含有普通意义，不以时代而失其效用者，今人亦可用之：自相矛盾、治头治脚、洪水猛兽、发聋振聩皆此类也。若负弩先驱、退避三舍之类，在今已非通行之事务。在文人相与之间，或可用之，然终以不用为上。

（乙）成语　成语者，合字成辞，别为意义。其习见之句，通行已久，不妨用之。然今日若能另铸"成语"亦无不可。利器、虚怀、舍本逐末……皆属此类。此非"典"也，乃日用之字耳。

（丙）引史事　引史事与今所论议之事相比较，不可谓为用典也。如老杜诗云，"未闻殷周衰，中自诛褒妲"，此非用典也。

（丁）引古人作比　此亦非用典也。杜诗云，"清新庾开府，俊逸鲍参军"，此乃以古人比今人，非用典也。

（戊）引古人之语　此亦非用典也。吾尝有句云，"我闻古人言，艰难惟一死"。又云，"尝试成功自古无，放翁此语未必是"。此乃引语，非用典也。①

胡适首先指出广义的典五种：甲是成语，成语都有理据，即意义形成的理由。② 成语的理据又叫典故（成语故事），有的典故可以从字面上推导出来（即胡适所说的"含有普通意义，不以时代而失其效用者"），有的不能（即胡适所说的"在今已非通行之事务"）。胡适认为那些已经脱离典故的历史语境，一般化了的成语可以用。而如"退避三舍"的"舍"，今人不解其义的多，不用为好。乙是胡适称之为"成语"，其实是包括某些成语在内的复合词。③ 那些已被语言社会所接受的复合词，胡适说"不妨用之"，其实语言中的词语通常无法人为地加以消除。胡适还提到了"另铸成语"，此点与胡适的"不避俗字俗语"相呼应。这里需要注意的是，胡适所举的例子都是透明性高的复合词。

丙、丁、戊三项均涉及"引用"。汉语的直接引用和间接引用没有形态上的区别，而胡适这里说的是某种明示性的引用，即通过上下文或者一定的语词告诉读者：下文为引用。胡适的主张是广义的典可以使用，需要禁止的是狭义的典。胡适说：

> 狭义之用典，则全为以典代言。自己不能直言之，故用典以言之耳，此吾所谓用典与非用典之别也。狭义之典亦有工拙之别。其工者偶一用之，未为不可，其拙者则当痛绝之。
>
> 拙者五例：一、比例泛而不切；二、僻典使人不解；三、刻削古典成语，不合文法；四、用典失其原意；五、古事之实有所指，不可移用者，今往乱用作普通事实。④

胡适所说的"狭义之用典"是以典代言，即用古人的话说出自己的意思。广义和狭义，胡适认为区别在于使用。"全为以典代言"，不但自己完全没有创造性，而且"不工"，所以应在摒弃之列。

---

① 胡适：《文学改良刍议》，《新青年》第 2 卷第 5 号，1917 年 1 月 1 日。
② 索绪尔以后的现代语言学认为：单纯词没有理据，或者说理据是任意的，而复合词都有一定的理据。理据与词义有直接联系的称为"透明性"高，反之称为"透明性"低。
③ 复合词在意义上的一个特点是构词成分的相加义不等于词义，一般来说复合词的整体义一定要小于字面义。
④ 胡适：《文学改良刍议》，《新青年》第 2 卷第 5 号，1917 年 1 月 1 日。

四 关于"不用典"的讨论

《刍议》发表后，关于不用典的讨论更趋热烈，胡适自己也说："吾所主张八事之中，惟此一条最受友朋攻击，盖以此条最易误会也。"[①] 什么是"典"？"典"即是古人之诗文，用典就是"引用"。引用是一种修辞性行为，引用可以补强自说，增加权威性，导入典故的历史语境和背景知识，使表达多重化、纵深化（即赋予字面以外的意义）。需要注意的是，胡适在这里讨论的都是诗歌用典的情况。旧体诗和骈文由于形式上的限制，必须"言简意赅"，用典便不可避免。而正如大多数论者所指出的那样，六朝以后为用典而用典，堆砌、靡丽之风兴，损害了文学作品的情感表达力。"典"具有修辞功能，而这种功能常常是以牺牲语言的信息交流和情感表达的功能为代价的。陈独秀不赞成全面禁止用典，说：行文本不必禁止用典，惟彼古典主义，乃为典所用，而非用典也，是以薄之耳。[②] 曾毅也主张应该区别对待：中国之文，尤坏于滥用典故。（滥用的结果是）几使读者茫然不知真意之所在，只要能够为一般人所理解还是可以用的。[③] 而反对用典最激烈者是钱玄同。钱玄同说：

> 胡君不用典之论最精，实足祛千年来腐臭文学之积弊。（中略）惟于"狭义之典"，胡君虽主张不用，顾又谓"工者偶一用之，未为不可"，则似犹未免依违于俗论。弟以为，凡用典者，无论工拙，皆为行文之疵病。（中略）文学之文，用典已为下乘，若普通应用之文，尤需老老实实讲话，务期老妪能解。如有妄用典故、以表象语代事实者，尤为恶劣。[④]

"引用"赖以成立的前提是共同知识背景的存在，背景知识的获得需要学习，学习的对象是以儒家著作为中心的"共同古典群"。能否准确地

---

① 胡适：《文学改良刍议》，《新青年》第 2 卷第 5 号，1917 年 1 月 1 日。
② 陈独秀：《再答常乃惪》，《独秀文存》（第三卷），远东图书公司，1965 年港初版，第 38 页。本文作于 1917 年 2 月 1 日。常乃德在给陈独秀的私信中每每流露出对美文、骈文的留恋。
③ 《〈新青年〉通讯栏》第 3 卷第 2 号，1917 年 4 月 1 日。
④ 《〈新青年〉通讯栏》第 3 卷第 1 号，1917 年 3 月 1 日。

理解典，完全看所谓的古诗文根底。钱玄同指出：有些人认为典有一句顶几句的"简妙"之益。但是这种简妙是从小读四书五经的结果。今后的儿童要把时间花在其他方面，要丰富"二十世纪之新智识"，所以"应用文学绝对禁止用典"。

刘半农说"余于用典问题，赞成钱君之说，主张无论广义、狭义、工者、拙者，一概不用。即用引证，除至普通者外，亦当注明出自何书，或何人所说。"① 余元濬也表示："不用典一事，已经诸家反复申论，且限制其范围，亦属正确。"②

不久钱玄同再次给陈独秀去信，阐明对应用文改革的观点。钱说：应用文应以国语为之，而且绝对不可以用典。钱的"国语"即白话，钱说应用文使用白话"自然是根本上之改革"，但他本人对"不用典"尤为注意：

> 弟以为今日作文，无论深浅高下，总要叫别人看得懂，故老老实实讲话最佳。其借物比拟者，若一看可懂，尚属勉强可用，如胡先生所举"发聋振聩"、"无病呻吟"、"负弩先驱"之类，此类纵不知其出处，然可望文生义。若"自相矛盾"、"退避三舍"之类，苟不知"以子之矛攻子之盾"之义，便有些看不明白，（中略）至于"退避三舍"一语，如未读过《左传》，竟难得其解，即仅读《左传》，如不看杜氏"一舍三十里"之注仍是不能明白，或将疑为"让出三间房子"矣。故此类之典，鄙意总以不用为宜。其他僻典，（中略）则我欲大声疾呼曰：万万不可用！万万不可用！！③

至此，应用之文不用典得到了普遍赞同，陈独秀认为文分两类，常乃德主张文学之文可以用典，钱玄同则说"文学之文，用典已为下乘，若普通应用之文，（中略）妄用典故，尤为恶劣"。不仅应用文不可用典，文学的用典也受到了批评和抵制，典的问题在提倡文学改革的人群里达成了初步的共识。一年以后，张厚载说：诸先生所举起，仆最表同情者，为"不

---

① 《〈新青年〉通讯栏》第 3 卷第 3 号，1917 年 5 月 1 日。"注明出自何书，或何人所说"即明示性引用，在中国极不现实。这是因为，（1）诗文里受字数等的限制不允许明确标示哪些内容是引用；（2）文人更推崇隐性引用，以显示自己的才学。

② 《〈新青年〉通讯栏》第 3 卷第 3 号，1917 年 5 月 1 日。

③ 《〈新青年〉通讯栏》第 3 卷第 5 号，1917 年 7 月 1 日。

用典"一事，因此事最足以窒碍思想也。①

五 "典"与文学革命

胡适的"不用典"是作为文学革命的命题提出来的，新的时代的文学应该采用何种文学的和语言的形式？对于 1917 年当时的文学创作而言，可供选择的语言形式局限在文言、浅文理、白话三类。文言即几千年传承下来的书面语，胡适称之为"死文言"；浅文理是 19 世纪初以来西方传教士们翻译圣经、撰写宗教文章所使用的语言；② 白话就是《水浒传》《西游记》《红楼梦》《儒林外史》等白话小说的语言。但是这三种语言形式都无法承担新文学的重任，需要建构新的语言形式。③《刍议》发表一年后，胡适作《建设的文学革命论》，胡适在这篇文章中首次提出了"国语的文学——文学的国语"的主张。这一与"言之无文，行之不远"异曲同工的主张说出了文学对语言形式的依赖。胡适在文中反复指出"中国若想有活文学，必须用白话，必须用国语，必须做国语的文学"；"我们今日提倡国语的文学，是有意的主张。要使国语成为'文学的国语'。有了文学的国语，方有标准的国语"；"有了国语的文学，方才可有文学的国语。有了文学的国语，我们的国语才可算得真正国语"；"国语没有文学，便没有生命，便没有价值，便不能成立，便不能发达"。胡适的话贯穿着一个明确的意思：新文学的兴起必须借助"国语"这一语言形式，而国语的形成同样需要借助文学的力量。同时胡适还认为白话并不完全等于国语，白话若要成为国语必须"有意的主张"，即积极地进行人为的改良。如何将白话改良成国语？胡适在文中再次提到了"不用典"。④ 胡适说"有什么话，说什么话；话怎样说，就怎么写"，这是二不作无病呻吟的文字；三不用典；四不用套语烂调；五不重对偶（文须废骈，诗须废律）；六不作不合文法

---

① 《〈新青年〉通讯栏》第 4 卷第 6 号，1918 年 6 月 15 日。

② 出自传教士之手的科技书籍的翻译（墨海书馆、江南制造局翻译馆、同文馆等）、传教士主持的报纸杂志上的译述也应该列入这一类。

③ 不仅仅是文学，其他新学科也需要新的语言形式。相关讨论参见沈国威《从〈天演论〉到〈原富〉：以严复、吴汝纶的书札为素材的考察》，载王宏志主编《翻译史研究》（2013），复旦大学出版社，2013，第 190～207 页。

④ 《新青年》第 4 卷第 4 号，1918 年 4 月 15 日。标题中的"的"是日语的词缀成分，功能是将名词转换为属性词，相当于现代汉语的"性"。即富于建设性的文学革命。

的文字等"诸条的变相"。除了第二条以外都是胡适致陈独秀信中属于形式革命的部分。胡适说:

> 那些用死文言的人,有了意思,却须把这意思翻成几千年前的典故;有了感情却须把这感情译为几千年前的文言。明明是客子思家,他们须说"王灿登楼"、"仲宣作赋";明明是送别,他们却须说"阳关三叠","一曲渭城";(中略)请问这样做文章,如何能达意表情呢?

五四以后骈体文、旧体诗逐渐让位于新体诗和白话小说,这是时代的要求。但是当白话的诗、文成为新的文学形式后,真的不需要用典(包含成语)了吗?不用典的白话能承担起文学语言的重任吗?"话怎么说,就怎么写"能产生"文学的国语"吗?朱我农在给胡适的信中说:"笔写的白话,同口说的白话断断不能全然相同的。(中略)所以先生等名为文言改为白话的白话,——就是我称为"笔写的白话"的——其实依旧是文言。"① 如此,汉语世界就面临一个如何将白话改造成国语的问题。朱我农之弟朱经农说:

> 现在讲文字革命的大约可分四种。第一种:"改良文言"并不"废止文言";第二种:"废止文言",而"改良白话";第三种:"保存白话",而以罗马文拼音代汉字;第四种:把"文言"、"白话"一概废了,采用罗马文字作为国语。(中略)不讲文字革命则己,若讲文字革命,必于二者择一。二者不同之点,就是文言存废问题。有人说,文言是千百年前古人所作,而今已成为"死文字";白话是现在活人用品,所以写出活泼泼的生气满纸。文言既系"死"的,就应当废。弟以为文字的死活,不是如此分法。古人所作的文言,也有"长生不死"的;而"用白话做的书,未必皆有价值有生命"。(中略)"文学的国语",对于"文言"、"白话",应该并采兼收而不偏废。其重要之点,即"文学的国语"并非"白话",亦非"文言"。须吸收文言之精华,弃却白话的糟粕,另成一种"雅俗共赏"的"活文学"。第一是要把作者的意思完完全全的描写

---

① 《朱我农致胡适信》,《〈新青年〉通讯栏》第5卷第2号,1918年8月15日。

出来；第二要使读文字的人能把作者的意思容容易易、透透彻彻的领会过去；第三是把当时的情景，或正确的理由，活灵活现、实实在在的放在读者的面前。①

胡适认为朱经农的"并非'白话'，亦非'文言'。吸收文言之精华，弃却白话的糟粕，另成一种雅俗共赏的活文学"云云太"含糊"，重新界定说：

> 我所主张的"文学的国语"，即是中国今日比较的最普通的白话。这种国语的语法、文法，全用白话的语法、文法。但随时随地不妨采用文言里两音以上的字。这种规定——白话的文法，白话的文字，加入文言中可变为白话的文字——可不比"精华"、"糟粕"等等字样明白得多了吗？②

据此，我们可以对胡适的"文学的国语"建构设想有一个大致的了解。其句法首先是完全遵循白话的，文言的虚词（代词、助词、助动词等）都在屏除之列，"时不我待"之类的句型也不应使用。胡适的"语法"所指不明（显然不是今天的"语法"），或是白话中词语的用法。在这种白话的基础上加上文言中的多音词，就是"文学的国语"了。换言之，国语的文学性是由文言的多音词来保障的。具体是哪些词，何种类型的词不得而知。如果局限在旧文言的范围内，可资利用的只能是前述的"甲乙"（自相矛盾、治头治脚、洪水猛兽、发聋振聩；利器、虚怀、舍本逐末）两类。③ 陈独秀在《刍议》刊出后不久就指出："愚意白话文学之推行，有三要件。首当有比较的统一之国语，其次则须创造国语文典，再其次国之闻人多以国语著书立说。"④ "统一"是为全国读者所接受的问题，由于是书面语故主要表现在词汇层面。

国语需要有一个与文言和旧白话不同的词汇体系，胡适的"务去烂调套语"和"不避俗字俗语"就是这个意思。张厚载指出新名词、新文体为文言一致提供了好机会：

---

① 《朱经农致胡适信》，《〈新青年〉通讯栏》第 5 卷第 2 号，1918 年 8 月 15 日。
② 《胡适致朱经农信》，《〈新青年〉通讯栏》第 5 卷第 2 号，1918 年 8 月 15 日。
③ 我们还要问：文学的国语真的不需要文言中的修辞法和句式等的资源吗？
④ 陈独秀：《按语》，《〈新青年〉通讯栏》第 3 卷第 2 号，1917 年 4 月 1 日。

> 新文学干净明白，使人易于了解；且杂以普通习用之名词，尤为雅俗所共晓；如"结果"、"改良"、"脑筋简单"、"神经过敏"以至"当然"、"必要"、"事实"、"理想"等语，一般社会，几成为一种漂亮之俗语，尽人皆能言之。而文学上用此等语调，亦仍不失为雅洁。此岂非文言一致之动机乎？①

正是这些不断涌现并日益普及的新词才是胡适"随时随地不妨采用"的对象。②

陈独秀所说的"国语文典"即文法，陈是最早意识到"国语文典"对于规范白话的重要性的人。朱我农也说：胡适所说的白话是写出来的白话，其实也是一种文言，既是文言，那就要有文法了，因为文法是学习将白话写出来时必要之物。③尽管胡适最早提出了"须讲求文法"，但至少那时他并没有对白话和文法的关系做出明确的阐述。在1919年以后的一系列著述：《国语的进化》《国语文法的研究法》中胡适集中讨论了文法研究的方法，但分析对象仍为古汉语。在汉语研究界，白话文法还在酝酿中，因为白话文法的诸多规则需要从"国之闻人"的国语著述中归纳。④

六 "典"与国语近代化之路

用典的问题缘于旧体诗创作的讨论，胡适主张为了表达真实的情感"不用典"，这一点与胡适的"务去烂调套语"是一致的，只是讨论的对象还仅限于韵文。其后钱玄同指出：文学之文，用典已为下乘，若普通应用之文，妄用典故，尤为恶劣。首先提出了应用文不得用典，刘半农等随声附和。但是江亢虎指出"不用典不特不可作诗，并不可写信，且不可演说"。写信、演说不可或缺的"典"应该理解成成语。在汉语中，典的使用有两种动机，一是语言的审美需求，这一点由作者和读者所处的语言社会价

---

① 《〈新青年〉通讯栏》第4卷第6号，1918年6月15日。
② 笔者认为词汇的问题在1915年以后已经基本解决，第一本近代性的国语辞典《辞源》（1915）的出版可以看作一个标志性事件。词汇问题的解决为言文一致等文体方面的变革提供了必要的条件。
③ 以上引用均见《〈新青年〉通讯栏》第5卷第2号，1918年8月15日。
④ 沈国威：《"形式"与"精神"的拮抗》，《東アジア文化交渉研究》2013年第6号，第43～55页。

值取向决定；二是汉语本身韵律上的特点。汉语的基本节奏是四音节，这是《诗经》以来几千年形成的。江亢虎的结论或者是对汉语特点的直觉。今天距离这场"不用典"的讨论已经过去了近一百年，现在的诗歌、小说已经很少使用包括成语在内的典故了，但是，文学以外的文章——如报刊、广播电视上，成语的使用仍然极为普遍，数千字的演说词中成语动辄数十条。成语理解使用的能力在对外汉语教学领域，还被当作是汉语书面语能力的一个主要指标，成为汉语高级课程的重要学习任务。

笔者曾经指出近代国家的国语应该具备以下的特征：[①]

- 能产性，即可以表述不断出现、日益增多的新概念
- 普及性，即口语形式与书面语形式有较大的一致性
- 传播性，讲授新的知识
- 民主性，为全体国民所掌握

当我们从语言近代化的视角考虑成语问题时就会发现，成语滥用是对现代价值的否定。因为掌握成语需要漫长的学习过程和相应的经济负担，而任何由于自身以外因素造成的语言能力差距的事实都是与现代社会精神背道而驰的。语言社会的价值取向（雅驯）和汉语的韵律结构特点延长了汉语中四字格形式成语的生命![②] 成语的使用有赖语言社会成员的"共同的古典"的存在，四书五经等儒家经典及其他典籍就是汉语使用者的"共同古典"。"经典"在现代中国已经不再是道德行为的规范了，但无疑还仍旧是文化知识、社会生活范式的源泉。我们无法摆脱作为文化传承的古典，尽管如此，成语已经在悄悄变化了。成语有透明的，也有不透明的，后者数量极少，而且正处于透明化的进程中。例如很多实例显示"守株待兔""望尘莫及"分别与"等待"和"莫及"同义。

"五四"的言文一致取得了决定性的成功，但是文体还远远没有解决。很多抽象的内容无法用直白的话语表达，报刊上泛滥的成语就说明了这一点。要做到"用平淡的谈话，包藏着深刻的意味"还需要更多的努力和积累[③]，读者也需要改变传统的审美趣味。这才是一条通往国语近代化的路。

---

① 沈国威：《中国語と近代》，《外国语学部纪要》2010 年第 2 号，第 13 ~ 22 页。

② 日语、韩语、越语都曾经存在着大量的成语，第二次世界大战以后，日语中的成语使用锐减，韩语、越语也发生了类似的变化。感谢笔者研究室韩、越留学生提供的相关知识。

③ 胡适：《五十年来中国之文学》，载欧阳哲生编《胡适文集 3》，北京大学出版社，1998，第 263 页。亦参照刘绪源《今文渊源》，上海文艺出版社，2011，第 3 ~ 13 页。

附记：去夏，笔者曾就本文内容与北京社会科学院的专家学者做过交流，蒙叶隽先生等惠赐宝贵意见，谨致谢忱。

Reform of Traditional Literature and the Construction of a New National Language

Shen Guowei

Abstract: In 1917, Hu Shi published the article, "Some Tentative Suggestions for a Reform of Literature," in which he proposed eight points for literary reform, including "Don't use classical allusions" and "Pay attention to grammar." There have been many insightful discussions by scholars of literary history on this declaration of new literary reform and the points contained therein from the perspective of the formulation of literature. There are very few analyses, however, that proceed from the point of view of formation of the national language. What did Hu Shi intend by "Don't use classical allusions"? What was the relationship between "Don't use classical allusions" and the creation of the new literature? This paper try to situate Hu Shi's suggestions in the historical context of the pre – May Fourth New Culture Movement, and analyzes the relationship between literary reform and the construction of the national language.

Key words: Hu Shi, literary reform, national language, idioms, unification of written and vernacular language

（编辑：王涛）

学术制度、团体与"保守"学风的兴起

——以南高国文史地部的发展为例

区志坚*

【摘要】 中国近代学风的传承与学系、学术体制的发展甚有关系。五四运动前后，有一批在南京的南京高等范学校国文史地部任教及就读的师生，因发表批评其时在北京任教北京大学的胡适、陈独秀等倡导"新文化"之言论，往往视为"保守"的学者，本文以档案资料，论述南高"保守"学风的兴起与南高学术制度的关系，学风"内在"传承，与"外在"学术规制等各方面因素相配合，形成学术氛围及学风。

【关键词】 南高　学术体制　学风传承　柳诒徵　刘伯明

一　引言

近现代知识发展有赖高等院校的成立，知识系统化，规律化、制度化及踏上专业知识的培训阶段，高等院校的学系成立，既使学术知识专业化，又吸纳一群已接受专业知识培训的教员任教其中，高等院校又成为教员及学生聚合的地方，由是近代中国学风的传承与学系、学术体制的发展甚有关系。五四运动前后，有一批在南京的南京高等范学校国文史地部（以下简称"南高"）任教及就读的师生，因发表批评其时在北京任教北京大学的胡适、陈独秀等倡导"新文化"之言论，在"新"与"旧"对比的观念下，往往视为"保守"的学者。① 近人已指出持这个"保守"的概

＊　区志坚，香港树仁大学历史系助理教授。

① 胡适曾批评执教南高的教员及其出版的《学衡》为："老胡没有看见什么《学衡》，只看见了一本学骂。"另一位批评传统文化弊点甚力的鲁迅（周树人）也认为："夫所谓学衡者，实不过在'聚宝之门'左近的几个假古董所放的假毫光；虽然自称为（转下注）

念指称南高学人，忽视了南高的治学风尚及特色，本文从另一角度，以档案资料，论述南高"保守"学风的兴起与南高的学术制度的关系，指出学人思想及治学方法的"内在"传承，与"外在"学术规制等各方面因素相配合，形成的学术氛围及学风发展。①

二　南高的学术地位

南高创办于1915年，原址为1903年成立的三江师范学堂，日后校名屡有更易。1923年与东南大学合并，改名为国立东南大学（以下简称"东大"），1927年改名为第四中山大学，1928年改名为江苏大学，同年5月又改名国立中央大学（以下简称"中大"），该校校友往往把南高至中大的发展，视为一个整体，承如胡焕庸（1919年入读南高）曾言："自南高至中大，学校校名虽经数易，而学校内容，实一线相承，绝少变易；凡治学于此，不论时间之先后，多具有同一之好尚"，② 陈训慈（1901～1991）也说："南京高师固然为今日中央大学始基之所自，……其精神遗产保留于今之中大"，③ 该校的学生也视南高至中大的教育事业建基于南高时期。又因三江师范至中大均同在一个校址，编校史的作者，亦把南高至中大视为

（接上页注①）"衡"，而本身的称谓尚且未曾钉好，更何论于他所衡的轻重的是非？"见胡适《题学衡》，《尝试集》，胡适纪念馆，1978，第85页；见鲁迅《估学衡》，原文刊于《热风》，因未见原文，现引自《鲁迅全集》第2卷，北京人民出版社，1973，第114～116页；参 Schwartz Benjamin I. , "The Limits of 'Tradition Versus Modernity's Categories of Explation: The Case of the Chinese Intellectuals", *Daedalus*, Vol. 101, No. 2, (1972): 85 - 94. 参见 Furth Charlotte, *Preface* (coll.) in "Preface" (coll.) in Furth Charlotte, eds. , *The Limits of Change* (Harvard: Harvard University Press, 1976), pp. vi - vii. ; Hou Chien (侯健), Irving Babbit In China (Ph. D. diss. , State University of New York at Stony Brook, 1980); Rosen Richard Barry, "The National Heritage Opposition to The New Culture And Literary Movements of China In The 1920's" (Ph. D. diss. , University of California, 1969), Kuo Ya - pei, The Crisis of Culture in Modeern Chinese Conservatism the Case of The Critical Review (Ph. D. diss. , University of Wisconsin - Madison Phd Dissertation, 2002).

① 宏观地研究民国学术制度与学风发展的成果，见叶隽《德国学理论初探——以中国现代学术建构为框架》，上海外语教育出版社，2012；刘龙心：《学术与制度》，远流出版社，2002，第15～116页；左玉河：《移植与转化：中国现代学术机构的建立》，大象出版社，2008，第55～110页。

② 胡焕庸：《南高精神》，《国风》第7卷，1935年第2期，第25～26页。

③ 陈训慈：《南高小史》，同上书，第54页。

一个整体，也承认南高时期是整个教育事业发展的"建基时期"，[①] 南高时期的发展是极为重要。南高之所以为学界注意，主要是因为 1919～1923 年执教及就读于南高文史地部的师生，他们曾反对以北大学者为首激烈批判传统文化的言论，在尚批判传统文化为"新"学的观点，由是忽视了南高师生的治学特色。

其实，南高在民国时甚具学术地位，曾参与古史辩论战的杨宽说："古史辨论战实为北京派和南高派的一场论争"，[②] "南高派"就是指称执教于南高史地部的教员柳诒徵（1880～1956），和他的学生缪凤林（1898～1959）、张其昀（1901～1985）等人，他们反对顾颉刚为首的疑古史言论。此外，曾是东大学生的顾翎群回忆母校生活时也说：

> 民国四年（1915）南高成立，所聘请知名教师中，人文学者如刘伯明（1887～1923）、吴宓（1894～1978）、柳诒徵诸先生，为当代泰斗，努力启迪生徒，而隐然与资深望重之北京大学分庭抗礼焉。……北大除旧扬新，而南高则对新旧学术兼收并重，端观其（南京高等师范教育）有无价值以为评断，其（南京高等师范教育）态度较北大更为开放。[③]

另一位东大毕业生王焕镳也认为南高学风盛极一时。他说：

> 民国八、九年（1919～1920），朝野时彦，拾近世西洋论文论政，偏曲之见，暴蔑孔孟以来诸儒阐明讲说之理，谓不足存；……当是时，南雍诸先生深谓叹息，以为此非孔孟之厄，实中国文化之厄，创办《学衡》杂志，柳（诒徵）师尤反对顾颉刚疑古之论，昌言抵排，为一时之风。[④]

"南雍诸先生"就是指柳、刘及吴等三位学人深叹北大批判传统文化的

---

① 朱斐主编《东南大学校史》第 1 卷，东南大学出版社，1991，第 1～89 页；南京大学校史编写组编《南京大学史》，南京大学出版社，1992，第 1～39 页；余传韬：《中大七十年》，载"国立"中央大学七十周年特刊委员会编《中央大学七十周年纪念特刊》，"国立"中央大学出版社，1985，第 62～65 页。

② 杨宽：《历史潮流中的动荡和曲折——杨宽自传》，时报文化出版公司，1993，第 71 页。

③ 顾翎群：《敬悼郭秉文先生》，《中外杂志》第 6 卷，1954 年第 4 期，第 28 页。

④ 王焕镳：《梅光迪先生文录序》，《梅光迪文录》，中国文化大学出版社，1968，第 30 页。

论点，创办《学衡》杂志，标举"昌明国粹，融化新知"的口号，与北大学者只知输入西方文化及激烈批判传统文化的观点相抗。郭廷以（1904～1975）忆述他初到南京，其友乐焕文介绍南高学风说："南高名气不大，但在国内，北方是北大，南方是南高，算是最有名的学府了"。① 1949 年任教台湾师范大学，师从郭廷以的王尔敏，在回忆文字中更视概括自南高至中大的群体为"南高"。其他在南高毕业生，如日后迁台，创办中国文化大学的张其昀，也是就读南高的，他也认为 1925 年的东南大学也是相承南高学风，而编中央大学校史及东南大学校史的编著者，均认为此两校学风是上承南高。② 由是可知时人已认为南高既与其时反对传统文化的重镇北大相为并立，又是南方学界言论的代表。但应注意，时人所说的"南高"主要应指执教及就读于南高史学部课程的师生，特别是指柳诒徵和任教"西洋史"科目的徐则陵（1886～1972）、"地学通论"等科的竺可桢（1890～1974）、"西洋哲学史"科目的刘伯明，以及一批主修史学课程的学生，而不包括外文系的吴宓在内。

一方面，因为吴氏自 1922 年至 1924 年执教于南高只有两年，对该校学术的影响尚未明确；另一方面，任教哲学系的刘伯明自 1919 年至 1923 年任教南高，被南高史学部学生奉为其中一位"精神领袖"。③ 徐、竺及刘氏三人开办的课程都是史学部学生的必修科目，对日后南高史学发展甚有影响。最重要的"精神领袖"柳诒徵，自 1915 年至 1925 年执教南高，若论时间之长久，实超过吴、刘、徐等人。况且，柳氏曾为《学衡》写《序言》，又是 1925 年前学衡社的编辑，在学衡社担当领导者的角色，更是实践其所标举"昌明国粹，融化新知"治学精神的人物。故"南高"一词，一方面指称执教南高史学部课程的人物，当中柳诒徵更是南高史学的中心人物；另一方面，"南高"也指修读南高史学部课程的学生，因为他们既为《学衡》编辑成员，又在求学阶段办《史地学报》，毕业后仍协助出版《史学与地学》及《史学杂志》，努力介绍中外史地学知识，藉史学研究保

① 转引自张朋园、陈三井、陈存恭、林泉访问〔陈三井、陈存恭记录〕《郭廷以先生访问录》，中研院近代史研究所，1987，第 95 页。

② 王尔敏：《序》，《二十世纪非主流史学与史家》，广西师范大学出版社，2007，第 2 页。又有学者称南高师生为"南派""东南派""传统派"，参王汎森《价值与事实的分离？——民国的新史学及其批评者》，《中国近代思想与学术的系谱》，联经，2003，第 378～380 页。

③ 张其昀：《"南高"之精神》，《国风》第 7 卷，1935 年第 2 期，第 15 页。

存中国文化，继承及实践"昌明国粹，融化新知"的口号。当时任教及修读国文科、外文科的师生，并无类似的活动。本文以"南高史学工作者"或"南高史学者"一词，指称柳诒徵及以他为中心而致力于史学研究的学生，特别是张其昀、陈训慈、缪凤林、郑鹤声四人；而"南高史学"，主要就是指柳氏及上述四位学生的史学研究观点及治史方法。

南高于 1920 年进行课程改革，国文系、史学系、地学系先后成立，依课程规定，学生在选择"本科"及"辅修"学科后，按指定"本科"所修的学分，定其所属的学部，修读史学课程为"本科"的学生，也必要修读一部分地学系及哲学系开办的课程，故史学部学生能学习地学与哲学的知识，也促成学生结合史地学的研究方法，此尤为南高史学特色所在。其时学生所属的学部，名为南高文史地学部，实则国文、史学、地学三个学系独立发展，而统属于国文史地部之下，学生于选取史学系或地学系或国文系为"本科"后，定其修读课程所属的学部。本文为求清楚交代南高史学的发展，便以"南高史学部学生"一词，指称 1919 年至 1923 年在南高修读史学系开办课程的"本科"学生；由于学生同时要修读地学部的课程，故文中亦涉及南高地学部的发展，后来地学部进一步独立，由是形成南高史学分途发展的情况。

南高史学的发展，包括 1915～1931 年南高国文史地部、南高史学部、东大文科史学系、中大史学系及地理系几个时段。又因史、地两个学系于 1920 年脱离国文部独立发展，及后地学系更于 1931 年与史学系进一步分立，可见南高史学及地学研究日趋专业化的发展过程；不过，也由于史、地分科发展，不同于南高史学工作者倡导的"史地通轨"的研究方法，最终导致南高史学与地学系分立的结果。

1919～1923 年，可视为南高史学成立及发展的时期。南高师生组织的第一个学术研究机构史地研究会，就是在这阶段成立；师生一起合作出版的第一本学术刊物《史地学报》，创于 1921 年，而南高史学工作者采取"史地通轨"的研究方法，及藉学术研究以提倡教化的言论，也是刊载在《史地学报》上。1923 年，张、陈及缪氏三人毕业离校；至 1925 年，柳诒徵因东大学潮而离校，郑鹤声也于此年毕业，故南高史学发展在 1925 年即告一段落。因此本章以 1919～1925 年南高史学部的成立及其发展为中心，分为：南高史学部的成立阶段（1915～1918）；南高史学部的发展阶段（1919～1925）。

三 南高史学部的成立

南高史学部学生本属于南高文史地部，此学部前身即南高国文史地部。1915～1918年，是南高的草创时期，亦是南高史学的孕育阶段；其间，南高开办了文理二科，在文科之下设立国文史地部，然而史学、地学两个科目，只附属于国文部开办课程之下，并非独立的学系；当时学生均要修读文史地部课程，没有"本科"及"辅修"科的分别。在此阶段中，柳诒徵虽已执教南高，并为国文史地部主任，但只是兼教杂文及中国历史科目。此时史学系尚未独立发展，南高学生多在国学范围内钻研经史学问。至于西方哲学及史地学知识的传授方面，只有未曾留学外国的朱进之，[①] 留学美国的刘伯明亦在国文史地部兼任教员，可见南高史学部学生只能初步接触西方的地理学及史学的知识；但南高在草创阶段中，已确立了师范教育的办学宗旨，加上刘、柳二氏对中国传统文化的爱好，使南高初步成为一个汇聚中外传统文化、兼容中外学术思想的地方。[②]

1915年成立的南高，在三江师范学堂的原址上兴建。这年秋天，校长江谦在《南京高等师范学校招考简章》中，宣布成立国文部及理化部，各部均开办四年制课程，当时尚未采用学分制及分主修科、副修科，国文部学生均要修读以下科目：杂文、心理学、教育史、经学、国语、文字、中国历史、西洋史、中国地理、英文、哲学、伦理、图画、体操，英文阅读。[③] 为鼓励学生接受师范教育及从事教学的工作，南高学生均由官方提供学费、生活费、膳食及住宿。[④]

就1918年6月发布的《南京高等师范学校调查表》所见，南高国文

---

① 依《1915南京高等师范学校教职员一览表》，中央大学档案，档案编号6483916J3046。所见朱进之在京师大学堂毕业，尚未留学欧美或日本。以下凡引录的档案，全是南京第二历史档案馆馆藏的"中央大学档案"，故凡引录此档案，只列出"中央大学档案编号"。
② 吴宓在留学美国期间，因倾慕刘伯明、柳诒徵等人在南高的办学精神，故称南高执教者为"同志"及"同道"，并以"此校为聚集同志知友，发展理想事业之地"，见吴宓《吴宓自编年谱》，三联书店，1996，〔1921年岁次辛酉〕条，第214页。
③ 《江谦南京高等师范学校招考简章》，《南京大学校史资料选辑》，内部资料，1982，第33页。
④ 《江谦校长关于南京高等师范学校开办状况报告书》，同上书，第34～35页。

史地部一、二年级学生共 66 人，占全校学生 23%，成为全校收生人数最多的学部，学生年龄由 19 岁至 31 岁不等。[①] 国文史地部开办后，至 1919 年夏天，才有第一届毕业生，其时毕业生为数 26 人。[②] 自 1915 年至 1919 年五四事件之前，全职（不包括兼职）任教国文史地部的教授名录及开办课程如表 1 所示。

表 1　1915 年南京高等师范学校教职员表[③]

科　目	教　授	性　别	年　龄	节数	备　注
中国历史	柳诒徵	男	39	2	1915 年 8 月就职，后任国文部主任，兼教杂文（国文）、历史二科（四年共分：上古、中古、近世）
杂　文	柳诒徵	男	39	2	
西洋史	朱进之	男	32	2	1916 年 8 月就职，选修科
经　学	王瀣	男	47	2	1915 年 8 月就职
文　字	顾实	男	（无记录）	2	1918 年 4 月就职
中国地理	童季通	男	（无记录）	2	
伦　理	刘伯明	男	29	2	1919 后兼任训育主任、国文史地部主任[④]
哲　学	刘伯明	（无记录）	（无记录）	2	
国　语	周盘	男	（无记录）	2	
英文阅读	张枝一	男	（无记录）	2	
图　画	周玲孙	女	（无记录）	2	
体　育	陆佩萱	男	（无记录）	2	
教育史	姜琦	男	（无记录）	2	
教　育	陶知行[⑤]	男	（无记录）	2	1915 年就职
心理学	吴康	男	（无记录）	2	1916 年 9 月就职

---

① 《南京高等师范学校调查表》（1917 年 7 月~1918 年 6 月），《南京大学校史资料选辑》，内部资料，1982，第 38 页。
② 《南高时期毕业同学（1917 年国文专修科）》，载《国立中央大学二十四级毕业纪念刊》（据 1936 年刊本），南京大学图书馆藏本。
③ 表 1 数据源：《1915 南京高等师范学校教职员一览表》，中央大学档案，档案编号 6483916J3046。
④ 刘伯明已于 1915 年至 1918 年以兼任教授的身份，执教南高的伦理、言语、哲学科；见张其昀《源远流长之南京国学》，《国风》第 7 卷，1935 年第 2 期，第 51 页。
⑤ 1920 年后改名为陶行知。

　　除了表 1 所列出的教职员外，还有：历史科辅导员李以炳（执教年份
1915 ~?），35 岁；国文科辅导员向楚（执教年份 1915 ~?），40 岁。此时
开办的学科，是校方先设定科目后，才招请教员，不会因不同的教员而改
变开办科目，故南高自 1915 ~ 1919 年五四运动之前，每年所开办的学科都
是一样的；而且，课程共分上、下两个学期，每周上课 6 天，各科上课每
节 2 小时。

　　从《南高文史地部第一级会纪念刊》可见，南高国文史地部的学生修
读的学科有杂文、读经、文字、英文阅读、哲学、国语、伦理学、教育、
教育史、体育兵操、中国历史、中国地理、心理学、图画、西洋史。① 每
科每周共上课两节，每节 2 小时，学生要修读 15 科；换言之，一周之内
学生要上课 60 小时；教职员在一周内，共教四级，四级共授课 16 小时。
从表 1 可见南高在草创初期，国文史地部学生要修读的经学、文字、国
语及杂文等"国文"四科，每周上课合共 16 小时。而修读中国历史、
中国地理及西洋史 3 科，每周上课合共 12 小时。至于心理学、教育、教
育史、伦理及经学，这些属于培养学生道德情操及教育思想的学科，每
周上课合共 20 小时。英文、文字及国语科，这些中外语文基础训练的学
科，每周上课合共 12 小时。由此可见，南高国文史地部学生主要学习国
文科、中英语文、教育学及注意道德的培养。而中、外历史及中国地理
3 科合共的上课时间和节数，显然不及"国文"4 科（经学、文字、国
语、杂文），也不及有关教育学及道德伦理的科目；故其时的史学部学
生也认为："当时之课程甚为简易，盖校中之定专科学程，重在普通，
史地知识，未言及之"。

　　总之，此时南高国文史地部开办的课程，以国文科及道德伦理科为
主，尚未注意培训学生史地学的专科知识，研究方法上则以传统经学文献
考证的方法为主。但在此阶段中，南高国文史地部因聘请了刘伯明及柳诒
徵任教，日后此两位教员均成为南高史学部学员的"精神领袖"。又随刘
伯明到校任教，促使梅光迪、吴宓等留美学生亦相继执教其中。自辛亥革
命（1911）后，原有的学校设施被军队占用，课室及设备亦遭破坏；② 至

---

① 《南高文史地部第一级会纪念刊》，南京大学图书馆藏本（据 1924 年刊本）。
② 见《李承颐接管两江师范学堂情形的呈报》（原文为 1920），《江苏省行政公署饬驻军迁
　出学堂的训令》，载《南京大学校史资料选辑》，内部资料，1982，第 20 ~ 23 页。

1915 年南高成立，学校设施始日渐充裕，教员队伍日渐安稳下来。教员得以从事学术研究及开办相关课程，学生得以学习中外史地及哲学知识；而南高师生借史地学研究推动道德教化的特色，实乃承接江谦所确立的南高师范教育的办学宗旨。及至江谦聘请郭秉文任教南高，郭氏推动学系改革，终于导致 1920 年后史学与地学二系分开，与国文系并立，成为南高文科三个学系，故若非江谦任用郭秉文，也未必出现日后"寓专科于师范教育"之中及史地学系的专科发展方向。由此可见，此阶段南高国文史地部的发展，已为下一阶段南高史学的发展定下了基础。

（一）南高史学部的课程

这时的南高史学部，发展日趋稳定，不独吸引了一群志同道合的教员相聚，学校课程亦日趋完备；其间国内出现"五四运动"，各地学潮屡生，但南高（于 1923 年秋已改名为东南大学）延至 1925 年，才发生大规模学潮，故相较于北方的大学而言，此阶段的南高发展较为安定。学生在一个安定的学术环境下学习，自能掌握师说。当时不少留美学人归国，部分执教于南高的留美学生，与从事史学研究的学者相处融合，渐渐形成南高学者的治学特色，其风尚与北方学派的不同："北方学派以文学革命整理国故相标榜，立言务求恢诡，抨击不厌吹求，而南雍师生乃以继往开来，融贯中西为职志"。[1] 他们又不断出版学术刊物，组织学会，发布"宣言"，更推荐学生在他们办的学术刊物上发表论文，藉文章的意见、论点及选择研究方向，来巩固学术工作。而教员也藉出版学术期刊，推动校内研究风气，鼓励学生发表文章，从而增加学生与教员之间的了解。最重要者，此时南高史学部的学生，仍是求学阶段的年轻人，他们由于出版活动，及参与师生一起组织的研究会，在课余时能多受教员的指导。在教员带领下，研究会渐渐发展起来，借着学术刊物不断延伸其学术宗旨，南高史学系亦因而有更大的发展。

1918 年郭秉文任南高校长，在 1919 年秋把国文史地部改名为文史地部，并于次年成立史学系与地学系。这两个学系只是提供学科给学生修读及方便行政管理，学生在选择"本科"及"辅修"学科后，按指定的学分进修，定其毕业时所属学部，称为"国文部毕业生""史学部毕业生"

---

[1]　胡先绣：《朴学之精神》，《国风》第 8 卷，1936 年第 1 期，第 14 页。

"地学部毕业生"。① 1919～1927 年中大成立之前,校方为求行政的管理上的方面,便把所有进入南高(或东南大学)就读文科的学生,全部统称为"文史地部学生",至学生毕业时才称为某学部毕业生。② 学生在选择"本科"及"辅修"科后,以修读某一系提供的学科为主修科,某一系提供的学科为辅修科,所以就读于文史地部的学生,除了主修科外,也可以修读史学系、地学系、哲学提供的课程。

其时的地学系,只开办"地质""地学通论""气象"科,至于"经济地理""人文地理"科,则设在史学系开办课程之内;竺可桢执教的"地学通论""人文地理"2 科,均为主修史学课程的学生所必修。③

由此可见,南高开办的史地学课程有以下特色:(1)从 20 世纪起,地学系的内容包括"人文地理科"(Human Geography)及"自然地理科"(Physical Geography)的角度而言,南高的地学系尚未独立发展。④ (2)南高史、地两个学系开办的课程没有明确划分史地学的特色,因为"人文地理科"为史学系开办的"必修科",而"地学通论"又是主修史学系课程学生所必修,所以主修史学系课程的学生,既要修读史学系修的"人文地理",又要修读地学系开办的"地学通论",他们既具备史学知识,也有人文地理科、地质学及气象学的基础知识。(3)在南高及东大文史地部提供的学科,呈现了结合传统史地学知识训练的特色。自清代的史地学研究开始,本来未有划分何者属史学范围,何者属地理学范围,学者也以考史、证史的方法,考证地名或地界,如柳诒徵对史地学的研究就是一例。而地学上属于人文地理科的范围,主要是研究人生与地理的相互关系,在柳诒徵心目中,这是属于"史地通轨"的研究方法,故此"人文地理"科,被

① 此时史学系、地学系,已脱离国文部的附属地位,并与国文系并立。有关南高文史地部的发展及学生修读"本科"及"辅修科"的情形,见郭秉文《南京高等师范学校章程》〔中央大学档案编号 6484916J3023〕,缺页数。

② 《南高文史地部第一级会纪念刊》,南京大学图书馆藏本(据 1924 年刊本),第 32 页。

③ 竺可桢因"人文地理学"及"经济地理学"2 科,为史学系开办的课程,为使地学系进一步独立发展,所以他提出改革地学系课程,把"人文地理学"及"经济地理学"2 科,由地学系开办,使地学知识独立发展;见氏《中央大学地学之前途》,《地理杂志》第 1 卷第 1 期,1928,第 6 页。有关竺可桢对南高学风的影响及地理学知识走向专业化的关系,见区志坚:《竺可桢与气象学及地理学的发展》,载李又宁主编《华族留美史:160 年的学习与成就研究论文集》,美国纽约市皇后区圣若望大学,2011,第 1 集,第 365～400 页。

④ Putnam D. F., *Geography in the Twentieth Century*: *Geography Is A Practical* (N. Y.: Philosophy Library, 1951), pp. 1 – 9.

划入"史学系"的范围。① 因为史学系及地学系的密切关系，培养了南高史学部师生研究史地学的兴趣，加以藉出版有关史学研究的学术刊物增多，也在一定程度上带动师生结合史地学知识的研究方法。

此阶段南高史学部收录的学生，均成为南高史学的代表人物，张其昀、缪凤林、陈训慈及郑鹤声，都在这时期入学。同时，此阶段也可见南高史学研究队伍的日渐壮大，1919～1923 年就读国文史地部的学生更被誉为"南京高师校多年之培植，为最优秀一班，空前绝后"，上述四人更受到称赞。② 其间除柳诒徵及刘伯明执教于史学课程外，教员尚有竺可桢、徐则陵、吴宓及梅光迪，实具有糅合中外史学、地理学及哲学的特色。而以史学部师生为主要编辑成员而出版的刊物有《史地学报》，师生们一起协助出版的刊物也有《学衡》杂志。故从学术传承立场而言，此阶段可视为南高史学部及其史学研究的"发展阶段"。

此阶段继承了师范教育的办学宗旨，更注意学科知识的培训。郭秉文（1870～1969）继任南高校长后，宣布："本校以养成中等学校教职员及教育行政人员为宗旨"，③ 以推动师范教育发展为依归，并希望"寓师范教育于专业之中"，推动各学部独立发展。在 1923 年，校方为扩充资源，更把南高与东大合并，从学制而言，此年可代表南高的结束。

《南京师范学校文史地部简章》列明沿用师范学校的 4 年制课程，并分上、下学期。又规定文史地部一年级全体学生，均要修读两个学期的课程，每个学期修读 42 个学分，其中 9 个学分为"伦理学"，其余是由各学系开办的科目，计"国文"科 6 个学分、"史学"科 6 个学分，"地学"科 6 个学分、"哲学"科 6 个学分，"西洋文学"科 3 个学分，"教育"科 3 个学分、"英文"科 2 个学分；体育为必修科，但没有学分。④ 可见南高对学生道德伦理及史地学科的知识，是十分重视的。为求使学生吸收基础知识，1920 年下学期在文史地部增设西洋哲学课程，并行本科及选科制。又在文史地部之下设立五个学系，分别为：国文系，系主任王瀣（1871～

---

① 彭明辉：《历史地理学与现代中国史学》，东大图书公司，1995，第 39～50 页；又有关柳诒徵对史地学的研究及提出时、空与人的关系，见彭明辉《序》，《史地学报》第 1 卷 1 期，1921，第 1 页。

② 此语出见吴宓《吴宓自编年谱》，第 223 页。

③ 《1918 年南京高等师范学校现行规章》，《南京大学校史资料选辑》，第 43 页。

④ 《南京高等师范学校文史地部科课程》〔中央大学档案编号 648127216J3013〕。

1944）；西洋文学系，系主任梅光迪；哲学系，系主任刘伯明；史学系，系主任徐则陵；地学系，系主任竺可桢；而刘伯明又为文史地部主任，管理五个学系。

同时，课程规定史学部的学生，均要在四年内，修读王瀣任教的“国学概要”“音韵文字”，竺可桢任教的“人文地理学一及二”“地学通论一及二”，刘伯明开办的“西洋上古哲学史”“近代西洋哲学史”“伦理学”，吴宓任教的“西洋文学介绍”，柳诒徵任教的“中国文化史”“中国通史”，及徐则陵任教的“西洋史”。换言之，以上学科均为史学部学生的必修科目。① 1923 年南高与东大合并，东大成立之初沿用南高旧制，史、地、哲及西洋文学系仍从属于文史地部，南高开办的课程因而得以持续。

此外，史学部的学生也可以选读他系开办的课程，吸收不同的知识，这可在 1923 年《国立东南大学文理科一览目录》所载《史学部学规》中，知其大略。因为此年是南高文史地部毕业生转读东大文科文学部、史学部或地学部的第一学年，《国立东南大学概况》及《国立东南大学文理科一览目录》中说明，为求连接昔日南高史地学部的课程，及使南高学生修读的学分得以保留，② 所以东大在学制上仍沿用南高本科及选科制，故此《国立东南大学文理科一览目录》，足以反映 1923 前南高史学部学生修读学分制的情形。

表 2　东南大学史学部课程表③

类　别	科　目	备　注
A. 公共	（一）“伦理”科 9 学分、“国文”科 6 学分、“史学”科 6 学分、“地学”科 6 学分、“哲学”科 6 学分、“西洋文学”科 3 学分、“教育”科 6 学分、“英文”科 2 学分，以上课程须在一年级修毕，一年级共修 44 学分。（二）体育科为各级必修课	本学部为 4 年制课程，分上下学期，本科及选科学规一切依南京高等师范学校规则。南高学生每年均要修读体育科，但此科没有学分计算。

① 《南京师范学校文史地部科课程》（1920～1922）〔南京第二历档案馆馆藏中央大学档案编号 6484916J 3013〕。
② 《弁言》，载《国立东南大学概况》，南京大学图书馆馆藏本（据 1924 刊本），第 1～2 页。《史学部学规》，载《国立东南大学文理科一览目录〔改订实行本〕》，南京大学图书馆藏本（据 1923 刊本），第 5～6 页。
③ 表 2 数据源：《国立东南大学文理科一览目录〔改订实行本〕》。

续表

类　别	科　目	备　注
B、公共	（一）四年课程内必修以下科目各 3 学分：国学概论、音韵、文字、散文选、西洋文学介绍、英文，4 年内共修 18 学分。 （二）四年课程内必修以下科目各 6 学分：人文地理一及二、地学通论一及二、西洋哲学史（西洋上古哲学史、近代西洋哲学史）、伦理学、西洋史、中国文化史（上古、中古、近世）、中国通史（上古、中古、近世）、教育，四年内共修读 48 学分。	
C. 本科辅修科	（一）修读本科课程学生每年必修读本科科目 38 学分，每年自行选择本科至少须修读 15 学分。 （二）辅系由学生选定一系，每年至少须修 6 学分，若本科及辅导科目为必修课程，修读学分可列入本科及辅修学分之内。	（一）每科 3 学分，共 5 科，所以修读本科课程的学生，每年最少修读 15 学分。 （二）4 年共修辅修科 24 学分。

　　南高自行选课制度后，史学部学生若辅修地学部课程，毕业时最少需修读 194 学分；[①] 尤要注意者，南高（包括东大）特别注意基础教育，史学部学生在四个学年内，要修读"国学概论""散文选""人文地理一及二""地学通论一及二""西洋哲学史""伦理学""西洋史""西洋文学介绍""中国文化史""中国通史""教育""英文"包括中外文史哲及地理学各方面的基础知识。

　　而依《南京高师文史地部第一级会纪念刊》所载，自 1919～1923 年，对读文史地部学生所作的统计，得知学生以修读史地系提供的课程为主，其次是以修读哲学系、国文系及西洋文学系提供的课程。[②]

　　在此阶段中，文史地部学科大为扩充，除了必修科及主修科外，还有

[①] 除去人文地理一及二、地学通论一及二、西洋史、中国文化史（上古、中古、近世）、中国通史（上古、中古、近世），共占 30 学分。及除去一年级"史学"6 学分、"地学"6 学分，共占 12 学分，这些既属于必修科的学分可以列入本科及辅修学科学分之内。

[②] 《南京高师文史地部第一级会纪念刊》，南京大学图书馆藏本（据 1924 年刊本），第 18 页。

选修科。学生可依其兴趣，选习学科，选择的科目见表 3 南高由 1920～1924 年所开设的科目表。

表 3　南高自 1920～1924 年开设的科目表①

系	科目
国 文 系	读经、散文选、韵文选、诗选、曲选、诗赋、通论、词学通论、国语、目录学、国学概要、中国文学史、音韵文字（字音、字形、字义、金石古文）
西洋文学系	西洋文学概论、小说概论、近代文学思想家、修词原理、西洋小说、十九世纪英文、西洋文学史、安诺德（其他科目还有：近代文学、戏剧诗歌、莎士比亚、约翰生，均为专题研究，但较少同学选修，多为主修英文科的同学修读）
史 学 系	中国文化史（上古、中古、近世）、朝鲜史、日本史、中国通史、西洋史（古代、中世）、亚洲文化史、史学问题、历史教学法、人文地理学、经济地理
地 学 系	地学通论、亚洲地理、欧洲地理、美洲地理、沿革地理、地质学、历史地质学、气象学、气候学、地图绘法、地质测量、地形测量
哲 学 系	论理学、伦理学、哲学问题、西洋哲学史（古代、中世、近代）、近今哲学趋势、新理想主义、印度哲学、宗教史

自 1919 年起，南高虽仍续办读经、文字学、中国通史等课程；但 1920 年后文史地部（包括东大文科课程）的课程，与前期相较，有很大的转变，除了中国传统史学知识外，还渐增加西洋哲学和史学知识，至于地理学方面，也为学生提供人文地理学及自然地理学知识（如地质学、气象学）。这些科目的开设，使东大成为中西兼重的综合大学。

南高（包括东大）史地学部的课程，要求教研并重及实践所学。在《十三年（1924）本校（东南大学）教育事业》中明言，成立文科史地学部的要务是："注重根本知识之输入与应用能力之养成，于教室讲授外，兼由教员指定所读之书，或指定题目俾学生自行研究报告"。② 而南高史学

___

① 表 3 数据源：南京大学图书馆藏本（据 1924 年刊本），第 19 页；及《国立东南大学文理科一览目录〔改订实行本〕》，南京大学图书馆藏本（据 1923 刊本），第 7～9 页；《东南大学西洋文学系、哲学系、史学系、地学系课程一览》，载南京大学图书馆藏本（据 1924 刊本），第 10～25 页。按：正文已指出东大成立之初，为求课程上与南高相接，故开办的课程，均依南高时所编的课程，未尝改变。由此可见 1923～1924 年，南高及东大的文史地部的课程内容，均是一样的。
② 《十三年（1924）本校（东南大学）教育事业》，载《国立东南大学概况》，南京大学图书馆藏本（据 1924 刊本），第 9 页。

部学生，因为要修读教育系开办的"历史教育"科目，而此科尤重视"甲、研究学校课程最低标准及各科教材；乙、研究学习心理各种问题；丙、研究及编订各种教育及心理测验"，因此史学部学生既多注意实践历史教育的知识，按学生的智力发展，编辑适当的教科书，① 又要求学生不独在课堂上学习知识，更要求实践所学。故史学部的学生曾多次参与中华教育社合作举行"中学学校历史测验"，按测验成绩提出修改历史教科书的意见，南高史学的特色之一，就是注意推动历史教育。学生毕业后在这方面仍多所努力如郑鹤声，于 1935 年举行"中学历史教育研讨会"，② 及编撰《中国近世史》等历史教科书。缪凤林也编撰《中国通史纲要》等历史教科书，又多在《史地学报》上讨论历史教学方法的问题。此外，南高史学部学生因修读竺可桢的人文地理学及地学通论 2 科，在竺氏带领下前往南京聚宝山、汤山、紫金山进行地质检查及气候的研究，实践学习知识。③

由于 1920 年后实行选科制，史学部学生可藉修读科目，扩阔其知识和眼界，如张其昀在南高期间除了研习历史科、地理科外，也曾修读西洋文学、西洋哲学等科；缪凤林除了治历史外，更研究西洋哲学史；陈训慈除了专治中国历史外，也注意西洋历史、历史教育及西洋哲学。④

（二）南高史学系学生概况

从 1919 年南高文史地部的成立，至 1923 年南高改名为国立东南大学，此学部共录取了三届学生；由于校方已决定于 1923 年秋天把南高改名为东大，为了准备东大的发展，本于 1922 年开设的文史地部课程暂停一年，至 1923 年才开办东南大学文史地部课程。以下略述当时入读南高文史地部的学生情况，探讨此学部的发展。

1919 年秋~1923 年夏，为南高文史地部第一届学生的就学期间。文史

① 《史学部学规》，载《国立东南大学文理科一览目录〔改订实行本〕》，南京大学图书馆馆藏本（据 1923 刊本），第 5 页。

② 郑鹤声编《中学历史教学法》，正中书局，1935，第 1 页。

③ 如郑鹤声在竺可桢带领下，完成对南京聚宝山、汤山、紫金山的考察，见郑鹤声《地学考察——紫金山》，《史地学报》1921 年第 1 卷第 2 期，第 13~17 页；《地学考察——汤山》，《史地学报》1921 年第 1 卷第 3 期，第 3~5 页；《地学考察——聚宝山》，《史地学报》1922 年第 2 卷第 2 期，第 3~5 页。

④ 有关学生修读这些科目的情况，见《南高文史地部第一级会纪念刊》，南京大学图书馆藏本（据 1924 年刊本），第 13 页。

地部的前身为国文史地部，成立于 1915 年；1919 年夏，国文史地部第一届毕业，毕业学生共 30 人，1920 年夏，第二届毕业有 36 人。1919 年秋，国文史地部改名为文史地部，1917 年及 1918 年招收的学生，多转入文史地部。① 而文史地部也于秋天正式招收新生。

1919 年秋取录的学生有 36 人，包括张其昀、陈训慈、缪凤林等；1920 年秋又招收一级，1921 年仍继续招生，郑鹤声就是在这年入校就读。1922 年九月，校方决定下学年把南高并入东南大学，此年南高并无收录学生。② 换言之，文史地部，共收录了三届学生。③ 1923 年秋，国立东南大学成立，南高文史地部的学生，可转读东大开办国文、史、地、哲及西洋文学系开办的课程，继续沿用本科及辅修科的学制，并承认南高时所修习的学分。但张其昀、缪凤林均未就读东大开办的课程，他们于 1923 年夏毕业后离开；至 1926 年及 1928 年，先后返回中大执教。陈训慈于 1923 年毕业，及后又在 1926 年就读东大史学系课程，翌年毕业；郑鹤声原定 1925 年毕业，但因学分的转换，他在 1925 年秋主修东大史学系课程，延至 1926 年毕业。

1919～1925 年入读南高文史地部的学生名单如表 4 所示

表 4　1919～1925 年南高文史地部毕业生名单表④

年　份	学生人名	备　注
1919～1923	初取录人名：孙齐康（曹铨楼）　张其昀　汤爻　何惟科　陈训慈　胡焕庸　唐兆祥　范希曾　姜子润　徐震堮（沈振声）　仇良虎　钱新　孙士柟　赵鉴光　景昌极　徐景铨　诸晋生　王庸　（欧阳翥）　（陈启天）　王学素　缪凤林　刘文翮　诸葛麒　田耀章　黄英伟　杨楷　王锡睿　盛奎修	①括号（）代表先就读国文史地系，后离校或转系者　②及后，陈启天没有就读南高，沈振声、欧阳翥转入教育科，陆鸿图自理科入人文预科，徐启铭自农科转入，又高国栋、王玉章、张廷休、欧阳育恩、罗会澧、阮真六人加入，所以一增一减，此级学生人

① 张其昀：《"南高"之精神》，《国风》1935 年第 7 卷第 2 期，第 15 页。
② 详见《弁言》，载《国立东南大学概况》，南京大学图书馆藏本（据 1924 刊本），第 1～2 页。参《南高文史地部第一级会纪念刊》，南京大学图书馆藏本（据 1924 年刊本），第 13～14 页。
③ 《南高文史地部第一级会纪念刊》，南京大学图书馆藏本（据 1924 年刊本），第 13 页。
④ 表 4 数据源：同上书，第 13、26 页；《南京高等师范学校学生分组名单》，中央大学档案，档案编号：64831516J3033。

续表

年　份	学生人名	备　注
1919～1923	周光倬　夏崇璞　张书绅　方培智 袁鹏程 后收录： 高国栋　王玉章　张廷休　欧阳育恩 徐启铭　陆鸿图　罗会澧　阮真　向达	数增至 41 人。 ③向达本为南高理科二年级学生，于 1920 年转入史地学部，见〈南京高等师范学校学生分组名单〉。
1920～1924	黄应欢　周悫　芮九如　陈兆馨　宋兆珩 王焕镳　陈人文　江圣壤　沈庆佼　陈旦 赵祥瑗　田少林　王福隆　李尉祖　王觉 邹德恩　龙文杉　谢群　束世澄　陈洙 胡翼成	1923 年秋天，东大招收一年级学生，从学制上而言，代表了"南高"的结束，故列出 1920 年至 1923 年就读南高文史地部的学生名字，以见在东大成立之前，南高文史地部所收的学生。
1921～1925	孙留生　姚寅宝　邵森　谢焕文 陆祖鼎　洪瑞钊　翁之镛　徐尔信 萧宗训　刘启文　方应尧　沈孝凰 杨克增　陈继钊　郑宽裕　沈思璜 闵毅成　曹松叶　刘作舟　邓光禹　郑鹤声 后补学生入学学生名单如下： 许仁章　庞树家　吴文照　李莹璧 黄昌鼎	

　　有三点尤需注意：（1）周悫、王焕镳、赵祥瑗、向达（1900～1961）数人，日后均随柳诒徵在江苏国学图书馆研究明末清初史料及整理馆藏史料。（2）郑鹤声在柳氏指导下，对中国史学史产生研究兴趣，他治中国史学的成绩，甚受柳氏欣赏；① 郑氏是后期《史地学报》的编辑成员，更协助柳诒徵出版《史学与地学》及《史学杂志》，成为后期南高史学发展的重要人物之一。（3）自东大文科成立后，南高文史地部的学生可以转读东大四年级，修读国文、史、地、哲及西洋文学科的课程，故东大文科文史地部第一届四年级学生，就是南高文史地部最后一届的学生。②

　　1921～1926 年，南高史学工作者出版了四卷二十期的《史地学报》，

---

① 郑鹤声曾说："柳先生（柳诒徵）、竺先生（竺可桢）两位老师对我指导最多，师生关系也最为密切"转引自郑鹤声《自传》，晋阳学刊编辑部编《中国现代社会科学家传略》，山西人民出版社，1928，第 238 页。

② 《弁言》，《国立东南大学概况》，南京大学图书馆藏本（据 1924 刊本），第 2 页。

南高史学部学生也协助出版了共 34 期的《学衡》杂志。① 还要注意，此阶段成立的史地研究会，为史学部师生提供，师生首次合作组成学术研究会的机会，日后张其昀等协助柳诒徵成立"中国史学会"及出版《史学与地学》，缪凤林等主编的《史学杂志》，也种因于此。

（三）南高教员确立国文史地部的研究方向

国文史地部学生的研究方法，乃是上承教员，在 1919～1923 年任教南高，又被奉树立南高精神领袖者，除了治中国传统史学的柳诒徵外，也有另一位南高"精神领袖"刘伯明（1887～1923），刘主张治学应融通中外文化，所以探讨南高史学融通中外哲学、史学、地理学的治学特色如何形成，也应注意"一战"后出现的中西文化调和论，南高学生已言："南高又有一自负之点，即留学生与国学大师的合作"，② 终使"南高师生一方尊重本国文化，一方复努力认识西方文化"，③ 南高史学部学生在传统学术方面主要获益于柳氏，至于吸收西方知识方面，则得自讲授西方哲学史的刘伯明、西洋史的徐则陵及担任"人文地理"和"地学通论"科目的竺可桢。故此要进一步了解南高史学部学生获取融通中外史地及哲学文化的知识途径，便要注意这三位留美教员的教学情形和他们所发表的言论。

首先引介自 1920 年执教南高的刘伯明主张中外文化调和的观点。④ 刘氏在美国西北大学就读哲学及教育学，1913 年完成硕士论文《华人心性论》，又在 1915 年，时 29 岁完成博士论文《老子哲学研究》，他喜研究希伯来、希腊哲学，认为此两大文化体系为西方文化的本源、及"宗教与道德"兼备的特色；刘氏在 1916 回国，任汇文书院（日后金陵大学）国文部主任，至 1919 年因南高校长江谦之邀，任训育主任及文史地部主任；1920 年南高改名为东南大学，刘氏任副校长、文理科主任、哲学系系主任；因他任教南高，并在任校长秘书时，更遂招聘了留美的"同志"执教其中，渐渐形成南高尚调和中外文化之风。

---

① 吴宓：《吴宓日记：1917～1924》，〔民国十三（1924）年八月二十八日〕条，三联书店，1998，第 280 页；参见沈松侨《学衡派与五四时期的反新文化运动》，"国立"台湾大学出版委员会，1984，第 72～77 页。

② 张其昀：《"南高"之精神》，《国风》第 7 卷，1935 年第 2 期，第 20 页。

③ 郭斌龢：《南京高等师范学校二十周年纪念之意义》，《国风》第 7 卷，1935 年第 2 期，第 3 页。郭氏为刘伯明在南高执教时的学生。

④ 有关刘伯明的生平，见郭秉文《刘伯明事略》，《国风》1932 年第 9 期，第 73～76 页。

他教授"近代西洋哲学史""西洋上古哲学史""伦理学"，这些科目均是南高学生的必修科，他的办学方针，是重视人格培养，每于新年元旦及其他学校庆典，多言学风及学生道德培养的问题；可惜他勤于校务，积劳成疾，死于1923年，但他对揭橥人文精神，确立南高学人的治学精神，甚有贡献，更被南高毕业生奉为"精神领袖""高标硕望、领袖群伦"、[①]"刘先生为全校重心所寄，……四方学子，闻风来集，皆信服刘先生之精神"。[②]

刘氏认为教育的目的，不独是传授科学知识，却要探求"精神心理方面"，古来大学教育不是传授知识，更要"重节操，大师宿儒，其立身行己，靡不措于斯"，以学术培养人格的地方；然而今天教育只为"好高骛远，尊重名流"，现今学生只以自由为尚，致使失却训练的根本，"偏重自由，其害或较偏重训练为深且巨，以其人任性而行，漫无规则，而真正受教育者，即其心之曾经训练也"，老师也应以"随时加以指导，于以改造其思想而陶冶其品性，不仅以授与知能为尽教者之职责"，更强调藉办学以培养师生的德行。

刘伯明上课讲授有关西洋思想史的科目，其讲授内容乃是直接影响南高史学门学生所思所想，学生缪凤林把刘伯明在"西洋古代中世哲学史"及"近代西洋哲学"课程授课讲义，撰成《西洋古代中世哲学史大纲》及《近代西洋哲学大纲》，两书虽为缪氏整理，但其成书前经刘氏校阅，故两书可见刘氏的授课内容及其思想。

刘氏在以上两书以历史结合地理学的方法，分析各地哲学兴起的原因，推动了学术思想与史地学相结合的研究方法。刘氏认为思想的出现，决非凭空出现，思想变迁兴废，均有沿革，又与时代历史发展有密切关系，所以要"求因""明变"。[③]他研究希腊哲学的出现，除了注意思想承传外，更要从希腊民族特性的角度作分析。他认为希腊民族的来源有二：一为阿屋宁族（Ionians）以雅典人为代表；一为铎利安族（Dorians）以斯巴达人为代表，他从"人心之势力"，及"地理之势力"解析这些民族的发展，斯巴达人处山中，四周仇杀，耕于生活，未及学艺的思巧；反之，雅典人生活在低地平原"生活优游自得，宛如游戏场中之赤子，心身不受

① 张其昀：《"南高"之精神》，《国风》第7卷，1935年第2期，第14页。
② 张其昀：《刘伯明先生逝世纪念日》，《国风》1932年第9期，第67页。
③ 同上书，第4~5页。

丝毫之约束",又地处通商要地,"海阔天空,胸怀开阔,而经济富裕,无有物质之忧虑,因得专心致志",雅典一地更是风光娟美,气候温和,生活在雅典的人,自然"精神纯为入世,贯注于外界事物而不知其他"。刘氏在论及希腊人思想的出现时,归因为"其在岛国,则因地势之斩截,人民之脑海,常灵敏而明晰,希人为岛民,此种特质,更为敻绝,科学,哲学,美术各方面,无一不启示此种精神,而尤以美术为最",希腊处交通要地,希腊又为一个优美的环境,其人民思想开阔,重玄思;希腊哲学的兴起就是"外缘之足以唤起人类之反应或能影响其动作也",这就是地理环境使然结合个人心灵的结果。[①]

另一位传入西方人文地理学知识的教员为竺可桢。竺氏于 1918 年在哈佛大学完成"A New Classification of the Typhoons of the Far East"博士论文中,他的研究方法甚具西学的特色。他先替"Typhoons"下定义,再列出远东台风及大陆气压,由是引申台风对农业发展的重要。进一步,检视西方 Father F. S. Chevalier, Jose Algue SJ., W. Doberck 的分类法的不足,最后,提出自己认为新的分类方法,更运用其时日本、中国香港、菲律宾天文台测量雨量、气压的成果,他在论文中更把亚洲气候的分析与美国西卡来年纳州(West Carolines)及 Ladrones 天文台观测"暴风移动途径"(Tracks)的报告,指出不应统一全国台风的类别,而是要按各地区的气压、雨量的分布、温度及台风中心发展,划分不同的区域,这样才能细腻地预测气候的发展。在研究方法,竺氏强调以科学测量资料引证理论的重要:"没有这些统计资料,便未能说明台风移动的原理,现时只有整理远东地区不同的观测资料,才能分析不同种类的台风,在不同地区及不同气候的发展"。

竺氏特别强调以上各门均是人文(按:竺氏指称"Human Geography"有时也称为"人生地理学")及地文(Physical Geography),人文地理学就是一种"十八世纪以来,研究地理的学者,渐次转移他们的目光到地理与人的关系"之科学,人文地理学的研究范围是:物产、交通、政治、宗教;而地文地理的研究范围是:山脉、河流、海洋、气候,人们的生活及文化发展不离地理及气候影响,故人文地理与地文地理是相依并存。加之,竺氏留美时感受到 1914 年欧战对欧美的影响,认为从事人文地理学研

---

① 陈训慈也认为希腊文化的兴起,与雅典处爱琴海及城国制度的建立,甚有关系,这论点同于刘伯明认为西洋哲学兴起,与地理及人文的互动关系的论点,又陈氏从人文地理学的观点研究历史,详见陈训慈《西洋通史》,据南京大学国学图书馆藏本,第 24 页。

究，可以促使世界和平。竺氏也认为：昔日地理学只是重于形势、名胜、疆域，"全是政治地理之代名词，简直少有人讲及地理与人类的关系上去"，只有法国的孟德斯鸠、德国洪堡及李特尔才注意人文与地理关系，竺可桢更认为德国地理家 Ratzel 为人文地理学的"鼻祖"，又盛称他的《人文地理》（Anthropogeographie）为"把地理与人生之关系，讲得很透彻"，故返国后，自编的《地学通论》内，除了介绍自然地理、气候知识外，更注意人地的关系，而南高学生胡焕庸、王勤堉及张其昀也承认因得竺可桢教导气象学、人文地理学知识，故从事世界气候、区域地理及人地学的研究，由此可见，竺氏已成功把西方的人文地理学知识传于中国。①

竺可桢执教南高期间，在 1922 年发表了《地理对于人生之影响》及《地理教学法之商榷》，1925 年发表《中国历史上气候与变迁》，可见竺氏研究方法已不是昔日文献考据的沿革地理学，也不是只专注实测的地质学研究，而是兼容多种科学方法进行研究。竺氏在《地理教学法之商榷》一文中认为地理学既然是研究地面上各种事物的分配及对于人类影响的一种科学，那么应该注意地球上各种物质如地形、气候、物产、人口、铁道、航线等与人类生活的关系，"组织各种地理之要素，成为系统，以人类为前提，而使之贯成一气"的学科知识，正因为地理学研究范围之广，要掌握自历史学、天文学、地质学、气象学、生物学、经济学，演变而成的政治地理学、天文地理学、地文学、气候学、生物地理学、经济地理学的知识；同时，昔日的"地理一科向多注重记忆一方面，中外如出一辙，但徒记州县山川物产之名称，不但无益于实用"，循"旧法"只知其然，用"新法""则能知所以然"，这种"新法"引用科学实验，及各种学科知识，不断地观察、研究地形气候物质对人生的影响，使地理学更能发挥实用。② 竺氏又在《地理对于人生之影响》一文，③ 结合各门的地理学知识进行研究，他

---

① 竺可桢：《何谓地理学》（1926），《竺可桢全集》第 1 卷，上海科技教育出版社，2004，第 500 页；东大学生胡焕庸的回忆，见胡焕庸《竺可桢先生——我国近代地理学的奠基人》，《纪念科学家竺可桢论文集》，科普出版社，1982，第 2 页；王勤堉译〔W. G. Kendrew〕《译序》，《世界气候志》，正中书局，1958〔原刊 1945〕，第 2 页；参区志坚《五四时期（1919～1927）的张其昀——一个人文地理教育学者的形成及其论点》，载香港教育学院编《中国的自由教育》，朗文出版社，2001，第 199～223 页。

② 竺可桢：《地理教学方法之商榷》（1922），《竺可桢全集》第 1 卷，上海科技教育出版社，2004，第 409～412 页。

③ 同上书，第 410 页。

介绍德国洪堡和拉乐素（Rutzel）人文地理学的研究成果，接着为了说明地形、气候对于人生的影响，他从英人初次入西藏，因西藏地势高峻、气压低，致许多食物如马铃薯不能烹熟，英国人的肠胃不习惯，说到意大利南方西西里岛的一座火山，山下只种橘子等热带植物，二千百英尺以上，只适合种葡萄，到六千英尺以上，因气压、雨水少，温度低，只能种寒带植物，结果是"凡是山岭之国，食物不甚丰富"，这个结论就是结合地质、气象及农业知识得出的；又在谈及气候与文化发展，他更引用西方克里米亚战争（Cremean War）、日俄之战的史事，而知中外各口岸，每受天气寒冷的影响，取夺不冻港口成为人们发动侵略的原因之一。

最重要的一位是柳诒徵。柳诒徵任教南高时间最长，柳氏 1915～1925 年任教南高。同时，南高史学者的核心成员，在南高求学阶段，必要修读柳氏讲授的"中国文化""中国通史"科；柳氏更被南高史学部学生奉为"精神领袖"，备受推崇，故研究南高史学，必先探讨柳氏史学观点。柳氏在《国史要义》中提出"述一代全国之政事，而尤有一中心主干为史法史例，其所自出即礼是也"；① 又说"吾国以礼为核心之史"，② 整个中国历史的发展就是以"礼"为重心，而记载中国历史发展的史籍，也以"礼"为运笔的重心。柳氏在书中提出"史家之心量能翕受其遗产，恶足以知尽性之极功……进而求圣哲、立人极、参天地者何在，是为中国文化之正轨"，③ 此与他认为史学研究具有道德教化的观点，互为阐发。

先看柳氏对"史学"及"礼"两个概念的看法。柳氏在《史学概论》一文中，把"史学"分作广义、狭义："狭义之史学"是"一切书籍文牍，其目录家所列史部诸书"，"历记人类活动的经历与成败，足供吾人参考应用之典籍"；④ "广义之史学"是"探求人类过去之思想、言论、事实，皆在史学研究范围之中，广言之，充满宇宙皆史学"，狭义的史学只

---

① 柳诒徵：《国史要义》〔《民国丛书》本（据中华书局 1948 年刊本影印）〕。此书没有《序》，而柳诒徵：《我的自述》一文，才录有此书的《序》，故转引自柳诒徵：《我的自述》，《镇江文史资料》第 11 辑，1986，第 9 页。有关研究柳诒徵治礼学的生平及观点，见区志坚《礼学与史学：柳诒徵史学理论之研究》，载宋秉仁主编《史学与史识：王尔敏教授八十诞辰论文集》，广文书局出版社，2009，第 363～392 页。

② 柳诒徵：《史原第一》，《国史要义》〔《民国丛书》本（据中华书局 1948 年刊本影印）〕，第 7、9 页。

③ 柳诒徵：《弁言》，《中国文化史》上册，大百科全书出版社，1988，第 3 页。

④ 柳诒徵：《历史知识》，《史地学报》1925 年第 3 卷第 7 期，第 3 页。

是记载人类活动的经历与成败，足供人们参考、应用之典籍文献数据；广义的史学不独包括这些文献的数据，更包括运用数据为探求人类过去思想言论和事实的研究方法。① 他在《中国文化史》的《绪论》中，指出："广义之史学，求因果之学也。人事不能有因而无果，亦不能有果而无因，治历史者，职在综合人类过去时代复杂之事实，推求因果而为之解析，以诏示来滋"，② 广义的史学是为指导人类发展的方向，撰写史籍的目的是"求应用"，史籍便具有"历记人类活动的经历与成败，足供吾人参考应用之处"。

柳氏认为史学具有道德教化的作用。他说："史术为儒术之正宗"，史学与儒学的功用是相通的，儒学是"儒术"，儒家学者与史学工作者同是主张"持世通术"的应世技巧，儒者重视个人修身达道，具有"达中庸，守伦正，作人极，参两天地"，使世人处世以"守中和以应世务，不激愈，不偏致"，世人各安其位达到化育天下的目的；为达到此目的，儒者便参考历代人事典章制度的兴废"遂求史籍，从其脉络，知类通达，可以施之家国天下者始条理之智也"，运用史籍的记载，观历代成败，提出"中和"的处世态度。史家运笔在于"观历代成败存亡，要曰中，曰和，为古儒相传之道术"，以中和的态度运笔，以教化世人应世的方法为要务，所以史家与儒者同样具有持身及应世的作用。因为儒者治事求"达教化"及应世务，史家也以教化为要务，故史家负上一种道德的责任。③

既然柳氏认为，"吾国以礼为核心之史"，便要了解礼与史的关系。在柳氏看来，"伦理者，礼之本也，礼之义也；仪节者，礼之文也，观秩序之发明"，④ 礼是日常人类伦理行为的准则，建立礼的标准后，夫妇、父子、君臣、兄弟、朋友的五伦关系也得以建立。⑤ 他又从礼制出现的原因，探讨礼的意义。古人认为"天"的运行本有一定的规律及秩序，但这个形

---

① 柳诒徵：《史学概论》〔原刊为 1928 年商务印书馆函授社国文科讲义〕，载柳曾符、柳定生编《柳诒徵史学论文集》，上海古籍出版社，1991，第 98 页；柳氏在《历史知识》一文也认为："历史为人类活动的经过事实"，《史地学报》第 3 卷第 7 期，第 3 页。

② 柳诒徵：《绪论》，《学衡》第 1 期，〔总〕第 6281 页，1922 年 1 月；参《绪论》，《中国文化史》，上册，大百科全书出版社，1988，第 1 页。

③ 柳诒徵：《史德第五》，《国史要义》〔《民国丛书》本（据中华书局 1948 年刊本影印）〕，第 88 页。

④ 柳诒徵：《史德第五》，《史术第九》，同上书，第 205、200、211、88 页。

⑤ 有关"礼"的定义，参见张寿安《以礼代理——凌廷堪与清中叶儒学思想之转变》，中研院近代史研究所，1994，第 4 页。

而上的"天叙不可见",古人便藉立人间的礼教为天下纲纪"圣人知不可见之天叙,立礼教纲纪天下"。组成这种礼教的内容,包括五伦及五叙。所谓"五伦据《左传》谓父义、母慈、兄友、弟恭、子孝;五叙《孟子》谓父子有亲,君臣有义,夫妇有别,长幼有序,朋友有信"。人间的人伦秩序,既是五伦五叙的内容,也是礼教的内容,亦为圣人实践"天叙"的表现,实践人伦秩序的工具"礼之为用,定伦叙,立五教,成五叙",礼的作用维持人伦理秩序"维系世教,元凶慝有所畏,正人君子有所宗,虽社会多晦,盲否塞之时,而有其正大光明之域",① 各安名份,社会便可恢复光明。中国文化的"核心"就是"礼"。柳氏又从民间风俗,特别是民间伦理与礼治的关系,言中国文化的精神就是呈现"礼"的精神。诒徵在《中国礼俗史发凡》一文中认为:"礼俗并称,人类伦理大防,吾民族之根本精神,与周公、孔子之微言精义相通,用以保世滋大,不可徒囿于形式",② 圣人深明礼的大义,把礼的意义传于民间,民间的伦理秩序也受礼教的影响,形成"伦理者,礼之本也"。

柳氏也认为民间伦常关系也深藏礼义,他从礼的效用上,指出"伦理者,礼之本也,礼之义也;仪节者,礼之文也,观秩序之发明",日常人伦秩序关系的实践均呈现礼仪的成效,人们受礼教熏陶,便能够使人类能修善,民风淳美,"吾族不得谓之尚武,不得谓之易治,亦不得谓之文弱,推其原故,殆上古以来尚礼、尚德所养也",中华民族尚德、尚礼的特色就是实践礼教的成效,③ 他在《中国文化史》一书中,特立"忠孝"一章,详述华夏民族实践忠、孝伦理的持养工夫,三代所说的"忠",指效忠朋友,造福人群;他更认为礼教深于民间,塑造华夏民族尚道德教化的特色,可见柳氏因认为古代史藉蕴藏教化,故反对顾颉刚为首的疑古史学。而《中国文化史》一书最早的排印本,在《学衡》上分期刊出,此教

---

① 柳诒徵:《史术第九》,《国史要义》〔《民国丛书》本(据中华书局 1948 年刊本影印)〕,第 9 页。

② 柳诒徵:《中国礼俗史发凡》,载柳曾符、柳定生选编《柳诒徵史学论文集》,上海古籍出版社,1991,第 613 页。

③ 柳诒徵:《洪水以后之中国》,《学衡》,1925 年第 48 页,〔总〕第 6582 页;参区志坚《道德教化在现代史学的角色——以柳诒徵及其学生缪凤林、郑鹤声的传承关系为例》,《史学史研究》2010 年第 2 期,第 57~66 页;《中国传统道德史学在现代史学的传承——以柳诒徵及其学生张其昀、陈训慈为例》,陈勇主编《中国传统史学在二十一世纪研讨会论文集》,中华书局,2011,第 65~76 页。

材也是柳氏任教的"中国文化史"一科，系南高国文史地部及后期东南大学文科学生必要阅读教材，由是柳氏在《中国文化史》一书提出的观点，也影响了南高学生。

四 总结

谈及学术知识传播及精益求精，其重要的因素之一是知识的分类。新的知识纳入行政架构中、分类系统的研究，有助知识走向专业化及有效传播。[①]

研究近现代中国学风的传承及发展，除了注意学术、学者与时代的互动外，外在政治环境及政府协助对学风影响，学人的努力的因素也需考虑，应当注意与高等教育机构及课程发展的互动关系，因为学术机构的成立，使到学术走向学院化、专业化及系统化的知识培训。高等院校及专门学术机构的成立，使聚集教员及学生、营造校园学习生活以及提供学习氛围成为可能，师生在大学内外合力组织课余学术机构及出版刊物，学校成为同一志向学人的聚集地，建立学术界与非学术界的人际网络。由是大学成为形塑整个学科体制的最重要环节，学校也成为知识转易的重要媒介，甚至有些学者更认为学术在制度化过程中，因教育体制接近中央集权的特色，使一些具有主导能力的学者们，在学术界或学院机构内部能够发挥他们的影响力，甚至影响至中小学教育的发展。[②] 我们不能否定学术分科日渐细密，专业化程度日渐提高是一大进步，但同时也缺少了学术兼容并包及知识互通的特色。以近现代中国兴起"保守"学风而言，不可不注意南高知识群体的发展，也要注意南高的学术机构与知识传承之关系，正如钟敬文谈及"一种科学的成立，绝不是很偶然的事，也不是任凭一二好事的学者可以随意杜撰的事。最要紧的事，是那对象必须具有可以成立为一种科学的内外诸件"，[③] 知识的形成、学风的形塑、学人群体的认同、学科以

---

① 有关知识的传播与高等院校课程的关系，见彼得·柏克《知识社会史：从古腾堡到狄德罗》，贾士衡译，麦田出版社，2003，第 150~165 页。

② William R. Keyler, *Academy and Community*：*The Foundation of French Hisorical Professor*（Cambridge：Harvard University Press，1975）一书。

③ 钟敬文：《民间文艺学的建设》，《钟敬文学术论著自选集》，首都师范大学出版社，2000，第 3 页。

外的因素，均与学科的建立，甚有关系，而学科的成立，又推动知识传播，形塑了南高的学风及发展，可引证此说。

The Rise of Academic System and "Conservative" Learning Style – Using the Development of the Ministry of National History in Nanjing Higher Normal School as an Example

Au Chi Kin

Abstract: The inheritance of modern Chinese learning style and the development of the departments and academic system are related. Before and after the May Fourth Movement in 1919, a group of teachers and students in the Ministry of National History in Nanjing Higher Normal School who published articles criticizing the "new culture" initiated by Hu Shi, Chen Duxiu and others teaching at Peking University in Beijing, were regarded as "conservative" scholars. Based on the archives, this article discusses the relationship between the rise of "conservative" learning style and the academic system in Nanjing Higher Normal School. It also talks about its academic atmosphere and learning style formed by the coordination among the factors such as the "internal" inheritance of the learning style and the "external" academic regulations.

Keywords: Nanjing Higher Normal School, Academic System, Inheritance of Learning Style, Liu Yizheng, Liu Boming

（编辑：董琳璐）

资本、制度与文化

"这简直就是一份外交赝品":
蒲安臣使团国书的英译

王宏志*

【摘要】众所周知，1868 年的蒲安臣使团（Burlingame Mission）是清政府第一次正式派遣到西方国家的使团。原美国驻华公使蒲安臣携有正式国书，代表清政府呈递到访国家，在近代中英外交史上占有极其重要的位置，过去颇受到学者的注意。本文会集中探讨蒲安臣所携带国书的翻译问题，这是十分重要的，原因有二：（1）这是清政府第一次正式向外国发出的出使国书；（2）这国书的翻译在当时引起争议。

尽管早在 1862 年清廷即设立京师同文馆，专门训练外交翻译人才，但国书的英译仍交由英国驻北京使馆汉文副使柏卓安负责，并由卫三畏、赫德和丁韪良审查。这惹来了当时一名同文馆教习方根拔的猛烈攻击，他对国书译本大力批判。本文剖析国书英译本的翻译问题，并重点评论方根拔的批评是否合理。

【关键词】蒲安臣使团 国书 方根拔 翻译研究

一

我们知道，长久以来，清政府以天朝大国思想观照天下，即使西方国家尝试以平等地位遣使，也被视为远人来华朝贡，一切活动都归入在朝贡制度的范围里。但其实早在 1793 年英国人所派遣的马戛尔尼使团，便提出

---

* 王宏志，香港中文大学翻译系/翻译研究中心教授

过派驻代表在中国的要求，① 这自然是被乾隆明确拒绝。② 及至两次鸦片战争的战败后，中国被迫开放门户，除开埠通商外，在 1858 年中英两国所签署的《天津条约》里更有条文规定两国 "可任意交派秉权大员，分诣大清、大英两国京师"，③ 经《北京条约》所确认和修订后，英国在 1861 年派遣第一任公使布鲁斯（Sir Frederick Wright - Bruce，1814 - 1867）驻京，同时不少在华西方人也纷纷要求清廷派遣使团出国。④ 深得主理洋务的恭亲王奕䜣（1833 ~ 1898）信任的海关总税务司赫德（Robert Hart，1835 - 1911）在 1865 年 11 月 6 日向总理衙门逞递的《局外旁观论》，⑤ 以及由当时担任英国使馆参赞的威妥玛（Thomas Francis Wade，1818 - 1895）所写，以 "英国照会" 形式经由英使馆呈入的《新议略论》（1866 年 3 月 5 日），⑥ 二者均经由朝廷通过总理衙门颁谕，强调其 "于中外情形，深有关系" "饬交沿海沿江通商口岸地方各督抚大臣妥议"。⑦ 在经过一番讨论后，⑧ 奕䜣在 1866 年趁赫德休假回英之便，派遣斌椿（1804 ~ 1871）带领同文馆三名学生出国，"奉命往泰西游历"。⑨ 不过，人们一般认为这并不是清政府

① "Letter from King George Ⅲ to the Emperor of China," in H. B. Morse, *The Chronicles of the East India Company Trading to China*, *1635 - 1834*（London：Oxford University Press，1926）. vol. 2, pp. 244 - 247.

② 乾隆在《大清皇帝给英吉利国王敕谕》里回复说："至尔国王表内，恳请派一尔国之人住居天朝，照管尔国买卖一节，此则与天朝体制不合，断不可行。" 中国第一历史档案馆编《英使马戛尔尼访华档案史料汇编》，国际文化出版公司，1996，第 165 页。

③ 《天津条约》，王铁崖编《中外旧约章汇编》第一册上编，三联书店，1957，第 96 页。

④ 1855 年，美国公使伯驾（Peter Parker，1804 - 1888）负责与清廷谈判修约，与英、法代表设定要求，其中一项即为 "三国派遣使节驻留北京，中国派遣代表分驻华盛顿、伦敦和巴黎。" H. B. Morse, *the International Relations of the Chinese Empire*（London and New York：Longmans，Green & Co.，1910 - 1918）. vol. 1, p. 417.

⑤ 《筹办夷务始末（同治朝）》第四册卷四十，中华书局，2008，第 1666 ~ 1673 页。

⑥ 同上书，第 1674 ~ 1683 页。《新议略论》原以英文写成，原文今已失佚，现在所能见到最早英文文本是据中文文本回译于 1872 年：H. E. Wodehouse, "Mr. Wade on China," *The China Review* vol. 1, no. 1, July - August（1872）：38 - 44；vol. 1, no. 2, September - October（1872）：118 - 124，参 Immanuel Hsü, *China's Entrance into the Family of Nations*, *the Diplomatic Phase*, *1858 - 1880*（Cambridge，MA：Harvard University Press，1960），p. 241, n. 23.

⑦ 同上书，第 1665 页。

⑧ 有关的讨论，可参 *China's Entrance into the Family of Nations*, *the Diplomatic Phase*, 1858 - 1880（Cambridge，MA：Harvard University Press，1960），pp. 150 - 167；王开玺：《清代外交礼仪的交涉与论争》，人民出版社，2009，第 464 ~ 474 页。

⑨ 斌椿：《乘槎笔记》，湖南人民出版社，1981，第 1 页。

第一次正式的遣使，因为他们出访的目的只不过是"前往各国，探其利弊，以期稍识端倪，借资筹计"，①并没有处理过任何实质的外交事务，最多只是对一些外国元首作礼节性的拜访，因而当时同文馆教习丁韪良（W. A. P. Martin, 1827 - 1916）称之为"观察团"（"a mission of observation"）。②

在这情形下，1868 年的蒲安臣使团（Burlingame Mission）才算是清政府第一次正式派遣到西方国家的使团，③因为尽管使团由原美国驻华公使蒲安臣（Anson Burlingame, 1820 - 1870）所率领，但却得到清廷正式的委任，并携有国书，呈递到访的国家。在使团的大使原中国海关道志刚以及成员张德彝（1874 ~ 1919）有关这次出使的详细报道里，可以见到蒲安臣都有向到访国家领袖和元首呈递国书的记载。例如他们在美国首都华盛顿觐见美总统时便递交了国书，仪式看来十分隆重；④而就是蒲安臣在俄罗斯突然病逝后，志刚在余下的旅程（比利时、意大利及西班牙三国）也有"亲递国书"。⑤

正由于蒲安臣使团是中国近代史上第一次正式外遣使团，因此颇受学者注意，其中较多人征引的是 Frederick W. Williams 在 1912 年出版的《蒲安臣与中国第一次遣使外国》（*Anson Burlingame and the First Chinese Missions to Foreign Powers*），⑥而一篇以蒲安臣和卫三畏（Samuel Wells Williams, 1812 - 1884）与中美关系为题的博士论文也有专章详细讨论蒲安臣使团；这篇论文除了大量引用美国国家档案局的外交资料外，还有引用藏

---

① 《筹办夷务始末（同治朝）》，第四册卷三十九，第 1621 页。

② W. A. P. Martin, *a Cycle of Cathay or China*, *South and North with Personal Reminiscences*（New York：Fleming H. Revell Co., 1900），p. 372。关于斌椿使团，第一手的记述来自斌椿本人的《乘槎笔记》，另外最详尽的记录是其中一名同行的同文馆学生张德彝，参张德彝《航海述奇》，湖南人民出版社，1981。相关的研究，参 Knight Biggerstaff, "The First Chinese Mission of Investigation Sent to Europe," *Some Early Chinese Steps Toward Modernization*（San Francisco：Chinese Materials Center, 1975），pp. 39 - 52；王尔敏：《总理衙门命使试探：斌椿之游访欧洲》，《弱国的外交：面对列强环伺的晚清世局》，广西师范大学出版社，2008，第 199 ~ 227 页。

③ 《清朝续文献通考》记有："同治六年，总理各国事务衙门奏派章京志刚、孙家穀出使西洋有约各国，臣谨案此中国遣使出洋之始。"刘锦藻：《清朝续文献通考》卷三百三十七（外交一），商务印书馆，1936，第 10781 页。

④ 志刚：《初使泰西记》，湖南人民出版社，1981，第 20 ~ 22 页；张德彝：《欧美环游记[再述奇]》，湖南人民出版社，1981，第 65 页。

⑤ 志刚：《初使泰西记》，湖南人民出版社，1981，第 104、110、117 页。

⑥ Frederick W. Williams, *Anson Burlingame and the First Chinese Missions to Foreign Powers*（New York：Charles Scribner's Sons, 1912）.

于 Syracuse University 的 George Arents Library 的蒲安臣与家人的通信。[①] 相对而言，中文方面的研究便薄弱得多了。[②] 本文会集中探讨蒲安臣所携带的国书的翻译问题，这是十分重要的，原因有二：（1）这是清政府第一次正式向外国发出的出使国书；（2）这国书的翻译在当时引起争议。但很可惜，一直以来学界都没有认真讨论国书本身以及它的翻译问题。

二

毫无疑问，清廷对蒲安臣使团携带国书的问题是极为重视的。根据《筹办夷务始末》的资料，奕䜣在使团出发前曾上奏要求为蒲安臣出使颁发国书，且强调这是国际定例：

> 伏思自古中外相交，遣使往来通间，载在史册，使臣将命，以达彼此之情，亦属一定仪制。[③]

他又借助获委为使团左协理的英国驻北京使馆翻译官柏卓安（J. McLeavy Brown，1835－1926）的说法，强调"外国彼此遣使，以国书为凭信"，假如这次不为蒲安臣出使准备国书，"恐各国以礼意未通"，而蒲安臣在办理事务时，会诸多不便，甚至"无所措手，诸多为难"；更列举从前英国及其他国家使臣来华，也是"曾经携带国书"，因此他请求朝廷颁发国书。[④]

应该同意，出使携带国书（Letter of Credents），确是外交惯例，原没

---

① Martin Robert Ring, "Anson Burlingame, S. Wells Williams and China, 1861－1870: A Great Era in Chinese－American Relations" （Ph. D. diss., Tulane University, 1972）, pp. 217－263. 此外，以蒲安臣及其使团作博士论文还有 Telly H. Koo, "The Life of Anson Burlingame," （Ph. D. diss., Harvard University, 1922）; C. F. Yeager, "Anson Burlingame: His Mission to China and the First Chinese Mission to Western Nations," （Ph. D. diss., Georgetown University, 1950）; 亦可参 Knight Biggerstaff, "The Official Attitude toward the Burlingame Missions Abroad," *American Historical Review* vol. 41, no. 4, July （1936）: 307－320; Warren B. Welsh, "The Beginning of the Burlingame Mission," *Far Eastern Quarterly* vol. 4, no. 3, May （1945）: 247－277.

② 已出版的中文专著有闵锐武：《蒲安臣使团研究》，中国文史出版社，2002；田永彩：《蒲安臣使团研究》，硕士学位论文，山东大学历史文化学院，2008；刘桂芳：《晚清蒲安臣使团与日本岩仓使团之比较研究》，硕士学位论文，延边大学历史系，2013；而台湾方面则有黄世雄：《"蒲安臣使团"之研究》，硕士学位论文，中国文化大学史学系，1980。

③ 《筹办夷务始末（同治朝）》，第六册卷五十四，第2248页。

④ 同上书，第2248～2249页。

有什么可争议的地方，这点奕䜣等是清楚知道的，[①] 但既然这样，为什么他还需要多费唇舌，请求朝廷颁发国书？在奕䜣的奏折里，我们看到其中的一个原因，那就是呈递国书的礼仪问题。在奏折里，奕䜣完全没有讨论国书的内容，但却详细地交代呈递国书的方案：

> 拟给蒲安臣咨会，叙明奏颁国书，应仿照前英使等在京成案，[②] 令蒲安臣每抵一国，即将国书由该处执政大员代递，且言明将来有约各国，如有国书，或由该使臣赍回，或寄交京使臣转呈中国，亦即照此办理，豫为地步。[③]

显然，他们所担心的是自马戛尔尼使团来华起便一直困扰着清廷的一个问题：外使觐见中国皇帝，应以什么礼节进行？从前乾隆（爱新觉罗·弘历，1711～1799；1736～1795 在位）及嘉庆（爱新觉罗·颙琰，1760～1820；1795～1820 在位）还能坚持要求马戛尔尼（George Lord Macartney, 1737－1806）和阿美士德（William Lord Amherst, 1773－1857）行三跪九叩礼，但自鸦片战争后，他们再不可能勉强英使行这样的叩拜礼，更不要说英人在《天津条约》里已经加入了条款，注明“大英钦差大臣作为代国秉权大员，觐大清皇上时，遇有碍于国体之礼，是不可行。”[④] 面对着这条文，朝廷唯有一直以各种各样的借口来拒绝外使觐见皇帝，尝试回避问题，直至同治十二年六月初五日（1873 年 6 月 29 日），才有所谓的“第一次外使入觐大典”。[⑤] 在这情形下，1867 年的清廷遣使便面对着这样的一个问题：代表清廷出国的蒲安臣应该以怎样的形式去觐见外国元首，呈递国书？很明显，蒲安臣对外国元首是不会行三跪

[①] 总理衙门大臣及官员都可以从赫德及丁韪良所翻译《万国公法》里有关国际遣使安排的内容知道，使团国书是必须的，详见下文。

[②] 奕䜣连续说可参照从前英人来使呈递国书的办法，“或由督抚接收，或由臣衙门接收呈进，并未准令亲递”，所指的是他们后来一直回避外使入觐的做法，但其实英国第一次正式遣使来华，尽管和珅及其他接待官员一再催促呈递国书，但始终为马戛尔尼所拒绝，最终在乾隆五十八年八月十日（1793 年 9 月 14 日）觐见乾隆时亲自把放在一个镶有钻石的黄金盒子里的国书直接送到乾隆手上。参 J. L. Cranmer - Byng ed., *An Embassy to China: Being the Journal Kept by Lord Macartney During his Embassy to the Emperor Ch'ien - lung, 1793 - 1794* (Hamden: Archon Books, 1963), p. 122。

[③] 《筹办夷务始末（同治朝）》，第六册卷五十四，第 2248 页。

[④] 《天津条约》，王铁崖编《中外旧约章汇编》第一册上编，三联书店，1957，第 96 页。

[⑤] 有关的讨论，可参王曾才《一八七三年外使入觐的问题》，《清季外交史论集》，台湾商务印书馆，1972，第 38～51 页；Wang Tsang - tsai, "The Audience Question: Foreign Representatives and the Emperor of China, 1858 - 1873," *The Historical Journal* vol. 16, no. 3, (1971): 617 - 633。

九叩礼的，清廷害怕这些国家会要求以蒲安臣觐见的仪式来让他们的使臣觐见皇帝。为了避免这情况出现，奕䜣还是只能建议以过去处理外使要求觐见的相同办法去处理，就是蒲安臣避免觐见外国元首，把国书"交其国大臣代递，以归一律"，更指示蒲安臣在得到"照泰西例优待"时，也要"将中国体制，先为声明，庶将来各国不致疑中国无报施之礼也"。① 由此可见，奕䜣的奏折是把焦点放在呈递国书时所出现的觐见礼仪问题上。

不过，从西方的资料看，我们却发现另一个更基本的问题，就是原来他们当时不但在觐见礼仪上心存戒惧，且曾经对于是否应该颁送国书也有过争议。② 上面说过，奕䜣完全明白国际外交惯例上有关出使呈递国书的做法，所以宁可以代递方式来解决觐见问题，也坚持要求提递国书。但朝廷方面却另有忧虑。根据时任美国派华副使卫三畏（当蒲安臣接受清廷任命出使后，他被委任为署理美国驻华公使）③ 向美国国务卿西华德（William H. Seward，1801 – 1872）的报告，当时朝廷内出现很多反对声音，认为受命于天，管治天下百姓的天子是不应该直接写信给外国元首的，否则会影响中国皇帝至高无上的地位。④ 这几乎要让清廷取消递呈国书。据卫三畏说，最后协助解决这问题的是两名英国人：柏卓安及赫德。他还特别强调，柏卓安和赫德作为中国所聘任的官员，参加他们的会议，并作出陈述。他们二人指出，其实中国皇帝直接写信给外国元首是有先例的，那就是清廷曾两次在接得美国公使所呈递的国书后，以大清皇帝的名义作答，直接回信给美国的布坎南总统

---

① 《给蒲安臣咨会》，《筹办夷务始末（同治朝）》，第六册卷五十四，第 2250 页。

② 由于这讨论并未见于《筹办夷务始末》，现在所见以中文写成有关蒲安臣使团的中文论文都未有提及这点。

③ 卫三畏是 Samuel Wells Williams 他早年在华传教时所取的中文译名，但奕欣在当时的一封奏折中把他的名字写成为"卫廉士"。《筹办夷务始末（同治朝）》，第六册卷五十二，第 2170 页。关于他获委任代理公使一职，可参"S. W. Williams to W. H. Seward, 28 November 1867"，in Jules Davids ed., *American Diplomatic and Public Papers: The United States and China*（Wilmington, Delaware: Scholarly Resources Inc., 1979）. Series Ⅱ, vol. 1, p. 41.

④ "But when the question of granting them a letter written directly from the Emperor to other crowned heads, indorsing the mission and requesting them to accept it, the whole traditional policy of the empire was interfered with; the supremacy of the Emperor as the son of Heaven, appointed from on high to rule over mankind, was proposed to be practically ignored by his own officers." "S. W. Williams to W. H. Seward, 25 January 1868", ibid., p. 47；其实，这问题很早便已经出现。康熙五十八年（1719 年），俄国政府派遣伊兹玛依洛夫出使中国，也曾为呈递国书问题有所争议，伊兹玛依洛夫请求康熙答复沙皇有关国书的问题，但遭到拒绝，理由就是中国从来不以皇帝的名义写信给外国君主的。参陈维新《清代对俄外交礼仪体制及藩属交涉（1644 ~ 1861）》，黑龙江教育出版社，2012，第 115 ~ 117 页。

（James Buchnan，1791－1868；总统任期 1857－1861）及林肯总统（Abraham Lincoln，1809－1865；总统任期 1861－1865），但并无损中国皇帝的地位和尊严。① 卫三畏所指的这两封信，分别写于 1858 年 6 月 7 日及 1863 年 1 月 23 日，前者以咸丰（爱新觉罗·奕𬣞，1831～1861；1851～1861 在位）的名义所写，交与当时的美国大使列卫廉（William Bradford Reed，1806－1876；1857－1858 出任美国派华公使），② 而后者则以同治（爱新觉罗·载淳，1856～1875；1862～1875 在位）的名义签发，且就是交给蒲安臣的。卫三畏在较早时一次向国务卿的汇报，便特别提到这两封信，并节录其中的内容。③ 有着这样的先例，颁送国书的问题才得以解决。不过，事件暴露了当时清廷部分人的态度：尽管他们早已连番战败，被迫签下割地赔款的和约，但仍没有能够放下天朝大国的思想，最少要在表面上维持着一种高高在上的姿态。这是很重要的，跟本文所要讨论的国书翻译问题有直接的关系。

三

关于蒲安臣使团的国书，首先要指出的是，在现在所能见到一般由时人或朝廷编辑的原始中文材料中，包括了《筹办夷务始末》《清实录》以至《清会典》，我们都见不到收录这份国书。就笔者所查找，现在似乎只可以在两套后来编辑出版的大型资料集中找到这份国书，一则是台湾中研院近代史研究所在 1968 年所编辑出版的《中美关系史料》；④ 而另一则是中国第一历史档案馆在 1998 年编辑出版的《咸丰同治两朝上谕档》。⑤ 大

① "But when the question of granting them a letter written directly from the Emperor to other crowned heads, indorsing the mission and requesting them to accept it, the whole traditional policy of the empire was interfered with; the supremacy of the Emperor as the son of Heaven, appointed from on high to rule over mankind, was proposed to be practically ignored by his own officers." "S. W. Williams to W. H. Seward, 25 January 1868", in Jules Davids ed., *American Diplomatic and Public Papers: The United States and China* (Wilmington, Delaware: Scholarly Resources Inc., 1979). Series Ⅱ, vol. 1, pp. 46 –47.

② 关于列卫廉在华出任大使，可参 Foster M. Farley, "William B. Reed, President Buchanan's Minister to China 1857 – 1858," *Pennsylvania History* vol. 37, no. 3, July (1970): 269 – 280。

③ "S. W. Williams to W. H. Seward, 23 December 1867", ibid. p. 45.

④ 《致美总统国书》，中研院近代史研究所编《中美关系史料（同治朝）》上册，中研院近代史研究所，1968，第 485 页。

⑤ 《咸丰同治两朝上谕档》编辑委员会编《咸丰同治两朝上谕档》第一七册，广西师范大学出版社，1998，第 400 页。

概是为了这个缘故，清廷这份第一次遣派大使出国的最重要文件，在中文学界里一直都没有受到重视和研究。[①] 但另一方面，早在 1872 年，也就是蒲安臣使团出发后四年左右，我们便见到有关蒲安臣使团的第一本英文专著的出版，[②] 里面除收录了使团颁送英国的国书的中、满文文本外，更以大量篇幅讨论国书的英译，很值得注意。

这第一本有关蒲安臣使团的专著，全名为 *The Burlingame Mission: A Political Disclosure, Supported by Official Documents, Mostly Unpublished*（《蒲安臣使团：一个政治性的披露，附有官方文件，大部分从未印行》，下文简称为《蒲安臣使团》），作者 Johannes Von Gumpach（？～1875），中文名字叫方根拔，他在 1872 年出版这部厚达 891 页的巨著，有其个人甚至政治的原因，而且，在他背后还有人在帮忙和推动——据说，这本书的撰写和出版是得到当时在中国的部分英商所赞助，[③] 更不要说他自己不懂中文，不可能讨论很多中英往来文书的翻译。

方根拔是一名归化英国籍的德国人，[④] 根据赫德的日记，方根拔在 1866 年 8 月 3 日经由赫德的英国代理金登干（James G. Campbell，1833－1907）介绍，跟赫德在伦敦见面（当时赫德正休假回国结婚），申请京师同文馆天文及数学教授的工作，当时赫德认为他是能够胜任的，[⑤] 于是在 8

---

① 例如上面提到的闵锐武的《蒲安臣使团研究》以及几篇论文，以至几种研究清代外交礼仪的专书都没有讨论或征引这份国书。

② Johannes Von Gumpach, *The Burlingame Mission: A Political Disclosure, Supported by Official Documents, Mostly Unpublished* (Shanghai, London, and New York: No press, 1872). 不过，该书作者在序言中所署日期为 1871 年 10 月 16 日，可见该书在 1871 年已完成。但使团是在 1870 年 11 月 16 日才返抵北京。志刚：《初使泰西记》，湖南人民出版社，1981，第 132 页。

③ Frederick W. Williams, *Anson Burlingame and the First Chinese Missions to Foreign Powers* (New York: Charles Scribner's Sons, 1912), p. 99, n. 1.

④ "Von Gumpach v. Hart," *The Pall Mall Gazette* Issue 2417 (1), 12 November 1872, accessed December 17, 2013, http://www.law.mq.edu.au/research/colonial_case_law/colonial_cases/less_developed/china_and_japan/1872_decisions/hart_v_von_gumpach/.

⑤ 赫德在 1866 年 8 月 3 日的日记写着：[A] Mr. Johannes Von Gumpach called (introduced by Campbell) to apply for chair of Mathematics and Astronomy: he is an erudite German, speaking English & French equally well – age 47 – : I think he'll do. Richard J. Smith et al., eds., *Robert Hart and China's Early Modernization: His Journals, 1863–1866* (Cambridge, MA.: Council on East Asian Studies, Harvard University, 1991), p. 395.

月 15 日正式聘用他，首五年的月薪 600 镑，他们还一起在 11 月启程到中国。① 在一般的论述里，方根拔是一名脾气古怪，行为怪异，但自视极高的科学家，他一生的目标就是要推翻牛顿（Sir Isaac Newton）的万有引力定论，又指称地球的形状扁平如柠檬，② 他甚至出版厚厚的著作来宣传这些古怪的观点。③ 更严重的是在来到北京后，他对同文馆诸多抱怨，不肯上课，尤其不愿意教授数学，又要求建立天文台及图书馆，让他能够集中作天文研究。结果，赫德提前一年通知他，并额外发给一年的工资后，自 1868 年 9 月 30 日起跟他终止合约，但他并不满意，经多番纠缠后，在 1870 年 2 月向英国驻上海中国日本事务最高法院（Her Britannic Majesty's Supreme Court for China and Japan）提出诉讼，指控赫德错误引导他到北京工作，没有履行兴建天文台及图书馆的承诺，同时又向总理衙门提供错误信息，以致总理衙门停止发薪及终止聘用，因而要求追讨所有欠薪及额外赔偿 3000 英镑。结果，上海英国最高法院判方根拔胜诉，裁定赫德须赔偿 1800 英镑及 176 两与方根拔，并支付诉讼费用。赫德不服，1872 年 11 月上诉至伦敦枢密院（Privy Council），最后，枢密院的四名法官一致裁定赫德胜诉，事件才告终。④

　　这就是方根拔花这么大的力气来撰写《蒲安臣使团》一书的背景，撰写的时间就正是二人在上海进行诉讼的时间。正如上文指出，赫德一直积极推动清廷派遣使团出国，尽管蒲安臣原是美国驻华公使，使团出访的第一站也是美国，但英国人在背后是有很大的推动作用的，而与本文有关的是使团国书的翻译，《蒲安臣使团》一书中以大量的篇幅去讨论国书的翻译，其实也跟赫德和京师同文馆有很大的关系。

① Richard J. Smith et al., eds., *Robert Hart and China's Early Modernization: His Journals*, 1863 – 1866 (Cambridge, MA.: Council on East Asian Studies, Harvard University, 1991), p. 366; Stanley F. Wright, *Hart and the Chinese Customs* (Belfast: The Queen's University, 1950), pp. 334 – 335.

② Martin, *A Cycle of Cathay or China, South and North with Personal Reminiscences* (New York: Fleming H. Revell Co., 1900), p. 304.

③ Johannes von Gumpach, *A Popular Inquiry into the Moon's Rotation on Her Axis* (London: Bosworth and Harrison, 1856); Johannes von Gumpach, *A Letter on the True Figure of the Earth, Addressed to George Biddell Airy, Esq., M. A., Astronomer Royal* (London: Edward Stanford, 1861).

④ 有关这场诉讼，较详细的讨论见 Stanley F. Wright, *Hart and the Chinese Customs* (Belfast: The Queen's University, 1950), pp. 335 – 342; 不过，不少原始的材料，包括当时赫德跟方根拔的往来书信，以至上海最高法院的审判，都以附录形式收在方根拔的《蒲安臣使团》一书里。Johannes Von Gumpach, *The Burlingame Mission* (Shanghai, London, and New York: No press, 1872), pp. 595 – 870.

　　关于蒲安臣使团国书的翻译，我们可以先讨论它的译者问题。由于一般原始中文材料都没有收录这份国书，更不要说交代或讨论它的译者，因此，我们只能从当时刊登出来的译文知道译者的身份。如果以时间而论，现在笔者所能见到最早公开刊出的国书，出现在 1869 年 11 月 19 日的《北华捷报》（*The North China Herald and Market Report*）上，当时除了刊登中文版本外，还同时刊登了五个英文译本，包括了官方的译本，只是其余四个译本都没有注明译者及出处。① 四天后，新一期的《北华捷报》又再刊登另外两个不同版本的译文，只是同样没有注明出处，但标明两个译本是出自同一译者。②《北华捷报》外，就是方根拔的《蒲安臣使团》，里面收录了国书的中文版本和官方的英译本，还有一份"我们自己的翻译"（"our own translation"），③ 且以脚注形式列出了《北华捷报》在 11 月 19 日的四个不同译本，但最为特别的地方在于该书还收有国书的满文版，与中文版并列，④ 这是《北华捷报》所没有的。但无论如何，《北华捷报》的官方译本署上了译者的名字，让我们知道原来清廷这第一份颁送西方国家的国书"官方"英译本是由两个英国人和两个美国人所合力炮制的。这诚然是很奇特的做法，值得稍作分析。

　　首先，译者是柏卓安。以柏卓安来作翻译国书，其实是很合理的安排。柏卓安获委任为使团的左协理，他跟赫德一样，同是爱尔兰人，毕业于都柏林圣三一学院（Trinity College，Dublin），1861 年，他通过英国外交部的考试，派到中国为学生译员（student interpreter）；1863 年获委任为北京英国使馆助理译员（assistant interpreter），1864 年成为汉文副使（Assistant Chinese Secretary），1867 年升任为英国驻华使馆临时代办。⑤ 因此，他

---

① "Mr. Burlingame's Credentials," *The North China Herald and Market Report* vol. III, no. 133, 19 November（1869）：605 - 607. 同期还刊出了两封由 James Barr Robertson 的读者来函，讨论赫德与蒲安臣使团。

② "Mr. Burlingame's Credentials," *The North China Herald and Market Report* vol. III, no. 134, 23 November（1869）：618.

③ Johannes Von Gumpach, *The Burlingame Mission* (Shanghai, London, and New York：No press, 1872), pp. 65, 67.

④ Ibid., pp. 63 - 69；不过，方根拔把日期弄错了，他所收录的其实是 11 月 19 日在《北华捷报》上发表的译本，而不是他所说的 11 月 23 日。11 月 23 日在《北华捷报》上的两个译文，方根拔的《蒲安臣使团》是没有收进的。

⑤ 关于柏卓安的生平简介，参 "Late Sir J. McLeavy Brown, His Notable Career in the East," *The Strait Times*, 15 May（1926）：2.

平日的工作主要就是翻译中英文件，而这次委任他作使团左协理的目的，也就是担任使团的译员。此外，根据英国驻华大使阿礼国（Sir J. Rutherford Alcock，1809 – 1897）向外相司丹立（Edward Henry，Lord Stanley，1826 – 1893）的报告，在较早还没有谈及委派蒲安臣作出访大使时，阿礼国曾跟总理衙门的人说到中国应遣使出国，更建议聘用外国人担任秘书及翻译的工作，据阿礼国说，当时恭亲王即指向柏卓安说，"我们就用他吧，这样便可以做很多不可能的事了""Let us have him and ther we can do many things which are imposscble"①。事实上，柏卓安在清廷委派蒲安臣出使的问题上也确是居中办事的。蒲安臣曾向国务卿西华德汇报，柏卓安曾为总理衙门转达讯息，要求蒲安臣押后离京行程，好能安排出使，②由此可见柏卓安在使团的重要角色；而从国书译文的签署看，柏卓安是以使团左协理的身份来翻译国书的。

不过，更关键的是除了译者外，总理衙门这次还另外找人对国书译文进行审核认可，且审核人共有三名：卫三畏、赫德和丁韪良。这可以说是绝不寻常，由此可以见到总理衙门对这份国书的翻译的重视。有学者认为，这三名审核译文的人，很可能是"当时北京最主要的三位中文专家"，③ 这说法不完全准确，因为我们最少还可以举出威妥玛来。不过，可以肯定的是，这三人是奕䜣所最信任的三名中文专家，且个人关系十分密切，尤其他们跟蒲安臣熟稔。卫三畏不用说了，他是蒲安臣的副手，蒲安臣答应为中国出使而辞去美国驻华公使之职后，卫三畏便成为临时代办。同样是来自美国的丁韪良，跟蒲安臣的关系也很密切。我们知道丁韪良在进入同文馆前一项很重要的活动是翻译《万国公法》，甚至可以说，丁韪良能够开始跟奕䜣及总理衙门交往也是跟他这项翻译活动有关，不过，早在1863年丁韪良便写信给蒲安臣，告诉他自己已开始翻译《万国公法》，且得到蒲安臣的大力支持和鼓励，并答应推荐给朝中大臣。④ 此外，当丁韪良从天津转到北京时，在最初的时候便是住在蒲安臣的家里，且时常一

---

① "Alcock to stanley，25 November 1867"，英国外交部档案，编号：F. O. 17/477。

② "Burlingame to Seward，14 December 1868"，*American Diplomatic and Public Papers*，Series II，vol. 1，p. 43.

③ Frederick W. Williams，*Anson Burlingame and the First Chinese Missions to Foreign Powers*（New York：Charles Scribner's Sons，1912），p. 99.

④ Martin，*A Cycle of Cathay or China，South and North with Personal Reminiscences*（New York：Fleming H. Revell Co.，1900），p. 222.

起外游，且经由他的介绍而认识总理衙门的成员。① 更重要的是，丁韪良也深得恭亲王的信任和倚重。在自传里，他说到奕䜣怎样每次见到他都热情地紧握他双手，且特别欣赏他的中文学术水平，更称颂他"冠西"。②

至于赫德，众所周知的是他很早便得到奕䜣的信任。1861 年 7 月 7 日，英国第一任驻华公使卜鲁斯写信给外相鲁塞尔（Lord John Russell, 1792 - 1878），提到赫德和奕䜣的良好关系：

> 亲王总是称他为"我们的赫德"，对于一些看来合理但却难以实行的建议，亲王时常回答说，"要是我们有一百个赫德，那便可以接受了。"③

赫德除了担任海关总税务司外，也积极推动和支持京师同文馆的运作，尤其倚重丁韪良。丁韪良在 1864 年加入同文馆为英文教习，1867 年回美国休假，并同时修读国际法。就是在赫德向总理衙门大力推荐，同时又写信给丁韪良，催促他回来后，④ 丁韪良在 1869 年 11 月 26 日起开始担任同文馆的总教习，⑤ 赫德更答应提供足够的资金去推动同文馆的发展——"提供了灯油"来让丁韪良擦亮油灯。由此我们可以明白，为什么作为总教习并大力推动同文馆改革的丁韪良会说自己只不过是同文馆的乳娘，赫德才是它的父亲。⑥ 另外，赫德也大力支持和帮助丁韪良翻译出版

---

① Martin, *A Cycle of Cathay or China*, *South and North with Personal Reminiscences*（New York: Fleming H. Revell Co. , 1900）, p. 233.

② Ibid. pp. 294 - 295.

③ "Despatch from Hon. F. W. A. Bruce, British Minister to China, to Right Hon. Lord John Russell, H. B. M. Secretary of State for Foreign Affairs, on Mr. Robert Hart's visit to Peking in 1861," *Documents Illustrative of the Origin*, *Development*, *and Activities of the Chinese Customs Service*（Shanghai: Statistical Department of the Inspectorate General of Customs, 1938）, vol. 6, p. 131.

④ Stanley F. Wright, *Hart and the Chinese Customs*（Belfast: The Queen's University, 1950）, p. 328.

⑤ 丁韪良担任同文馆总教习的时间有三种不同说法，一是奕劻曾在一份奏折中说丁韪良是在"同治七年升授总教习之任"，即 1868 年。《光绪十一年十一月初十日总理各国事务奕劻等奏》，中国史学会编《洋务运动》第 2 册，上海人民出版社，1961，第 65 页。二是《同文馆题名录》中所开列"历任汉洋教习"中注明"丁韪良，升授总教习，同治九年"，那便是 1870 年。同上书，第 95 页。但丁韪良自己则说是在 1869 年 11 月 26 日就职的。Martin, *A Cycle of Cathay*, p. 294；今从丁韪良所记。

⑥ Martin, *A Cycle of Cathay or China*, *South and North with Personal Reminiscences*（New York: Fleming H. Revell Co. , 1900）, p. 293.

《万国公法》，并答应过为他争取资助出版。① 其实，赫德自己早在 1863 年
7 月着手翻译《万国公法》其中有关通使权和缔约权的部分。② 跟着，当
丁韪良的译文完成后，赫德遵照总理衙门的指示，从船钞中拨出 500 两作
出版费。③

不过，我们在上文曾交代过方根拔跟赫德的官司。显然，赫德就是方
根拔的头号敌人，那丁韪良也不见得能够和方根拔平和相处。事实上，不
少报道都说方根拔对丁韪良担任同文馆总教习十分嫉妒，认为自己才是适
合的人选，④ 而方根拔在《蒲安臣使团》一书附录"中国一所新的大学"
里，便不断对丁韪良作出批评。⑤ 这样，这两位国书译文的审查人都跟方
根拔有正面直接的矛盾以至冲突。就是最后一位也没有例外。在《蒲安臣
使团》的序言里，方根拔说到自己在书中所批评的"敌人"中，有些其实
他是十分尊敬的，当中特别举出的例子就是卫三畏，这就是明确地说明卫
三畏是他的敌人；⑥ 而书中也有一处地方刻意提出卫三畏对于理解北京官
话有极其严重的困难，⑦ 显然就是要质疑他作为译者的能力。

准此，我们便可以明白为什么方根拔会花这样大的力气来编写《蒲安
臣使团》，而当中又花上巨大的篇幅来严厉批评这国书的译文。这国书的
部分——该书第五及第六章都是直接讨论国书的——共有 101 页，⑧ 加上
附录中攻击京师同文馆和赫德的"中国一所新的大学"，⑨ 以及以注释方式
评点（实际上是攻击）赫德的 Notes on Chinese Matters，⑩ 全部超过 400 页，

① Richard J. Smith et al., eds., *Robert Hart and China's Early Modernization*: *His Journals*, *1863 - 1866* (Cambridge, MA.: Council on East Asian Studies, Harvard University, 1991), p. 182.
② Katherine F. Bruner et al., eds. with narratives, *Entering China's Service*: *Robert Hart's Journals*, *1854 - 1863* (Cambridge, MA.: Council on East Asian Studies, Harvard University, 1986), pp. 295 - 303；张用心：《〈万国公法〉的几个问题》，《北京大学学报》（哲学社会科学版），2005 年 5 月第 42 卷第 3 期，第 80 页。
③ Ibid., p. 184.
④ Ibid., p. 394；Stanley F. Wright, *Hart and the Chinese Customs* (Belfast: The Queen's University, 1950), p. 340.
⑤ Johannes Von Gumpach, *The Burlingame Mission* (Shanghai, London, and New York: No Press, 1872), pp. 794 - 797.
⑥ Ibid, p. ix.
⑦ Ibid, p. 31.
⑧ Ibid, pp. 61 - 162.
⑨ Ibid, pp. 595 - 870.
⑩ Ibid, pp. 871 - 884.

几乎及全书一半的篇幅，更不要说他在其他章节绝不放过任何批评和攻击赫德以至丁韪良的机会。从这角度看，方根拔把书名的副标题名为"一个政治性的披露"其实是很真确的，因为他整个"披露"都包含了政治动机，只是这政治动机完全是个人的动机而已；而有关国书翻译的讨论，也不可能不带有个人的政治成分在内了。

然而，这并不是说方根拔有关国书翻译的讨论不值一看，正好相反，尽管方根拔的出发点在于攻击国书的译文审批者，但他的论点正好切中当时清廷颁送国书所要考虑甚至担忧的要害，是整份国书内容的关键所在。

四

本来，蒲安臣使团国书并不怎样长，全文才只有 147 字，但方根拔却用超过 100 页的篇幅来作讨论，可以说，他几乎是逐字逐句来进行的。最后，他更以一种平行的方式，把国书的一个"真正直译本"（"True literal translation"，也就是他自己提供的译本）、柏卓安的译本以及"逐字翻译的中文对照本"（"Chinese text rendered word for word"）排列出来，跟著作了这样的结论：

> 由此可以见到，由柏卓安先生所提供，并得到卫三畏博士、赫德先生，以及丁韪良博士所批准的版本，完全没有资格作为国书的译本，由蒲安臣先生代表中国皇帝交与西方国家；——这简直就是一份外交赝品。"①

把国书译文形容为"外交赝品"（"a diplomatic freud"），这是一项非常严重的指控。事实上，在这一百页的讨论里，方根拔不断用上"假冒""伪造""阴谋"（falsified，fraud，conspiracy）等字眼，那么，在他眼里，这译文究竟什么地方出错了？

其实，尽管方根拔不断地在各个用词上反复陈述，但当中所涉及的只是一个中心思想：天朝大国的理念。方根拔认为，在原来的中文国书里，清廷所明确表现的是一种君临天下、统领四方的天朝大国思想，这次遣使出国，并不是以对等国家来作平等交往。相反，在柏卓安所提供的译本

---

① Johannes Von Gumpach, *The Burlingame Mission* (Shanghai, London, and New York: No Press, 1872), pp. 160 – 162.

里，由于翻译上的错误，中英两国变成完全对等，这在外交上造成了极其严重的后果。

这里涉及对于两个文本的阅读和理解的问题：究竟原国书里是否表现天朝大国思想？而译文方面是否又把两国地位变成均等？

我们可以先看看译文的问题。由于过去中文学界从没有注意这份国书译文，就好像散佚了一样，作为资料的保留，也许可以先在这里根据《北华捷报》把全篇译文引录出来：

His Majesty the Emperor of China salutes（Her）Majesty（the Queen）of（England.）In virtue of the commission we have with, reverence received from Heaven, and as China and foreign nations are members of one family, we are cordially desirous of placing on a firm and lasting basis the relations of friendship and good understanding now existing between us and the nations at amity with China.

And as a proof of our genuine desire for that object, we have specially selected an officer of worth, talents, and wisdom, Anson Burlingame, late minister at our capital for the United States of America, who is thoroughly conversant with Chinese and foreign relations and in whom, in transacting all business in which the two empires of China and（England）having a coming interest, we have full confidence as our Representative and the exponent of our ideas.

We have also committed Chih Kang and Sun Chia – ku, high officers with the honorary rank of the second grade, to accompany Mr. Burlingame to England, where Mr. Burlingame, with the two so appointed, will act as our High Minister Extraordinary and Plenipotentiary.

We have full confidence in the loyalty, zeal, and discretion of the said three Ministers, and are assured they will discharge satisfactorily the duties entrusted to them, and we earnestly request that the fullest credence and trust may be accorded to them, that thereby our relations of friendship may be made permanent, and that both nations may enjoy the blessings of peace and tranquility, a result which we are certain will be deeply gratifying.

Dated this the 6th day of the 12th moon of the 6th year of Our Reign Túng

Chї，（December 31st 1867）

Translated by

（Sd. ）J. McL. BROWN，

First Secretary of Chinese Mission.

Translation approved，

（Sd. ）S. WELLS WILLIAMS，

U. S. Chargé d'Affaires ad interim.

（Sd. ）ROBERT HART，

Inspector – General of Imperial Chinese Maritime Customs.

（Sd. ）W. A. P. MARTIN，

Professor of Hermeneutics and Translator in the Imperial Foreign College，Peking. ①

　　我们不必像方根拔那样逐字逐句去分析柏卓安的译文，因为相关的问题比较简单：柏卓安等对于译文的理解，跟方根拔没有什么差别，也就是说，他们都同样认为译文所表现的是一种对等国家的平行正常交往。其中一位译文审核人卫三畏正面地指出了这样的理解。我们在上文曾说过卫三畏曾以署理公使的身份向国务卿汇报蒲安臣出使时曾谈及颁发国书的问题，其实他当时也详细地谈论到国书的译文，这段报告非常重要，有必要全文引录出来：

　　I have read the translation of the letter addressed to the President，and I am confident that you will not find anything in it savoring of the extraordinary assumption on the part of the Emperor which runs through the two replies quoted in the other dispatch. It completes the full authority and authenticalness of this new mission to the western world on the part of this ancient empire，the first，I believe，which it ever sent from its shores to other lands on a footing even approaching to equality. Previous embassies have been sent in a patronizing，authoritative style，requiring the rules of other

　　① "Mr. Burlingame's Credentials，" *The North China Herald and Market Report* vol. Ⅲ，no. 133，19 November（1869）：605，在方根拔所收录译本，柏卓安所署名稍有不同，成为 J. M. L. BROWN. Ibid. ，p. 67.

countries to humbly accept the envoys and behests of his Majesty; this goes to confirm and develop an intercourse mutually beneficial to all. ①

我阅读了致送总统先生国书的译文，我有信心地说，您不会在里面找到丝毫像上次汇报所附的两份回信里中国皇帝那种异于寻常的假设。它确认了这古老大国要派往西方世界的新使团的权威性和真实性。我相信，这是它第一次以一种几乎等同平等的地位把使团从自己到土地送到别的国家去。过去的使团都是以一种至高无上的、权威的态度来派遣，要求其他所有国家谦逊地恭迎使团和皇帝的指令，但这次将确认和发展了一种对所有人都互惠互利的交往。

卫三畏这段向美国政府正式汇报的文字说得很明白，蒲安臣使团国书译文的基调——在译文的表现下——是平等互利的，完全没有从前那种天朝大国居高临下的态度。这是非常重要的，除了可以确定国书译文的中心思想外，更可以证明，对于国书译文的理解，卫三畏跟方根拔是一致的。

但既然这样，为什么方根拔会猛烈抨击译文？关键在于对原文的理解：究竟原来国书的中心思想是什么？它是否真的跟译文所表达的一样？卫三畏向西华德汇报时只谈到了译文，并没有提及原文，这成为方根拔批评的对象，说他故意只交代译文。② 但卫三畏的做法是合理的，他实在没有必要或理由向不懂中文的西华德详细报告中文版本的情况，因此，在汇报里，他的确没有明确地说出究竟国书原本是不是同样传送一种平等互利的信息。不过，既然他是审核过和批准了译文，从常理看，他是认为译文能够准确地表达了原文的内容和精神。换言之，他应该认同原来的国书也是以平等的态度书写，跟译文所表现的无异。

但方根拔的看法并不一样。第一，他认为国书原文是以一种极度傲慢无礼，甚至带有严重侮辱性的态度写成，并不是西方国家正常平等外交所惯用的国书模式，因此，柏卓安不应该把国书翻译成对等的文书，因此，现在这份国书译本是错误的、伪造的。第二，他指控柏卓安、卫三畏、赫德以及丁韪良几人同谋，在翻译时刻意对原国书作出修改，扭曲原文的意

---

① "S. W. Williams to W. H. Seward, 25 January 1868", *American Diplomatic and Public Papers*, Series Ⅱ, vol. 1, p. 41.

② Johannes Von Gumpach, *The Burlingame Mission* (Shanghai, London, and New York: No Press, 1872), p. 158, n. 3.

义，把译文写成平等互利，以求取得西方国家接受。

我们可以先分析第二点。方根拔的指控是非常明确的，他多次用上了"阴谋者"（conspirator）一词，且刻意加了一个脚注来说明这是一群合谋做坏事的人。① 他指出，整个国书的翻译程序是有问题的。他认为，正常和合理的程序是中国政府只需预备中文和满文的国书版本，然后交给各国领事，让他们自己领事馆内的翻译人员把国书译出来。可是，这次的做法并不是这样。根据方根拔的说法，柏卓安为每一个蒲安臣使团出访国家的驻华使馆准备了国书的中文版本，以及他自己那份"核准"了的译文，然后自己"个人／亲自"（"personally"）送给使馆的翻译人员，寻求他们对译文的认可后上呈自己国家的外交部大臣。② 在这问题上，方根拔好像把责任归究在柏卓安。除了在这里说他"个人／亲自"把译文送给各使馆外，在另一处地方又说"首先，赫德先生和柏卓安先生制造了上面所引录的国书假译本，然后柏卓安先生自己负责取得赫德先生、卫三畏博士及丁韪良博士的正式'核准'。"③ 这说法是否准确？我们没法确定，因为除了方根拔外，我们找不到别的资料交代柏卓安翻译国书以及寻求核准的过程。可是方根拔却也没有能够提出任何有力的证据，因为他跟着征引来支持自己的说法的，其实就是我们在上文引用过卫三畏在 1868 年 1 月 25 日给国务卿西华德的汇报，汇报里面根本没有提及翻译和审批国书的程序。④ 方根拔要把矛头指向柏卓安是可以理解的，因为就像那两位译文审查人一样，柏卓安跟赫德关系非常密切，赫德的日记便经常记录了与柏卓安的往来和接触；⑤ 而且，柏卓安后来在使团回国后不久便辞掉英国领事馆的工作，在 1872 年 5 月加入赫德的海关总署，最后更接替赫德成为税务司。⑥ 但无论如何，方根拔就把整个翻译和审批程序形容为"不正规"（"irregular"）

---

① " ' *Conspirator*. One who conspires with others for an evil purpose; a plotter. *Conspiracy*: A combination of men for an evil purpose; an agreement between two or more persons, … for the purpose of wrongfully prejudicing another, etc.; a plot'. " Johannes Von Gumpach, *The Burlingame Mission* (Shanghai, London, and New York: No Press, 1872), p. 159, n. 6.

② Ibid, p. 159.

③ Ibid, p. 157.

④ Ibid, pp. 156 – 158.

⑤ Cf., Smith, Fairbank & Bruner eds., *Robert Hart and China's Early Modernization*: *His Journals*, 1863 – 1866 (Cambridge, MA.: Council on East Asian Studies, Harvard University, 1991).

⑥ "Late Sir J. McLeavy Brown, His Notable Career in the East," *The Strait Times*, 15 May (1926): p. 2.

及"不诚实"（"underhanded"），目的就是清除所有的障碍，免得一些西方国家的外交部反对蒲安臣使团的到访。[1] 然而，方根拔这里所说的"正常和合理的程序"是否正确？这是至关重要的，如果他的说法准确，那么，柏卓安和卫三畏等的做法便有问题。

方根拔没有说明自己有关国书翻译程序所依据的是什么，但那时候在北京最流行和为人所信奉的国际公法是惠顿（Henry Wheaton，1785 – 1848）的《国际法原理》（Elements of International Law），也就是后来被翻译成《万国公法》。赫德早在 1863 年 7 月曾经翻译过该书的一部分，而丁韪良更在差不多这时候开始着手翻译全书，且在所谓的"普丹大沽口船舶事件"中发挥功能，让总理衙门顺利处理普鲁士非法在中国水域扣押丹麦船只的案件，[2] 因而愿意代为奏准资助印行，《万国公法》在 1865 年由京都崇实馆出版。[3] 不过，方根拔对惠顿和《万国公法》是有所批评的，认为全书态度偏颇，且充满错误；他在《蒲安臣使团》一书中多番引用和谈论《万国公法》，甚至有专节题为"惠顿在中国"，但其实都只是要针对赫德以及那位"对法律完全无知"的《万国公法》"撮译者"（"altogether ignorant of law""the translating epitomizer"）丁韪良。[4] 但无论如何，《万国公法》是当时在中国最流行和广为人所熟悉的国际法，如果我们要讨论清廷派遣使团出国的法规，也只能以《万国公法》为标准，尤其是我们知道赫德最初要游说清廷遣使时便曾将《万国公法》有关遣使的部分翻译出来，而且总理衙门大臣文祥（1818 ~ 1876）也明确地说《万国公法》可以用来指引他们将来的遣使活动。[5]

不过，丁韪良所提供的《万国公法》译本里并没有任何地方讨论遣使

---

[1] Johannes Von Gumpach, *The Burlingame Mission* (Shanghai, London, and New York: No Press, 1872), p. 159.

[2] 《筹办夷务始末（同治朝）》，第三册卷二六，第 1144 ~ 1145 页。关于"普丹大沽口船舶事件"，参见王维俭《普丹大沽口船舶事件和西方国际法传入中国》，《学术研究》1985 年 9 月 1985 年 5 期，第 84 ~ 90 页。

[3] 关于《万国公法》最初的版本，以及丁韪良所据《国际法原理》的原著版本，以及翻译的过程，参见张用心《〈万国公法〉的几个问题》，《北京大学学报》2005 年 5 月第 42 卷第 3 期，第 76 ~ 84 页。

[4] Johannes Von Gumpach, *The Burlingame Mission* (Shanghai, London, and New York: No press, 1872), pp. 277 – 279.

[5] W. A. P. Martin, *A Cycle of Cathay or China*, *South and North with Personal Reminiscences* (New York: Fleming H. Revell Co. , 1900), pp. 233 – 234.

国书翻译程序。该书第三卷"论诸国平时往来之权"里有一章"论通使之权"，详细讨论了国际通使的规定和法则，其中有特别提到"信凭"的部分。惠顿将遣外使臣分成四等，其中一个很有重要的分野是在于"信凭"方面，也就是出使国书："第三等使臣"，"皆寄信凭于他国之君者"，而"第四等使臣"则"寄信凭于部臣，有因事特使者、有摄行钦差事者"。① 我们在上文讨论过总理衙门为了避免因蒲安臣呈递国书而引发外使入觐皇帝的礼仪问题，指示蒲安臣将国书呈交外国外交大臣。印证于《万国公法》，则蒲安臣使团应属第四等使臣，只是我们也知道，蒲安臣和后来的志刚都曾直指把国书呈交外国最高元首，那是属于第三等使臣的做法。关于"信凭"方面，第三卷第一章第七有这样的描述：

> 国使如不寄信凭，则不能以使臣之礼仪权利归之。上三等使臣寄信凭于君，第四等则寄信凭于部臣。其信凭或为密函或为公函。若系公函，其君必加查印，使臣另备副本以便交部臣验明，约日朝觐，亲呈玺书。信凭内必先言使臣因何而来，其代国办事必保其言行可信。②

这里所涉及的是呈递国书的方式或程序，但并没有谈到出使前应该怎样预备和翻译国书。

不过，《万国公法》第三章"论诸国平行之权"内的第五节"公用之文字"，交代了国际文书往来的语言问题。首先，惠顿开列了第一个原则是各国应享平等的地位，"与他国共议时，俱用己之言语文字"。但他也指出在一段很长的时间里，拉丁文在欧洲通行，"诸国用以共议"，然后在三百年前因为西班牙在欧洲最为强大，建立了很多殖民地（当时译作管属国），所以"文移事件概从西班牙文字"；跟着在最近的二百年，"诸国文移公论几尽用法国语言文字"。但在这里，惠顿提到了翻译：

> 若议约通问用本国言语文字，则附以译本，概为各国相待之礼。③

这段简短的论述很可能为我们提供了有关国书翻译程序问题的答案。

---

① 惠顿：《万国公法》，丁韪良译，何勤华点校，中国政法大学出版社，2003，第 145 页。惠顿把使臣分成四等，"第一等使臣系代君行事，其余三等系代国行君。
② 同上书，第 146 页。
③ 同上书，第 127 页。

虽然这里所指并不限于国书，而是日常两国交往互通文移时的做法，但显然是说授文者在使用本国语言文字时，应该同时提供译本。这样看来，方根拔的说法是不正确的，相反，国书由柏卓安来翻译是符合惠顿的国际法的，因为虽然柏卓安原来是英国注华使馆的译员，但蒲安臣使团的国书是由柏卓安以使团左协理身份翻译的，换言之，国书译文是由清政府提供的，也就是惠顿所说的授文者"附以译本"，这是最为妥当的方法。此外，我们还可以举出两个先例，证明西方遣使呈递国书的程序，并不一定是方根拔所谓的那种"正常和合理的程序"。这两个例子很有历史意义，因为涉及英国最早派遣到中国的两个使团。第一，1783 年马戛尔尼访华使团。尽管当时要在英国找寻合资格的译者很困难，但他们还是千方百计，踏遍欧洲找来了两名译者，在使团出发前把英王乔治三世给乾隆的国书翻译成中文，然后在觐见时由马戛尔尼亲手呈递。[1] 第二，1817 年阿美士德访华使团。使团所携英摄政王给嘉庆的国书，[2] 便是使团在前往北京途中由使团译者马礼逊所译出的，[3] 并经由使团副使斯当东审阅和批准，呈交阿美士德，[4] 然后再交负责接待使团的苏楞额及广惠。[5]

　　但其实，在这次蒲安臣使团国书的翻译问题上，最少对美、英这两大主要出访国家来说，他们无论采用什么的程序，也不会有什么分别，因为美国驻华公使的翻译工作，本来就是由卫三畏负责，而柏卓安根本就是英使馆的翻译官。事实上，方根拔在书中较前的部分也承认了卫三畏是北京所有外国使馆的通用译员，[6] 那么，即使真的要交由外国使馆译员翻译，最后也是由柏卓安和卫三畏负责，这样，方根拔的指控不但没有根据，且是毫无意义的。

---

[1] J. L. Cranmer - Byng (ed.), *An Embassy to China: Being the Journal Kept by Lord Macartney During his Embassy to the Emperor Ch'ien - lung, 1793 - 1794* (Hamden: Archon Books, 1963), p. 122.

[2] "Letter From the Prince Regent to the Emperor of China," in Morse, *The Chronicles*, vol. 3, pp. 278 - 279.

[3] Robert Morrison, *Memoir of the Principal Occurrences during an Embassy from the British Government of the Court of China in the Year* 1816 (London: Hatchard & Son, 1920), p. 14.

[4] George Thomas Staunton, *Notes of Proceedings and Occurrences during the British Embassy to Pekin in* 1816, in *Britain and the China Trade 1635 - 1842* (London & New York: Routledge, 2000), Vol. X, p. 13.

[5] Robert Morrison, *Memoir of the Principal Occurrences during an Embassy from the British Government of the Court of China in the Year 1816* (London: Hatchard & Son, 1920), p. 33; George Thomas Staunton, *Notes of Proceedings and Occurrences during the British Embassy to Pekin in* 1816, in *Britain and the China Trade 1635 - 1842* (London & New York: Routledge, 2000), p. 51.

[6] 惠顿：《万国公法》，丁韪良译，何勤华点校，中国政法大学出版社，2003，第 36 页，注 1。

五

在这里，余下来最关键的一个问题就是：究竟原来的国书是否像方根拔所说，充斥着天朝大国思想，在遣词用语上对西方国家造成侮辱？

诚然，即使经历连番战败，清廷仍然希望能坚守天朝大国的地位。这点在上文也有所提及，他们一直不肯让外使觐见皇帝，就是为了避免要以平等地位来接待。可是在外国船坚炮利的威胁下，他们能坚持到什么程度？即以入觐问题为例，他们再不可能要求外使行三跪九叩礼，只可以回避问题的方式，不安排入觐。那么，清廷这第一份使西国书又可以怎样？他们还能够维持天朝大国的思想吗？他们又怎样去表达这思想？由于这份国书的中文版不容易见到，我们先在这里把它抄录出来，除方便分析外，更可作为资料上的补充：

> 大清国
>
> 大皇帝问
>
> 大英国
>
> 大君主好朕寅承
>
> 天命中外一家眷念友邦和好特选贤能智士前驻京合众国使臣蒲安臣熟悉中外情形于办理两国交涉事宜可期代达衷曲并派二品衔志刚孙家穀同赴
>
> 大英国俱膺特简重任大臣以为真心和好之据朕知此三臣均忠勤醇谨必能办理妥协务望推诚相信得以永臻友睦共享升平谅必深为叹悦也
>
> 同治六年十二月初六日①

---

① 这里引录的国书文本来自《蒲安臣使团》，Johannes Von Gumpach, *The Burlingame Mission* (Shanghai, London, and New York: No press, 1872), pp. 62 – 64；《北华捷报》所录国书跟方根拔所收国书文本内容完全相同，但由于《北华捷报》的版面限制，抬头格式不正规。《中美关系史料》以及《咸丰同治两朝上谕档》所收文本均为致美国总统，内容完全相同，只是凡"大英国"改为"大亚美理驾合众国"，"大君主"改为"大伯理玺天德"。《咸丰同治两朝上谕档》所收为中国第一历史档案馆所藏咸丰、同治两朝军机处汉文上谕档册，为原件影印本，当中所展现的抬头格式跟《蒲安臣使团》的相同，但却没有标明日期，而《中美关系史料》则为重排本，没有保留抬头格式，标明日期为"同治陆年拾贰月初六日"。《咸丰同治两朝上谕档》，第一七册，广西师范大学出版社，1998，第400页；《中美关系史料（同治朝）》上册，中研院近代史研究所，1968，第485页。

方根拨说国书的底稿是由赫德根据《万国公法》所草拟，然后呈交总理衙门，① 但他并没有提出任何证据，我们也见不到别的记录，说明国书是怎样书写出来的，然而，从行文而言，总理衙门的官员肯定才是最后的执笔者，因为里面完全是地道的中国朝廷文书风格，没有半点出自外国人手笔的生硬痕迹。②

那么，这份国书是否有令西方人难以忍受的天朝思想？是否有充满侮辱性的字眼？平心而论，笔者的判断是否定的。第一，在内容上，这份国书写得很简单直接，只是把遣使的消息直接说出来，没有什么古怪的地方；第二，从格式上看，"大清国"与"大英国"，以及大清国"大皇帝"跟大英国"大君主"是放置在同一位置上的，那就是二者所得到的抬头规格是相同的；唯一高于这两国君主的抬头是"天命"，这是十分合理的。相较于乾隆在马戛尔尼使团中所颁"英吉利国王敕谕"，里面直接把乔治三世呼为"英吉利国王"，连空一格的抬头也没有，③ 这次蒲安臣使团国书的抬头规格，是很不一样的了。必须强调，两国往来文书照会抬头书写的问题，西方国家在这时候早已认识，且曾经争议过。④ 如果这次蒲安臣使团国书在抬头书写方面处理得不妥当，必然会引来批评。

第三，更重要的是内容的表达上。从措辞看，国书中明显地把英国置于平等的位置，除了以"大英国大君主"相称外（相对于从前乾隆在马戛尔尼使团来华后所颁敕书，用的是"英［口字旁］咭唎国王"），又把英国称为"友邦"，期望以"真心和好之据"，达到"永臻友睦共享升平"的结果。这都不能算是什么君临天下的表述，更不要说有什么侮辱成分，唯一稍为"异于寻常"的是一句"朕寅承天命"，但却已经比从前含蓄得多了，正如方根拨所引用的例子，从前不少的圣谕是会把这样的意思表述为"朕受天景命君临万邦"的，⑤ 就是不久前以咸丰和同治的名义写给两

① Johannes Von Gumpach, *The Burlingame Mission* (Shanghai, London, and New York: No press, 1872), p. 155.

② 即使赫德上呈总理衙门的《局外旁观论》，虽然肯定经过修饰，行文仍觉生硬。《筹办夷务始末（同治朝）》，第四册卷四十，第 1666~1673 页。

③ 《大清皇帝给英吉利国王敕谕》，《英使马戛尔尼访华档案史料汇编》，第 126~127，165~167 页。

④ 参见尤淑君《宾礼到礼宾——外使觐见与晚清涉外体制的变化》，社会科学文献出版社，2013，第 119、143 页。

⑤ Johannes Von Gumpach, *The Burlingame Mission* (Shanghai, London, and New York: No press, 1872), p. 131.

位美国总统的信还有"朕寅承天命抚驭天下"，引来了不满，认为这是天朝大国思想的表现，以致负责翻译的威妥玛要加上一大段的译者注来作解释，并建议对此无须过分关注。① 但这次蒲安臣使团国书放弃了"抚驭天下"，改成了"中外一家"，不能不说是很大的修正。

其实，如果我们愿意仔细去看看方根拔那冗长累赘的讨论，不难发觉他的很多批评都可以说是吹毛求疵，甚至是毫无道理的。在这里我们只会分析他就国书里所涉及三个国家（中、英、美）的名称的翻译和讨论，便可以说明他怎样把原来国书诠释为天朝话语的文本。②

首先是"大清国"与"大英国"。柏卓安把二者分别译为"China"和"England"，前面没有加上什么修饰词句。但方根拔却认为，"大清国"的"国"跟"大英国"的"国"并不是相同的概念。他认为，在中国人的理解里，"大清国"的"国"指的是帝国，管治"天下"及"四海"的"万国"（第 86 页），因此，大清国应该翻译成"The *Ching* Empire"（第 85 页），甚至是"The Great *Ching* Empire of the World"（第 90 页）。但"大英国"的"国"却只是"万国"其中的一国，且是一个小国——他几次征引了"大曰邦小曰国"；因此，他说"大英国"的"国"只能译成"State"，而且，他还强调了在这样的理解下，英国只是大清帝国普天之下的其中一小国（"England as one of the States of the *Ching* Empire Universal"）（第 100 页），结果，大英国便应该译成"the Principality of Eng［land］"（第 100 页）。不过，他并没有提供任何令人信服的理由，说明为什么两个中文字面上完全相同的词会有不同的理解。其实，有学者已指出过，"大英国"一词是英国人所创造出来的新词，从前朝廷文书一向用的只是"英（口字旁）咭唎国"，其后英人一步一步地引入使用"大英国"，原来的目的就是要提高英国的地位，与清廷抗衡，③ 它不可能是地位低微的称号；

---

① "Translator's note," "The Emperor of China acknowledges receipt of a letter from President Lincoln that he found written 'in a spirit of friendliness.'" Enclosure B in Dispatch 33, 29 January (1863), "Burlingame to W. H. Seward, Peking", *American Diplomatic and Public Papers*, Series Ⅱ, vol. 1, p. 26; 方根拔对此亦有征引及讨论，Johannes Von Gumpach, *The Burlingame Mission* (Shanghai, London, and New York: No press, 1872), pp. 145 – 147.

② 下文分析方根拔对国书的讨论，除另声明外，引文均来自 Gumpach, *The Burlingame Mission*，只在文中标注页码，不另作注。

③ 参庄钦永《四不像"大英（国）"：大清天朝体制钤压下的汉译泰西国名》，王宏志主编《翻译史研究（2013）》，复旦大学出版社，2013，第 59 ~ 127 页。

更不要说《江宁条约》里已经正式地使用了"大英国"作为缔约国的署名了，而条约英文文本用的便是"the United Kingdom of Great Britain"或"the United Kingdom"，根本不会只用 England。①

其次，除了中、英两国外，国书中在有关蒲安臣的介绍中提到了美国，说他是"前驻京合众国使臣"。柏卓安译把这介绍译为"late minister at Our Capital for the United States of America"，但遭到方根拔的批评。他说，这里所说的"京"不能译为"我们的"首都，因为原文并没有"我们的"这说法，而且这首都也不仅只是中国自己的首都，而是清帝国的首都，因此应该译成"the capital of the *Ching* Empire of the World"，甚至应该是"the Terrestrial Capital"。但更严重的是他说国书中的"合众国"不是United States of America，而是应该根据字面的意义直译为"the united multitudes（tributary）State"——他不但在字面上作直译，还以括号的方式硬加上了"朝贡"。这说法很有问题。就像上面"大英国"的情况一样，"合众国"一词是早已一直在使用，且为美国政府所接受，不要说我们见到在所有由美国人自己送来的文书照会里用的已是"合众国"，就是中美两国在 1844 年所签订最官方和正式的《五口贸易章程：海关税则》（俗称《望厦条约》）中即有"亚美理驾洲大合众国""大合众国""合众国"的说法；② 然后，在 1858 年签订的中美《天津条约》里用的也是"大亚美理驾合众国"或"大合众国"。③ 在两条约的英文版本里，用的都是 The United States of America；④ 而且，实在没有理由把朝贡（"tributary"）加在美国，因为在这以前，美国从没有正式派遣使臣到中国来，不可能有朝贡属国的理念。值得注意的是，参与中美谈判，当翻译的便是丁韪良。方根拔很可能只不过是知道这一点而借题发挥而已。

通过对于中、英、美三国的名称作出这样不合理的诠释和翻译，方根拔把英国和美国放置在大清帝国这天朝大国的附庸下，然后以这样的国际关系作为框架或基调，去讨论国书的内容，从而证明国书是用一种侮辱性

---

① 《江宁条约》，王铁崖编《中外旧章约汇编》第一册上编，三联书店，1957，第 30～33 页；"Treaty of Nanking," in *Treaties, Conventions, Etc., Between China and Foreign States* (New York：AMS Press Reprint, 1973), vol. 1, pp. 351 - 356.

② 《五口贸易章程：海关税则》，同上书，第 51～57 页。

③ 《天津条约》，同上书，第 89～90 页。

④ "Treaty of Wang - hea," *Treaties, Conventions, Etc.,* (New York：AMS Press Reprint, 1973), vol. 1, pp. 671 - 712; "Treaty of Tientsin," ibid. pp. 713 - 727.

的天朝思想写成。例如从"大清国"跟"大英国"的分歧出发，跟着"大皇帝"与"大君主"便一定是不对等的了。方根拔认为大清国的"大皇帝"不应该只译成"The Emperor"，而应该是"The Great Exalted Monarch and Highpriest"（第 80 页），理由是中华帝国的皇帝是天子，受命于天，地位至高无上，就跟教皇在欧洲天主教国家中的地位一样。相反，大英国"大君主"的地位便不能相比，因为君主最多只是 head 或 chief 的意思，尤其是她只不过是一个小国的君主，因此大英国的"大君主"便只能译成"The Great Lady"（第 96、97 页）而已。不过，我们知道（方根拔也知道），"君主"一词用在英国女皇身上，是早在第一次鸦片战争后的《江宁条约》的中文版本里已出现，用的是"大英君主"和"大英国君主"，①而对应的英文说法是"Her Majesty the Queen of the United Kingdom"，大清国大皇帝在《江宁条约》里则被译为"His Imperial Majesty the Emperor of China"（后来在《天津条约》里更把 Imperial 拿走，变成"His Majesty the Emperor of China"。②此外，《江宁条约》的中文版本，也就是"君主"在中英条约中最早的使用，是由当时英军阵营内最高级的翻译员马儒翰（John Robert Morrison，1814 – 1843）所翻译出来的。③ 如果使用"君主"是贬低身价，那责任便应由英人来负，跟总理衙门的大臣和奕䜣无关。然而，由于他坚持国书原文所展现的是两国以及两国君主地位不同，结果，虽然国书以大清国大皇帝向大英国大君主"问好"作开始，但却变成一种"极度不礼貌的说法"（"in the highest degree of discourteous"），因为方根拔认为那一定是在上位者向下属才使用的说法（第 100 页）。其

---

① 《江宁条约》，王铁崖编《中外旧章约汇编》第一册上编，三联书店，1957，第 30 ~ 33 页。

② "Treaty of Nanking," in *Treaties*, *Conventions*, *Etc.*, *Between China and Foreign States*（New York：AMS Press Reprint，1973），vol. 1，pp. 351 – 356；"Treaty of Tientsin," Ibid.，pp. 404 – 428.

③ Johannes Von Gumpach，*The Burlingame Mission*（Shanghai，London，and New York：No press，1872），p. 90。不过，方根拔这里说在《江宁条约》里首次用到"君主"是由马礼逊所新造的，实误，马礼逊早在 1834 年 8 月 1 日便去世了，参与鸦片战争，并负责议和及起草条约中文版的是他的儿子马儒翰。参 *Parliamentary Papers*，1844，xxxvi，Paper 522，May（1844），"Communications having any reference to the late John Robert Morrison," quoted from R. Derek Wood，"The Treaty of Nanking：Form and the Foreign Office，1842 – 43"，*The Imperial and Commonwealth History* vol. 24，no. 2，May（1996）：183；Granville G. Loch，*The Closing Events of the Campaign in China：The Operations in the Yang – Tze – Kiang；and Treaty of Nanking*（London：John Murray，1843），p. 158.

实，在一般的理解里，这并不是绝对的。

此外，既然方根拔认定大清国所代表的意义是包含了天下万国的帝国，他便不会接受柏卓安把国书中的"友邦"翻译成"the nations at amity with China"。他认为，国书中"友邦"一词，应译为"My loyal or well-affected Principalities"，然后在后面还要加上说明，是中华帝国的一部分，甚至是要向至高无上的大皇帝来朝贡的（"constituting integral portions of the Chinese Empire Universal, and tributary to the one'Great Exalted Monarch and Highpriest of the World'."）（第 134 页）。同样地，国书结尾处所提希望两国将来能永远"友睦"，也自然不可能是一种平等的友好和睦关系，而给他诠释为要求"朝贡国'服从'、'臣服'、'忠诚'"（"in the sense of'obedient', 'submissive', 'loyal', on the part of the Tributary States"）（第 142 页）。就像上面讨论过的例子一样，他根本就无视"友睦"早在中英官方签订的条约里广泛使用：《江宁条约》第一条款便注明"嗣后大清大皇帝、大英国君主永存平和，所属华英人民彼此友睦"；① 《天津条约》内也有"大清皇帝、大英君主意存睦好不绝"、"大英君主怀意恒存友睦"的文句；② 但这些条约的英文版本都只是用上"friendship"、"friendly nations"及"friendly understanding"等。③

这情况也发生在美国方面。由于方根拔坚持合众国只是"the united multitudes（tributary）State"，因此，他认为蒲安臣原作为"前驻京合众国"的"使臣"，便不能译作"Minister"，而应该是"贡臣"，因为在朝贡国家的所有派来的使臣，都应该理解为贡使，而在这背景下，使臣和贡使二词是完全等同、可以互换的（"interchangeable"），应该译作"tribute-bearing messengers"（第 136 页）。

由此我们可以看到，方根拔有关蒲安臣使团国书的理解和翻译才真正是有严重的问题，而事实上，他所使用的策略是显而易见的，他用来作为诠释的理据或工具，主要是从前古籍上以至清中前期朝廷所惯用的话语片断，那毫无疑问是会有天朝大国的思想成分在内，更不要说他往往刻意夸

---

① 《江宁条约》，王铁崖编《中外旧章约汇编》第一册上编，三联书店，1957，第 30 页。

② 《天津条约》，同上书，第 96、103 页。

③ "Treaty of Nanking," in *Treaties, Conventions, Etc., Between China and Foreign States*（New York: AMS Press Reprint, 1973），vol. 1, pp. 352; "Treaty of Tientsin," Ibid., pp. 405, 419.

大，甚至断章取义。结果，在他所"诠释"下的蒲安臣使团国书，便成为极端侮辱性的文字。然而，这并不是原来国书的真正意义。

六

其实，到了19世纪60年代中叶，时代早已改变了，经历了两次沉重的军事挫败后，清廷即使要在表面上维持这种高高在上的位置也不容易。1858年《天津条约》规定，清廷"与大英钦差大臣文移、会晤各等事务，商办仪式皆照平仪相待""视公务需要，衙署相见，会晤文移，均用平礼"；而且，"嗣后各式公文，无论京外，内叙大英国官民，自不得提书夷字"，① 都已逐步把清廷的天朝思想和地位彻底打破，② 即使在内部文书里用上了"夷"字也受到批评而得要急急解释，一方面说《天津条约》所规定不能用"夷"字不适用于谕旨；另一方面又上奏请咸丰以后"凡关夷务者，可否饬令毋庸发抄"。③ 那么，一份正式遣使到外国去的国书又怎可能再像方根拔所说充斥着傲慢和侮辱性的天朝思想？

此外，清廷这次遣使出国活动的统筹者和最高负责人是奕䜣。我们知道，早从1860年英法联军直捣北京，奕䜣负责办理和局，迅速达成换约协议后，便马上得各国赞赏，明确表示希望中国外交事务，嗣后仍归恭亲王专办。另外，他与桂良（1785~1862）、文祥等在1861年1月13日年合上《通筹洋务全局酌拟章程》，成立"总理各国事务衙门"，负责处理一切洋务。④ 一直以来，奕䜣始终采取一种开明开放的态度，对西方人十分友善。一桩广为人知的轶事是1861年5月，法国使馆译员美里登（Baron de Mer-

---

① 《天津条约》，王铁崖编《中外旧章约汇编》第一册上编，三联书店，1957，第97页。

② 有外交史学者明确认为，自1858年《天津条约》后，"前后维系了两百多年的'天朝旧制'，可以说完全废弃了"。陈志奇：《中国近代外交史》上册，南天书局，1993，第41页。

③ 《钦差大臣桂良等奏英以上谕中用有夷字指为背约片（咸丰八年九月初三日），中国史学会主编《第二次鸦片战争》第3册，上海人民出版社，1978，第531页。

④ 《筹办夷务始末（咸丰朝）》，第八册卷七十一，中华书局，1979，第2674~1680页。当时有"凡策我国之富强者，要皆于于衙门为总汇之地，而事较繁于六部者也"的说法。《光绪二十四年七月二十八日刑部郎中沈瑞琳折》，载《戊戌变法档案史料》，中华书局，1958，第179页。有关"总理各国事务衙门"的讨论，可参吴福环《清季总理衙门研究》，新疆大学出版社，1995；Masataka Banno, *China and the West 1858 – 1861: The Origins of the Tsungli Yamen* (Cambridge, MA.: Harvard University Press, 1964).

itens）曾以开玩笑的口吻问奕䜣，"您是否真的认为我们是蛮夷？"奕䜣回答说："我从没有这样想，因为过去我跟你们没有过接触，我没有任何确实的看法；但现在，很肯定，我不会［把你们看成是蛮夷］"。① 这不是客套的外交辞令，最明显的证据是他长期倚重和雇用外国人为清政府服务，且积极推动洋务。为了达到自强的目的，在遣使前不久，他不惜开罪像倭仁（1804～1871）这样位高权重的顽固守旧派，排除万难要在京师同文馆设立天文数学馆，就是因为他早已认定了要自强便必须"以夷为师"。② 显然，遣使出国就是奕䜣所推动的洋务自强计划的一部分，蒲安臣使团前的斌椿使团不就是明确地为了解决"外国情形，中国未能周知，于办理交涉事件，终虞隔膜"的困难么？③ 而直接触动这次蒲安臣使团的原因更是为了解决当时已急不容缓的"修约问题"，派遣蒲安臣代为出使，能够跟西方国家建立良好的关系，有利于条约修订的谈判。④ 在这样的政治形势和背景下，总理衙门和奕䜣又怎可能会在蒲安臣使团国书里羞辱西方国家？

由此，我们可以肯定，方根拔的阴谋论是不能成立的。柏卓安、赫德、卫三畏等无疑是非常希望能促成使团的成行，因此，他们乐于见到国书译文以平等互利的思想和语句写成，但这并不是说要以胡乱翻译、扭曲

---

① "A few days ago, when he［Baron de Meritens］was at the Foreign Office having a conversation with the Prince and his colleagues, he said in joke, 'Well, do you really now consider us a barbarous people?' The Prince replied, 'I never thought so, because, having no acquaintance with your true character, I had no fixed opinion; but now, most certainly, I do not.'" D. F. Rennie, *Peking and the Pekingese During the First Year of the British Embassy at Peking*, vol. 1, (John Murray, 1865).

② 1866 年 12 月 11 日（同治五年十一月初五日），奕䜣上奏在京师同文馆添设专门的天文和算学馆，却在朝廷上惹来很大的反对声音，奕䜣受到猛烈攻击，说他"奉夷人为师"。有关这场论争，参熊月之《西学东渐与晚清社会》，上海人民出版社，1994，第 324～333 页；董守义：《恭亲王奕䜣大传》，辽宁人民出版社，1989，第 278～287 页；李细珠：《晚清保守思想的原型：倭仁研究》，社会科学文献出版社，2000，第 165～173 页；Kwang - ching Liu, "Politics, Intellectual Outlook, and Reform: The T'ung - wen Kwan Controversy of 1867", in Paul A. Cohen & John E. Schrecker eds., *Reform in Nineteenth - Century China* (Cambridge, MA., Harvard University East Asian Research Center, 1976), pp. 87 - 100.

③ 《筹办夷务始末（同治朝）》，第四册卷三十九，第 1621 页。

④ 奕䜣在上奏请准派遣使团时，曾小心翼翼地讨论过使团人选的问题。当时"英法美三国以财力雄视西洋，势各相等"，而三国中以"美国最为安静"，但如只用蒲安臣，"而英法二国置之不论，诚恐伊等不无疑虑"，因此，同时以英国人柏卓安为左协理、法国人德善为右协理，除了因为他们"均能通晓汉文语"外，更"兼可以笼络英法诸国"。《筹办夷务始末》（同治朝），第六册卷五十一，第 2160～2161 页。

原著来达到这目的，因为总理衙门和奕䜣也同样渴望使团能够取得良好的成绩，因此绝不会在国书的问题上作任何刁难，破坏使团的成行和成效。

至于方根拔，他显然是为了要报复赫德以及跟赫德和京师同文馆有关的人物，不惜扭曲国书的意义，否定一份由当时好几名具备最高中文水平的外国人合力炮制的译本，而另行制造出一份极端的天朝主义的译本。这使我们想起了另一份由中国皇帝发给英国人的国书的翻译。

1793 年，马戛尔尼使团来华，在匆匆跟乾隆见过两三次面后便被遣走，临行前乾隆还向使团颁发敕谕，拒绝了马戛尔尼提出的所有要求。我们不在这里讨论乾隆是否真的缺乏世界视野或西学知识，错误认定英国为要来遣使朝贡的蛮夷小国，还是他胸有成竹，拒绝英人要求，就是为了要防范和阻止英人的东来扩张，[①] 但毫无疑问，这份写给英皇乔治三世的国书最少在字面上确实充斥了高傲的天朝大国思想，对于当时的欧洲外交模式来说，这样的一封国书甚至可以说是很不合礼仪，专横粗暴的，结果引出了另一个同样被历史学家视为赝品的外交文书译本，理由是：负责把国书翻译成拉丁文的一些在京天主教士根本不敢直接或准备地把敕谕翻译出来。其中一位译者贺清泰（Louis de Poirot，1735 – 1814）在乾隆五十九年九月初六日（1794 年 9 月 29 日）写信给马戛尔尼，告诉他在翻译时怎样修改原信：

> 我们所能做的，就是在敕谕中塞进一些对英王陛下致敬的语句；因为，皇帝对待我们欧洲的国王们，就像对待他们属国的小王一样，而这些小王只不过是皇帝的奴才而已。[②]

---

① 关于马戛尔尼使团，研究方面，较重要的包括：Alain Peyrefitte，*The Collision of Two Civilizations：The British Expedition to China in 1792 – 1974*，Jon Rothschile Tr.（London：Harvill，1993）；James L. Hevia，*Cherishing Men from Afar：Qing Guest Ritual and the Macartney Embassy of 1793*（Durham & London：Duke University Press，1995）；J. L. Cranmer – Byng，"Lord Macartney's Embassy to Peking in 1793，" *Jouranl of Oriental Studies* vol. 4，Issues 1 – 2，（1957 – 1958）：117 – 186；Robert A. Bickers（ed.），*Ritual & Diplomacy：The Macartney Mission to China*，1792 – 1794（London：The Wellsweep Press，1993）；黄一农：《印象与真相——清朝中英两国的觐礼之争》，《中央研究院历史语言研究所集刊》，第 78 本第 1 分，第 35～106 页；张芝联主编《中英通使二百周年学术讨论会论文集》，中国社会科学出版社，1996；赵刚：《是什么遮蔽了史家的眼睛？——18 世纪世界视野中的马戛尔尼使团来华事件》，《视界》第 9 辑，2003 年 2 月，第 2～28 页。

② 戴廷杰：《兼听则明——马戛尔尼使华再探》，中国第一历史档案馆编《英使马戛尔尼访华档案史料汇编》，国际文化出版公司，1996，第 131 页。

　　除了加入一些对英王的敬语外，他们还删去了带有侮辱性的语词。据论者的分析，这道敕谕的拉丁文译本虽然有不忠于原著的地方，但却做得很得体合适。① 然而，更有意思的是：率领这次使团到中国去的马戛尔尼和斯当东（George Leonard Staunton，1737 – 1801），对于这两封大大缓和了的拉丁文文本还是不满意，他后来把它翻译英文时，又再进一步作出修改，把清廷一切天朝大国的痕迹都尽量磨掉，删除所有可能刺伤英国人自尊心的部分，最后，英国读者所读到的中国皇帝致英皇敕书便是一个大英帝国所可能接受的文本了。② 可是，这被后世认为是正式的译本，却也被描述为"实质上完全是伪造的文本"（"effectively it is a forgery"）。③

　　这里带出了外交翻译上一个关键的问题，就是译者的忠诚问题。马戛尔尼使团来华时，清廷缺乏外语人才，别无选择地以西方人来翻译敕谕，而这些外国译者为了照顾西方国家的利益，不惜作出窜改，扭曲原来敕谕的意义，乾隆原要表达的思想没有准确地传递过去，这绝对不是理想的外交翻译。④

　　可是，七十多年过去后，这次蒲安臣使团国书的翻译，几乎又重蹈覆辙。尽管在上面的分析已经说明，这次柏卓安的确提供了一个较忠实可靠的译本，反是方根拔的意见才有严重的问题，但清廷其实同样没有正视译者的忠诚问题：在最早开始的时候，清廷又怎能确保这名原来在英国使馆工作的英国人会忠诚地为朝廷服务，提供准确的译本？诚然，他们做了一些额外的工作，就是邀请三位他们所信任的人来审查柏卓安的译文。可是，这三名审查人其实也是外国人，且四人关系非常密切，朝廷又能确保对清政府有绝对的忠实吗？正由于这样的安排，国书全部的翻译和审查过程都经由英国人和美国人所包办，才让方根拔有攻击的借口。但问题是，这次清廷真的像乾隆马戛尔尼来华时那样别无选择吗？

　　我们知道，由奕䜣所推动和主管的京师同文馆，设立目的就在于训练

① 戴廷杰：《兼听则明——马戛尔尼使华再探》，中国第一历史档案馆编《英使马戛尔尼访华档案史料汇编》，国际文化出版公司，1996，第 131 页。

② 这封敕谕最终的英文译本，见 H. B. Morse，*The Chronicles of the East India Company Trading to China*，1635 – 1834，vol. 2.（London：Oxford University Press，1926），pp. 247 – 252.

③ Alain Peyrefitte，*The Collision of Two Civilizations：The British Expedition to China in 1792 – 4*，Jon Rothschile Tr.（London：Harvill，1993），pp. 288 – 289.

④ 关于马戛尔尼使团的翻译问题，尤其是有关中英双方的译者，可参王宏志《马戛尔尼使华的翻译问题》，《中央研究院近代史研究所集刊》2009 年 3 月，第 63 期，第 97 ~ 145 页；关于使团所带国书的翻译问题，参王宏志主编《翻译史研究（2013）》，复旦大学出版社，2013，第 1 ~ 37 页。

外交翻译人才，也就是奕劻（1838~1917）所说"原以谙习各国语言文字储为舌人之选"。① 尽管一般论者都认为，同文馆的成绩不如理想，"它组织机关重迭臃肿，名为学校，实是衙门""馆内充满官场恶习"，② 直至光绪十六年（1890），还有报告说同文馆学生"与洋人对面交谈，诚有不解之时"。③ 不过，也不是每一名学生都是如此不济的。曾陪同斌椿出使欧洲的张德彝，除了在同文馆第一次大考中取得优秀成绩外，在第一次欧游期间明显能够和外国人顺利交谈，④ 而当时英国的一份报章记录明确说到"人们都知道他能说非凡的英语"（"reputed to speak unexceptionable English"），⑤ 而另一份也说"德明（张德彝）说的英语最好"（"Teh - Ming spoke the best English"）。⑥ 换言之，其实当时清廷很可能已培养出不错的外交翻译人才。不过，自始至终，他们根本完全没有考虑利用自己的翻译人员。我们知道，从斌椿在1866年出使欧洲开始，然后在1868年蒲安臣使团，以至1870年三口通商大臣崇厚（1826~1893）率领道歉使团到法国、⑦ 1876

① 《光绪十四年六月二十二日总理各国事务衙门奕劻等片》，载中国史学会主编《洋务运动》第2册，上海人民出版社，1961，第67页。
② 吕景琳：《同文馆述评》，载龚书铎主编《近代中国与近代文化》，湖南人民出版社，1988，第649~650页。时人批评得最严厉的是曾经在同文馆读书的齐如山：自同治二年开始授课，到了光绪十年，已实在有二十年的工夫，馆中的学生，不必说造就出了什么样的人才，总之连一个会洋文的人也没有，腐败到这样的程度，不但是笑话，简直是怪事了。参见齐如山《齐如山回忆录》，中央文物供应社，1956，第33页。有关京师同文馆的研究，较突出的有孙子和：《清代同文馆之研究》，嘉新水泥公司文化基金会，1977；苏精：《清季同文馆》，无出版单位，1978；苏精：《清季同文馆及其师生》，（台北）上海印刷厂，1985；Knight Biggestaff, "The T'ung - wen Kuan," *The Earliest Modern Government Schools in China*（Ithaca：Cornell University Press, 1961），pp. 94 - 153。集中讨论京师同文馆的翻译方面，有王宏志：《京师同文馆与晚清翻译事业》，《中国文化研究所学报》2003年第12期，第289~330页。
③ 《光绪十六年二月二十六日詹事府詹事志锐片》，载中国史学会编《洋务运动》第2册，上海人民出版社，1961，第69页。
④ 《航海述奇》，第103~104页。
⑤ "Visit of the Chinese Commissioners to Birmingham," Bower Papers, SOAS, PP MS 69.
⑥ "The Chinese Commissioner in Birmingham," ibid.；这两份剪报均由香港中大文学翻译系研究生朱天茹提供，谨此致谢。
⑦ 1870年6月21日，天津爆发反天主教暴乱，法国驻天津领事丰大业（Henri Victor Fontanier, 1830 - 1870）及其秘书被打死，另外还有十数人死亡，法国领事馆及天主教堂被焚毁，史称为"天津教案"。为了平息事件，崇厚率领使团到法国道歉。关于崇厚使团，可参 Knight Biggerstaff, "The Ch'ung How Mission to France, 1870 - 1871," *Some Early Chinese Steps*, pp. 1 - 15；汤仁泽：《经世悲欢：崇厚传》，上海社会科学院出版社，2009，第167~190页。

年郭嵩焘（1818~1891）派驻英国为公使，① 张德彝全都参加了。尽管后来他都是以随团译员的身份出去，但其实每一个使团都带了两三名西方人来担任翻译工作，尤其是在跟外国元首见面，递呈国书时，负责翻译的一定是这些西方人。② 由此可见，清廷从没有真正的重用自己培训出来的外交翻译人才。③

同样地，在这次蒲安臣使团国书翻译的整个过程里，在现在所能见到的材料看，奕䜣和总理衙门大臣都没有提及过要利用自己在京师同文馆训练出来的译员协助。这充分显示他们对自己的译员缺乏信心，甚至缺乏信任。其实，除了国书外，由蒲安臣代表中国在华盛顿签署的《中美续增条约》（又称《蒲安臣条约》），在翻译中文版本时也没有借助随团的几名中国译员——条约中英文版本的制定过程是"蒲使拟成八条洋文，柏协理口述，志使译汉文"。④ 他们宁可采用口述、笔录的形式，也不愿意直接由英文不错，且正式受过翻译培训的张德彝来翻译；而必须提出来的是：在两名中国使者志刚和孙家毂的记录里，随团的三名译员的名字竟然完全没有出现过，他们就好像是不存在似的。⑤ 这实在是中国外交译者的悲哀，难怪尽管张德彝周游列国，兼精通英法文，曾担任同文馆英文副教习、总理衙门英文翻译官，更曾向光绪（爱新觉罗载湉，1871~1908）教授英文，

---

① 关于郭嵩焘派驻英国为公使，可参 Owen Hong - hin Wong, *A New Profile in Sino - Western Diplomacy*: *The First Chinese Minister to Great Britain*（Hong Kong: Chung Hwa Book Co., Ltd., 1987）；王曾才：《中国驻英使馆的建立》，《清季外交史论集》，台湾商务印书馆，1972，第52~131页。

② 在斌椿使团里，随团的同文馆学生有张德彝、凤仪和彦慧，而负责翻译的是法国人名德善〔E. De Champs〕及英国人包腊〔Edward C. M. Bowra, 1841 - 1874〕；在蒲安臣使团里，随团的同文馆学生有张德彝、凤仪，俄文馆的塔克什讷、桂荣，法文馆的联芳及廷俊，负责翻译的是左右协理柏安和德善。至于崇厚使团，同文馆派遣了张德彝和法文馆的庆常，但"翻译官"有三名西方人：英国人薄郎（Brown）、法国人恩勃特（Albert Imbert）及挪旺（Alfred Novion）。至于郭嵩焘出驻英法，随团的有张德彝、凤仪，作三等翻译官，但实际上是译员的是爱尔兰人马格理（Halliday Macartney, 1833 - 1906）。

③ 最能说明问题的是郭嵩焘出使英国的一次。尽管这时候张德彝学习英语已有十多年，且多次出使外国，但无论总理衙门还是郭嵩焘都一直在考虑以西方人为使馆翻译，而赫德也极力推荐自己在海关工作的人选，最后是由李鸿章和威妥玛推荐的马格理出任，引来了赫德的不满，而最终在英国的时候，郭嵩焘对马格理的表现和行为时常有投诉。参张志勇《赫德与晚清驻英使馆》，载栾景河、张俊义主编《近代中国：文化与外交》上卷，社会科学文献出版社，2012，第264~285页。

④ 志刚：《初使泰西记》，湖南人民出版社，1981，第28页。

⑤ 同上注；孙家毂：《使西书略》，收同上书"附录"，第1~3页。

而后来更曾任中国驻伦敦使馆参赞，英、意及比利时出使大臣，却最后仍然有"国家以读书能文为正途……余不学无术，未入正途，愧与正途为伍，而正途亦间羞与为伍"的感慨。① 然而，当我们看到光绪年间负责管理同文馆的奕𫍦奏片中还说希望同文馆的学生，"高者可备行人摈介之班，下者亦充象胥舌人之选"，② 我们便完全明白译者在清廷最高领导层心目中的地位了。蒲安臣使团国书翻译引起的争议，虽然主要是因为一些在华西方人内部矛盾所引发，但如果中国能及早培训优秀的外交翻译人才，且能加以重用，这些问题便根本不会出现了。

"It Is Simply A Diplomatic Fraud":
The Translation of the Letter of Credence
of the Burlingame Mission

Lawrence Wang – chi WONG

Abstract: Widely acknowledged as the first Chinese diplomatic mission to the West, the Burlingame Mission in 1868, led by Anson Burlingame, former American minister to China, has attracted a great deal of attention from historians. The present paper looks at one particular issue of the Mission: the translation of the Mission's Letter of Credence. This is an important and interesting issue for two reasons. One, it was the first official letter of credence ever sent from China to the Western countries; two, its translation invited severe criticisms almost right from the beginning.

Despite the fact that the Chinese had started to train up their diplomatic interpreters with the establishment of the Tongwen guan (School of Common Languages) in 1862, the imperial court decided that the translation would be done by foreign experts. They invited J. McLeavy Brown, acting Chinese secretary of

---

① 《张氏宝藏集序》，《光禄大夫威将军张公集》，载《清代诗文集汇编》编辑委员会编《清代诗文集汇编》第 766 集，上海古籍出版社，2010，第 192 页。

② 《光绪十二年五月二十总理各国事务奕𫍦等片》，载中国史学会编《洋务运动》第 2 册，上海人民出版社，1961，第 66 页。

the British legation in Beijing, who was also appointed First Secretary to the Mission, to translate the letter of credence into English. Unfortunately, although the translation was approved by "probably at the time the three foremost sinologues in Peking," S. W. Williams, W. A. P. Martin, Robert Hart, it was severely criticized by Johannes von Gumpach, physics instructor at Tongwen Guan. We will analyse the background that led to the translation of the letter of credence, and pay special attention to Gumpach's criticisms to see if there were actually serious problems with the translation.

Keywords: Burlingame Mission, Letter of Credence, Johannes von Gumpach, translation studies

（编辑：董琳璐）

从汉纳根书信看晚清社会和军事改革

麦劲生[*]

【摘要】汉纳根的在华书信集（*Briefe aus China*，*1879 – 1886*）于 1998 年出版，至今未被广泛应用。本文以该书信集为本，力图揭示汉纳根在华经历，进而讨论他对 19 世纪末中国社会、文化和军事状况的观察。汉纳根于 1878 年被普鲁士军方勒令退役。为继续事业，他不情愿地在 1879 年来到中国，并加入李鸿章的洋幕，先而任军事顾问，继而主理旅顺军港的建造工程。汉纳根称职地执行工作，取得李鸿章和同僚的赞赏。身处异乡的汉纳根对中国并无特别喜爱，所以常以冷眼看中国的社会情态。他的书信集谈及中国的各种问题，包括清廷之内的明争暗斗，士大夫的文化和政治识见，西洋顾问和商人的活动和中国军事现代化的成效等。当中既反映他的文化优越感，也呈现德国人对中国的成见。

【关键词】汉纳根　西洋顾问　旅顺军港　中国军事现代化

一　引言

也许是地缘因素，也许是因为文化语言阻隔，也许是因为更多不同的理由，中国和德意志地区以及后来德国的关系，数百年来的发展不算快速，至今彼此的互相认识，还是有待加强。其实，自 17 世纪以来，中、德两国的精英，在不同程度上发挥着沟通两地文化的作用。生于科隆，于 1618 年 4 月 16 日从葡萄牙里斯本启程东来，之后在中国度过 46 年的汤若望（Johann Adam Schall von Bell，1611 – 1666），向来被视为跨越中、德文化的一条大桥。之后德意志传教士接踵东来。和汤若望一样，他们带来了

---

　　* 麦劲生，香港浸会大学历史系教授。

基督教义，也带来了新知识。眼见英国商人藉远东贸易致富，德意志商人也欲分一杯羹。由是，在王室赞助之下，普鲁士皇家海外贸易公司（Königlich Preu βische Asiatische Handelskompanie）开始活跃于 18 世纪的华南。欧洲的革命和战争阻碍了他们的发展，但利之所在，德商在 19 世纪 20 年代又再在华南地区建立起基地，并且乘英、法在华势力扩大之便，逐渐延伸其影响力，并将德意志地区的商品以至文化带进中国。①

缺欠强大祖国支持的德意志传教士和商人，最初在中国的活动规模不大，难以在中国人心中留下深刻印象。及至德意志随工业化而崛兴，普鲁士连败丹麦、奥地利和法国，统一诸邦，建立第一帝国，中国人对新崛起的德国遂大为改观。王韬后著《普法战纪》，预言德国将称雄于以力争胜的新时代。② 又见日本以德为师有成，李鸿章无论在海防或陆军建设，均拟仿习德国。李鸿章的权力自太平天国期间不断增长，更一直是自强运动的领袖之一。他的个人喜爱，极能左右各种政策。1876 年李鸿章派员赴德习军事，已见他对德国科技军事的兴趣。③ 其后建北洋海军，李鸿章亦以德制舰艇为主力。④

由于传统中国读书人未能担起建立西式科技、军队和各种制度的责任，李鸿章需要倚重新知识精英和外国顾问。19 世纪中叶开始，改革派的士大夫和开明的政治领袖尝试抛开成见，一方面在中国建立新式学堂；另一方面派员到西方读书。同文馆和幼童留美的计划都是重要里程。与此同时，也开始有西方的各种顾问和专才为满清政府或个别官员服务。率领常胜军的戈登（Charles George Gordon，1833 - 1885），营运中国海关的赫德（Robert Hart，1835 - 1911），协助筹办同文馆和京师大学堂的丁韪良（William Alexander Parsons Martin，1827 - 1916），功劳都得到肯定，也一直为历史家所认同。比较而言，设计和监督建设旅顺军港炮台的德人汉纳根（Constantin von Hanneken，1854 - 1925），却尚未获深入的研究。其中原因在于，中德关系研究至近年才逐渐升温，研究焦点仍落在一些较为人

---

① 余文堂：《中德早期贸易关系》（修订版），稻禾出版社，1995，对早期中德贸易论之甚详。
② 张志春编著《王韬年谱》，河北教育出版社，1994，第 100～101 页。
③ 关于首批留德学生的故事，见余文堂"清末首届留德军事学生研究（1876～1882）"，载余文堂编《中德早期关系史论文集》，稻乡出版社，2007，第 359～435 页。
④ 关于德制舰艇在甲午之战之前的北洋舰队的关键作用，几乎每位研究北洋海军的专家如戚其章、王家俭、苏小东、姜鸣等都有详尽描述。

熟悉的课题。① 另外，关于汉纳根的数据，一向流传有限。观历来研究汉纳根的学者，主要依赖中文材料，对其在华经历，未能有更深入探讨。最后，汉纳根出身军人，对中国的贡献亦多在军事建设。华人学者之中，对汉纳根、中德关系和晚清军事改革感兴趣，而同时熟悉德语材料的不算太多。因此，汉纳根在华种种，仍然有待深探。

1998 年，德国学者法尔肯贝格（Rainer Falkenberg）出版了《汉纳根在华书信，1879～1886》（*Constantin von Hanneken：Briefe aus China 1879 – 1886*），② 当中收录了 1879～1886 年，汉纳根和其父母、兄、妹及侄的往来书信。可能因工作繁忙，汉纳根期间只写了 60 封信予其家人。相反，其父却前后写了 112 封予汉纳根。书信内容，不但呈现出汉纳根在华期间的经历和心境，亦侧面反映出晚清的社会状况、洋员如德璀琳（Gustav Adolf Ferdinand Detring，1842 – 1913）在李鸿章幕僚的处境，旅顺炮台的设计、中法越南战争期间的中外关系等等。此书信出版至今，尚未被中国历史家广泛应用。因《汉纳根在华书信，1879～1886》内容非常广泛，本文只宏观地讨论他笔下当时中国的社会和军事状况，作为将来更深入研究的起点。③

二 汉纳根其人和中国历史家对他的评价

汉纳根全名 Constantin Alexander Stephan von Hanneken，生于 1854 年 12 月 1 日，卒于 1925 年 3 月，半生在中国度过。汉纳根为将门之后，其父伯尔尼赫德·汉纳根（Bernhard Carl August Hermann von Hanneken）官至中将。继承父业的汉纳根，早年就读于普鲁士陆军士官学校（Preuβisches Kadettenkorps）。普鲁士的军制十分严格，军官学校毕业生须向军团申请入职作后备军官（Portepee Fähnrich）。如获取录，要再入军校进修六

---

① 中德研究的概况，详见徐凯、徐健和陈显良《中德关系史研究 1996～2005》，载 William C. Kirby et al. , eds. , *Global Conjectures：China in Transnational Perspective*, Berliner China, Hefte 30 (2006)：121 – 138。

② Rainer Falkenberg, *Constantin von Hanneken：Briefe aus China 1879 – 1886* (Cologne：Bohlan Verlag, 1998)

③ 刘晋秋、刘悦：《李鸿章的军事顾问：汉纳根传》，文汇出版社，2010。所用材料相当广泛，包括这套书信。作者强调："本书为汉纳根正传，而非野史"，但行文仍颇有故事色彩。

个月，复经试用，才能升任尉官。① 汉纳根早年际遇还算不俗，1873 年成为东普鲁士第八陆军团的后备军官，进驻美斯（Metz），不久成为正式军官。1877 年调任缅因斯（Mainz）的二十七野战炮兵团。一年后，汉纳根因故告别军旅，并开始学习工程。正当这个军人世家子弟仕途遂顺之际，居然选择来华出任顾问，当中自有原因。《汉纳根在华书信 1879 ~ 1886》指出汉纳根是因为和平民争执，所以被逼退役。刘晋秋和刘悦两位华籍学者亲身造访汉纳根家的后人，得到汉纳根被迫退役的一些补充数据。据说汉纳根因为与政见不同的社会党人争执，并出手伤人，被军事法庭逼令退役。② 这是至今最完整的说法，但事件发生至今近一个半世纪，提供资料者是和汉纳根已相隔相当时间的后人，因此数据还需要进一步求证。

1876 年李鸿章派七名中国军官赴德受训，效果不算理想。德国驻华公使勃兰特（Max von Brandt）成功游说中国驻德公使李凤苞聘用一员德国军事顾问，为归国的中国军官继续提供训练。李鸿章采纳李凤苞的建议，派遣德籍洋员德璀琳回德国招聘人才。③ 德璀琳出生于德国西北部，受过中等教育之后，赴布鲁塞尔工作，并开始在德国商人和政客之间建立人脉。1865 年德璀琳加入中国海关，但至 1870 年，始获赫德重用。自 1876 年起，德璀琳和李鸿章接触渐多，并协助李鸿章赈济同年在华北发生的旱灾，逐步成为李鸿章洋幕的要员。他于 1877 年被调任天津海关税务司，并在 1878 年起主理京、津以至上海一带邮务。④ 德璀琳得到李鸿章信任，被委以招兵买马之责。汉纳根之父老汉纳根将军（Bernhard Carl August Herman von Hanneken，1810 – 1886）和德璀琳分属世交。德璀琳的母亲是汉纳根家的家庭教师，曾管教汉纳根。德璀林乘机向李鸿章推荐汉纳根，开展了汉纳根的在华生涯。

1879 年汉纳根启程东来，至 1886 年，他一直协助李鸿章强化军队。

① Robert B Kane & Peter Loewenberg, *Disobedience and Conspiracy in the German Army, 1918 – 1945* (Jefferson N. C.：Mcfarland & Co, 2002), p. 201.

② 刘晋秋、刘悦：《李鸿章的军事顾问：汉纳根传》，文汇出版社，2011，第 6 页。

③ Elisabeth Gaske, *Das Bismarcks Missionäre：Deutsche Militärinstrukteure in China 1884 – 1890* (Wiesbaden：Harrassowitz, 2002), p. 27.

④ Vera Schmidt 的 *Aufgabe und Einfluβ der Europäischen Berater in China：Gustav Detring* (1842 – 1913) *in Dienste Li Hung – changs* (Wiesbaden：Otto Harrassowitz, 1984) 对德璀琳的生平和在华劲历讨论最详。此外，Po Chung Yam, *Westerners in Li Hongzhang's Mufu：With References to Gustav Detring and Hosea Ballou Mores* (master's thesis, Hong Kong Baptist University, 2009) 也是少有的专研德璀琳的论著。

最初他主要在天津训练李鸿章旗下的军官，1881 年以后则专注旅顺军港的防御建设。1887 年汉纳根回国，至 1892 年重临中国。据说即再为李鸿章聘为军事顾问，但 1892～1894 年他在华的活动，并无详细纪录。1894 年 7 月，中、日两国因朝鲜之争而兵戎相见，汉纳根临危受命，随 1300 名中国士兵乘"高升"轮驰朝鲜增援。"高升"轮遇袭，汉纳根和少数善泳的士兵游抵岸边，大难不死，后被授予北洋海军总查之职。9 月 17 日，汉纳根陪同北洋舰队统帅丁汝昌乘"定远"舰连同其他舰只出海，与日舰相遇，引发黄海大战。大战甫开，丁汝昌即受重伤，汉纳根协助指挥作战，但亦难挽败局。1894 年 10 月汉纳根建议慈禧重整军队再战，奏议内容包括建立两个各 5 万人并以欧洲军官统领的陆军军团，从阿根廷及美国购入军舰和鱼雷艇，以欧洲军官带领中国陆军联防东三省，防日军陆路长驱直进。可惜慈禧议和之心已决，汉纳根撤回建议，并于 1895 年回国。《汉纳根在华书信》的附录二和三，名为：《北洋舰队的现况和在中日战争初段的表现》（*Bericht über die Zustände in der nordchinesischen Flotte and über ihre Tätigkeit während der ersten Hälfte des japanisch – chinesischen Krieges*）和《中日战争期间组织中国皇室军队计划失败之报告》（*Bericht über das Scheitern des Organisations plan für Bildung einer Kaiserlich – chinesischen Armee während des chinesisch – japanischen Krieges 1894/1895*），都显示出汉纳根对黄海大战中国之战败原因和晚清军事的种种问题的看法。因问题复杂，日后再作讨论。

　　1899 年汉纳根第三次来华，但之后他却主要以工业家的身份活动。可以说，作为一个参与洋务活动的洋员，汉纳根至为活跃的时期正是 1879～1886 年。可幸已整辑出版的书信，都是成于这段时期。仔细阅读这时期的汉纳根书信，正好让我们了解他所见所闻的晚清和军事改革。

　　一直以来，中国历史家论对汉纳根的看法正面。王家俭早年作品《李鸿章与北洋舰军——近代中国创办海军的失败与教训》称汉纳根为"德国的炮台专家"，① 虽然他曾引用自光绪八年（1882）起总办北洋旅顺营务处的袁保龄之说法，谓汉纳根如一般洋员般花费过大："旅顺之有汉纳根，譬如破落户人家犹有一阔少，大为司盐米者之累"，但他也肯定"在这批外国专家与技术人员之中，汉纳根实在是最优异的一位。因为他可以说是

---

　　① 王家俭：《李鸿章与北洋舰队——近代中国创建海军的失败与教训》，"国立"编译馆，2000，第 299 页。

袁保龄的工程顾问，不仅各地的炮台大多经由他的设计而完成，而且开山，挖河、筑路、导海等工程，也常由他策划与监督，对于旅顺的建港，其功实不可没。"① 其后在另一作品，王家俭又称赞汉纳根"无论从事何种工作，态度均极认真，绝不马虎，颇能表现出德国人的苦干，实干精神，令人对之佩服。"② 另外，学者如谢俊美、胡启扬则特别指出汉纳根在甲午海战当中和战后重整海陆军的角色。③ 上述评论，大都言之有据，但主要参考中国材料。汉纳根在华书信将会是它们的重要补充。

中国历史家刘晋秋和刘悦年前出版的《李鸿章的军事顾问：汉纳根传》用上了汉纳根的在华书信。然而，全书侧重汉纳根对中国军事现代化的贡献，而且评价相当正面，略去了不少汉纳根性格的弱点和自利的筹谋。就如1880 年春，汉纳根父子合谋向中国出售德式后膛枪，当中涉及复杂利益，亦引发汉纳根和德璀琳的短暂矛盾，但该书只约略提及此事。比较来说，白莎（Elisabeth Gaske）所著 *Das Bismarcks Missionäre：Deutsche Militärinstrukture in China 1884 – 1890*（Wiesbaden：Harrassowitz，2002）是探讨晚清时代德国在华教官和军事顾问最为详细的作品。该书刊用了大批的中、德档案，对上述人士的背景和作为有最详细的分析。虽然该书并非以汉纳根本人为研究重点，但当中提供的资料却能解释汉纳根在华的种种。

三 汉纳根眼里的晚清社会与文化

汉纳根是在没有太多选择的情况下来到中国的。白莎的详细分析指出当时德国，虽然有19 世纪80 年代初期的经济衰退，却也没有太多理由迫使德国军官远赴中国寻出路，相反中国的高官厚禄才是吸引他们东来的一大理由。同时，她指出汉纳根的情况是特殊的，因为像他这样不光荣地离开行伍的德国军官，大多因为欠债，严重的道德过错（例如当时不被接受的同性恋）或与官职不相称的行为。④ 如此退役，容易被插上"失败者"

---

① 王家俭：《李鸿章与北洋舰队——近代中国创建海军的失败与教训》，"国立"编译馆，2000，第305 页。

② 王家俭：《洋员与比洋海防建设》，古籍出版社，2004，第126 页。

③ 谢俊美：《汉纳根与甲午中日战争》载戚其章、王如绘编《甲午战争与近代中国和世界》，人民出版社，2005，第581～594 页；胡启扬：《试析华尔、汉纳根与晚清陆军近代化》，《新学术》2008 年第2 期，第184～86 页。

④ Elisabeth Gaske（白莎），*Das Bismarcks Missionäre：Deutsche Militärinstrukture in China 1884 – 1890*（Wiesbaden：Harrassowitz，2002），pp. 47 – 50.

的标签，要在德国另谋出路难乎其难。后来汉纳根的父亲也曾对他说：
"不会有几个（德国军官）会像你这样子不情愿地来到中国的"。可以想
象，到中国发展并非汉纳根所愿，回到德国军旅才是他的梦想，也因此，
他对中国的事物不见得认识，也不怎样欣赏，之后的经历也教他不敢相信
可以改变中国。

汉纳根致家人的首封书信，在 1879 年 10 月 10 日，当他乘船从锡兰
（Ceylon，今斯里兰卡 Sri Lanka）前往槟城（Penang）期间寄发。作为一个
从未涉足亚洲的德国人，他对亚洲事物的既有看法，开始被印证或被否
定。他的首封信件描述了他对中国人的初步印象：中国男性如外国人描述
般剃了头，头颅后面挂着辫子，但并不如一般描述那般瘦弱。① 中国人是
喧闹的一群："一个人在工作的地方，周围站着十个高声叫喊的人。"② 但
往后的日子，汉纳根愈发对中国人的刻苦耐劳觉得不可思议。在 1881 年 2
月在旅顺港修筑炮台时，他深切感觉到中国工人是工资低廉、善良、服从
和易于满足的一群。③ 最初当地人见了汉纳根便害怕，招聘工人很不容易，
但他们最终也被铜钱吸引，放下本身渔民，农夫，油漆工等本业，为了每
天半马克（Reichsmark）的工资，加入筑堡的工程。④ 也许因此，汉纳根
得以在短时间，缺乏足够装备的情况下，建立起有相当战斗力的防御工
事。1883 年 6 月时，他在缺乏大型驳重器械支持下，在旅顺军港能够以平
均一天半的时间布置一台十八吨重的大炮，⑤ 想亦得力于这些中国劳工。
对此，《中国邮报》（*China Times*）在 1887 年 11 月 19 日亦有报道。

当然，驱策中国人辛勤工作的动力亦不外"贫穷"两字。从汉纳根在
东南亚以至中国本土所见，中国人大多仍是极度穷苦的。"肮脏"是他最
常对中国人与地的形容，他在新加坡所见的中国乡村有着"相当污秽的中
国房子和同样污秽的中国男人、女人和赤裸的中国小孩"。⑥ 后来他在天津
所见的士兵居所，亦简陋异常。⑦ 即使是北京城，亦充斥着"失修的街道，

---

① Constantin von Hanneken, *Briefe aus China 1879 – 1886*（Cologne：Bohlan Verlag, 1998），p. 20.
② Ibid. , p. 21.
③ Ibid. , p. 137.
④ Ibid. .
⑤ Ibid. , p. 204.
⑥ Ibid. , p. 21.
⑦ Ibid. , p. 32.

肮脏的房子和肮脏的居民"，使他想起埃及亚历山大港最丑陋的一面。①

在某些外国人眼中，贫穷使中国人变得唯利是图。汉纳根在一次旅途中听过一个英国老人说，于中国人而言："金钱是他们的神，钱包是他们的祖国"。② 汉纳根对此有同感，但也有更深刻的补充，他说："野心（Ehrgeiz）是他们的信仰和宗教，满足野心是他们唯一，或者至少是最重要的渴求。"③ 他初到中国的几个月，曾造访大小中国官员和地方人士，他发现这些人一般生活简朴，但都有共同的目的，就是力图致富上达，得人敬畏，既显个人功业，也能光宗耀祖。④ 就靠着这一点片面的理解，汉纳根就很悲观地预测："假如你相信，个人主义是一个国家衰败的首要原因，你在中国可以轻易找到这种征兆。也许我们这几代人可以相信，有机会亲眼目睹这个千年庞大帝国瓦解。"⑤

汉纳根对中国人和中国文化的评价无可避免地带着偏见。事实上，不少学者都指出 19 世纪以来德国知识界对中国的评价渐趋负面。在 18 世纪，莱布尼茨（Leibniz）还歌颂《易经》的智慧，中国人在文化道德方面的成就，但在 19 世纪之初，赫德（Herder）就以"停留不动"，"像写满了象形文字的木乃伊"来形容中国文化。黑格尔（Hegel）对中国的专制统治的批评，更长久影响德国人对中国的观感。⑥ 毕竟中、德文化在 19 世纪仍然是充满隔膜的。中国虽早于 1861 年与普鲁士建交，而双方在经济和军事方面从此加紧合作，但实际上，德国人对中国的了解仍有待加深。从汉纳根和父兄的通信可见，一般的德国民众，就是知识阶层，也只是靠报纸和其他间接的材料，随意而没系统地认识中国。⑦ 汉纳根是个军人，他的书信也没有显示出他对历史和哲学有特别兴趣，来华之前也不见得对中国有特别的研究，很难想象他对中国的看法会不受普及的思想的影响。较诸不

① Constantin von Hanneken, *Briefe aus China 1879 – 1886* (Cologne: Bohlan Verlag, 1998), p. 56.

② Ibid., p. 39.

③ Ibid..

④ Ibid..

⑤ Ibid., pp. 39 – 40.

⑥ 黑格尔在他晚年的《历史哲学讲义》中充分发挥了他的"中国停滞论"。详细的讨论见 Ernst Schulin, *Die Weltgeschichtliche Erfassung des Orients bei Hegel und Ranke* (Göttingen: Vandenhoeck & Ruprecht, 1958).

⑦ Constantin von Hanneken, *Briefe aus China 1879 – 1886* (Cologne: Bohlan Verlag, 1998), p. 115.

少来华的外国人，德国人是较乐于学习中文的一群。① 汉纳根和中国政府所订的合约，也有条款规定他须于 18 个月内学会中文，② 汉纳根似乎十分在意自己的中文进境。③ 即使被调往旅顺之后，他仍在日间监督建设工事，晚间学习中文，所以到了 1881 年初，他自诩已经能完全听懂中文。④ 当然，他的中文能力是否足以令他深入了解中国文化和社会就另当别论了。

可能是先入为主的关系，也可能是中国文化的发展真的到了瓶颈，久未突破，汉纳根的说法，不少重复了前人的判断。在 1880 年 12 月初巡视大沽的防御工事后，他对双亲写道："中国人仍处于一千年前，他们所到达的境地。他们仍用弓箭，而不知有更新式的武器。对于各类型的新文化发展，他们都置若罔闻。"⑤ 鸦片战争以后，中国再难闭关自守，西方的思想、制度和科技陆续经各通商口岸流入中国。但汉纳根认为，它们都未能改变中国。就以赫德所创建的西式海关管理制度为例，它只与旧式的征税机构并存，互不相涉，旧的征税机构仍以"强抢和压诈的手法管理中国商人，新的海关则以欧洲的方法管理欧洲商人。"⑥ 换句话是，尽管赫德引入了新制度和管理方法，但中国的旧体制仍完封不动。另一个重要的例子是军事，中国自 19 世纪 60 年代开始自强运动，推行军事现代化，但汉纳根批评中国在 1880 年中国对外关系紧张之时，仍然购置大量冷兵器。⑦ 不少人认为 19 世纪末的香港已受英国人管治多年，西化较深，比中国内地较先进，但汉纳根经过香港时，虽夸奖港口的繁盛，但却未见对香港另眼相看。⑧

四　汉纳根在中国官场的体会

著名美籍汉学家史景迁（Jonathan Spence）早年亦曾研究中国历史上

① Ricardo K. S. Mak，"Nineteen Century German Community," in Cindy Y. Y. Chu ed. *Foreign Communities in Hong Kong*，*1840 - 1950*，（New York：Palgrave，2005），p. 72.
② Constantin von Hanneken，*Briefe aus China 1879 - 1886*（Cologne：Bohlan Verlag，1998），p. 33.
③ Ibid.，pp. 30，31，35，36.
④ Ibid.，p. 139.
⑤ Ibid.，p. 116.
⑥ Ibid.，p. 118.
⑦ Ibid..
⑧ Ibid.，p. 22.

的众多杰出外籍客卿。总结他的作品《改变中国：西方顾问在中国 1620～1960》时，他强调一般为中国服务的西方顾问都有着一种优越感。这种优越感来自他们拥有的先进技术和道德使命。他们深感需要用自己拥有的先进知识去改善中国的状况，遇到他们的好意受到拒绝，他们往往变得愤怒以至不可理喻。① 但实际上，选择来华服务的洋员各有前因，彼此性格和专长不同，际遇的差别更大，不能一概而论。汉纳根所以来华发展，一方面是在本国发展不如理想；另一方面是因为中国对西方的技术人员有需求，复得力于德璀琳从中穿针引线。德璀琳对汉纳根的日后发展固然有举足轻重的影响，但汉纳根个人的企图心也是另一关键。抵华之初，他乐意接受各种安排，但同时留意各种机会。但可能因为不擅长政治谋略，也可能因为不完全掌握中国的政情，汉纳根吃过不少亏，也因此，他对中国政治的描述，反映出的不单是中国的状况，也有他的怨愤。

由始至终，汉纳根从未认为中国是他长远发展事业之地，不过既来之，则安之，初到中国时，汉纳根希望把握这个机会，至少振作起来。所以他在李鸿章面前施展浑身解数，将各方面的才能如领兵知识、建堡技术以至个人射击的造诣尽量表现出来。李鸿章亦表示赞赏。他在 1879 年 11 月 3 日的信件写道："我重新得到了一个位置，我不再是个无目标和无用的失败者，我觉得我的人格已经重新建立起来了。"② 在这阶段，德璀琳给予汉纳根不少的帮助。通过德璀琳，他很快认识中国和身边的人事，他的工作合约也是由德璀琳草拟。③ 德璀琳曾向他分析中国时局，谓中国处于乱世，各欧洲国家均寻求渗透之法，各国在华人员，因此互相疑忌。但德璀琳指出，汉纳根来得正是时候，因为以他的军事专长，可趁机建功立业。④ 但同时，这些说法也局部反映出在华洋员的所作所为。失意德国陆军的汉纳根，有一阵子也是雄心万丈。不过，他大概也从德璀琳那里得到一个印象，就是权倾一时的赫德并不乐意和德籍人士合作。⑤ 这种先入为主的观念，也许加深了汉纳根对赫德的戒心。尽管汉纳根和赫德首次在天

① Jonathan Spence, *To Change China: Western Advises in China 1620 - 1960* (Harmondsworth: Penguin, 1980), p. 290

② Constantin von Hanneken, *Briefe aus China 1879 - 1886* (Cologne: Bohlan Verlag, 1998), p. 30.

③ Ibid., p. 25.

④ Ibid., p. 31.

⑤ Ibid., p. 24.

津见面后，从德璀琳口中得知赫德对他十分欣赏，也为此也开心了一阵子，[①] 之后和赫德也常有往还，但汉纳根却未见特别用心去经营和赫德的关系。相反，老汉纳根鼓励儿子靠近赫德，以求更佳的发展机会。[②]

汉纳根日后对中国的种种问题也渐有体会。首次游览故宫时，汉纳根见到耶稣会士所建的天文设施已经废置，不由得慨叹先贤力图改变中国的壮志未酬，[③] 往后所见，汉纳根就只根据李鸿章的调派，无论身受何职，勠力为事就是。德国驻华公使勃兰特（Max von Brandt）在一次会面时劝喻汉纳根："只作他们要求你作的事情，尽量储钱；储够钱后就回家，勿将精力花在不能达到的目的。"[④] 这番话到底对汉纳根有多大影响自然难以稽考，但这也许是不少在中国服务的西方专家的心声，而事实上，汉纳根之后一直对李鸿章唯命是从，即使后者所做的工作安排并未令他一展所长。如上文所言，汉纳根毕业于普鲁士陆军士官学校，后来退伍后才习工程。当初李鸿章亦授他以陆军顾问职务。到天津不久，他和李鸿章数度论兵。他所提的议论，令李鸿章大为赞赏。尤其是他指出大沽炮台设计的种种缺憾，更叫李鸿章惊讶。[⑤] 后来，汉纳根受命兴建旅顺炮台，汉纳根并未拒绝，因为他抵华不久就知道，中国人在筑修堡垒和防御工事所知实在太少，他只需用上最基本的工程知识就好了。他更知悉："不但在修筑城堡炮台方面，就是在其他军事问题上……我只需将我在军校所学的一般知识搬出来就够用了。"[⑥]

但几个月后的军售事件，却给汉纳根很大的打击。基于以下的原因，他抵华不久，就不断寻求机会，将德式武器售于中国政府，也一再询问他任职陆军的兄长有什么军械出售。[⑦] 首先，其父老汉纳根退役后并不宽裕，常常希望利用军队里的人脉，沾手军火买卖图利。其次，汉纳根也相信可以借此机会，争取表现，巩固自己的地位。另外，汉纳根知道一般中国军事人员因为对外国先进的军事知识欠缺了解，只能信赖间接的信息，或不在行的

---

① Constantin von Hanneken, *Briefe aus China 1879 – 1886*（Cologne：Bohlan Verlag, 1998），p. 52.

② Ibid., pp. 73 – 74.

③ Ibid., p. 57.

④ Ibid., p. 53.

⑤ Ibid., p. 29.

⑥ Ibid., p. 52.

⑦ Ibid., p. 60.

外国人。在 1879 年，汉纳根首次陪同李鸿章参观大沽炮台。汉纳根当场指出炮台的设计，在德国以至欧洲都不复见。经李鸿章解释，他才知悉炮台是根据中国驻德人员寄回的图样仿做。① 可见中国的改革分子经常做了冤大头，高价错买劣等军械。这些中介人，既有英国人，也有德国人，汉纳根对他们表示痛恨，因此说道："我要向这群最差劣的敌人发动一场私人战争"。② 所以，他在 1880 年 2 月至 8 月间不断向李鸿章推销德国的后膛撞针枪。他确信这是中国所需，亦希望达成这交易以完成父亲的心愿。③

李鸿章受到汉纳根再三劝说，终于赞成购买德国的后膛撞针枪。汉纳根为此满心欢喜，请其父往柏林和中国驻德公使李凤苞接触，信中汉纳根颇见洋洋自得之情。④ 6 月 30 日，汉纳根奉李鸿章之命，出发到旅顺视察地理形势和既有军事布置之前，特地写信告知老父事情进展，信中所见，他对这个军售计划是充满信心的，⑤ 但至 8 月 15 日，情况却是急转直下，汉纳根致函告知其父整个计划告吹，原因是中国的采购团看过旧式的后膛撞针枪后，感觉未如理想，遂终止购买计划。汉纳根为此大感气馁，对于德璀琳更有微词。他认为德璀琳应该早知计划触礁，却未事先通知他，更没有试图为他挽回计划。汉纳根只是从一个中国官员口中得知中国政府的最后决定，所以，汉纳根说："我得坦言，从今我对他（德璀琳）起了怀疑"。⑥

此事发生之后，他在对中国的外国官员和在华的洋员多了批评。他一再在信件之中嘲笑游走于各衙门之间，刺探消息，小题大做的各国人员。他曾说："这里每个人都想成为出众的外交家，也想拥有巨大的外交能力。假如我们置身其中，听着各方的说话，会觉得妙不可言。"⑦ 言下之意，他对这些行为颇觉不耻。他了解到德璀琳是有才干的，也善于钻营，而且是他上司，⑧ 他自叹不如。中、德军售贸易事件之后，德璀琳和汉纳根关系一度变坏，但后来两人还是不断合作，1895 年汉纳根更娶德璀琳的长女为妻，但汉

---

① Constantin von Hanneken, *Briefe aus China 1879 – 1886*（Cologne：Bohlan Verlag, 1998），p. 29.

② Ibid., p. 87.

③ Ibid., pp. 74，77.

④ Ibid., pp. 84 – 87.

⑤ Ibid., p. 88.

⑥ Ibid., p. 96.

⑦ Ibid., p. 115.

⑧ Ibid., p. 117.

纳根对自己在华的境遇，对中国官场和洋员的所见所闻，却是不尽满意。

筹建旅顺军港的新职务，为汉纳根的事业带来了转机。至少，他可以暂时离开天津，搁下和德璀琳的恩怨。汉纳根很快在 1880 年 8 月便起草了第一个旅顺炮台的蓝图。虽然学非所用，但汉纳根在旅顺是受尽礼遇，财政和行政上他享有颇大的自主，他甚至以"小皇帝"自居。① 在他眼里，一般的中国官员也没能挑战他的专业。早在 1880 年 6 月 27 日，在前往旅顺之前的一封家书，他论及将来旅顺的防御布局，结尾时，他说："你看，我也是一个工程师呢！"② 在两个月后的一封信中，他又告诉父母如何教导李鸿章修筑炮台之事，他说道："你们不需要担心我要为此而变得自大，因为我清楚了解，这位老先生对此根本一无所知。相反我胆敢说，我在这里如果不是唯一懂此道者，也是最精于此道者。"③ 汉纳根在 1879 年修毕工程课后，其实并无太多筑堡的经验，在旅顺的工作，反而给他实习的机会。汉纳根的父亲对他的筑堡之术不太放心，不断写信提点他。中国招募洋顾问，本来是要借助他们的专才。汉纳根显然并非专门的工程师，但在中国，他反而得到受训的机会。中国人付了钞，却只得到汉纳根的习作，不可谓不讽刺。这类的故事，中国现代化之中并非罕见，犹幸汉纳根所建的防御工事，仍然有一定的水平，在中日甲年战争中发挥了相当的作用，使旅顺筑堡一事，不致完全变成令人"啼笑皆非"的闹剧。

1881 年 4 月，马建忠巡视旅顺后，对汉纳根的表现十分赞赏。④ 汉纳根随在 9 月构思一连串强化旅顺海防的计划，但这一次却并不顺利。毕竟可供李鸿章使用的资源还是有限的，而且他亦要平衡多方利益。汉纳根的要求渐渐令财源也不宽裕的李鸿章不耐烦。碰了钉子的汉纳根，只得于 1882 年 2 月撤回计划。⑤ 更严重的，是袁保龄于 1882 年中接任旅顺工程总办。较诸之前的黄瑞兰，袁保龄是能干得多，也不容汉纳根任意施为。袁保龄与汉纳根的矛盾，未必出于个人恩怨，汉纳根也未必是胡乱挥霍。汉纳根也知道整个防御工事造价高昂，但作为一个技术人员，他要切实地指出各种

---

① Constantin von Hanneken, *Briefe aus China 1879 – 1886* (Cologne：Bohlan Verlag, 1998), p. 138.

② Ibid., p. 87.

③ Ibid., p. 92.

④ 姜鸣：《龙旗飘扬的舰队》，三联出版社，2002，第 281 页。

⑤ Constantin von Hanneken, *Briefe aus China 1879 – 1886* (Cologne：Bohlan Verlag, 1998), p. 160.

需要，并向李鸿章要求拨款。袁保龄有责任控制成本和进度，难免和汉纳根有摩擦。汉纳根没把袁保龄看在眼内，所以对他颇多批评。① 虽然汉纳根还是主理一连串的挖掘海床工程，但早前的"小皇帝"也知时不与我，于1882 年冬天撤回另一个扩建军港的意见书，并于冬天回到天津暂居。

在华的不得意，引发他对李鸿章和中国官僚体制的不满。他开始批评李鸿章优柔寡断，驭众无力。他的心情也变得复杂。不少时候，他对自己在华仕途有负面看法。1882 年初，当他获李鸿章委派全权负责监督旅顺炮台的工程时，其父一再劝他靠近李鸿章，以谋取更大影响力，② 但他很务实地指出手上有的只是一张有期限的聘约，聘约期间和结束之后，一切都只能听天由命。③ 同时，他一方面力图再在旅顺重新建立影响力；另一方面也尝试在德国另谋出路。在 1883 年，中法两国为越南问题剑拔弩张之际，他曾请缨领军迎接有可能进袭华北的法军，也重提扩建旅顺海防的计划。也在大概时间，他得到德国驻华公使勃兰特支持，申请恢复后备军官的资格，或至少光荣退役。1883 年 7 月他收到德国皇室敕命（Kabinettsorder），叫他欣喜莫名。敕命内容不得而知，但他阅毕后说他已从一个六年长的噩梦中解放出来，可见应该和他之前的申请有关。④ 无奈之后三年，他仍得留在旅顺。他提出的建堡计划一直没有得到所需的经费。到 1886 年初，他的工作已接近完成，合约也将尽。眼见一批一批新的德国军官陆续来到旅顺，汉纳根更是意兴阑珊。⑤

汉纳根的处境，反映了清末洋员的一种境况，在传统政治之中，权力分配颇受个人因素左右。当时权力的源头在李鸿章，能得他信任自然容易平步青云。但其他人脉同样重要，汉纳根与袁保龄不协，在旅顺的顺境即难而保持。另外，随着中国和西方国家的关系渐趋紧密，中国官员聘用洋员的门路也渐多，汉纳根失去了之前拥有的优势，地位被其他洋员挑战。种种不如意，使他厌恶中国官场。黄海大战之后，他写成的报告，大肆批评中国官员的无能，官场的恶俗，当中自有他的观察和分析，但亦充满他个人的积怨。

---

① Constantin von Hanneken, *Briefe aus China 1879 – 1886* (Cologne: Bohlan Verlag, 1998), p. 169.
② Ibid., p. 158.
③ Ibid., p. 161.
④ Ibid., pp. 205 – 206.
⑤ Ibid., p. 323.

五　晚清军事改革的局限

汉纳根虽然被委派修筑旅顺的防御工事，但出身陆军的他，仍然对晚清不少军事问题作出了观察。老汉纳根是著名将领，在儿子前赴中国之后，也加倍留心中国军事的发展。父子两人的往来书信中，有不少关于中国军事改革的讨论。当中道出了晚清军事现代化的重重困难。无论是既有观感，还是因为最初印象的影响，汉纳根很快就觉得中国军队充满缺点。最初引起他关注的是中国军队落后的武器，早于1880年2月，他就致函询问他那位同样任职军队的兄长哈尔曼（Hermann von Constantin），德国有多少后膛撞针枪，法式步枪（Chassepots）和旧式四磅大炮（4‑pounder）可以售予中国。① 他的父亲得悉此事，便接连写信予汉纳根，质疑中国士兵能否有效使用这些武器。② 可能出于爱国的关系，老汉纳根指出中国不应采用最先进的欧式武器，较旧式的德式后膛撞针枪反而比法式步枪廉宜而且容易使用，但长远来看，中国需要发展自身的军械。③ 据老汉纳根从友人处打听回来的消息，中国军队的武器有制式不一，后膛枪、火石枪和弓箭夹杂的问题。④ 汉纳根对此亦有同感。所以，他对李鸿章坚持购买新式的毛瑟枪不表认同。⑤ 在1883年4月中日双方因位朝鲜政局处于冲突边缘，老汉纳根告知汉纳根，日本的代办正在德国"疯狂"地购买军火，中国舍而不用的后膛撞针枪，亦被日本以低价一扫而空。⑥ 可见日本在购置军械这方面，态度比中国坚决得多。19世纪中日两国军事现代化一成一败，早有端倪可见。

　　一支军队的强弱，不但取决于军器，而且士兵训练与编制、指挥官质素亦有密切关系。一般的文化考察，显示传统愈深的大国，改革愈不容易。老汉纳根对此早有同感，⑦ 他因此忧虑中国军事改革寸步难行。中国幅员庞大，要改革可能要逐步进行，但无论什么改革都容易造成新、旧文

---

① Constantin von Hanneken, *Briefe aus China 1879–1886* (Cologne：Bohlan Verlag, 1998), p. 60.
② Ibid., p. 64.
③ Ibid., p. 70.
④ Ibid., p. 75.
⑤ Ibid., p. 80.
⑥ Ibid., p. 196.
⑦ Ibid., p. 82.

化对立以至冲突。汉纳根对此深有体会，在旅顺筑堡期间，他深深感到旧式清朝武装部队和太平天国之后兴起的地方力量并存的问题。两者并存，但仅后者较有战斗力，[①] 结果当然是浪费资源，军力难以统整。其实，刚到达中国之时，他已发现李鸿章对太平天国之后兴起的地方力量带有戒心。[②] 事实上，在之后数十年，中国军队里的派系问题成为严重的问题。

汉纳根以普鲁士陆军士官的身份统领旅顺军港的建设工程，本来未算适合。但传统的普鲁士式的海防布局，强调海陆联防，在指定港口以小型舰艇、水雷、炮台联成保护屏障，抵御来敌第一波冲击，使陆军能增援布防，阻截敌人登陆。[③] 老汉纳根的海防思维，正和这种传统想法如出一辙。在1883年，中法两国在越南的争端逐步酝酿时，他在书信中也鼓励儿子加强中国沿海的陆军兵力和数量，重点防守重要据点和海口。[④] 在1880年12月，中国已向德国伏尔铿（Vulcan）般厂订购"定远"和"镇远"铁甲舰，但两船至1885年10月始驶至中国，加入北洋舰队。在1883年，李鸿章可用的舰只，是"扬威"和"超勇"为首的轻型炮艇。老汉纳根亦知此等战舰难当大任，所以向其子强调中国一天未成真的海军强国，应避免和敌国在外海决战。[⑤] 后来到了19世纪90年代，从数字上看，中国已算海军强国，但中日甲午战争，仍然难逃一败，这结果可能在老汉纳根意料之外。

但汉纳根至为担心的是中国海军的领导问题。中国从来不是海军强国，明初的称霸海上亦只昙花一现。清初行海禁，中国海上武力更为不振。精明干练的中国海军将领可往哪里找呢？1876~1979年，严复等福州船政学堂生员赴英受训，但至1880年初他们仍然未成中国海军主干。汉纳根早知李鸿章并不熟悉海军，他对当时的海军将领亦评价甚低。在1880年12月2日的一封家书中，他写道："率领整个海军的官员，除了少数例外，全是无能之辈。假若在德国，他们甚至不配盥洗池（Waschbecken）的指挥官……"[⑥] 以此等军官指挥百年如一日，从无进步的中国军队，汉纳根

---

① Constantin von Hanneken, *Briefe aus China 1879－1886* (Cologne: Bohlan Verlag, 1998), p. 198.

② Ibid., p. 94.

③ 参看麦劲生《德军海军与李鸿章早年的海防思想》，载李金强等编《我武维扬：近代中国海军史新论》，香港历史博物馆，2004，第201~212页。

④ Constantin von Hanneken, *Briefe aus China 1879－1886* (Cologne: Bohlan Verlag, 1998), pp. 220－222.

⑤ Ibid., p. 224.

⑥ Ibid., p. 119.

认为是全无希望的。1884 年马尾海战中，南洋海军被毁的都是旧式木船，他对战败感到伤心，但却不惊讶。[①] 令他悲叹惋惜的，是南洋、北洋海军的派系斗争。处于生死关头的南洋海军，居然孤立无援，没有得到其他舰队的支持。[②] 另外，汉纳根一度担心法军会直攻旅顺，为此他对旅顺的防卫作了详细的评估。在 1883 年 6 月至 8 月之间，他多次和老汉纳根讨论旅顺军情。他估计，新炮堡要再过半年才完成，火药和其他军需品亦未囤贮足够，[③] 到八月时，他提到十万大军未完全装备妥当，可战的大概五六万人而已。而军队的编制和领导亦未清晰界定，所以假若战争一旦爆发，胜算未必很高。[④]

中国的海军不济，当然不能只怪罪个别海军领导，因为一支够实力的海军并不单靠舰艇，还得有各种配套，包括海军学校、观察站和其他措施，方能保护海岸线。[⑤] 如此一个宏观的国防布置，端赖有魄力、眼光和意志的军事领袖统筹。但这个人，并非李鸿章，在中国亦难以找到。[⑥] 因此，中国的国防政策零碎而缺乏系统，经常进退失据。归根究底，起步太迟、积习太深、防卫范围太大、资源有限等等问题，均是 19 世纪末中国军事现代化的局限。当时部分有识之时亦渐渐了解问题所在。汉纳根作为亲身参与修筑旅顺军港的洋员，可算体会良多。他的议论，虽然受其自身背景和观点影响，却能帮助我们从另一种角度了解到晚清社会，文化和军事。

Late Qing Society and Military Modernization as Reflected in Constantin von Hanneken's *Briefe aus China*, *1879 – 1886*

Ricardo K. S. Mak

Abstract：Drawing principally on Constantin von Hanneken's *Briefe aus*

---

① Constantin von Hanneken, *Briefe aus China 1879 – 1886* (Cologne：Bohlan Verlag, 1998), p. 256
② Ibid. .
③ Ibid. , p. 202.
④ Ibid. , p. 214.
⑤ Ibid. , p. 119.
⑥ Ibid. , p. 253.

China, 1879 – 1886 (Letters from China, 1879 – 1886), which remains under-utilized since its publication in 1998, this paper aims not only to unveil this German Army Officer's early life experience in China, but also to discuss his observations of China's social, cultural and military conditions in the last quarter of the nineteenth century. Discharged dishonorably from the Prussian Army in 1878, Hanneken, seeking to continue his military career, came reluctantly in 1879 to China to join Li Hongzhang's think – tank, first as military advisor and later as chief architect of the naval base in Port Arthur. Hanneken carried out his duties professionally, wining the admirations of Li Hongzhang and many of his colleagues. However, being a stranger in a foreign land with which he was much less than fascinated, Hanneken experienced his encounters in China with cynical eyes. His cultural arrogance and many of the German stereotypes about China reappeared in his letters, which covered a wide range of issues such as power struggles in the Qing court, political and cultural visions of the Chinese scholar – officials, the undertakings of the Western advisers and merchants, the results of China's military modernization, etc.

Key words: Hanneken, Western advisors, Port Arthur, China's military modernization

（编辑：董琳璐）

再铭写本真性，或全球图像生产场域中的资本与权力

周云龙*

【摘要】本文在隐喻意义上探讨文化战争中的图像生产打击其"标靶"的策略，意图对中国当下的全球形象建构问题作出专业式的回应。在"中国崛起"的脉络中，中国究竟应该为世界提供何种可欲的价值理念和国家形象，是人文学科亟须思考的重大问题之一。在借助并补充、修订布尔迪厄的资本理论的基础上，本文对谋求民族文化本真性，并把这种（文化）差异标榜为"稀缺"资源的文化策略进行深入的批判：以差异为资本的文化实践，最终得到的"稀缺性"是一个构建出来的美学趣味，这一行动策略正是西方的"东方主义"论述在非西方"行动者"那里实现其身体化的表征，它其实进一步稳固了全球文化场域的既有结构和文化等级。非西方世界对于自我"本真性"的再铭写行为，事实上在编织着阿玛蒂亚·森所谓的"命运的幻象"。

【关键词】图像生产　艺术资本　文化权力　本真性　"中国崛起"

一　图像及其标靶

为了掩护威拉德（Willard）上尉一行顺利进入湄公河，吉尔格（Kilgore）上校奉命空袭一个越共村庄。机群迫近村庄时，吉尔格上校要求在飞机上的士兵大声播放瓦格纳的著名歌剧《女武神》。这是科波拉（Francis Coppola）执导的《现代启示录》（*Apocalypse Now*）里面最令人过目难

* 周云龙，福建师范大学文学院副教授。本文为福建省教育厅 A 类项目"崛起背景下的中国自我形象塑造研究"（JA13081S）及福建师范大学"文体学研究"创新团队阶段性成果。

忘的段落之一。面对威拉德一行人（以及影片设定的观众群体）的满脸困惑，吉尔格上校得意扬扬地解释说，这是心理战术，如此可以震慑地上的越共分子，该做法已经得到自己下属的认可。联系希特勒对于瓦格纳的尊崇，我们不难理解影片的讽刺意味——诚如威拉德/影片稍后所认为的，吉尔格的疯狂与他此行的暗杀对象库尔兹（Kurtz）并无两样。然而，也许科波拉本人也没有意识到，他在影片中塑造的那个形象相当负面的吉尔格上校事实上有着疯子般的审慎与智慧：无论他作战的方式如何疯狂和非理性，但作为一个负责空袭任务的上校，吉尔格最起码在战略上是高明且称职的。吉尔格对于战争的本质有着非常深刻、精确的认知。因为"军队的威力不是一种粗蛮的力量，而是一种精神性的力量"。① 其实，《现代启示录》的这个段落涉及的问题是最古老的，也是最时髦的。最早可以追溯到《孙子兵法》的"兵不厌诈"，最新我们可以联想到高度现代化的军事（演习）活动。难道我们能够清晰地区分出一个爆着粗口、头戴耳机、日夜沉迷于电玩的少年，在电脑前玩现代歼敌游戏时的行为，与坐在极度高端的军事指挥部里面的将士们对无人战机和导弹的操纵，在本质上有什么区别吗？因此，法国当代哲学家保罗·维利里奥（Pawl Virilio）指出，"世上没有不带表演（Représentation）的战争，没有一种高精武器不披挂着心理层面的神秘性，武器不仅是毁灭的工具，也是感知（Perception）的工具……"②

看来，诸如音乐之类的，最优雅、最学术的精神性产品轻而易举地就可以转变为最龌龊、最恐怖的行为的帮凶，而我们如今沉醉其中且无法自拔的"图像"也是其中最为有效的品种之一。"装载在飞机上的照相摄影机的窥视孔，作为一种间接瞄准的仪器，形成了对大火力武器瞄准镜的补充，因此，它昭示了在捕捉目标方面意味深长的巨变，亦即军事行动的程度不断增强的去现实化。在这种去现实化中，影像行将战胜实物，时间行将战胜空间，而其环境则是工业化的战争，其中，对于事件的再现压倒了对于事实的呈现……在一种真正意义上的军事感知的后勤学当中，影像的补给变得等同于弹药一类军需品的补给……"③

---

① 这是奥尔特加·加塞特（Ortega y Gasset）为智利一家右派报纸《新秩序》（Orden Nuevo）写的题词，引自保罗·维利里奥《战争与电影：知觉的后勤学》，孟晖译，南京大学出版社，2011，第 3 页。

② 同上书，第 3 页。

③ 同上书，第 2 页。

　　影像技术的介入，致使现代战争走向虚拟，在捕捉目标的过程中，时间的重要性将大大超过空间。如果说在工业化战争的环境中，影像技术使其"看见"的图像成为意欲摧毁的军事标靶，那么，在工业化的文化生产环境中，影像技术则为其生产的图像构想并培养意欲推销的消费"标靶"。当然，这里的"消费"不纯粹是商业意义上的，其中还包含着对于图像的意识形态意义的接受/抵制与内化。于是，一切似乎都颠倒过来了！在保罗·维利里奥的论述中，精神性的图像整合了现代化的战争，使其走向虚拟，而文化工业意义上的图像生产则是由象征性的、符号性的"文化战争"整合了精神性的图像，使其具备了制度化和社会化的含义；前者的图像生产主体力图"看见"图像，图像才能够成为标靶，图像在这里的功能类似于弹药，后者的图像生产主体力图使图像"被看见"，图像才能击中"标靶"，图像在这里就是弹药；前者属于时间的问题，需要克服的关键障碍在于科技方面，而后者则属于空间的问题，需要克服的关键障碍不仅仅是人力、科技、资金等因素，更在于如何能够利用超乎寻常的文化策略说服持有某种价值观念的受众群体，即克服异质文化间的差异和认同方面。比如，我们经常会在一些投资额巨大的影片海报上看到"全球同步上映"的宣传，在这里，影片要"同步"打击其"标靶"，首先需要解决的是空间难题（即"全球"），然后时间问题（即"同步"）也就迎刃而解了。作为国家文化战略的图像文化生产行为尤其如此。因为作为国家文化战略的图像文化生产（比如国家形象及主流价值观念的传播）设定的标靶往往会涉及跨文化的（Cross‐cultural）议题，这类图像的标靶也常常被树立在想象出来的"全球"，它将不得不在跨文化的脉络里面展开运作。本文即将讨论的"图像及其标靶"即属此类。

　　"图像"是如此深刻地介入了人类的生存空间，以至于"图像"在当下无处不在。本文的基本论题是作为国家文化战略的图像艺术的生产行为，因此，本文即将论及的图像生产主要限于艺术场域（Field）的部分文化实践。毫无疑问，艺术场域的图像生产首先是一种"思想"（Thinking）行为，那么它就是有"对象"（Object）的，所以它完全可以"穿越它与其对象间的距离，这种情形常常类似于一个弓箭手那样瞄准其目标时的状态。"① 在本

---

① Samuel Weber, *Targets of Opportunity*: *On the Militarization of Thinking*（New York: Fordham University Press, 2005）, p. ⅷ.

文的论述思路中需要加以强调的是，"思想"行为的"对象"同时包括了图像的意义及其标靶，因为图像意义的生成既需要"思想"的思想行为，也需要其图像的标靶的参与和共享。比如一部有待于在全球发行的影片，不仅需要制作者的"思想"参与，也需要全球观众的接受阐释，此时，影片本身以及全球观众就共同构成了某一"思想"行为的"对象"或标靶。

如果艺术场域中的图像生产将其标靶树立在"全球"，那么，对于国家文化战略而言，它就需要像弓箭手射击其设定的目标那样，谋求最有效地穿越它与"他者"文化间的距离的方法。而这一步骤的成效，又和图像生产主体是否能够有效地穿越自身的"思想"行为与作为"思想"的标靶的图像之间的距离密切相关。因为，图像终将通过跨文化传播，进而打击其标靶的意识必定早已植入了图像生产主体的"思想"，构成其图像生产过程中无法回避的一个重要指标和"思想"视野，转而形塑了图像生产主体的"思想"行为。换句话说，图像意欲有效瞄准并打击其标靶，就首先要"屈尊"接受标靶（Targets）为图像生产主体的瞄准（Targeting）行为而设定的位置，因而它已然为标靶所修订。因此，图像与其标靶此时会有所交叉和重叠，或者说是混杂，但图像绝对不会等同于其标靶——而后者正是保罗·维利里奥和周蕾"看见即摧毁"的命题。即使考虑到危言耸听的"文化帝国主义"，文化战争中也不存在对于标靶的绝对"摧毁"，它的结果将更为复杂。图像在"被（标靶）看见"的同时，来自标靶的"后坐力"往往与打击的效力成正比。

探讨图像生产及其标靶间的关联将触及跨文化研究的一个关键问题，即跨文化的视觉再现（Visual Representation），这中间包含的诸多难题同时也构成了一个国家在塑造自我形象时不得不去面对的重要挑战。在这种对符号（艺术图像）与物质（设定的营销标靶）间的关系进行重新理论化的努力中，精神与物质、（图像的）生产与消费之间的二元对立将有松动的可能。当然，本文即将展开的对艺术图像的政治经济学解读，不可能为图像生产如何有效打击标靶开出一系列"实用"的方法，更不可能绘制出某种切实可行的国家文化战略蓝图；相反，本文将在批判、反思的跨文化研究立场上，为我们目前的文化战略分析提供一种角度和架构。

二 全球商品、艺术资本与文化权力

作为国家文化战略的图像文化生产行为还不同于保罗·维利里奥所说的那种负责对平民人群宣传的传统的"军队电影部"①，文化战略意义上的图像生产要达到它的"标靶"，不能依靠赤裸裸的说教宣传，而是要靠"春风化雨"式的意义伪装。它不仅需要击中标靶，而且击中的瞬间必须有快感和认同感诞生，才能说产生了真正的"打击"效果。作为当下艺术生产成果的图像要有效地打击其标靶殊为不易，除了克服可能的人力、技术、资金等方面的障碍，它们还必须遵循皮埃尔·布尔迪厄（Pierre Bourdieu）② 所说的"文化生产场域"（Field of cultural production）的逻辑——颠覆经济原则，才能最大化地解决最困难的异质文化间的差异和认同问题。

布尔迪厄把文化生产场域分为两种类型：相对自治的限制生产场域（Field of restricted production）和他治的大规模生产场域（Field of large - scale production）。③ 关于相对自治的限制生产场域，布尔迪厄指出，"至少在文化生产场域最好地体现了其自主性的那个部分，设定的唯一受众是其他生产者（比如象征主义诗歌创作就是如此），诚如在我们常见的'虽败犹胜'游戏中的情形那样，经济行为的前提是对所有常规的经济基本原则的系统性颠覆，这些原则包括：交易（它拒斥利润的追逐，不允诺任何投资与收益间的平衡），权力（它谴责名誉和暂时的伟大），甚至还有制度化的文化权威（对于任何学术训练或神圣仪式的缺乏都可能被视为一种优势）。"④ 这一场域的逻辑排除了包括经济、权力等功利性的理性算计，以"纯艺术"的面目出现。但是，我们根据布尔迪厄的论述，场域内的权力斗争必须是一种以遵循游戏规则为前提的、争夺合法性、标榜正当性的斗争，不能依靠赤裸裸的暴力和不符合场域规则的强制性手段，如此场域将不复存在。任何人都无法在沙漠里面独自称王，鲁滨孙也只有在遇见"星

---

① 保罗·维利里奥：《战争与电影：知觉的后勤学》，孟晖译，南京大学出版社，第3页。

② 又译作皮埃尔·布迪厄。

③ Pierre Bourdieu, *The Field of Cultural Production*：*Essays on Art and Literature*, edited and introduced by Randal Johnson（New York：Columbia University Press, 1993）, p. 39.

④ Ibid. , p. 39.

期五"的时候，才能够成为霸主。因此，即使是他治的大规模生产场域，虽然以经济利益为争夺的目标，但它只要还属于文化艺术场域，那么其对权力的争夺，依然要遵循上述的相对自治的限制生产场域的逻辑，即"颠覆经济"世界的逻辑。二者在根本上并没有实质性的差异——标榜纯艺术的文化实践行为与以经济为目标的文化生产行为，前者谋求名声，后者谋求经济利益，但二者最终可以随着时间的流逝而达成互相置换。

在工业化的文化生产环境中，"大洋国"的"友爱部"和思想警察的治理模式将没有立锥之地。①"消费者"完全有权利根据喜好选择他们的文化"消费品"及其思想含义，他们就是"上帝"。思想的传达必须以公正、理性、自然、积极的方式进行，强制性灌输或赤裸裸的说教，只会适得其反。作为艺术成果的图像一旦成为有待"消费"的文化产品，必须故作高雅地维持其作为艺术品的"纯洁性"，即使这种特性是被建构出来的。作为艺术的图像在"消费者"的价值预期中，它就是纯粹的"艺术"，这也是它自身的优势、价值所在。因为艺术品的"高雅""品位""教养"不容玷污，而且艺术品不具备除了"艺术品"之外的其他优势，它无力参与其他标榜以"实用"为目的的社会实践，艺术图像一旦僭越了这个预期，将自我贬值，不受待见。以非功利的面孔实现其功利的目的，是艺术图像有效打击其标靶的基本策略。

艺术场域的图像生产首先要服从一个国家的审查制度和传媒政策等，才能够实现其流通与传播，因此它必定遵循了作为"元场域"（Meta-field）的国家的政治秩序。但是，对于标靶设定在全球的图像而言，它作为一种"全球商品"（Global commodity），必须在全球产销体系中努力提升自己的竞争力和地位。因此，图像及其价值表征就同时需要被有效地纳入国际（文化）政治秩序。如果把全球商品链视为一个巨型商场，那么，进入该产销体系的图像所拥有的文化权力的强弱就是判断其吸引力和市场潜

---

① "大洋国""友爱部"和思想警察均来乔治·奥威尔（George Orwell）的小说《一九八四》，"友爱部"和思想警察是"大洋国"的执法机构和执法者，负责操控人们的思想，使其达到高度的一致性，其执法方式除了无所不在的监控外，还有暴力和屠杀。可参见乔治·奥威尔《一九八四》，董乐山译，上海译文出版社，2011。需要注意的是，笔者这里强调的是某种"治理模式"，虽然计算机网络等新媒体造就了许多自由表达的机会，但它们对人类的监控力度也有增无减，比如今天盛行的"人肉搜索"，以及私人空间与公共空间界限的模糊等现象，似乎意味着"大洋国"治理模式的改头换面，而"大洋国"本身并没有远去。

力的一个重要尺度。于是，一个国家图像所在的艺术场域就被纳入了一个新的全球图像场域，它试图有效地打击标靶的行为与策略均被整合进了这个新场域里行动者（Agents）之间的关系动力学之中。也就是说，对作为"全球商品"的图像生产在国际文化秩序中的文化权力和文化位置的分析，将是（在一个新的全球图像场域中）对图像的文化竞争力的关系的分析，① 这种力的关系就是文化权力的表征。衡量进入全球产销体系的图像所拥有的文化权力，引入布尔迪厄的资本理论很有必要。布尔迪厄认为，场域中的行动者掌控的资本总和决定着其中的力的关系图式，② 这一理论提供的视野将使得我们对原本复杂纷繁的论题的解析简明而有效。本文在引入布尔迪厄的资本等理论的同时，也将在一种跨文化的立场上对其理论提出质疑，并在本文的论题范围内对其进行补充和修正。

文化资本是布尔迪厄资本理论中的重点，③ 其中鲜明地体现着他的方法论——关系主义，因为文化既然可以作为（权力的）资本，就意味着"文化资本"的概念超越了心智与社会结构间的虚假二元对立。借用这一概念，我们可以把经济、政治场域的分析方法运用到文化、艺术场域。

全球文化场域的图像的跨文化生产、传播和消费、反馈过程，同样是一种对于图像生产者的资本的争夺、调动、使用过程。这个过程不仅反映着全球文化场域的关系图式，还将体现着图像生产者的策略，这一策略就是"惯习"（Habitus）。分析场域中的行动策略和资本角力关系，意味着全球文化场域中图像的跨文化生产行为具有其非理性、前认知、游戏性和幻觉化的特征。"实践有一种逻辑，一种不是逻辑的逻辑，这样才不至于过多地要求实践给出它所不能给出的逻辑，从而避免强行向实践索取某种不连贯性，或把一种牵强的连贯性加给它。"④ 在图像生产的实践分析中，我们无法为生产主体的行为提供一种富于规律、条分缕析的模式，因为惯习

---

① 布尔迪厄指出，"根据场域概念进行思考就是从关系的角度进行思考。"参见皮埃尔·布尔迪厄、华康德《实践与反思：反思社会学导引》，李猛、李康译，中央编译出版社，1998，第133页。

② 同上书，第139页。

③ 布尔迪厄专论"资本"的一篇文章是《文化资本与社会资本》，本文概述其资本理论时重点参考该文，并融汇了他的其他著作中的相关论述。参见布尔迪厄《文化资本与社会资本》，包亚明译，载包亚明编《文化资本与社会炼金术：布尔迪厄访谈录》，上海人民出版社，1997，第189~211页。

④ 皮埃尔·布尔迪厄：《实践感》，蒋梓骅译，译林出版社，2006，第133页。

是"一种社会化了的主观性"，① 是一种身体化的性情状态，充满着含混。事实上，全球文化场域的图像跨文化生产实践依赖的是一种"实践感"，如果说这种跨文化实践背后有"理性"的支援，那么这种"理性"也只能是实践理性，而不是机械刻板的"经济理性"。② 因此，我们在分析全球文化场域的图像跨文化生产实践时，必须把生产主体在场域中文化位置的构成历史动因考虑在内，而绝不能仅仅注目于实践者的现在和未来的利益追逐及"理性"计算，对于前者的探讨，可以为我们提供一扇观察场域内的游戏规则是如何内化为行动者的"幻象"（Illusio）并潜在驱动其行动策略的方式的窗口。

一般情况下，"物以稀为贵。"布尔迪厄认为，"我们必须清楚地认识到稀缺性（Scarcity）和争夺稀缺事物以及行动者获取的实践知识的情况，这些实践知识可以使行动者为自身的利益而制造出——这一过程的依据是行动者分配资源的经验，而这些经验则来自于行动者在资源分配中所占据的位置——区隔和层级，这些区隔和层级看上去和社会上的资产负债表格一样客观。"③ 但是，通过争夺和占有"稀缺性"来制造社会的区隔和层级的做法，并非总是奏效，有时候反而会将表面看起来是资本的东西转变为实质意义上的"负资产"。特别是在原本就不平衡的全球文化场域中，把文化差异作为（或建构为）具有"稀缺性"的资本，并以此参与场域的斗争游戏时尤其如此。

布尔迪厄的文化资本理论最初是一种假设，它用于揭示不同阶层出身的孩子在学业成就、学术市场上获取份额的差异的原因，并非是因为天赋、资质的差异，而是来自社会分配的不平等。但是，把该理论用于不同文化间权力关系的跨文化研究时，就正好暴露了它的局限性和自反性。如果追溯全球文化场域中存在的权力级差以及由此带来的文化逆差，可以让人轻易地想起世界强国殖民扩张的历史。几乎在这些强国履行殖民扩张的同时，西方国家就已经发展出了一整套的关于"东方""停滞""专制"

---

① 皮埃尔·布尔迪厄、华康德：《实践与反思：反思社会学导引》，李猛、李康译，中央编译出版社，1998，第170页。

② 对于那种把人们原本丰富多彩的经济行为简化为所谓的"经济理性"支配的过程和结果的论述，进行有力的质疑、解构和批判的研究例证，可参看许宝强《资本主义不是什么》，上海人民出版社，2007。特别是该书的第三章和第七章。

③ Pierre Bourdieu, *Distinction: A Social Critique of the Judgement of Taste*, trans. by Richard Nice (Cambridge, Massachusetts. Harvard University Press, 1984), p. 483.

"野蛮"的知识和图像，并把自身相应地建构为"进步""自由""文明"，[①]为西方的殖民行为提供知识上的正当性依据。除此之外，西方还有"另一种东方主义"，[②]它是一种肯定的、乌托邦式的，"东方"在这种论述中是美好的、浪漫的，可以为西方的现代性困境提供某种自我救赎的精神能量。当然，美好的"东方"论述并没有改变"东方"作为他者的知识状况。这两种论述的基本特征就是强调自身与"他者"之间的文化"差异"，夸大文化的决定性意义，这几乎是构建西方殖民主义、帝国主义和全球意识形态的万能公式。如果运用布尔迪厄的资本理论揭示这种本质主义式的"文化差异"论调，是非常有益的，因为它可以让我们清楚地看到该论调对于西方殖民历史的刻意遮蔽，把历史问题归因于种族、文化等方面的差异的话语机制。但是，我们再把问题往下深入，就需要对布尔迪厄的理论加以反思和修正。

上文已经指出，行动者/图像生产主体在全球文化场域中的行动策略，也就是惯习，或者说是一种综合调用资本的能力，其实是一种身体化的性情状态，是场域游戏规则的内化的结果。行动者采取的行动策略的性质既取决于其在场域内的历史、当下的位置，也能够依据自身的调用资本的情况而不断调整，也就是说，场域内的行动者既是服从场域规则的被动者，也是可能改变场域结构的主动者。全球文化场域的结构构建离不开西方殖民的历史和"东方主义"意识形态论述的构建，进入该场域的非西方行动者将不可避免地要参与西方的"东方主义"论述，这事实上是一种"自我东方化"的实践。其实质是强调"差异"，标榜"稀缺"，迎合标靶，以此在全球文化场域中"兑换"利益，试图改变场域的不利于自身的不均衡结构。这样的行动策略（或惯习）正是西方的"东方主义"论述在非西方行动者那里实现身体化的表征，以"文化差异"为资本的实践，最终得到的不是资本，而是负资本，它其实进一步稳固了场域的既有结构和文化等级。这样的"稀缺"资本本身就是"区隔"（Distinction）逻辑的后果和产物。没有"稀缺性"，也同样能够制造出"区隔和层级"；拥有"稀缺

---

① 周宁先生对此有深入、细致的论述，可参看其《中国形象：西方的学说与传说·1～8卷》，学苑出版社，2004；《天朝遥远：西方的中国形象研究·上、下卷》，北京大学出版社，2006；《跨文化研究：以中国形象为方法》，商务印书馆，2011。
② 周宁：《另一种东方主义：超越后殖民主义文化批判》，《厦门大学学报》（哲学社会科学版）2004年第6期。

性"，也未必能够改变对自己不利的"区隔和层级"。有时候经济上的成功可能正是以文化上的落败为代价的。问题的关键在于，这种"稀缺性"可能是一个构建出来的美学趣味，它的背后隐藏着本质主义或文化相对主义陷阱。

尤其令人感到不安的是，部分学术研究在谈及弱势国家的文化战略时也试图发展出一套有关本土文化"本真性"（Authenticity）的论述，以此作为某种文化实践的导向。麦克吉尔大学（McGill University）的梅特·希约特在《丹麦电影与国际认可策略》一文中的讨论很有代表性。希约特在文中批评了某些来自弱势文化的影片制作为获得国际受众而直接追随国际口味的做法："只有当我们以自己的特色展现自己时，我们才可望得到别人的认同。"① 对于图像有效打击其标靶的策略而言，这种判断是有道理的。因为按照布尔迪厄的观点，美学趣味可以在社会上制造阶级区分。② 弱势文化追随既定的"国际口味"只能使自身更加边缘，因为追随既定的"国际口味"的策略本身就是以否定边缘、肯定中心为前提的。希约特还进一步提出了植根于弱势文化的电影制作的"杠杆策略"：它"旨在指出某些导演自觉地将电影引向不同的，从某种程度上来说，无法协调的观众群体时所采取的方式。……更确切地说，这是一个如何把电影的一些因素造成的距离用另一些因素去消除和弥补的问题。""国际化因素成了一个杠杆，它能够让各式各样的文化特性出现在国际受众之前，并得到国际受众的认可。"③

这种被称作"杠杆策略"的惯习，看似对全球文化场域中的行动者而言很具有可行性，但论者没有意识到的是，这根"杠杆"的"阿基米德支点"正是强势文化规定的"国际口味"所建构、赋予的，它相当虚幻。希约特描述的电影制作的"杠杆策略"必须要以区分不同的文化因素为前提，比如"国际化因素""自己的特色"，而这种区分依赖的正是资本的"稀缺性"原则。当涉及不同文化间的关系时，这种"稀缺性"原则就被

① 大卫·鲍德韦尔、诺埃尔·卡罗尔主编《后理论：重建电影研究》，中国社会科学出版社，2000，第710页。
② See Pierre Bourdieu, *Distinction: A Social Critique of the Judgement of Taste*, trans. by Richard Nice（Cambridge, Massachusetts. Harvard University Press, 1984）.
③ 大卫·鲍德韦尔、诺埃尔·卡罗尔主编《后理论：重建电影研究》，中国社会科学出版社，2000，第713～714，716页。

表征为文化间的"差异"，这也正是"东方主义"的意识形态基础。对于这样的行动策略或惯习，非西方的论述主体应该亟待反思的是：文化差异作为一种"稀缺性"资本，它是从哪里来的？在全球文化场域的文化战争中，它能够被我们真正当作资本使用吗？什么是我们"自己的特色"？这种"自己的特色"谁有权去表述？把文化差异作为生产图像的策略时，图像固然可以打击标靶，但是否有效？图像内涵的价值观是否真正得到了认可？

三 为标靶规定的图像：《江南 style》MV 的实践逻辑

被誉为"神曲"、风靡"全球"的韩国歌曲《江南 style》，其 MV 在短暂的时间里就在 YouTube 拥有来自全球的 79 天突破三亿的奇高点击率，创下了新的吉尼斯纪录，并一举夺得英国 UK 单曲榜榜首，这在东亚是史无前例的；而其主唱朴载相（又称"鸟叔"Psy）也跻身一家知名男性网站评选的"世界最有影响力 49 名男性"的第 39 名，其经济收益也相当可观。① 这个现象似乎可以视为韩国文化软实力在"全球"意外成功的案例之一。最近有很多人在网上讨论《江南 style》的音乐"特色"，基本上都脱离不出"国际性"与"本土性"的准确拿捏之类的陈词滥调。② 姑且不论这些讨论的学理性如何，毫无疑问这些关于音乐"特色"的讨论都首先是一种"后见之明"——笔者想追问的是：如果《江南 style》没有（在欧美）爆红，这些"特色"还可能存在或成为话题吗？当然，也有人认为这首歌曲的音乐很一般，并没有什么特别的过人之处。事实上，《江南 style》的"传奇"经验除了其音乐上可能的"特色"之外，其 MV 的超高点击率里面还包含了一个"图像及其标靶"的故事。这一解读角度同样不能忽略。

《江南 style》的 MV 主要讲述了一个韩国现代青年男性，渴望并模仿过上韩国首富居住区"江南"的生活，但最终证明一切都是虚幻的梦想。《江南 style》的 MV 的叙事风格具有一种"自我指涉性"（Self – referentiality）。其中的男主角在高唱"哥就是江南范儿"的同时，③ 影像不断泄露这

---

① 上述信息来自百度百科"江南 style"词条，http://baike.baidu.com/view/8988958.htm。

② 关于《江南 style》的音乐的讨论，可参见同上词条。

③ 这句歌词的中文翻译，参见同上词条。

种"江南 style"的想象性和虚幻性。比如，男主角在沙滩上晒太阳的场景被镜头推远后，我们会发现他所处的地方是儿童游乐场，男主角骑马的动作之后，紧接着就是游乐场的旋转木马……这种图像陈述的荒谬本质使整部 MV 获得了一种喜剧性的嘲讽意味。整部短片就是在一种连环的"撒谎—揭穿""建构—拆解""重建—颠覆"的动态图像序列中实现其意义的，在这个过程中，固执的"哥就是江南范儿"的声音与影像化合产生了一种乖讹的效果，视觉不断背叛并最终战胜了听觉——图像告诉我们：与其说"哥就是江南范儿"，还不如说"哥不是（或想成为）江南范儿"。该音乐短片由朴载相本人主演，其中具有严重的"包法利主义"倾向的男主角扮相肥胖白皙，憨态可掬地扭着滑稽笨拙的"骑马舞"，口中念念有词。男主角的这种扮相与这部音乐短片的严肃题旨相当合衬，其图像陈述方式的整体构思也颇为巧妙。

一般的亚洲受众也许很容易解读出这首 MV 里面的恶搞幽默和温婉讽刺意味，以及对于"幸福"含义的重新界定。但是，《江南 style》的"亚洲解读"在欧美受众群体中很难得到共鸣，欧美受众也不太能够真正理解这首韩国歌曲及其 MV 的文化背景和思想意义何在。但它何以能够在欧美"意外"爆红，引发模仿的狂潮，并占领主流的大众文化市场？其中，英国《卫报》一位专栏作家的思考值得注意。这位作家认为，"西方的大众传媒并不认真对待亚洲男性的形象，……她看着这些模仿视频，总有一种怪怪的感觉：'这个在互联网上刮起旋风的韩国流行视频，并没有扭转一点东亚男性的刻板形象。'也许这就是《江南 style》显得特别欢乐的源泉？"① 朴载相自己也认为："我知道自己不是帅哥，但我像韩式拌饭，口味大众化。"② 作为传达影像题旨的手段，MV 展示的图像有效地承担了其应有的职能。但是，《江南 style》MV 提供的图像进入全球图像场域之后，男主角的滑稽形象所暗示的意义倾向就可能滑向危险的一端。

如果把《江南 style》MV 提供的图像放置到其所属的文本集合的动态关系中去考察（这是有效阐释图像意义的途径之一），我们还可以看到，

① 引自马或《什么让〈江南 style〉成了"国际神曲"？》，《凤凰网》2012 年 10 月 30 日，http：//news.ifeng.com/gundong/detail_ 2012_ 10/30/18645318_ 0.shtml。

② 引自荀超《〈江南 style〉持续走红 毕姥爷都跳"骑马舞"》，《新民网》2012 年 10 月 3 日，http：//ent.xinmin.cn/2012/10/03/16578329.html。

在这位男主角之前，还有一个长长的亚裔男性形象序列。① 其中，较为典型的当属阿信（Ah Sin）、程环（Cheng Huan）、陈查理（Charlie Chan）和宋丽玲（Song Liling）。阿信是马克·吐温和布莱·哈特（Bret Harte）合作的戏剧《阿信》（*Ah Sin*）里面的一个角色。从剧作的题目看，中国人"阿信"应该是这出戏的主角，但实际上在整出戏的叙述中，他是缺席的，其出场仅仅是作为一个情节推动因素而已。在《阿信》中，剧作采用一种"博物馆美学"的方式对这个华裔洗衣工人的"异域特征"进行了列举与展示，借此凸显"中国人"与"美国人"的巨大差异。当然，"中国人"代表的是一种反价值。其实，"阿信"是美国人想象中的"他者"——中国文化的一个化身，这个剧作最终要表述的是"低劣、幼稚、阴柔"的中国/东方文化，从而实现对于"文明、发达、强大"的美国/西方文化的认同。在这出戏里面，我们可以不断地听到阿信遭受的侮辱："你这个患黄疸病者的斜眼儿子……你这个口吃的傻瓜……你这个道德的毒瘤，你这个未解决的政治麻烦"。② 阿信那"像装茶叶的箱子一样令人费解"的东方面孔使剧中另一位男主人公感受到这个洗衣工人的潜在威胁，剧作通过这个情景突出了"中国佬"神秘、费解的一面。其实，这是诡秘的"中国佬约翰"（John Chinaman）的刻板印象具有的能量的再释放。③

马克·吐温和布莱·哈特的创作一向以严肃、忠实地描绘美国西部边境的生活而著称，而且马克·吐温和布莱·哈特一再地宣称他们创作的"阿信"将和人们在旧金山看到的"中国佬"完全一致，是非常真实的。该剧甚至可以作为公众获得相关知识的"舞台教科书"，可以颠覆人们对于中国的丑化，④ 但不幸的是，他们塑造的"阿信"的形象仍然迎合了大众对于中国人的想象。所谓的"真实"不过是在强化美国人关于华裔男性/"中国性"的刻板印象而已。从《阿信》之后的华裔（或亚裔）男性形象构建

---

① See Richard A. Oehling, "The Yellow Menace: Asian Images in American Film," in Randall M. Miller ed., *The Kaleidoscopic Lens: How Hollywood Views Ethnic Groups* (Englewood: Jerome S. Ozer, Publisher, 1980), pp. 182 – 206.; also see James S. Moy, *Marginal Sights——Staging the Chinese in America*, (Iowa City: University of Iowa Press, 1993).

② 本文关于《阿信》的资料，均引自 James S. Moy 的 *Marginal Sights* 下文不再另注。

③ 哈罗德·伊罗生:《美国的中国形象》，于殿利、陆日宇译，中华书局，2006，第 99 ~ 100 页。

④ James S. Moy, *Marginal Sights——Staging the Chinese in America*, (Iowa City: University of Iowa Press, 1993), p. 29.

中，似乎可以看出"阿信"及其生产方式的深远影响和巨大能量。

1919年，在美国电影大师大卫·格里菲斯（D. W. Griffith）的《落花》（*Broken Blossoms*）里面出现了一个叫作"程环"的中国人形象。虽然程环"已经不像原著小说中的程环那么邪恶阴险，也不像西方大众想象中的'中国佬'那么丑陋。但在基本形象上依旧没有摆脱西方的'中国佬'的想象原型，只是将浪漫主义的有关中国的异国情调想象特征，复合到'中国佬'的负面特征上，使程环的性格具有某种'含混'甚至'诡语'式的张力，美与病态、诱惑与纯洁、懦弱与执着融为一体。"① 程环的形象既沿袭了"阿信"式的刻板印象，也与一战前后在西方迅速蔓延的自我批判的文化思潮有关。一战的巨大破坏和泛滥于资本主义工业社会的物质主义，使东西方同时意识到了西方凌驾于世界的现代性经验的合法性危机。西方某些知识分子对西方的社会现代性经验则表现出强烈的质疑和否定激情，影片《落花》又在程环的形象中加入了一种堕落的含义，从而表达出其深刻的一面——"它解构了现代主义思潮中的中国想象。"②

"陈查理"上续浪漫化"东方"的思潮，下启二战期间强烈的"亲中"（pro‑Chinese）情结。和"阿信""程环"一样，纵横好莱坞银幕四十年的陈查理同样融合了"中国劳工和处于中产阶层的华裔美国人原型两种形象"，③ 其中智慧、神秘与阴柔是陈查理的主要特征。

华裔作家黄哲伦（David Henry Hwang）创作于1988年的《蝴蝶君》（*M. Butterfly*）中的宋丽玲的形象就很具有代表性。《蝴蝶君》是对意大利作曲家普契尼（G. Puccini）的歌剧《蝴蝶夫人》（*Madame Butterfly*）的模拟与解构。《蝴蝶君》有力地说明了"东方主义"的建构性本质，但我们对《蝴蝶君》中的"西方主义"倾向也不能视而不见。这出戏事实上再度制造了新的"东/西"二元对立，在另一个层面上又强化了东方/中国人/宋丽玲诡异、狡诈、阴柔的定型形象。从死去的"蝴蝶夫人"蜕变成性别暧昧的"政治间谍"，《蝴蝶君》在进行"视觉造反"的同时，又为观众的眼睛提供了他们渴望中的"中国形象"。具有着混杂的文化身份的华裔

① 周宁：《想象与权力：戏剧意识形态研究》，厦门大学出版社，2003，第193页。
② 同上书，第198~199页。
③ Richard A. Oehling, "The Yellow Menace: Asian Images in American Film," in Randall M. Miller ed., *The Kaleidoscopic Lens: How Hollywood Views Ethnic Groups* (Englewood: Jerome S. Ozer, Publisher, 1980), p.197.

戏剧家（如黄哲伦）的戏剧创作实践，"处于盎格鲁—美国观众想看到舞台上被一再证明的刻板印象的欲望、作家本人对'真实'表述的渴望，以及其对商业市场的期望之间，从而体现出一种令人尴尬的紧张状态。虽然他们颠覆主流文化中的刻板印象的初衷很好，但是，为了取得成功，他们不得不提供一种'本真性的'再铭写（Reinscription），这不过是对其意欲颠覆的内容的重新描绘而已。因为对消费市场需求的妥协，他们的颠覆行为不仅显得软弱无力，其创作反而是在为一种被证实了的刻板印象的新秩序的形成增砖添瓦。"①

在《江南 style》MV 的男主角朴载相和阿信、程环、陈查理以及宋丽玲提供的图像之间，我们可以轻易地看出某种暗隐的相似性。欧美受众在解读朴载相在其 MV 中的滑稽扮相时，第一反应可能不是其中暗含的讽刺意义，而是作为他者的 MV 图像/男主角与自我的差异——这是一个作为"异己"的现代亚洲男性的故事/形象。朴载相的外文名字为 Psy，似乎很容易让人联想起 psycho 的含义——精神病、疯子、神智不正常。因此，当朴载相/Psy 以滑稽的扮相进入全球图像场域以后，这个扮相/图像就成为"非理性"的能指，它将被贬斥到形而下的肉身、欲望、物质的王国，从而成为形而上的西方"理性"进行自我确认时的他者和异类。无论如何，《江南 style》MV 中这个小丑般的男性形象都与所谓的"男性气质"（Masculinity）挂不上钩。诚如《卫报》的专栏作家所意识到的，西方人关于东方男性刻板印象的幽灵正好可以在《江南 style》MV 的男主角的扮相中借尸还魂。

更重要的是，我们需要在创作主体不同的图像之间看出其最诡异的一面，即来自韩国的《江南 style》MV 中那个手舞足蹈的男主角身上竟负载了某种被"东方主义"意识形态稳固下来的刻板印象和种族偏见。于是，非西方和西方的图像发生了不可思议的重叠。这个过程的动力正来自非西方国家在全球推销自身的文化软实力时对于"成功"的极力谋求，那么，借助西方的非西方图像提升自身的文化竞争力就自然而然地成为非西方国家广泛采取的"行动策略"或惯习。虽然在朴载相看来，他在《江南 style》MV 中的扮相属于"韩式拌饭"一类，但《江南 style》MV 成为"全球商品"时，这种"韩式拌饭"就在文化权力关系的动力学中被转变

---

① James S. Moy, *Marginal Sights – Staging the Chinese in America*, （Iowa City：University of Iowa Press, 1993）, pp. 20 – 22.

成为自我"本真性"的再铭写。"韩式拌饭"作为成功推销自我的经验，也可以称之为全球图像消费市场上的稀缺资源/艺术资本/被标榜的"差异"之一，但是，根据上文的分析，我们可以看到它与（后）殖民话语之间千丝万缕的内在关联。当然，这个图像生产的过程未必就像上文 James S. Moy 所说的那样简单——在"颠覆"主流和"市场"诉求的双重动机下，进行的一种理性的算计。这个过程中暗含着包括文化心理因素在内的西方殖民历史的长期形塑，它是一种模糊的实践理性，是不均衡的全球文化等级结构在图像生产主体那里身体化的后果，用布尔迪厄的话说，就是"社会化了的主观性"。因此，朴载相把自己在《江南 style》MV 中的扮相概括为"韩式拌饭"，是真诚的，也是含混的，更是危险的。

四　再铭写"本真性"，或中国现代性自我想象的困境

图像的清晰度与欺骗性成正比，但其模糊度却与包容性成正比。

清晰与模糊这两种看似矛盾的性质，常常能够以奇异的方式同时寄居在几乎每一个意欲有效打击其标靶的图像上。所谓"清晰"，意味着为了使图像能够有效地打击标靶，图像生产主体在构建、展示差异时的不遗余力，以致不惜把图像变成奇观；所谓"模糊"，意味着图像生产主体制造、凸显的差异因为过于"清晰"，在奇观本身及其外反而留下了诸多可以想象、否思或商榷的暧昧地带。这个暧昧地带其实正是"清晰"的后果，最能够体现图像生产主体的跨文化视觉再现的行动策略。在这个地带，对于某个图像的"清晰度"的重新想象、否思或商榷的结果，往往是意图重绘另一个被标榜为"更加清晰"的图像，或者说是"本真性"的再铭写。正如《江南 style》MV 中的男主角扮相/图像，一方面以"韩国拌饭"的"口味"向全球呈述"自我"，有意无意中凸显了一个滑稽可笑的亚洲男性形象的奇观；另一方面，这一过于"清晰"的形象/图像又遮蔽、切断了它及其自身之外的诸多可能性与关系，让受众对其在欧美受欢迎的程度感到诧异，"韩国拌饭"究竟是什么"口味"？一般情况下，稍微具有批判意识的亚洲观众看到这个形象/图像时，可能会进一步追问：亚洲男性形象是否果真如此？这个滑稽可笑的亚洲男性形象究竟来自何种问题脉络？这一类的质疑当然有其深刻的意义，但是，它始终是对某个图像的"清晰度"的回应。因此，对于图像的意义生成而言，"模糊"即"清晰"，"包

容"即"欺骗"。

其实，上述《江南 style》MV 的实践逻辑仅仅是再铭写"本真性"的一个方面。它说明了图像在打击标靶时，图像的文化位置已然为标靶所规定，图像的生产主体凭借一种模糊的实践感，误把种族或文化上的差异当作艺术资本、试图借此改变自身在全球图像场域中的文化位置的情形。《江南 style》MV 中的男主角扮相/图像在全球图像市场有意无意地迎合并强化了欧美主流文化对于亚洲男性的刻板印象，因此，它虽然成功地克服了图像与标靶之间的物理空间，但同时又悄然增大了图像与标靶之间的心理空间。与其说这个来自韩国的"图像及其标靶"的故事意味着韩国文化软实力的成功，不如说它正说明了韩国文化竞争力的丧失。《江南 style》MV 男主角扮相/图像在打击其标靶时采取的行动策略和实践逻辑的背后隐藏着一种在非西方世界普遍存在的文化症候。这种情形暗示了非西方国家的艺术实践在全球市场寻求艺术资本、谋求文化权力时的思想误区，但是，把这个层次的意义放置到中国的现代性自我想象的总问题脉络中时，又会凸显出其更为复杂的面向。

2011 年，中国/"全球"图像市场上出现了一个颇具症候性的中国男性形象——"陈乔治"，这个图像来自张艺谋执导的影片《金陵十三钗》。陈乔治的身份是一个年少的教堂雇工，他其实是已故神父收养的中国乞儿，能够讲一口流利的英语。在影片最后，他为了保护女学生，自愿男扮女装，加入冒充女学生的队伍，前往日本军部那里赴死。值得注意的是，陈乔治的"易装"行为借助了白人入殓师约翰之手才得以完成的——看来，好莱坞的"蝙蝠侠"拯救世界的梦想真的实现了。① 在中国人作为生产主体的图像中，中国男性在一个白人入殓师的手中被"女性化"、尸首化/停滞化，关于中国男性柔弱、智慧的刻板印象的能量在"陈乔治"这个形象/图像中再次得以释放。生产"陈乔治"的图像的实践逻辑与《江南 style》MV 毫无二致，非西方和西方的图像同样发生了奇异的重叠。从"陈乔治"的形象/图像，我们可以再次清晰地看到，非西方的图像生产行为是如何有意无意地与西方为"东方"框定的视觉结构发生联系的。这个过程中，真正发生作用的就是一种模糊的"实践感"，它与西方对非西方

---

① 克里斯蒂安·贝尔的代表作品之一就是 2008 年美国华纳兄弟公司出品的影片《蝙蝠侠：黑暗骑士》（*Batman：The Dark Knight*）。

世界殖民的历史发生着深刻地联系纽结。"陈乔治"的形象/图像中暗含的实践逻辑，说明了非西方世界的图像在意图打击标靶时面临的一个悖论，即意欲打击"全球"标靶，必须屈尊西方（或"全球"）标靶为其设定的位置。影片《金陵十三钗》的制作团队绝对称得上是高端，几乎汇集了目前中国电影制作所能吸引到的最好的资源/艺术资本，但它的图像生产策略最终证实的是西方强大的文化竞争力。

然而，影片《金陵十三钗》所暗隐的更大的思想陷阱还不在于此，它事实上联结着中国现代性自我想象的认同困境，这也是中国现代百年思想的根本问题之一。影片在国内公映之后，引起的最大争议来自张艺谋的"处女情结"。关于该问题，吕频指出，影片"其实是又一次试图从民族羞耻中自救的努力，……通过通俗大片的操作，还提供了一次让观众围观暴力、消费性受害者惊惧哀婉之美的机会。"① 性别作为一种思考问题的视角，它的确能够为我们提供别样的批评视野和洞见，吕频的批评可谓犀利深刻。但是，如果我们仅仅停留于此，又会制造出批评的盲区，在性别的意义层次上止步不前，从而轻易地放过了该图像最危险的意义面向。本文试图在一种跨文化的视野里，结合性别批评重新解析影片《金陵十三钗》的"处女情结"。

如果把影片《金陵十三钗》的"处女情结"放置在"中国崛起"的叙事脉络里面，影片中拯救"处女"的行为完全可以视为寻求原初的/未被西方"污染"的/"本真"的"中国"的隐喻，而"处女"在这里不过是用于指称被图像化了的"中国"的一个性别意象。"中国崛起"的叙事不仅给予图像生产主体洗刷民族耻辱的文化信心，也为之提供了再铭写"本真""中国性"的心理动机和理论支持。然而，在这样一种起源性的叙事冲动/图像策略里面，同时还蕴含着民族主义式的历史悲情想象。

在历史的长镜头中审视影片《金陵十三钗》再铭写"本真""中国性"的图像生产策略，我们至少可以看到两条线索。自后启蒙运动时代，西方世界分别从物质财富、制度文明和思想信仰逐步丑化中国，构筑出停滞、专制、野蛮的中国图像。② 随着19世纪末期中西方交流的深入，这种

---

① 吕频：《〈金陵十三钗〉，消费处女加消费妓女》，《网易》2011年12月23日，http：//lady.163.com/11/1223/06/7LUJI2QF00262613.html。

② 周宁：《天朝遥远（上卷）》，第313～352页。周宁先生在其著作中使用的是"形象"，本文在引用时改为"图像"，一方面是为了行文的一致；另一方面，在本文的论述中，"形象"是"图像"的一种。

负面的中国图像开始在中国本土知识分子中产生效应，并深刻地介入并构造了他们的"感觉结构"。① 面对西方围绕中国构建的巨大符号体系，中国现代知识分子陷入一种莫大的图像恐慌之中。于是，如何为被"污名化"的中国"正名"就成为他们无法回避的问题。常见的选择是采取一种"西方主义"式的迂回文化策略，要想重绘中国的"美好"图景，必须先借助西方的负面中国图像，对抗具有压抑性的强大传统文化符码系统。② 在这样一种图像生产策略中，"中国"被本土现代知识分子呈述为一幅古老、腐朽、野蛮、黑暗的景观，为启蒙叙事开辟话语场地。在这一"中国"图像生产过程中，我们可以看到西方的"东方主义"论述的形塑力量，因此这幅"中国"图像可以视为对于想象性的"本真性"的再铭写。

中国现代知识分子在重新铭写/展示负面的"中国性"时，离不开一种"情迷原初"（primitive passions）的实践。③ 这种迷恋往往诱导中国现代知识主体将其想象力投向女性、弱者或被压迫的阶层，并将之纳入话语渠道，借用到其民族主义的写作诉求中，并把这一"原初性"（primitivity）的构建用于社会动员。影片《金陵十三钗》中的妓女和女学生作为隐喻战争灾难中被欺辱的"中国"和原初的"中国"的核心意象，其实是"对于原初性的迷恋"在"中国崛起"的叙事脉络中的自然延伸和改头换面。诚如吕频所批评的那样，影片《金陵十三钗》展示的暴力场景"提供了一次让观众围观暴力、消费性受害者惊惧哀婉之美的机会"。

在有关中国图像的生产中，还存在着另一条再铭写"本真""中国性"的线索，这条线索我们可以在"中国崛起"的话语传统中加以呈现和讨论。

中国改革开放 30 多年来所取得的经济成就令人瞩目，在西方世界引发了版本各异的"中国崛起"的故事与想象。特别是从 2004 年 5 月，美国《时代》周刊高级编辑乔舒亚·库珀·雷默（Joshua Cooper Ramo）的《北

---

① "感觉结构"借用自雷蒙·威廉斯，参见雷蒙·威廉斯《马克思主义与文学》，王尔勃、周莉译，河南大学出版社，2008，第136~144页。

② Xiaomei Chen, *Occidentalism: A Theory of Counter - Discourse in Post - Mao China* (second edition, revised and expanded) (New York: Rowman &Littlefield Publishers, Inc. , 2002), pp. 121 - 137.

③ "情迷原初"是笔者对周蕾（Rey Chow）的 Primitive Passions（*Primitive Passions: Visuality, Sexuality, Ethnography, and Contemporary Chinese Cinema*, New York: Columbia University Press, 1995）表述的意译。

京共识》（*The Beijing Consensus*）发表以来，无论是赞同还是反对，"中国崛起"或"中国模式"都成为关注中国现实的人们津津乐道的话题。中国对于 2008 年全球经济危机的成功应对，以及 2008 年北京奥运会和 2010 年上海世博会的成功举办，似乎又进一步在世界范围内强化着一个"崛起"的中国图像。尽管聚讼纷纭，但不可否认的是，"中国崛起"已经成为近十多年来最为引人注目的事件之一，并且逐渐成为思考中国当下问题时无法回避的基本参照框架。但是，就在"崛起"的中国形象被不断塑造并强化的同时，西方世界关于中国"崩溃"的预言也几乎在以同一时间和同样的热度不断蔓延。[①] 也许，"中国崩溃论"正是"中国崛起论"的说法在世界范围内尚具有争议性的一个表征。但从另一个角度看，"崛起"也必定辩证地暗含着其对立面"崩溃"，没有"崩溃"的前提或背景，就无从讨论"崛起"。换句话说，"中国崩溃论"是"中国崛起论"的一个重要组成部分。如果在西方国家经典的"进攻性现实主义"逻辑中思考其"中国崛起论"，[②] 与之并行不悖的另一话题将是"中国威胁论"。"中国威胁论"总是与"中国崛起论"携手而至，在更多时候二者常常是以同源互补、一体两面的姿态出现。因此，西方所谓的"中国崛起论"，事实上内在地包含了"崩溃"与"威胁"的论调。从这个意义上看，所谓的"中国崛起论"，就不再仅仅是一种实证数据的描述与分析，而是一个权力话语的运作场域，是一个意识形态论争的中心。与其说"中国崛起"是一种关于中国现实情况的客观描述，不如说它是一面关于表述主体的文化镜像和他者想象，其中映现着西方言说者自身的问题。[③]

然而，正是这一西方自我的镜像为中国当下的"本真性"图像绘制提供了资源、灵感和信心——我们可以对曾经让我们"不高兴"的西方的负面"中国"图像"说不"了。图像的清晰度和模糊度的辩证法在此发挥了作用：我们极力需要纠正西方的"中国"奇观，重新绘制一幅"崛起"的"本真性"中国图像。但是，图像生产主体在这里忽略的是西方"中国崛

---

① 马丁·雅克：《当中国统治世界：中国的崛起和西方世界的衰落》，张莉、刘曲译，中信出版社，2010，第 329 页。

② 约翰·米尔斯海默：《大国政治的悲剧》，王义桅、唐小松译，上海人民出版社，2008，第 3~11 页。

③ 关于该问题的讨论，有兴趣的读者可参见拙文《西方的中国崛起论：话语传统与表述脉络》，《国外社会科学》2012 年第 6 期。

起"叙事的负面（或"威胁""崩溃"）意义，以及现实中国在这一叙事中的缺席。即使从最好的方面看，比如像马丁·雅克在其严肃的学院式写作中所表现的那样，西方的"中国崛起论"充其量也只能算作"另一种东方主义"。这种"东方主义"意在把"东方"美化、浪漫化为美好的乌托邦，它实际上对应着 19 世纪以前西方世界对于远东地区的"敬畏与羡慕"或者是不无荒诞意味的"中国热"（Sinomania）。① 但是东方/中国在这种论述中始终是西方的知识客体，它作为一种文化镜像，履行的文化职能在于西方现代性的自我批判。这种美化东方/中国的"东方主义"论述在中国现代艺术史上曾制造了无数的思想陷阱，比如 20 世纪 20 年代中期的"国剧运动"、20 世纪 30 年代的"梅兰芳热"等等。在这样的问题脉络中，当下中国绘制的"本真的""中国"图像其实仍然未能脱离西方现代性的框架。影片《金陵十三钗》试图在悲情的历史记忆背景上，重新拯救、绘制未经列强欺凌的原初性"中国"图景，但仍然不得不去借助西方白人男性的力量（权力）/资本来完成。

再如，在张艺谋执导的上一部影片《山楂树之恋》中，影片试图打造"史上最干净的爱情故事"。为此，影片把时空设置在革命年代，这意味着对于当下被全球化脉络中的"物质主义"/"西方"的拒绝。影片在单薄、青涩、甜美、纯真、贫穷的女主人公静秋身上寄托了一种纯粹的"中国"想象。然而，影片中孙建新和静秋一见钟情，基本上没有任何时间的积淀。爱情的确认与巩固，除了少许的彼此关心之外，似乎完全依赖家庭背景显赫、工资颇高的男主角的物质"诱惑"：钢笔、冰糖、核桃、皮靴、游泳衣、运动服、红布、钞票、脸盆，当然还有一件重要的交通工具——自行车。整部影片给人的感觉就是：情感的厚度全由物质堆积。这种讲述故事的方式不难让人想到当下：孙建新不就是个"富二代"吗？他那辆自行车置换为"宝马"似乎亦无不可。影片中的孙建新在物质方面的阔绰，与静秋家里靠叠信封挣钱的方式形成尖锐的对照。在这种情形下，成长于困厄之中的静秋究竟是如何"爱"上了孙建新，的确值得玩味。《山楂树之恋》的定位是"最干净"的爱情。"最干净"的爱情原来最不干净，没有"物质主义"/"西方"的前提，"山楂树"是站不起来的。这一悖论和困境的病灶就是：图像生产主体意欲绘制的"本真性""中国"图像，

---

① Perry Anderson, "Sinomania," *London Review of Books*, Vol. 32, No. 2, January 28（2010）.

其实是西方的"中国"图像的再铭写。

因"本真的""中国"图像所具有的模糊的"清晰度"，它能够以巨大的包容性和感染力制造出巨大的知识幻觉。这种幻觉不仅仅体现在知识分子群体那里，它几乎成为囊括了整个中国社会的共识。2009 年初，中国电影明星章子怡和男友艾维·尼沃（Aviv Nevo）在私人海滩晒日光浴的亲昵照片/图像充斥各大媒体娱乐版头条，瞬间成为热点话题。当然这是一个典型的私人领域与公共领域"被"模糊的案例。作为一位成功的"谋女郎"，章子怡在中国本来就已经拥有了相当可观的符号资本。但是，作为"一个社会主流意义上的成功者"，这位"可疑的明星"① 事实上已经大大跨越了"谋女郎"的拘囿，在国外媒体的眼中，章子怡被视为"中国崛起的代言人"。② 大部分中国公众在满足了对他人隐私的窥看后，使用了巨浪滔天般的最为刻薄的言辞如"不要脸""下贱"等辱骂章子怡。③ 在公众对于此事的过激反应中，我们可以看到，章子怡不再仅仅是一个中国女明星，而是一个被传媒构造出来的与"中国"相关的符号体系，特别是当她与外籍男友的亲密交往行为被曝光之时，其"中国"身份/象征在公众那里就更加夺目、敏感。公众对于章子怡与外籍男友的亲密行为的愤怒，除了一种习惯性的"厌女症"（Misogyny）外，更为深层次的文化心理中还隐含着对于"中国崛起"的不自信以及由此带来的屈辱感——中国既然"崛起"了，为什么"中国"还要"失身"于西方?! 辱骂章子怡的行为主体在文化社会性别上是一个陶然于含混不清的"中国崛起"论述的中国男性，"他"试图在"中国崛起"的历史情势下建构一个本源性的、未被西方污染的"本真性""中国"图像。这个未被西方污染的"本真性""中国"图像必须是一个"处女"身，其初夜权只能属于这位"中国男性"，而影片《金陵十三钗》要保护的"处女"意象的内涵也是如此。作为符号的"章子怡"被赋予这种所指之后，现实中的章子怡的私人生活使符号与其所指之间的关系发生了严重的脱离，甚至是背反，于是挫败感就产生了。

面对几个世纪以来西方在差异原则上构建的巨大中国符号体系，为了

---

① 这是戴锦华教授在把章子怡和巩俐进行比较后，对章子怡的评价。王鸿谅：《章子怡和中国电影的"国际化"想象》，《三联生活周刊》，2005 年第 44 期。

② 李凤荷：《国外媒体眼中的章子怡》，《环球人物》2007 年总第 26 期。

③ 中国公众对于章子怡的辱骂，我们可以轻易地在网络上检索到。

有效地打击标靶，彰显自身的文化竞争力，中国艺术实践一直在试图构建自我的"本真性"图像，从中谋求艺术资本与文化权力。但这些实践不得不去求助于建构一种本质主义的起源性神话的逻辑，这种"对于原初性的迷恋"在 2008 年北京奥运会开幕式以及 2012 年纽约时代广场的《文化中国》宣传片中都可以清晰地辨认出来。在这样的前提下绘制的中国图像，就无法避免其形而上学的性质，其哲学基础必定同样是立足于差异（或"稀缺"）的二元对立。因此，这种渴求构建原初性的纯粹知识的图像不仅无法有效地实现其打击标靶的目的，而且往往使自身成为标靶的影子，从而在本土制造出新的权力关系和文化等级。"为了证明中国文化的'中国性'，唯一的方法就是通过差异来实现，这种方法意味着，在'中国性'的跨文化生产过程中，须将中国嵌入他者之中——这个过程使一种起源性的'中国'价值站不住脚。"[1] 这个自我背反的过程和悖论暗示了中国现代性自我想象的困境——为了避开西方对自身的形塑，必须与西方的中国表述发生意义上的关联。

五 结语

爱德华·W. 萨义德在《东方学》一书的最后指出：

> 真正的问题却在于，究竟能否对某个东西进行正确的表述，或者，是否任何以及所有的表述，因其是表述，都首先受表述者所使用的语言，其次受表述者所属的文化、机构和政治氛围的制约。如果是后一种情况（我相信如此），那么，我们必须准备接受下面这一事实：一种表述本质上乃牵连、编织、嵌陷于大量其他事实之中的，唯独不与"真理"相连——而真理本身也不过是一种表述。[2]

这段文字不仅可以用于思考对于他者的表述，同样适用于反思某个文化群体对于自身的表述。我们果真能够呈现一幅"本真的"中国图像，并将之作为某种艺术资本参与全球的文化竞争吗？根据萨义德的论述，显然

---

① Rey Chow, *Primitive Passions: Visuality, Sexuality, Ethnography, and Contemporary Chinese Cinema* (New York: Columbia University Press, 1995), p. 64.

② 爱德华·W. 萨义德：《东方学》，王宇根译，北京三联书店，2011，第 349 页。

不能够，而且可以肯定的是，这幅"本真的"中国图像"唯独不与'本真性'相连"，因为"'本真性'本身也不过是一种表述"。这种再铭写自我"本真性"的图像生产策略背后隐含着对于某种单一的文化身份的感知和认同。印度学者阿玛蒂亚·森在批评亨廷顿的"文明冲突论"①时，指出亨廷顿的论述建立在一个不可靠的假设之上，即简单地把世界划分为几个文明，在忽略文明内部多样性的情况下赋予其中的人们一种单一的身份，这是不符合实际的。而实际上，"每个人都同时归属于许多不同的类别和群体，那种关于单一归属的理论实在是不太可能站得住脚。""单一性对抗的幻象造成了对人的彻底抽象，吞噬了被卷入的对抗者的思考自由。"② 艺术或图像的生产主体只有走出这种单一性的"命运的幻象"，才能够自由地运用理性思考，那时候，艺术或者图像传达给标靶的讯息也将会是自由、理性的。

Reinscripting the Authentic，or Capital and Power in the Global Picture – producing Field

Zhou Yunlong

Abstract：This essay gives a professional answer to the problem of the construction of China's global image by looking into the strategy of picture shooting its targets in cultural wars. Scholars in the field of humanities need to reflect on what kind of desirable values and national image China should deliver to the world in the context of "Rise of China". Through using and revising P. Bourdieu's capital theory, this essay critiques the cultural strategy which strives for the authenticity of national culture and regards (cultural) difference as "scarce" resource. This cultural strategy, as the representation of western "Orientalism" internalizing non – western agents, goes a step further to consolidate

---

① 亨廷顿的具体观点可参见塞缪尔·亨廷顿《文明的冲突与世界秩序的重建》（修订版），周琪等译，新华出版社，2011。

② 阿玛蒂亚·森：《身份与暴力：命运的幻象》，李凤华、陈昌升、袁德良译，中国人民大学出版社，2011，第 36~40、26、150 页。

the established hierarchy of the global culture field. The reinscription of authenticity in non – western world is nothing but the construction of "The Illusion of Destiny" discussed by Amartya Sen.

Key words: Pictures producing, Art Capital, Cultural Power, Authenticity, Rise of China

（编辑：王涛）

旅日华商与清末新式媒体

——以王仁乾、孙淦与《时务日报》为中心

林　盼*

【摘要】清末所出现的众多报刊背后，往往能够看到一些商人的身影，他们不仅捐款资助，保证报刊的正常出版，还通过各种关系向友朋进行宣传，提高报刊的销量与影响力，而对这些商人在报刊经营过程中所付出的努力，目前还缺少专文加以分析，尤其是相关个案较为缺乏。本文所做的工作，是希望通过王仁乾、孙淦两位旅日商人在《时务日报》创办及经营过程中的努力进行揭橥，为"商人群体与清末新式媒体"这一宏大课题提供一些资料与信息。

【关键词】时务日报　王仁乾　孙淦　旅日商人

　　学者李喜所曾指出："辛亥革命的舆论宣传工作主要由旅日学生来完成的。孙中山曾十分形象地说，对辛亥革命做出过重大贡献的有三部分人：一是华侨；二是旅日学生；三是会党。具体地说，就是华侨出钱，旅日学生进行舆论宣传，会党出力……旅日学生在宣传革命方面确实人数多，能量大，形式灵活，效果惊人"。[①] 确实，庚子事变之后，随着国民意识的崛起、清廷统治的松弛、出版舆论的作用日渐凸显，创办、经营报刊之风在旅日中国学生群体中蔚然盛行，所谓"在日本各省留学生，均有留学生会，会中必办一报，报以不言革命为耻"。[②] 关于旅日学生办报的源起和经过，目前已有多篇论文及著作进行了深入分析，几乎到了每谈辛亥革命之发动，必论旅日学生之宣传的程度。

---

　　*　林盼，复旦大学社会学系博士后研究员。
　　①　李喜所：《近代中国的留学生》，人民出版社，1987，第166~168页。
　　②　邹鲁：《中国国民党史稿》（2），中华书局，1960，第412页。

但是，对于旅日华商与清末新式媒体的关系，① 学界却关注不多。事实上，在不少广为人知的报刊背后，往往会看到一些商人的身影，他们不仅捐款资助，保证报刊的正常出版，还通过各种关系向友朋进行宣传，提高报刊的销量与影响力，而对这些商人在报刊经营过程中所付出的努力，目前似乎还缺少专文加以分析，尤其是相关个案较为缺乏。个中缘由，首先是商人一般只在后台活动，话语权一直是由文化精英把持，而且旅日学生在日后的政界、学界影响力巨大，无形中成为历史撰述的主角。本文所做的工作，是希望通过王仁乾、孙淦两位旅日商人在《时务日报》创办及经营过程中的努力进行揭橥，力图为"商人群体与清末新式媒体"这一宏大课题提供一些资料与信息。

《时务日报》本身知名度或许不高，但在清末新闻界，《中外日报》可是闻名遐迩的报纸，这份由汪康年、汪诒年兄弟掌控的报纸，是上海新闻界影响力最大、销售数量最高的出版物之一。1901 年 12 月，美国传教士潘慎文在《教务杂志》上发表题为《上海本地报纸》（*The Native Press in Shanghai*）的文章，其中指出，《新闻报》每天的发行量超过一万份，《中外日报》次之，每天近一万份，《申报》仅有九千份，而《同文沪报》与《苏报》相差前三者甚远，分别只有五千与三千份，② 时人亦言"上海舆论以中外、新闻两报为归"，③ 而《时务日报》正是《中外日报》的前身。《时务日报》创办于 1898 年 5 月 5 日，经营者是汪康年、汪大钧及曾广铨，《时务日报》草创之初，即在上海新闻界掀起风浪，销量一度达到日售一万份，④ 而在《时务日报》筹办与经营过程中，王仁乾、孙淦两位旅日华商贡献卓著，若无二人之功，绝无后来《时务日报》、《中外日报》之辉煌。目前关于王、孙二人的探讨，多集中于前者与冈千仞之交⑤，后者

---

① 所谓"新式媒体"，与旧式的官方所办之《邸报》、《京报》相对，指的是清末进入中国、以西方印刷技术与传播机构为蓝本发展起来的定期出版物，以铅活字、石印报刊为主，参见李仁渊《晚清的新式传播媒体与知识分子：以报刊出版为中心的讨论》，稻乡出版社，2005，第 1~3 页。

② Rev. A. P. Parker, "The Native Press in Shanghai: Our Relation to it and how we can utilize it", *The Chinese Recorder*, Vol. XXXII, No. 12 (1901): 577–580.

③ 金鼎致：《金鼎致梁鼎芬书》，《近代史资料》1956 年第 3 期，第 4 页。

④ 汪诒年：《汪穰卿先生传记》，中华书局，2007，第 79 页。

⑤ 吕顺长：《慈溪王氏兄弟与日本文人》，《浙江方志》1999 年第 3 期；王勤谟：《关于〈嘲王惕斋〉》，《鲁迅研究月刊》2010 年第 2 期。

在创办红十字会过程中所做的工作,① 虽然已有专文提到王仁乾在出版活动中的作用,② 但尚未论及王、孙在报纸经营,尤其是在《时务日报》报史中的重要性,为本文的探讨提供了足够的论述空间。

一 王仁乾的参与

旅日慈溪商人王仁乾(1839~1911,字健君,号惕斋),出身于一个文化氛围很浓的家庭,1870 年赴日经商,售卖书籍、笔墨、丝绢等货物,所得不菲,而在从事商业贸易的过程中,王仁乾又与文化人士多有来往,曾邀请日本学者冈千仞前往其老家考察,冈千仞在其日记《观光纪游》中称,"王氏,慈溪大族,分宗以来,族人同居三世,广厦连宇,画为数十区,分灶同产,男女婢仆六七十人。吾与惕斋同发横滨,瀛海万里,食息寝处,无日不相与,遂访其家。举族欢迎,如亲兄弟。此亦文字因缘,非偶然者"。③ 1892 年,王仁乾外出办事途中,被东京米商滨野茂的马车撞倒,左臂致残,冈千仞、岸田吟香等日本友人鼎力相助,为其发动民间募捐,并鼓励他控告滨野茂,获得成功,让王仁乾从心神恍惚的悲伤情绪中迅速恢复过来。从此之后,他自号独臂翁,著有自传式笔记《独臂翁闻见随录》,名噪一时。

甲午战争之后,中国官方与民间赴日人士开始明显增多,国人不通日语者众,亟须当地懂日文之华人作陪,而通晓日语、能够进行口译的王仁乾,无疑是合适的聘用人选,④ 盛宣怀、张謇、罗振玉、缪荃孙等政界、商界、学界代表人物在日本参与社会活动之时,皆由王仁乾担任翻译,时人有言,"惕斋遨游东国已数十年,熟悉商情,洞察时务,入都会有建白,为当轴者所知,其言可采用也",⑤ 盛宣怀亦在日记中提到,"惕斋虽久居

① 池子华:《孙淦与中国红十字的启蒙》,《中国红十字运动史散论》,安徽人民出版社,2009,第 1~9 页;周秋光:《晚清时期的中国红十字会述论》,《近代史研究》2000 年第 3 期。

② 王宝平:《明治前期赴日浙商王惕斋之研究》,《浙江工商大学学报》2012 年第 2 期。

③ 冈千仞:《观光纪游》,张明杰整理,中华书局,2009,第 45 页。

④ 1884 年,姚文栋致函冈千仞,称"惕斋通日语,倘渠得闲,邀之北行,亦一妙事",参见郑海麟辑录《清季名流学士遗墨》,《近代中国》(第 11 辑),上海社会科学院出版社,2001,第 269 页。

⑤ 参见吕顺长《慈溪王氏兄弟与日本文人》,《浙江方志》2002 年第 3 期。

海外，不忘祖国，曾有条陈当道改良时政书及时弊琐言。余赠以联句云：
'君老游踪观变政，天留右手写新书。颇觉切合'"。① 也在此时，王仁乾经
人介绍，认识了才学不凡、志向远大的汪康年。汪康年（1860～1911，字
穰卿，号毅伯、恢伯、醒醉生），浙江钱塘人，1890 年进入张之洞幕僚，
后在张之洞的推荐下前往上海，接收强学会余款，与黄遵宪、梁启超等人
在 1896 年 8 月合办了《时务报》，汪康年担任报馆经理，梁启超任主笔。
《时务报》是维新派所创办报刊中影响最大的一份报纸，辟有论著、谕折、
域外报译、京外近事等栏目，集中了麦孟华、章太炎等重要的办报人才，
撰写了大量宣传变法维新、救亡图存的政论文章，创刊之后，很快"风行
内外，洞亿兆人志趣之痼蔽，启千万里耳目之灵明"，② 在士人群体中引起
了巨大反响。而在《时务报》的推波助澜之下，汪康年也成了新闻界的风
云人物，高凤谦希望汪康年"惠寄影相，俾得悬之座上，以慰企慕之
私"；③ 刘光贲称赞汪康年"识见之远，规模之宏，真救时第一流人物
也"；④ 狄葆贤则将汪康年称为"报王"，⑤ 风头之劲，令人瞩目。

然而，《时务报》的风光，并没有让汪康年体会到功成名就的感受，
相反，报馆内外的压迫之力，时刻让他透不过气来。馆外的张之洞作为
《时务报》的"赞助人"，⑥ 不时干预报纸的言论，甚至介入报馆的实际经
营工作。有学者提出，"张之洞为《时务报》出资出力，是另有所图，即
便于日后通过该报总理汪康年，控制并夺取之"，⑦ 从史料呈现的情况来
看，汪康年并没有完全亦步亦趋地听从张之洞的命令，但其发表的文章屡
次受到张之洞及其下属的批评，对梁启超、麦孟华、严复等人的批评意
见，也时常通过汪康年之口转达，倒是有不少资料可以证明。汪康年好不
容易撰写了一篇文章《论中国参用民权之利益》，鼓吹抑君权而生民权，

① 盛宣怀：《愚斋东游日记》，《历代日记丛钞》（138），学苑出版社，2006，第 577 页。
② 上海图书馆编《汪康年师友书札》（一），王楚乔（1），上海古籍出版社，1986，第
104 页。
③ 《书札》（三），高凤谦（25），第 1641 页。
④ 《书札》（三），刘光贲（1），第 2870 页。
⑤ 《书札》（二），狄葆贤（2），第 1152 页。
⑥ 根据翻译理论家勒菲福尔（Andre Lefevere）的说法，赞助人的功能，主要包括在意识形
态上左右作品形式和内容的选取和发展，在经济方面提供相应的报酬，并在物质层面赞
助专业人士，以保证其获得应有的社会地位，参见王宏志《翻译与文学之间》，南京大学
出版社，2011 年，第 44～47 页。
⑦ 方汉奇主编《中国新闻事业通史》，中国人民大学出版社，1999，第 382 页。

结果被张之洞借幕僚梁鼎芬、邹代钧之口一通训斥，"千万不可动笔，实做经理二字"，① "卓如（即梁启超——笔者注）主笔极佳，甚明通，又不为时人所诋，公此后万勿出笔，缘前次所撰，已为梁大痛斥，且公笔亦逊卓如，各用精神于所长，庶能有济"。② 而在馆内，黄遵宪、梁启超联手挤压汪康年，要求汪康年辞去经理一职，只做普通董事，并将《时务报》流通不畅、销量下降的责任全部归结为汪康年的管理不善，甚至指责汪侵吞报馆钱财，用于享受生活，③ 各路神仙轮番施展法力，让汪康年左支右绌，难以招架。

汪康年此人，性格中虽然有"因循畏缩""气弱"的一面，④ 但其能够最终成事，从一个默默无闻的普通士人，跃而成为维新事业的重要人物，必然有其异于他人的独特个性。康有为曾夸赞其"百折不回、沈劲郁拔之气，安得如穰卿者哉"。⑤ 内外交困之时，汪康年除了努力抵挡各方压力之外，还在处心积虑地思考着脱身之法，他的应对之策便是另创一份报纸，这便是《时务日报》。他"创办日报的心愿已非一朝一夕"，⑥ 早在《时务报》创刊之前，他就已经想着办一份日报，以便与办《循环日报》的"天南遁叟"王韬一较短长，⑦ 1897 年底，汪康年又重新拾起创办日报的计划。为了筹备这份萌芽中的报纸，他联合友人曾广铨，于该年 12 月前往日本，寻求各方资助，在此次考察的过程中，汪康年与王仁乾相遇了。

由于史料的缺乏，关于汪康年与王仁乾在日本的交往过程，目前还不清楚其中的细节，但从一些旁人的信函中，还是约略可以知晓两人的互动状况。1898 年 1 月，汪康年抵达东京，王仁乾通过蒋黼告知："岸田吟香，前在沪开药善堂者，居东京银座二丁目，如暇，可访之，文雅之士；文人龟谷省轩、岛田重礼、重野安绎皆有名人，亦可访之，其所居可询之岸田氏"，并提到"公使馆译官罗宝森、卢子铭二人甚正派，可托为舌人。横

---

① 上海图书馆编《汪康年师友书札》（二），梁鼎芬（35）、（41），上海古籍出版社，1986，第 1897、1900 页。

② 同上书（三），邹代钧（35），第 2683 页。

③ 相关内容参见廖梅《汪康年：从民权论到文化保守主义》，上海古籍出版社，2001 年，第 140～180 页。

④ 上海图书馆编《汪康年师友书札》（三），叶瀚（10），第 2536 页；上海图书馆《汪康年师友书札》（一），汪大燮（78），上海古籍出版社，1986，第 96 页。

⑤ 上海图书馆编《汪康年师友书札》（二），康有为（1），上海古籍出版社，1986，第 1664 页。

⑥ 赖光临：《中国新闻传播史》，三民书局，1983，第 74 页。

⑦ 梁启超：《创办〈时务报〉原委》，《知新报》第 66 册，1898 年 9 月 26 日。

滨领署译官潘道科极不正派，切不可托其传语，恐误大局"，① 向汪康年推荐了岸田吟香、龟谷省轩、岛田重礼、重野安绎、罗宝森、卢子铭等人，前四人是王仁乾所交的日本友人，后二人在中国驻日使馆工作，为王仁乾折臂之后赢得与滨野茅的官司做出了巨大的贡献，这几人都是王仁乾人际网络中的重要人物，王仁乾愿意倾囊相告，正可窥见二人的良好关系。

《时务日报》筹备工作进入关键时期，王仁乾正好从日本回到国内，他自称"海外一残废商人，本不要预闻国事"，② 但在汪康年的感召之下，决心为这位小他一辈的年轻人贡献绵薄之力。1898 年 4 月 11 日，《时务报》刊载《时务日报馆告白》，公布报纸售价与告白价格，发布人赫然写着"经理总告白处王惕斋"。③ 可见，王仁乾介入《时务日报》筹办工作的程度非常深，并非玩票性质。5 月，《时务日报》创办，王仁乾担当第一任报馆经理，6 月，他又东渡扶桑，离开报馆，临行之前，他在 6 月 2 日的《申报》上发出告白，称其"有要事东渡，所有告白事务改归本馆（日报馆）自行经理"，又于 6 月 7 日再发告白，表示"定于本月廿二（6 月 10 日）晚乘神户号东渡横滨"。回到日本之后，王仁乾依然关注着《时务日报》及《中外日报》的经营工作，1899 年，王仁乾致函汪康年，介绍了亚细亚协会成员松本正纯与吾妻兵治，以及由二人所译的《新译日本维新史》《国家学》《日本警察新法》等书籍，希望昌言报馆能够"推情酬接，以联海外之盟"。④ 不久之后，昌言报馆成为上述书籍的代售机构。1901 年 3 月，汉阳钢药厂督办徐建寅在试验火药时失事殉职，王仁乾随即致函报馆，希望报馆为徐建寅著论，宣扬其"身着短衣，与工匠为伍"的工作作风，"以励后人"，⑤ 不久之后，《中外日报》刊载论说文章《论徐仲虎观察因公殒身事》。⑥ 1902 年，王仁乾还将《宪法法理要义》、《治旅述闻》二书交《中外日报》销售，"皆日本留学生所编译，一言文治一

---

① 上海图书馆编《汪康年师友书札》（三），蒋黻（7），上海古籍出版社，1986，第 2931 页。
② 同上书（一），王仁干（6），第 47 页。
③ 《时务日报馆告白》，《时务报》第 57 册，1898 年 4 月 11 日。
④ 上海图书馆编《汪康年师友书札》（一），王仁干（8），上海古籍出版社，1986，第 49 页。《代售善邻译书局各书》，《中外日报》1900 年 1 月 24 日，广告版。"1900 年 1 月 5 日……吾妻兵治因善邻译书局之事来到上海"，参见中村义著并整理《白岩龙平日记——ァジア主义实业家の生涯》，（东京）研文出版，1999，第 348 页。
⑤ 上海图书馆编《汪康年师友书札》（一），王仁干（6），上海古籍出版社，1986，第 48 页。
⑥ 《论徐仲虎观察因公殒身事》，《中外日报》1901 年 5 月 23 日，第 1 版；《续论徐仲虎观察因公殒身事》，《中外日报》1901 年 6 月 5 日，第 1 版。

言武功，皆为今日言变法者必读之书"。① 观王仁乾致汪康年之函件，或介绍伊藤博文访华之目的，或报告湖北留学生监督张听帆等人状况，或通报日本善邻印书馆译书情况，函末往往不忘问候曾广铨、汪诒年等报馆"诸贵同事"，或询问《昌言报》的经营情况及《中外日报》的销售数量，显示出他在内心之中，仍然珍视那段短暂的报馆任职经历。

王仁乾对于《时务日报》最大的贡献，或许是在报纸的版面设计上。《申报》与《新闻报》"皆用微带黄色之薄洋纸印刷，俗所谓有光纸也……《时务日报》乃仿照东西文报格式，两面印字，每面划分四版，每版分作二栏，每栏计三十六行，每行计十八字"。② 此前诸多的新闻史专著已经做过一些探讨。③ 而该报革新版面的原初推动力，除了省读者之目力外，还能够形成《时务日报》的品牌辨识度，让购者能够在一系列报纸中轻松找到该报。对于《时务日报》版面革新的创意由来，郑孝胥指出，该报报面"仿日本报式"，④ 廖梅亦认为是汪康年于1898年初访问日本、参观《大阪朝日新闻》之后的产物。⑤ 笔者以为，《时务日报》模仿日文报纸的做法，有可能是受王仁乾的影响。王仁乾旅日多年，对于日本崛起的成功经验了解至深，因此时常以日本为蓝本提出意见，如讨论收回关政时表示："日本维新，初其情形与我国相似，以后事事留心学习，未及十年，所用洋员悉皆退去。使政由我，出财不外输，所以日进于强也。我国反是，重用洋员，唯命是听，至于熟悉洋务之人类投闲置散，何其重洋轻华若是耶"，又在论及实业时称，"日本各厂多归民间自办设，或资本不敷亦许押借官项，即如印刷纸币局归政府主持，其中办法一照商章，绝无官派。所以能事事从实，杜绝耗费也"。⑥ 以王仁乾的风格以及他对日本出版界的熟悉程

① 《惠书志谢》，《中外日报》1902年5月3日，第4版。
② 汪诒年：《汪穰卿先生传记》，中华书局，2007，第79页。
③ 关于《时务日报》的报面改革，以戈公振《中国报学史》中的介绍为系统，而姚公鹤、包天笑、胡道静等人亦在《上海报纸小史》、《戊戌变法五十年祭与〈中外日报〉》及《钏影楼回忆录》中谈到了该报的创新，日后有关此类问题的论述，多自上述途径转引之。
④ 劳祖德整理《郑孝胥日记》（2），1898年5月8日，中华书局，1993，第654页。
⑤ 廖梅：《汪康年：从民权论到文化保守主义》，上海古籍出版社，2001，第242页。若参照当时《大阪朝日新闻》的版式，可以发现《时务日报》与其极为相似，参见社史编纂委员会编《每日新闻七十年》，大阪每日新闻社，1952，插画3、插画4。
⑥ 参见王宝平《明治前期赴日浙商王惕斋之研究》，《浙江工商大学学报》2012年第2期。

度，由他提出模仿日文报纸的建议应有可能，现有的资料既然并未揭示，本文的推测也就至此为止。

二 孙淦的重要作用

在王仁乾为《时务日报》积极奔走之时，另一位旅日华商也参与到报纸的筹备工作之中，这个人便是孙淦。孙淦，字实甫，上海商人，长期在日本经商，是中国红十字会的创办先驱，《申报》曾对他筹办红十字会进行报道，"上海孙君实甫名淦，多财善贾，久客日本大阪埠，握算持筹之暇，时以济人行善为心。近见中国军制皆效法泰西，而军中缺少良医，当夫两军相见之余，满目疮痍，谁为敷疗？爰拟创设红十字会，随营施治，俾军人咸得免疾苦而少死亡"。① 1897 年，孙淦向驻日公使裕庚上呈《大阪华商孙淦呈请裕钦使转咨总署奏设红十字会禀》，禀文中提及红十字会四利，"疾伤有恃，军士气壮，鼓行而前，图功自易，一利也；万邦善政，是则是效，结盟诸国，人不敢轻，二利也；国有病疫，大凶大札，会众疗治，保全必多，三利也；我国医学，讲求未精，此会若成，研究益易，四利也"，希望通过裕庚奏请总理衙门施行，这一章程大大推动了中国加入国际红十字会的步伐。

孙淦与汪康年的相识，始于《时务日报》筹备之时，向汪康年介绍孙淦的是林启。林启时任杭州知府，热心实业，思想先进，与汪康年早有来往，他在信函中热情推荐了孙淦："孙实甫先生英英向义，于人情物理又甚有理会，我辈读书人愧之"，② 孙淦的名字由此进入汪康年的视野。1897年底，汪康年筹办《时务日报》事务紧锣密鼓，资金、人员纷纷到位，还在《申报》上发布启事，说明"于明年正月开设《时务日报》，凡中外之交涉、官民之政要、矿政铁路之工程、学堂工厂之兴始，苟有闻见，咸登报章，言必雅驯，事求征实，庶于广开风气之意，不无小补，先此布知，唯海宇同志鉴之"，③ 但报纸真正创刊的时间，却是在来年的 5 月 5 日（农历闰三月十五日），其中的时间差，就出在印报机器迟迟难以到位。汪大钧曾向汪康年推荐《岭南报》的印报机器，称"机器字模全副，闻只须三

---

① 《创兴善会》，《申报》1898 年 3 月 26 日，第 3 版。
② 上海图书馆编《汪康年师友书札》（一），林启（1），上海古籍出版社，1986，第 1161 页。
③ 《时务日报馆启》，《申报》1897 年 12 月 16 日，第 1 版。

百金，《中西报》又将停歇，机亦待价"，并表示如果汪康年认可，将把机器从广东运到上海，①但在实地观察了这些机器之后，汪康年打消了购置《岭南报》印报机的想法，因为这些机器不仅多有毁损，而且陈旧不堪，根本无法承担日印万份的出报计划，此时，林启的介绍让汪康年的眼前豁然开朗，于是通过友人认识了孙淦，此时的孙淦也正想结交汪康年，利用《时务报》的舆论资源为他的红十字会事业摇旗呐喊，两人一拍即合。

在汪康年致函孙淦询问印报机事宜之后，孙淦马上复信，表示"脚蹈印书机可印双张报纸者四百元，单张者三百元，每日可印万余，如昼夜则两万张可印，制字机现有新式者，即生手亦可每日可制万字，连附属另件约一百元"。②此后，汪康年前往日本访问，参观了《大阪朝日新闻》的印报流程及机器样式，汪有龄提醒他，既然"朝日新闻馆用铅分印之法曾经目击，若欲照法办理，可函告实甫，择宜购办"。③汪康年随即向孙淦打听情况，不久孙淦回信道："印机以日本之印报机印六页则不敷（如《时务报》者兄可四页），常印日本新闻者百十六片，今拟购二十四片者一架，约价在七百余金。弟访之日人，言朝日之旧者，非能整不能用。印报所用器具当细访之，凡应用者，弟即设法购之可也"。④于是，孙淦通过关系购买到了这批机器，此时已是1898年3月，孙淦很清楚汪康年的焦虑心态，但仍明确表示，因机器需要整合，"月内恐不及，当从速料理，亦须月初方可"。月初是指农历三月，也就是说，印报机器一直到3月22日之后才从日本运往国内，再考虑到中日之间轮船航行的时间，则报馆收到机器至少要等到4月。⑤刊载于第53册《时务报》的《时务日报馆告白》上亦有"本馆现已租定大马路集贤里内，一俟机器寄到即行开办"的内容，⑥可见，机器问题是导致《时务日报》出版日期一拖再拖的重要

---

① 上海图书馆编《汪康年师友书札》（一），汪大钧（6），上海古籍出版社，1986，第599~600页。
② 同上书（二），孙淦（1），第1432页。
③ 同上书（一），汪有龄（10），第1074页。
④ 同上书（二），孙淦（9），第1440页。
⑤ 直至3月25日，汪有龄尚在书信中询问，"日报馆机器到否？究于何日出报？现望之如渴待茶"。考虑到孙淦正是汪有龄所推荐，因此他对印报机器的关注，理应说明此时机器尚未抵沪，见同上书（一），汪有龄（10），第1073页。
⑥ 《时务日报馆告白》，《时务报》第53册，1898年3月3日。

因素。

4月中旬，随着机器逐渐到位，《时务日报》的创办也进入了倒计时。孙淦此时已在上海，处理红十字会的宣传事务，上文所提及《呈请裕钦使转咨总署奏设红十字会禀》上呈裕庚之后，孙淦随即将文稿交给汪康年，嘱托他"从速登报"，1898年3月22日出版的《时务报》，即登载了这篇浩浩雄文。同时，孙淦还寄给汪康年"《赤十字社各国缔盟表》贰纸，请与前《红十字会说》附登报末"，他还希望汪康年多方联络，促成红十字会的建立："阁下如到江阴、湖南等处，请将红十字、游学两会周行，倘公不竭力提倡，总无成日"，并附上日本《赤十字》两册，"以备鉴裁"。① 由于孙淦的能力和人际关系，汪有龄遂提醒汪康年，称"实丈此次到沪虽专办红十字、游学两会，然《日报》馆开设伊始，佐理需人，渠亦肯帮忙数月，薪水厚薄实非所计……实丈为人明道理，有肝胆，故龄切盼其到沪后与阁下联为指背臂。盖为君期待好帮手，其心私；为大局庆得办事之才，其心公。实丈即将来不在报馆，亦未始于报馆无益"。② 汪康年正有此意。值得注意的是，王仁乾与孙淦也有交往，在王回到日本之后，于信函之中曾提及，"弟屡在实甫兄处询及阁下起居咸宜，诸务顺怀为慰"，③ 因此向汪康年推荐孙淦进入报馆工作的应该非汪有龄一人。《时务日报》创刊之后，孙淦出入报馆，工作十分积极，当时就有人发函询问，"实甫在申否？闻执事邀作日报馆经理，有此事否"，④ 不过，孙淦最终没有担任报馆经理，而是在报馆逗留数月之后，启程返回东瀛。

离开报馆之后，孙淦仍然关心《时务日报》和《中外日报》的发展，他曾致函汪康年，希望报馆能够定期向大阪寄送数份报纸，以便在同人中分派。⑤《时务日报》销量猛增，与《申报》《新闻报》相颉颃，孙淦闻讯十分高兴，连发函件表达喜悦之意，"《日报》今增数，已如是之速，其推广必在意计中耳，可庆可贺"，"欣悉《日报》骤增，可喜可贺，翘然于各报之上，可指日而待矣"。⑥ 戊戌政变发生之后，"汪氏诸人穰卿、颂虞等

① 上海图书馆编《汪康年师友书札》（二），孙淦（2）、（3）、（7）、（9），上海古籍出版社，1986，第1435～1440页。
② 同上书（一），汪有龄（9），第1067页。
③ 同上书，王仁干（3），第37页。
④ 同上书，邵章（13），第1228页。
⑤ 同上书，孙淦（15），第1447页。
⑥ 同上书，孙淦（14）、（15），第1446、1447页。

亦颇自危，以皆与广东人稍有牵涉，近日杭中颇觉皇皇"，对此，孙淦及
"日本诸友皆代抱杞忧"，建议汪康年"赶即渡东，暂避凶锋"。① 此后，
汪、孙二人亦时有交谊，关系紧密。

三　小结：商人与报人的互动

旅日华商与中国报人，这两个群体看似风马牛不相及，但在清末"三
千年未有之大变局"的背景下，商人与报人却多次联手，为思想观念的传
播与民间意识的崛起，贡献着自身的力量。在前台的报人，早已成为学术
界关注的对象，但在后台出钱、出力的商人，由于资料的缺乏与视野的局
限，很难纳入学者的研究范围，因此，如果想要深入探究近代新闻出版业
发展过程中商人群体的作用，资料的挖掘与呈现是第一要务，本文所做的
正是这方面的工作。

对于清末中国报人而言，由于其身份往往是科举考试的失败者，或者
是官僚阶层的边缘人物，使得他们难以获得足够的经济资本与政治资本，
换言之，既"无权"又"无钱"，要在短期之内将报馆组织起来，难度之
大可想而知，在这样的情况下，积极寻求外部援助，成为这些报人主要的
工作重点。商人群体既有经济资本，又有管理经验，自然成为报人的重要
合作对象。从王仁乾、孙淦的例子来看，二人的资金与经营能力，让《时
务日报》能够在短时间内完成筹备工作，进入正常的发展轨道，在汪康年
亟须用人之时，王、孙的出现，解决了他的燃眉之急。而由王、孙的案
例，亦可看到人际网络在组织形成过程中所起到的重要作用。组织为了确
保获取各种外部资源，往往会依靠组织管理者的社会关系网络，产生特殊
性的信任机制。社会关系网络是吸纳经济资源的重要手段，如果能够运用
人脉关系与外部取得联系，可以以此获得更加廉价、更有信誉及质量的资
源和服务，由此出现的机遇与优势，能够降低组织的投入成本。对于草创
时期的报馆与报纸而言，上述"获得"与"降低"显得十分诱人。根据美
国学者格兰诺维特提出的"嵌入性"（embeddednes）的理论，资本的累积
往往植根于既有的社会关系网络之中，能够让组织有效地获取和利用各种

① 关豫：《关承孙先生日记残稿不分卷》，1898 年 9 月 26 日，上海图书馆馆藏稿本；上海图
书馆编《汪康年师友书札》，孙淦（17），上海古籍出版社，1986，第 1449～1450 页。

信息及资源，从而克服创业之初经济资本与社会资本不足的困难时期。①
社会学家边燕杰通过对若干企业家的访谈，亦指出"了解商机、筹集资
金、得到订单，创业过程的每个环节都嵌入企业家的社会网络之中……企
业通过社会网络关系得到创业资金和第一份订单，并且，这种关系在企业
日后的发展中长期起作用"。②《中外日报》日后的辉煌，不能忽视王仁乾、
孙淦"扶上马、送一程"的功劳，类似的案例还有很多，理应一一进行揭
示与探究。

The Chinese Merchants in Japan and the New Media in the Late Qing Dynasty: Focusing on Wang Renqian, Sun Gan and *Chinese Daily Progress*

Lin Pan

Abstract: Many newspapers appeared in the late Qing Dynasty were supported in various ways by Chinese merchants, whose efforts have not attracted critical attention yet. This article explores the efforts of the two merchants, WangRenqian and Sun Gan, in the birth and development of Chinese Daily Progress. It aims at enriching the study on "the Chinese merchants and the new media in the late Qing dynasty".

Key words: *Chinese Daily Progress*, Wang Renqian, Sun Gan, Chinese Merchants in Japan

（编辑：董琳璐）

---

① 马克·格兰诺维特：《弱连带的优势》，《镶嵌——社会网与经济行动：马克·格兰诺维特
 论文精选》，罗家德译，社会科学文献出版社，2007，第 70～71 页。
② 边燕杰：《网络脱生：创业过程的社会学分析》，张磊译，《社会学研究》2006 年第 6 期。

器物、意象与观念

歌德的"中国之旅"与"世界文学"之创生

谭 渊*

【摘要】1800 年前后，译介到欧洲的中国文学引起了德国文坛巨匠歌德的重视。1827 年，歌德从英文转译了四首"中国女诗人"的诗歌。此时德国正值女性文学崛起之初，文坛上发生了关于"天才女性"的争论。通过对这段文学史和《歌德谈话录》的研究，本文揭示出歌德对"中国女诗人"作品的译介对歌德"世界文学"概念的形成有着重大意义。同时，本文就中国古典文学作品对歌德"世界文学"概念的影响作出了新的解释。

【关键词】歌德 中国文学 世界文学 《歌德谈话录》 《百美新咏》

在有关歌德与中国文化关系的材料中，引用频率最高的当属歌德 1827 年 1 月 31 日晚上那番著名谈话，这不仅是因为他在那段谈话中对中国文学给予了极高评价，也因为他随后宣告了一个新时代的诞生："世界文学的时代已快来临了"。① 歌德对中国文学的印象为何会如此紧密地与他对"世界文学"的思考联系在一起？1827 年前后与中国文学的频繁接触又究竟对歌德"世界文学"概念的形成产生了怎样的推动？要从根本上解答这两个问题意味着我们必须运用实证的方法去追寻歌德时代德中文化互动的轨迹，追踪歌德"中国观"演变的历史，并从侨易学的角度追问"异质性（文化）的启迪和刺激"究竟为歌德"创造性思想的产生"提供了怎样的可能。②

---

* 谭渊，华中科技大学德语系教授。

① 艾克曼辑录《歌德谈话录》，朱光潜译，人民文学出版社，1978，第 113 页。
② 叶隽：《变创与渐常——侨易学的观念》，北京大学出版社，2014，第 18 页。

一　歌德与中国文化的早期接触

歌德出生时正值 18 世纪中期欧洲出现"中国热"的时代，追求新奇的欧洲上流社会对中国园林、饰品和艺术的推崇也达到了历史上的顶峰。[①]根据歌德回忆，他童年时就在蜡布工场中对"以毛笔绘画"的"中国式写意笔的花卉"产生了兴趣。[②] 而在歌德度过了少年时光的法兰克福故居二楼至今仍保留有"北京厅"，墙上贴满带有中国小人和园林图案的壁纸。尽管年少气盛的歌德对基于生硬模仿而产生的"中国风"一度不以为然，[③]但在与中国长达半个多世纪的接触中，歌德却越来越为中国文化所倾倒，并最终在晚年为德国文学中的"中国风"留下了浓墨重彩的一笔。

歌德对东方文化的兴趣可以追溯到大学时光，1770 年在斯特拉斯堡学习时，刚刚二十岁出头的歌德就阅读过耶稣会士卫方济用拉丁文翻译的《中国典籍六种》（*Sinensis Imperii Libri Classici Six*，1711），接触到包括《大学》《中庸》《论语》《孟子》在内的儒家经典，并在笔记中留下摘要："年长者的学校，不变的持中，年幼者的学校，智慧之书。"[④] 这段提纲挈领的文字可以视为歌德与中国文化正式发生接触的开端。但是老成持重的

---

① 许明龙：《欧洲十八世纪的中国热》，外语教学与研究出版社，2007，第 90～126 页。

② Johann Wolfgang von Goethe, *Goethe Werke*. Bd. 6, hg. von Friedmar Apel u. a. (Frankfurt a. M. & Leipzig: Insel, 2007), S. 141 - 142. 译文见歌德《歌德自传——诗与真》，刘思慕译，人民文学出版社，1983，第 151 页。

③ 歌德在自传《诗与真》中提到：1768 年，刚刚从莱比锡大学归来的歌德曾当着父亲的面在家中"对一些有涡形花纹的镜框加以指摘，对某些中国制的壁衣加以讥评"。这时的歌德已经在大学中接受了启蒙思想，对这样一位浸透了"回归自然"理想、即将成为狂飙突进运动旗手的青年而言，基于生硬模仿产生出来的"中国情趣"制品既充满矫揉造作，又与他追求自然的审美观完全背道而驰，他对此不以为然也就并不出人意料。不过，当歌德在年近六旬之际写下《诗与真》时，其实是对自己年轻时的"指摘"和"讥评"充满悔意的。他在有关"中国制的壁衣"这段话开头曾明确写道："年轻人往往从大学里带回一般的知识……便拿这种知识作为他们所碰到的事物的衡量标准，而结果大多是不中绳墨的。……当谈到我们自己的房子时，我便鲁莽地把这种标准应用起来。"歌德《歌德自传——诗与真》，第 364 页。1771 年，歌德还在讽刺剧《多愁善感的胜利》（*Der Triumph der Empfindlichkeit*）中对当时流行的"中国花园"进行了一番揶揄。Ibid, S. 141 - 142.

④ Johann Wolfgang von Goethe, *Goethes Werke*, Abt. Ⅰ, Bd. 37. 1, hg. im Auftrag der Großherzogin Sophie von Sachsen (Weimar: Böhlau, 1887 - 1919), S. 83. 译文参见杨武能《走近歌德》，上海社会科学院出版社，2012，第 325 页。

孔子对正处于狂飙突进运动前夜的青年歌德而言显然过于稳重，因此歌德此时与儒家思想擦肩而过一点也不足为奇。

1775 年，歌德迁居到文化名城魏玛。在这里，歌德不断与中国文化发生着接触，因为在这个名家会聚的地方同样也会聚了当时对中国最有研究的一批德国学者。1780～1781 年，歌德的好友赫尔德（Johann Gottfried Herder，1744－1803）发表了《关于宗教学研究的书简》（*Briefe：das Studium der Theologie betreffend*），书中引用了 1776 年开始在巴黎出版的来华传教士报告集《中国丛刊》（*Mémoires concernant l'histoire，les sciences，les artes，les mours，les usages des Chinois*）。歌德 1781 年 1 月 10 日的日记不仅表明他正在阅读朋友的这本著作，而且还从中抄写下了儒家赞颂周文王的一句"啊文王（O Ouen Ouang）!"[1] 也是在 1781 年，魏玛的文化杂志《蒂福尔特》（*Tiefurt*）开始连载同在魏玛宫廷共事的塞肯多夫（Karl Siegmund von Seckendorff，1744－1785）的作品《中国道德家》（*Der chinesische Sittenlehrer*）和《命运之轮》（*Das Rad des Schicksals*）。在前一作品中，作者假托"中国哲学家"之名进行了道德说教，而后一篇没有完成的连载则演绎了庄生梦蝶的故事，并提到了老子。这也是道家思想进入德国文学的开山之作。

同时，魏玛丰富的藏书也为歌德神游东方提供了有力支持。从魏玛图书馆的借阅记录可以看出，歌德对中国产生兴趣主要有三个高峰。其中第一个高峰是由于受到 1792～1794 年英国马嘎尔尼使团访华的影响，在这轰动一时的消息的刺激下，歌德于 1794～1800 年借出了刚刚发表的一部英国使团访华报告以及多部有关东方历史文化的书籍。1796 年 1 月，到席勒家中小住的歌德在日记中写下："早上读小说，谈论到中国小说。"[2] 他们所

[1] 这句"啊文王!"历来受到研究者的重视。19 世纪 80 年代就有德国学者彼得曼（Woldmar Freiherr von Biedermann）据此认为歌德阅读过杜赫德的《中华帝国志》，由此也很可能读过其中的《赵氏孤儿》译本，并启发了他 1781 年开始创作的《埃尔佩诺》（*Elpenor*）。Woldmar Freiherr von Biedermann，"Die chinesische Quelle von Goethes Elpenor"（歌德的《埃尔佩诺》的中国源头），in *Zeitschrift für vergleichende Literaturgeschichte und Renaissance－Literatur*（比较文学史与文艺复兴文学杂志），Vol. NF1（1887－1888）：374. 不过，汉学家德博考证在拼写方法后确认"啊文王!"其实来自于在巴黎出版的传教士报告集《中国丛刊》，其中不仅文王的拼法及顺序与歌德所写完全一样，而且前面同样带有叹词 O，只不过单词起始字母为小写而不是大写。见 Günther Debon，*China zu Gast in Weimar*（中国做客魏玛）（Heidelberg：Guderjahn，1994），S. 135－140.

[2] Goethe，*Goethes Werke*，Abt. Ⅲ，Bd. 2，hg. im Auftrag der Großherzogin Sophie von Sachsen（Weimar：Böhlau，1887－1919），S. 38.

谈论的正是历史上第一部被译成德语的中国小说《好逑传》。席勒曾动手改写这部作品，并在 1801 年改编戏剧作品《中国公主图兰朵》时利用了其中丰富的中国文化知识。而于 1802 年排演《图兰朵》并将该剧送上魏玛舞台的则正是歌德。在挚友所塑造的渴望真爱、追求男女平等的"中国公主"身上，歌德敏锐地感觉到了一种属于全人类的精神财富，他在为魏玛宫廷撰写的剧评中写道："它当然原本就是为富有思想的观众所写的……如果此剧能够得到展现它全部光芒的一处天地，它必能创造出美妙的效果，并且唤醒某些还沉睡在德意志人天性中的东西。"①

二 歌德晚年的"东方之旅"

德国文学评论家海因茨·史腊斐曾尖锐地指出：18 世纪"德意志文学的本质不是由'德意志本质'决定的，不同民族文化的交错融合对它的形成产生了深远的影响"，例如"歌德嗅到了同时代文学作品（他自己也不例外）中的虔诚气味，并为此感到难堪，于是作为某种意义上的祛魅者，他改拜外国老师为师，从荷马到拜伦都成为他的榜样"，而引用浪漫主义文学领军人物奥古斯特·威廉·施莱格尔（August Wilhelm von Schlegel，1767 - 1845）的话来说就是：这一时代德国作家成为"欧洲文化中的世界公民"。②

在歌德身上，这种"世界公民"的特点体现得尤为清晰，1786 ~ 1788 年他曾到意大利旅行，探寻欧洲文化的生命力之源，为日后铸就魏玛古典文学的辉煌积蓄了充沛的能量。而在 1813 年莱比锡大战之后，在对欧洲战乱倍感失望之际，为寻找精神上的避难所，晚年的歌德将目光转向了更加遥远的东方世界，仅在 10 月 4 日、12 日两天里他就从魏玛图书馆借出了四个不同版本的马嘎尔尼使团访华报告和两个不同版本的《马可·波罗游记》。11 月 10 日，歌德在给友人的信中写道："最近一段时间，与其说是

---

① Johann Wolfgang von Goethe, *Gesamtausgabe der Werke und Schriften in zweiundzwanzig Bänden* (20 卷本歌德作品全集), Bd. 15 (Stuttgart：Cotta, 1958), S. 200. 德语原文："Es ist freilich ursprünglich für ein geistreiches Publikum geschrieben [...] Könnte das Stück irgendwo in seinem vollen Glanze erscheinen, so würde es gewiss eine schöne Wirkung hervorbringen und manches aufregen, was in der deutschen Natur schläft. "

② 海因茨·史腊斐：《德意志文学简史》，胡蔚译，北京大学出版社，2013，第 103 页。

真想干点什么，不如说是为了散散心，我着实做了不少事情，特别是努力读完了能找到的与中国有关所有书籍。我差不多是把这个重要的国家保留下来，搁在了一边，以便在危难之际——像眼下正是这样——能逃到它那里去。"① 1813 年，歌德还结识了东方学家克拉普洛特（Julius Klaproth，1783 – 1835），并在一封信中欣喜地称他"活生生是一个中国人"（ein eingefleischter Chinese）。在日记中，歌德多次提到与克拉普洛特见面，向他请教过汉字的书写并借到过一批汉字印刷字版，后来歌德在陪伴魏玛公爵的公主们时就为她们表演过书写汉字。② 1815 年 1 月 23 日，歌德在给朋友的信中回顾道："一年前我勤奋地（在书本中）游历了中国和日本，并使自己对那个巨大的国家相当熟悉了。"③ 而 1815 年 10 月 14 日，威廉·格林（Wilhelm Grimm，1786 – 1859）在给其兄雅各布·格林（Jacob Grimm，1785 – 1863）的信中还提到：他在海德堡的一次聚会中幸会了歌德，而歌德为大家"朗诵并讲解"的竟然不是他自己的某篇新作或某部欧洲文学名著，而是近 20 年前他在席勒家中结识的中国小说《好逑传》!④ 歌德对中国文学的推崇由此可见一斑。正是此次精神上的"东方之旅"为歌德晚年的文学创作奠定了重要的基础。

不过，歌德此次"东方之旅"并非停留在东亚，而是更多地沉浸在古代波斯诗人哈菲兹所营造的诗意氛围中，其直接成果便是 1814 ~ 1819 年间完成的诗集《西东合集》（Der west - östliche Divan）。而在思想发展方面，歌德开始在思想中建立起"西—东"二元结构，逐步走出欧洲中心的桎梏。⑤ 此时的歌德未能与中国文学结缘，从根本上讲是由当时才刚刚起步的欧洲汉

---

① Goethe, *Goethes Werke*, Abt. IV, Bd. 24 hg. im Auftrag der Großherzogin Sophie von Sachsen（Weimar：Böhlau, 1887 -1919），S. 28. 译文参见杨武能《走近歌德》，上海社会科学院出版社，2012，第 319 页。

② Martin Gimm, Zu Klaproths erstem Katalog chinesischer Bücher, Weimar 1804（论克拉普洛特的第一个中文书籍目录），in Schmidt - Glintzer, Helwig Hg. *Wolfenbüttler Forschungen. Das andere China*（沃尔芬比特论丛——另一个中国）（Wiesbaden：Harrassowitz, 1995），S. 581.

③ Goethe, *Goethes Werke*, Abt. IV, Bd. 25 hg. im Auftrag der Großherzogin Sophie von Sachsen（Weimar：Böhlau, 1887 -1919），S. 165. 德语原文："China und Japan hatte ich vor einem Jahr（in den Schriften）fleißig durchgereist und mich mit jenen Riesenstaaten ziemlich bekannt gemacht."

④ Jakob Grimm & Wilhelm Grimm, *Briefe der Brüder Grimm*（格林兄弟书信集）（Jena：From- mann, 1923），S. 458.

⑤ 叶隽：《歌德思想之形成——经典文本体现的古典和谐》，中央编译出版社，2010，第 231 ~ 244 页。

学水平所决定的。我们只要回顾汉籍西传的历史就可以发现，歌德其实几乎已经接触到了他那一个时代所能够接触到的全部中国文学译作，有些作品甚至才刚刚翻译成英语或法语，尚未来得及转译成德语。从 1817 年 9 月 5 日至 1818 年 7 月 20 日，歌德长时间借阅了 1817 年刚刚出版的元杂剧《散家财天赐老生儿》的英译本 *Laou - Seng - Urh*, *or An Heir in his old age* 并为之动容，他在日记中写道："我们一谈到远东，就不能不联想到最近新介绍来的中国戏剧。这里描写一位没有香火延续后代、不久就要死去的老人的情感，最深刻动人。"① 1822 年 10 月 27 日，歌德还在家中会见了在当时德国绝无仅有的两个中国人。这两人都是从广东跟随一个荷兰糕点师来到欧洲，后来被普鲁士国王威廉三世以"波茨坦皇家侍从"的身份派往哈勒大学学习神学和语文，并协助汉学家进行中文研究，为德国汉学的建立和发展作出了贡献。② 歌德在日记中写道："一点钟（见）中国人。三人共进午餐。饭后读汉学书。"③ 从这段内容来看，三人不仅一起共进了午餐，而且还在饭后研读了汉学方面的书籍。歌德与中国学者的这种直接接触在 20 世纪之前的德国文化名人中是极为罕见的。正是这种对东方文学的积极探索为日后歌德跳出德国市民阶层的狭隘目光，本着东西互补的思路放眼中国、产生出一种"世界文学"的眼光奠定了坚实基础。

三　歌德的"中国之旅"与"中国女诗人"

1827 年是歌德探索中国文化的第三个高峰，同时也是成果最为丰硕的时期。这一年刚刚开始，年近八旬的歌德就失去了相交多年的红颜知己冯·施泰因夫人（Charlotta E. B. von Stein, 1742 - 1827），也许是为了再次寻找一片精神上的避难所，歌德 1 月 7 日从魏玛图书馆借出了《蒙古人与罗马人的战争与体育历史研究》（*Historical Research on the wars and sports of the Mongols and Romans*, 1826），再次将目光投向东方。三周之后的 1 月

---

① Goethe, *Goethes Werke*, Abt. Ⅰ, Bd. 42/2, im Auftrag der Großherzogin Sophie von Sachsen (Weimar: Böhlau, 1887 - 1919), S. 52.

② 吴晓樵：《中德文学因缘》，上海外语教育出版社，2008，第 15 页。

③ Goethe, *Goethes Werke*, Abt. Ⅲ, Bd. 8, im Auftrag der Großherzogin Sophie von Sachsen (Weimar: Böhlau, 1887 - 1919), S. 251. 德语原文："... um ein Uhr die Chinesen. Mittag zu dreyen. Nach Tische Sinica durchgesehen. "

29 日，歌德又从图书馆借出了中国小说《花笺记》的英译本 *Chinese Court-ship*（1824）。5 月 9 日，歌德在日记里提到了法国汉学家雷慕沙（Jean Pi-erre Abel – Rémusat）翻译的才子佳人小说《玉娇梨》（*Iu – kiao – li ou les deux cousines*, 1826）。8 月 22 日，他在日记中又提到雷慕沙编辑出版的三卷本《中国短篇小说集》，里面收有十篇出自《今古奇观》的故事。以上这些作品加上歌德早已熟稔的《好逑传》共同构成了歌德了解中国文学的基础，并激发他于 1827 年 5～8 月写下了著名组诗《中德四季晨昏杂咏》（*Chinesisch – Deutsche Jahres – und Tages – Zeiten*），使中德文学对话登上一个历史性的高峰，也为世界文学增添了精彩的一页。对中国文化日益加深的了解和与中国文学的频繁接触正是歌德 1827 年 1 月 31 日高度评价中国文学、提出"世界文学时代"概念的重要基础。

歌德遨游于中国文学的第一项直接成果就是他从《花笺记》英译本附录中转译出的四首中国诗。这四首诗都来自于乾嘉时期的著名诗集《百美新咏》，英译者称之为 *The Song of a Hundred Beautiful Women*，原书中共有一百幅、总计 103 位女子的画像，并配有美女的传略。其中既有王昭君、杨贵妃、卓文君等赫赫有名的历史人物，也有众多女诗人的故事。是中国文学史上罕见的以女性为主题的诗集。歌德误解了书名，将这部文集理解成"百位美人的诗"，而这又进一步使他以为这些诗也出自女诗人之手，查阅歌德日记可以看到，在于 1 月 29 日借出《花笺记》后两周之内，歌德七次在日记里提到中国诗歌及诗人，其中 2 月 4 日写道："晚上，中国作品"，次日又写道："和约翰忙于中国女诗人"，再后一天的日记是："抄写中国女诗人"，到了 2 月 11 日歌德写道："为艾克曼博士朗读中国诗"①。可见，歌德在此期间完成了翻译工作并在日记中两次称自己的译作为"中国女诗人（们）"（chinesische Dichterinnen）。

歌德为德国读者呈现的四位"中国女诗人"分别是来自《百美新咏》的《薛瑶英》《梅妃》《冯小怜》《开元宫人》。歌德在译作序言中将《百美新咏》称为 *Gedichte hundert schöner Frauen*，即"一百位美女的诗"。严格来讲，歌德的四首"中国诗"都属于在中国素材基础上的拟作，即便是较为接近原文的《梅妃》和《开元宫人》也带有大量文学再创造的成分。

---

① Goethe, *Goethes Werke*, Abt. Ⅲ, Bd. 8, im Auftrag der Großherzogin Sophie von Sachsen (Weimar: Böhlau, 1887 – 1919), S. 15 – 19.

而这些再创造恰恰可以帮助我们理解歌德的价值取向和关注所在。

歌德笔下第一位"最可爱的女士"是中唐的薛瑶英。《百美新咏》援引唐代苏鹗的笔记小说集《杜阳杂编》写道："元载宠姬薛瑶英，能诗书，善歌舞，仙姿玉质，肌香体轻，虽旋波、摇光、飞燕、绿珠不能过也。"汤姆斯的英译如下："Lady See - Yaou - Hing was the beloved concubine of Yun - tsae. She was handsome, a good dancer, and a poetess"、① 而歌德翻译的《薛瑶英小姐》则是："她美丽，拥有诗人天赋，人们惊叹她是最为轻盈的舞女"。② 与原作及英语原文相比，歌德删去了关于"元载宠姬"的介绍，将"美丽"提前到第一位，而"拥有诗人天赋"的表达也比英译本中的"是个诗人"要更为强烈。

歌德笔下的《梅妃小姐》体现出同样取向。《百美新咏》中写道："妃姓江氏，年九岁能诵二南。语父曰：我虽女子，期以此为志。父奇之，名曰采苹。开元中，选侍明皇，大见宠幸。善属文，自比谢女。淡妆雅服而姿态明秀，笔不可描画。后杨太真擅宠，迁妃于上阳宫。上念之，适夷使贡珍珠，上以一斛珠赠妃，妃不受，以诗答谢曰：桂叶双眉久不描，残妆和泪污红绡。长门尽日无梳洗，何必珍珠慰寂寥？"③ 汤姆斯几乎逐字逐句地直译了原文。歌德则大幅压缩对梅妃幼年的介绍，只保留下美丽与聪慧两个要点："梅妃小姐：明皇的情人，美丽而聪慧，因此自幼引人注目"。④ 而梅妃的诗则被歌德改写为："你赠我珠宝为我妆饰！我无心照镜日子已长：自从你的目光离我远去，我已不再知道怎么打扮梳妆。"⑤ 从氛围来看，原诗表现了冷宫中妃子寂寞的生活，进而传达了她的哀怨，主要还是一种自哭自叹的口吻，只有最后一句才稍稍发泄出心中的不满。译诗

---

① Peter Perring Thoms, *Chinese Courtship*（花笺记）（London & Macau：East India Campany's Press，1824），S. 263.

② Goethe, *Goethes Werke*, Abt. Ⅰ, Bd. 41/2, im Auftrag der Großherzogin Sophie von Sachsen（Weimar：Böhlau，1887 - 1919），S. 272 - 273. 德语原文："Sie war schön, besaß poetisches Talent, man bewunderte sie als die leichteste Tänzerin."

③ 颜希源：《百美新咏》，集腋轩嘉庆十年版，第21页。

④ Goethe, *Goethes Werke*, Abt. Ⅰ, Bd. 41/2, im Auftrag der Großherzogin Sophie von Sachsen（Weimar：Böhlau，1887 - 1919），S. 273. 德语原文："Fräulein Mei - Fe：Geliebte des Kaisers Min, reich an Schönheit und geistigen Verdiensten und deshalb von Jugend auf merkwürdig."

⑤ Ibid. 德语原文："Du sendest Schätze mich zu schmücken! / Den Spiegel hab' ich längst nicht angeblickt；/ Seit ich entfernt von deinen Blicken, / Weiß ich nicht mehr was ziert und schmückt."

则将"你"和"我"从一开始就联系起来，并用感叹语气直接表达出胸中的怒火，原诗中"泪湿红绡"的场景干脆消失，却通过第三句直接点出"你"也就是君王移情别恋才是哀怨的根源。与原诗相比，歌德笔下的女诗人不再是一个哭哭啼啼的弱女子，而是成为忠于爱情、敢于指责情人不忠的女性形象。与之相似的还有歌德笔下的冯小怜。她本是北齐皇帝的宠妃，在国破家亡后又得到征服者的宠爱。在歌德改写下，原诗中萦绕在冯小怜脑海里的"宠""怜"等反映依附意识的字眼都消失无踪，相反却平添出"高贵""欢乐""自由"。换言之，原诗中冯小怜对自己从属地位的认同在歌德笔下被置换成对欢乐、自由等理想的高尚追求。而这反映出的正是歌德时代德国进步知识分子的追求。

歌德选译的最后一首诗《开元宫人》讲述的是唐玄宗后宫中一位得不到宠幸的宫女乱抛绣球、最后却意外喜得良缘的故事。歌德没有太多地改变故事本身和女诗人的诗歌，但却在最后借女诗人之口增加了一段歌颂君主圣明的四行诗，同时在全篇最后添加了一句"开元这个名字从此就留在中国女诗人们当中"[1]。在歌德手稿上我们可以看到，此处原本写作"中国诗人们"，歌德是在最后定稿时特地将此处改为"中国女诗人们"。结合其在日记中反复强调的"中国女诗人们"，我们不难看出，歌德在改编这四首中国诗歌时都有一个共同倾向：对中国女性在诗歌创作方面的天赋和独立个性的强调。

事实上，歌德在"中国之旅"中对"中国女诗人"留下强烈印象丝毫不足为奇。无论是《百美新咏》还是《好逑传》《玉娇梨》《花笺记》等才子佳人小说中的女性都是巾帼不让须眉，"才女"以诗文、智慧、勇敢傲视天下才子的片段比比皆是。[2] 反观1800年前后的德国，女权运动不过刚刚起步，在文坛上，德国还罕见女诗人、女作家，即便有寥寥无几的女性发表作品，也大都使用假名或缩写，尽量不让人发现其女性身份，连女作家作品中的女性也多是为家庭付出牺牲的角色。[3] 即便如此，面对女作家

---

① Goethe, *Goethes Werke*, Abt. Ⅰ, Bd. 41/2, im Auftrag der Großherzogin Sophie von Sachsen (Weimar: Böhlau, 1887 – 1919), S. 274 – 275.

② 关于明清之际的流行小说有所谓"十才子书"的说法，其中大多都是流行一时的才子佳人小说，《好逑传》《玉娇梨》《花笺记》分列第二、第三、第八。

③ Wolfgang Paulsen, *Die Frau als Heldin und Autorin*（作为女主角和女作家的女性）(Bern & München: Francke, 1979), S. 99.

的出现，19 世纪初德国文坛还是爆发了一场"天才女性"之争，其核心就是女性是否有能力像男性一样从事文学创作。① 事实上，当时德国女性的文学创作能力根本不被承认。以"教育小说"著称的让·保尔（Jean Paul，1763－1825）干脆在作品中写道："由于女性在自我对话方面存在缺陷……她们既不能进行诗歌和哲学方面的解析，也不能独立进行这方面的工作"。② 德国女诗人的境遇更苦不堪言。当时最为著名的女诗人贡特罗德（Karoline von Günderrode，1780－1806）26 岁就自杀身亡，她一生中所有作品（包括身后的作品集）都不得不以男性笔名发表。被称为"德国萨福"的女作家布拉赫曼（Luise Brachmann，1777－1822）穷困潦倒，45 岁时投河自尽。浪漫主义文学家施莱格尔的妻子卡罗琳娜（Caroline Schlegel－Schelling，1763－1809）尽管才华横溢，但终其有生之年，却只敢用丈夫的名字或自己名字的缩写来发表作品，就是怕受到男性的抨击。甚至歌德 1825 年被卷入这场争论时也曾毫不犹豫地批评过德国的女诗人创作"软弱无力"，甚至影响到整个文坛都"日益软弱"。③

在这一背景下，《百美新咏》（或所谓来自中国的"一百位美女的诗"）的出现无疑大大震撼了歌德。从歌德选译女性诗人的诗歌并特意将"诗人们"改为"女诗人们"可以看出，歌德通过眼前的中国文学作品看到了一个才女成群的东方文学世界，在这一事实面前，关于女性是否能成为诗人的争论其实已毫无意义，将文学视为男性天下的欧洲传统观念在"中国女诗人们"面前遭到了彻底的动摇。这种新的认识无疑为歌德正在酝酿的"世界文学"思想补充了一个革命性的观念：文学世界同样是一个两性的世界，女诗人同样能够占据半壁江山，来自东方的中国诗歌和文学掌故便是最好的例证。因此，歌德恰恰在接触《百美新咏》前后提出"世界文学时代"的概念绝非偶然。

四　"世界文学时代"的创生

1827 年 1 月 31 日，也就是歌德借阅《花笺记》的第三天、开始酝酿

---

① Andrea Albrecht, Bildung und Ehe, genialer Weiber'（"天才女性"的教育和婚姻），in *Deutsche Vierteljahrsschrift für Literaturwissenschaft und Geistesgeschichte*（德国文学和思想史季刊），Vol. 80（2006）：378－407.

② Jean Paul, *Sämtliche Werke*（让·保尔全集），Bd. I. 5（München：Hanser, 1959），S. 684.

③ 艾克曼：《歌德谈话录》，朱光潜译，人民文学出版社，1978，第 53 页。

翻译中国诗歌的时候,他与艾克曼开始了关于"世界文学时代来临"的那段著名谈话。在谈话一开始,歌德告诉前来拜访的艾克曼:"我正在忙于一部中国小说",而且认为这部书"很值得关注","他们那里一切都易于理解、平易近人,没有强烈的情欲和飞腾动荡的诗兴,因此和我写的《赫尔曼与窦绿台》以及英国理查生写的小说有很多类似的地方"。① 随后,歌德举出《花笺记》等中国小说中的五个场景说明了自己对中国文学特点的良好印象。接着,歌德将艾克曼的注意力引向东西方文学中一个"极可注意的对比"——法国诗人贝朗瑞的诗歌与"中国传奇"在处理道德题材上的对立。② 值得注意的是,歌德在此要求朋友关注的并不是"西—东"二元框架下的"德—中"文化差异性的体现,而是特别请艾克曼"说一说,中国诗人那样彻底遵守道德,而现代法国第一流诗人却正相反,这不是极可注意吗?"③ 换言之,使歌德关注到差异性的固然是他思想中已经形成的"西—东"二元结构,但在选择立场时,他却带着他的《赫尔曼与窦绿台》站到了东方文学的立场上。显然,对他而言,在对法国诗人进行道德批评的时候,"德—中"二元所提供的并非首先是一个对立两极结构,而更多的是一个彼此在精神上相通的"殊途同归"结构。中德之间在地理上越是相隔遥远,在文化史上越是缺少交流,当它们展现出在文学追求上的共同点时,就越是可以雄辩地证明这种追求真正符合"全人类"的共同理想,同时也就占领了一个"普世价值"的道德制高点。而用歌德本人的话来说,这就是"人类的共同财富"(Gemeingut der Menschheit)。④

那么如何才能真正把握"普世价值",而不是像民族主义者那样出于

---

① 艾克曼:《歌德谈话录》,朱光潜译,人民文学出版社,第 111~112 页。德语原文:"Es ist bei ihnen alles verständig, bürgerlich, ohne große Leidenschaft und poetischen Schwung und hat dadurch viele Ähnlichkeit mit meinem〈Hermann und Dorothea〉, sowie mit den englischen Romanen des Richardson."此段及本文内所引其他《歌德谈话录》内容的德语原文均出自 Johann Peter Eckermann, *Gespräche mit Goethe*(与歌德对话)(Frankfurt a. M.: Suhrkamp, 1981), S. 209 – 212, 以下不再一一注明出处。

② 此前在 1 月 29 日的谈话中歌德已经和艾克曼谈起过贝朗瑞的诗歌,并批评他"对淫荡和庸俗不仅不那么痛恨,而且还带着一些偏向"。艾克曼:《歌德谈话录》,朱光潜译,人民文学出版社,1978,第 111 页。

③ 同上书,第 112~113 页。德语原文:"Aber sagen Sie selbst, ist es nicht höchst merkwürdig, daß die Stoffe des chinesischen Dichters so durchaus sittlich und diejenigen des jetzigen ersten Dichters von Frankreich ganz das Gegenteil sind?"

④ 同上书,第 113 页。

狭隘误将"德国价值"当作普世的标准呢？歌德再次借摆在面前的《花笺记》来警示德国人，针对艾克曼问他"这部中国传奇在中国算不算最好的作品呢？"借题发挥道："绝对不是，中国人有成千上万这类作品，而且在我们的远祖还生活在野森林的时代就有这类作品了。"① 对艾克曼的问题而言，歌德在后半句回答中对中国文学悠久历史的褒扬有些答非所问，但若从一位"世界公民"想要警示本国同胞的角度来看，这次极不对称的对比无疑发人深思，更使人隐隐感到"德国人应在历史悠久的中国文化面前保持谦虚"之意。歌德随后诚恳地对艾克曼说："说句实在话，我们德国人的视野如果不能超越自己周围狭窄的圈子，那么很容易就会陷入那种迂腐的自大中去。"② 可见，歌德恰恰是从中国文学作品中看到了新的思路和创作空间，使他一方面意识到"诗歌是人类的共同财产"，自己诗意的理想同样可以在东方文学世界中找到印证；另一方面又敏锐地感觉到中国文学中有一些革命性的东西刺透了笼罩德国文坛的陈腐气息。从他对"中国女诗人们"的一再强调可以看出，诗歌——"人类的共同财产"并不只是男性的天下，而是一个两性的世界，女诗人同样能够占据半壁江山，而此前德国（男性）诗人似乎还从未意识到这一点。歌德曾说过："我认为，当一个国家内在的分歧因通过另一国家的观念和判断而能趋于和谐时，也就是我所谓的世界文学产生之时。"③ 借助"中国女诗人"对德国"天才女性"之争的革命性冲击，歌德跳出民族主义的狭隘眼光、阐明"世界文学"的概念也就水到渠成。因此，歌德随后便在谈话中指出德国人应该经常"环视四周的外国民族的情况"，他劝"每个人都这么做"，更多地思考各国文学之间的交流。歌德此时无疑已经感觉到：人类的一些理想是共通的，尽管这些普世理想的重要性被各个民族所认识到的时间有先有后，但却完全可以通过相互沟通、相互理解、相互接受最终得到所有民族的认

---

① 艾克曼：《歌德谈话录》，朱光潜译，人民文学出版社，第 113 页。

② 同上。德语原文："Aber freilich, wenn wir Deutschen nicht ans dem engen Kreise unserer eigenen Umgebung hinausblicken, so kommen wir gar zu leicht in diesen pedantischen Dünkel."

③ Goethe, *Goethes Werke*, Abt. Ⅳ, Bd. 43, im Auftrag der Großherzogin Sophie von Sachsen (Weimar: Böhlau, 1887 - 1919), S. 106. 译文参见张佩芬《歌德晚年诗歌的现实意义》，载叶廷芳、王建主编《歌德和席勒的现实意义》，中央编译出版社，2006，第 127 页。德语原文："[Hier läßt sich ferner die Bermerkung machen, daß] dasjenige was ich Weltliteratur nenne, dadurch vorzüglich entstehen wird, wenn die Differenzen, die innerhalb der einen Nation obwalten, durch Ansicht und Urtheil der übrigen ausgeglichen werden."

同，而一个民族则可以通过积极接受蕴含在其他民族文学中的属于全世界的财富来丰富自己、推动本民族跨越式的发展。从这一角度来看，各个民族的文学通过不断交流最终都将汇集在一个宏伟的目标之下：共同为全人类的幸福而服务，而这一宏伟的目标将赋予各民族的文学家最伟大的使命感，就如歌德 1827 年在《德国的小说》（*German Romance*）一文中所写的："既让不同的人和不同的民族保持自己的特点，同时又坚信只有属于全人类的文学才是真正有价值的文学。"① 在意识到这一点之后，歌德在高度评价中国文学后水到渠成地宣告了"世界文学时代"的创生："民族文学在当代已算不了很大的一回事，世界文学的时代已快来临了"!②

五　结语

在研究 18~19 世纪中德文学接受史中无法回避的一个问题是：接受的基石到底是什么？从歌德与中国文化的关系来看，歌德世界中的中国（包括在他的经典之作《中德四季晨昏杂咏》中）并没有多少凸显"中国性"和"德—中"二元对立的地方，相反，他在谈话中反复强调了中国与德国"有很多类似的地方""中国人在思想、行为、情感方面几乎和我们一样""他们是我们的同类人"。③ 换言之，"德—中"二元对歌德而言更多的是一个"互证"结构，他所看中的是蕴含在中国文化中的"世界性因素"，是"德—中"二元中的殊途同归的价值观念。④ 他突出中国文化的某些特定方面，这更多是因为他在那里发现自己的理想得到了印证，或是发现中国文学中早已阐发了一些德国文学家中存在争议的观念，如文学的道德性、诗歌对人与自然紧密关系的反映、女性在文学创作上的平等。更进一步说：歌德没有把"中国元素"看成"异国"，而是将它作为"世界性"

---

① Johann Wolfgang von Goethe, *Goethe Werke*（歌德作品集）. Bd. 6, hg. von Friedmar Apel u. a. (Frankfurt a. M. & Leipzig: Insel, 2007), S. 365. 译文参见杨武能《走近歌德》，上海社会科学院出版社，2012，第 339 页。德语原文："［Eine wahrhaft allgemeine Duldung wird am sichersten erreicht, wenn］man das Besondere der einzelne und Völkerschaften auf sich beruhen läßt, bei der Überzeugung jedoch festhält, daβ das wahrhaft Verdienstliche sich dadurch auszeichnet, daβ es der ganzen Menschheit angehört."
② 艾克曼《歌德谈话录》，上海社会科学院出版社，2012，第 113 页。
③ 同上书，第 112 页。
④ 乐黛云：《跨越文化边界》，东方出版中心，2012，第 116 页。

元素引入德国文学。因为从根本上讲，人类的众多理想是共通的，这些普世理想（价值观）的重要性尽管在各个国家被认识到的时间有先后，但却正是不同国家最终能相互沟通、相互理解、相互接受的深层基石。而在歌德心中，普世理想正是可以通过"世界文学"被各民族所接受并发挥社会影响力的，他曾在一封信中写道：世界文学的诞生"并不是说各个不同民族正在彼此开始了解、知晓其他民族的成果，这种意义上的世界文学早已存在……这里所说的是有活力、有追求的文学家彼此认识，感到被共同的倾向和信念所推动，发挥出对社会的影响力。"① 从这一定义出发，我们可以认为，歌德"中国之旅"的价值正是在于感召他意识到一种超越民族文学的"世界性"的存在，并最终引发了"世界文学"概念的创生。

Goethe's "Travel to China" and the Creation of the "World Literature"

Tan Yuan

Abstract: In the 1800s Chinese fictions of romance were translated and introduced to Europe, to which Goethe showed considerable interest. In 1827 four poems by Chinese poetesses were translated into German by Goethe. Meanwhile, Germany witnessed the rise of its women literature, and the disputes over "talented women" in its literary world. Based on the study in the European ideological history and *The Talks with Goethe*, this paper revealed that the translation and introduction of literature by ancient Chinese talented "poetesses" helped to create Goethe's concept of "world literature". The paper also develops a new interpretation about the influence of ancient Chinese literature on Goethe's concept of "world literature".

Key words: Goethe, Chinese literature, world literature, *The Talks with Goethe*, *Bai - Mei - Xin - Yong*

（编辑：董琳璐）

---

① Fritz Strich Hg., *Goethe und die Weltliteratur*（歌德与世界文学）(Bern: Francke, 1946), S. 399.

汤用彤留美经历考及其青年时期思想源流初探

林　伟[*]

【摘要】汤用彤自 1918 年赴美留学，先后入汉姆林大学和哈佛大学。他在美期间主要学习西方哲学和以印度语文学为核心的宗教学知识，先后师从多位知名教授，且成绩斐然。对于青年汤用彤而言，哈佛教授查尔斯·兰曼不仅在治学领域和方法上多有影响，且在生活上关怀备至。汤用彤对兰曼十分敬重，视为其在美期间的精神导师。留美经历成为汤用彤日后治中国佛教史和印度哲学的重要思想源流。

【关键词】汤用彤　兰曼　印度语文学　佛学　西方哲学

清末民初是近代中国社会的范式转型期，期间涌现出了一批兼具传统士人情怀与现代学术气象的知识分子。有关此学人群体的研究都不可避免地触及一个基本的问题，即这一代学人是如何养成的，其思想源流如何。着手此类研究既需要统观群体与代际意义上的现代学人，也有必要细究鲜活的个体案例；此类研究既与学术流派或思想家的宏旨高论相关联，亦与融合于日常生活语境中的受学经历和同人交往密切相关。[①] 就清末民初的这一代学人而言，青少年时期的学习经历无疑是他们成年后体系化思想的重要源流。废科举、兴学校，以及同时兴起的留洋潮所造成的直接影响便是改变了这一代学人读书的场所、路径以及受学内容，其知识的结构、治学方法亦在旧学与西潮之间徘徊或者兼顾。

---

[*]　林伟，首都师范大学教育学院教育学博士，讲师。

[①]　陈平原教授以章太炎和胡适为例，采用"亲手触摸"和"法从例出"的方法进行学术史的讨论，台湾历史学者王汎森教授也曾以傅斯年为例探讨"学术史"与"生活史"交融的可能性与价值。对于本研究而言，二位学者的方法都有启发和借鉴的意义。参看陈平原《中国现代学术之建立——以章太炎、胡适之为中心》，北京大学出版社，1998；王汎森：《思想史与生活史有交集吗？——读"傅斯年档案"》，《中国近代学术与思想的系谱》，河北教育出版社，2001。

以治中国佛教史见长的汤用彤即是这个转型时代诸多"大学者"中的一位。季羡林先生曾评价说，汤用彤是"既能熔铸今古，又能会同中西"的国学大师之一。① 汤用彤幼承庭训，少年时期入新式学堂，后入清华学校，并赴美求学数载。有关他的留学经历，此前一些传记或思想史研究已有涉及。② 这些研究主要采用汤用彤在哈佛大学的成绩单，在汉姆林大学（Hamline University）和哈佛大学的课堂笔记和作业手稿，以及吴宓的日记和自编年谱。基于这些材料，汤用彤在美学习的经历已经基本理清，但是在一些细节上仍存在含混缺漏，甚至谬误之处。本文以汉姆林大学和哈佛大学所藏有关汤用彤的档案为基础，力图重构他的留美经历，并初步探讨作为留学生的汤用彤在西方哲学和佛学研究方面具体经受了何种训练，与其日后的学术贡献之间存在何种联系。

一 从清华学校到汉姆林大学

在赴美求学之前，汤用彤先后就读于北京的顺天高等学堂和清华学校。哈佛大学档案馆保存了一份汤用彤于 1919 年 10 月申请硕士学位的表格，其中有他亲自填写的履历一份。该申请表显示，汤用彤于 1909～1911年就读于顺天高等学堂，1911～1917 年就读于清华学校。③ 此外，哈佛大学档案馆所藏汤用彤的学生档案中亦有其在清华和汉姆林大学的成绩单。

① 季羡林：《序》，《国故新知：中国传统文化的再诠释——汤用彤先生诞辰百周年纪念论文集》，北京大学出版社，1993，第 1 页。
② 参看杜维明《中国文化的认同及其创新》，《中外文化比较研究》，生活·读书·新知三联书店，1988；麻天祥《汤用彤评传》，百花洲文艺出版社，1993；孙尚扬：《汤用彤》，东大图书公司，1996；赵建永：《汤用彤留学汉姆林大学时期哲学文集发微》，《北京大学研究生学志》2006 年第 86 期；赵建永：《汤用彤哈佛大学时期哲学文稿辨析》，《哲学动态》2006 年第 4 期；林齐模：《关于汤用彤生平几点史实的考证》，《中国哲学史》2008 年第 2 期；赵建永：《汤用彤留学汉姆林大学时期哲学文稿探微》，《世界哲学》2008 年第 3 期；赵建永：《汤用彤哈佛大学时期宗教学文稿探析》，《世界宗教研究》2009 年第 1 期。
③ 汤用彤申请哈佛大学硕士学位的申请表，Student Folder, Harvard University Archives, UAV 161.201.10 Box 105. 此前的几种研究认为，汤用彤是在 1908 年入顺天高等学堂，但是他在这份申请表中填写的日期为 1909 年，具体有待进一步考证。参看孙尚扬《汤用彤年谱简编》，《汤用彤全集》第七卷，河北人民出版社，2000，第 663页；以及林齐模：《关于汤用彤生平几点史实的考证》，《中国哲学史》2008 年第 2期，第 10 页。

但清华学校的成绩单只记录了他在 1913 年 9 月至 1917 年 6 月的选课和成绩。[①] 对照同年入学的吴宓所撰自编年谱可知，二人在 1911～1913 年于清华学校的中等科学习，此后四年则就读于高等科。[②] 由此可见，清华学校的成绩单所记录的正是汤用彤在高等科的学习情况。他所修课程大多为基础性课程，其中国文与英文两门课程贯穿四年，其余还包括多门外文、科学、历史、体育、音乐等课程。在课外活动方面，汤用彤曾于 1914 年担任清华学校达德学会刊物《益智》的总编辑，于 1916～1917 年担任《清华周刊》总编辑，同年还担任 1917 届学生年级刊物编辑。由于在《清华周刊》的出色工作，汤用彤在 1917 年 6 月被授予金奖。[③]

1917 年夏天，汤用彤从清华毕业后因眼疾和体育成绩不合格而未能立即赴美求学，而是留校担任教员工作。[④] 根据汤用彤入哈佛后填写的履历表可知，他在 1917～1918 年担任清华学校的国文和中国历史教员。[⑤] 有关这一段经历，除了在林齐模所搜集《清华周刊》的报道中找到依据外，还可以佐证于哈姆林大学教授格雷戈里·沃尔科特（Gregory D. Walcott）在 1919 年 9 月 28 日为汤用彤申请硕士学位所作的推荐信。沃尔科特曾于 1917～1918 年在清华讲授心理学和伦理学。他写道："两年前，我在中国北京的清华学校得以深入地了解汤用彤，尽管他那时并不是我的学生——因为他在我去之前一年就已经毕业担任教员。"[⑥]

1918 年夏天，汤用彤终于踏上赴美行程。在当年 10 月出版的《汉姆林大学校友季刊》上有一则消息提到了汤用彤入汉姆林大学的缘由和经

① 汤用彤在清华学校的成绩单，*Student Folder*, Harvard University Archives, UAV 161. 201. 10 Box 105.

② 吴宓：《吴宓自编年谱》，三联书店，1995，第 100、127 页。

③ 汤用彤在清华学校的成绩单。《益智》的英文名为 The Useful Knowledge。有关达德学会和《益智》的情况可参看吴宓：《吴宓自编年谱》，第 123 页。吴宓在 1914 年的日记中也曾多次提到他与汤用彤参与达德学会活动和编辑《益智》的情况，此不赘述。

④ 林齐模：《关于汤用彤生平几点史实的考证》，《中国哲学史》2008 年第 2 期，第 13 页。林齐模的考证主要是基于《清华周刊》登载的消息和学生名录。

⑤ 汤用彤申请哈佛大学硕士学位的申请表。

⑥ "Gregory D. Walcott to Chairman of Committee on Graduate Studies, September 28, 1919," Tang Yung Tung Student Folder, Harvard University Archives, UAV 161. 201. 10 Box 105. 沃尔科特教授在清华学校的伦理学讲稿整理后在美国出版，参看 Gregory D. Walcott, *Tsing Hua Lectures on Ethics* (Boston: The Gorham Press, 1919).

过。他与另一位清华学生程其保都由沃尔科特教授的引荐进入汉姆林大学。① "这两位中国朋友与沃尔科特博士一同来校，他们给我们所有人留下了相当良好的印象。他们都是绅士和学生。"② 此外，根据汤用彤在汉姆林大学的成绩单，他的注册时间为 1918 年 9 月。由于汉姆林大学承认他在清华学校所修课程可抵三年的学分，汤用彤得以直接进入大学四年级。③ 除上述档案外，吴宓在 1918 年 9 月的日记中也从旁多次记录了汤用彤抵美的情况，此不赘述。④

汤用彤在汉姆林大学期间选修了七门课程，且都获得优异成绩。这些课程分别是英文写作、初级德文、心理学导论、哲学史、发生心理学、经

图 1　汤用彤在汉姆林大学时期的照片（《细画笔》，1920 年）

济学和社会学。其中，英文写作是要求初入美国大学的国际学生必修的课程，其余均可视为汤用彤依据自己的学术兴趣选修的课程。汤用彤的英文写作得到 B，其余均得到 A，且不少课程作业的得分都在 95 分以上。⑤ 如此优异的成绩使得汤用彤以"极高的荣誉"（magna cum laude）毕业，且成为该校优等生协会 Taalam Society 的会员。⑥ 此外，汤用彤勤勉好学的品格也得到了大家的认可，在汉姆林大学 1919 届毕业生刊物《细画笔》（The Liner）上，汤用彤照片旁的评语是"他的乐趣全在书里，或阅读或书写"。⑦

---

① 程其保随后被中国政府安排前往法国，未能如期从汉姆林大学毕业，后返美就读于芝加哥大学和哥伦比亚大学。1923 年，程其保受聘为东南大学教育科教授，此后还曾执教于齐鲁大学、中央大学等校。1958 年，程其保获得汉姆林大学颁发的法律博士学位（LL. D.，荣誉学位）。

② *Alumni Quarterly of Hamline University*, Vol. XV, No. 2（October 1918）：17.

③ 汤用彤在汉姆林大学的成绩单，*Student Folder*, Harvard University Archives, UAV 161. 201. 10 Box 105.

④ 吴宓：《吴宓日记》第二卷（1917~1924），生活·读书·新知三联书店，1998，第 10、16 页。

⑤ 汤用彤在汉姆林大学的成绩单，以及孙尚扬：《汤用彤》，东大图书公司，1996，第 19~20 页。

⑥ magna cum laude 是美国大学颁发给本科生毕业生的拉丁文荣誉，各大学设置该荣誉的标准有所不同。一般而言，能够获得 magna cum laude 的学生大约排名前 10%。另外，Taalam 为阿拉伯词语，意为"年轻人啊，追求智慧吧"（Acquire Wisdom, Oh Youth）。该组织规定平均绩点在 88% 以上的三、四年级学生才有资格申请，1919 届毕业生仅有七位学生获此殊荣。参看 Hamline University, *The Liner*（St. Paul：1920），p. 129.

⑦ Ibid.，p. 46.

图2　汤用彤（右二）入选汉姆林大学 Taalam Society
（《细画笔》，1920 年）

　　前文已提及，汤用彤之所以入汉姆林大学是因为与沃尔科特教授相熟的缘故。值得注意的是，他在汉姆林大学期间所学七门课程中有三门都是沃尔科特讲授，包括心理学导论、哲学史和发生心理学。实际上，当时的汉姆林大学哲学与心理学系仅有包括沃尔科特在内的两位教师。沃尔科特对于汤用彤的能力给予了极高的评价，这一点不仅可以从他给出近乎满分的成绩看出来，还可见于他日后为汤用彤申请硕士学位所作的推荐信。信中写道："我发现他是一名格外优秀的学生……他所写的论文尤其出色。若与其他学生上交的作业相比，他的作业——特别是哲学史课程的论文相当于别人 150% 的水平。经过这一年，我对他掌握和组织知识的能力深信不疑。"① 虽然汤用彤在清华学校期间曾经阅读过一些西方哲学的文章和书籍，但他在赴美之前实际并未接受西方哲学课程的专

图3　格雷戈里·沃尔科特教授

---

① "Gregory D. Walcott to Chairman of Committee on Graduate Studies, September 28, 1919", Tang Yung Tung Student Folder, Harvard University Archives, UAV 161. 201. 10 Box 105.

门训练。① 因此，汉姆林大学时期或可以视为汤用彤系统学习西方哲学的起点，而沃尔科特教授则是此门径的第一个引路人。

二 哲学与宗教：汤用彤在哈佛大学的学习经历与学术兴趣

1919 年 6 月，汤用彤在汉姆林大学获得文学士学位（A. B.，即 Bachelor of Arts）之后不久即前往哈佛大学。吴宓在 6 月 18 日晚得到汤用彤电报，前往火车站迎接，但是却并未接到。19 日，吴宓分别于早上、中午和晚上前往车站，终于等来了汤用彤。"锡予至，住梅君寓中"。② 此后一段时间里，汤用彤与已经在哈佛求学的吴宓、陈寅恪、梅光迪等学友时常聚会交游。汤用彤则与吴宓则搬至同室居住，并于 9 月中旬新学期开学后搬入哈佛校园里同一间宿舍。7 月 14 日，经吴宓引见，此前已经入读哈佛的陈寅恪和初到不久的汤用彤一同拜访了欧文·白璧德（Irving Babbitt）教授，"谈至 11 时半始归。巴师述其往日为学之阅历，又与陈君究论佛理"。③

根据汤用彤在哈佛大学的成绩单显示，他正式注册的日期是 1919 年 9 月 16 日，入文理研究院所属的哲学系。④ 10 月 16 日，汤用彤入学不久即提交了硕士学位申请材料。这份材料包含申请表、汤用彤在清华学校和汉姆林大学的成绩单，以及沃尔科特教授的推荐信。此前有研究认为汤用彤"以其在汉姆林大学本科的优异成绩而被推荐进入美国名牌大学哈佛的研究生院"。⑤ 实际上，沃尔科特教授的信写于 1919 年 9 月 28 日，此时汤用彤已经在哈佛登记入学。因此，这封信应当是专为推荐他申请学位所作，而非推荐入学之用。汤用彤申请在 1920 年 6 月获得硕士学位，但收到院方回复意见："从 1919 年 9 月开始，至少还需 1 年半时间方能获得硕士学位"。⑥ 1920 年 11 月 23 日，研究院书面通知汤用彤，鉴于他所选修的大多

---

① 有关汤用彤在清华学校期间初步接触的西方哲学思想，可参考他发表于《清华周刊》上的几篇文章，如《理论之功用》、《新不朽论》、《植物之心理》、《快乐与痛苦》等。参看《汤用彤全集》第五卷，河北人民出版社，2000。

② 吴宓：《吴宓日记》第二卷（1917～1924），生活·读书·新知三联书店，1998，第 32 页。

③ 同上书，第 37 页。

④ 汤用彤在哈佛大学的成绩单，Harvard University Archives，UAV 161. 272. 5。

⑤ 孙尚扬：《汤用彤》，东大图书公司，1996，第 22 页。

⑥ 汤用彤申请哈佛大学硕士学位申请表。

数课程成绩优异，正式接受其为硕士学位候选人，可以在学年中段获得学位。① 他最终在 1921 年 2 月 28 日获得硕士学位。② 此后，汤用彤又在哈佛学习了一年时间，于 1922 年 7 月回国。

哈佛大学是美国最早创立的高等教育机构，其教学和研究始终在美国位列前茅。就哲学学科而言，哈佛大学向来便是美国哲学的重镇之一。美国学者布鲁斯·库克里克（Bruce Kuklick）将 19 世纪 70 年代到 20 世纪初（1870s ~ 1910s）描述为哈佛大学哲学系的"黄金时代"（"Golden Age"）。③ 这一时期的核心人物是威廉·詹姆士（William James，1842 - 1910）、乔赛亚·鲁伊士（Josiah Royce，1854 - 1916）和乔治·帕尔默（George H. Palmer，1842 - 1933），另辅以雨果·芒斯特伯格（Hugo Münsterberg）和乔治·桑塔亚纳（George Santayana）等人。这一代哈佛哲学家通过相互之间的密切交往与合作，在实用主义、理念论、美学、心理学、逻辑学等诸多领域都开创了新的局面，为美国哲学脱离欧洲中心走向独立发展奠定了基础。但是，随着詹姆士、鲁伊士和芒斯特伯格的先后辞世，加之桑塔亚纳在 1912 年辞职，帕尔默于 1913 年退休，哈佛大学哲学系的黄金时代宣告结束，随之而来的是一个由年轻教授担纲的危机和重整期。正是在这样的背景下，一批来自中国的留学生陆续进入哈佛哲学系，其中赵元任、俞大维和汤用彤是最早的三位。④

对于汤用彤而言，尽管他入哈佛之时正好不幸赶上哲学系的危机时期，然而相较汉姆林大学以及其他很多的美国大学来说，哈佛仍旧是一个十分理想的求学之地。在入学不久后填写的硕士学位申请表上，汤用彤明

---

① 哈佛大学文理研究院关于接受汤用彤为硕士学位候选人的通知，Harvard University Archives，UAV 161. 201. 10 Box 105。

② 汤用彤在哈佛大学的成绩单。

③ 参看 Bruce Kuklick, *The Rise of American Philosophy*：*Cambridge*，*Massachusetts*，*1860 – 1930*（New Haven：Yale University Press，1977）。

④ 赵元任于 1915 年入哈佛哲学系，1918 年获得博士学位；俞大维于 1918 年入哈佛哲学系，1922 年获得博士学位。有关俞大维在哈佛学习的情况，可参考高山杉《俞大维学习数理逻辑和梵文的背景——哈佛大学哲学系黄金时代一段学术因缘》，《世界哲学》2006 年第 5 期。实际上，俞大维入哈佛大学时，鲁伊士已经去世了，所谓哈佛大学的"黄金时代"也已结束。在学习哲学的中国学生里，直接获得过鲁伊士指导的仅有赵元任一人。对于鲁伊士去世之后出现的危机，赵元任在自传中有提到说："若伊思于 1916 年 9 月 14 日壮年物故，无从递补。"参看赵元任《从家乡到美国：赵元任早年回忆》，学林出版社，1997，第 125 页。

确表示自己计划以中国哲学史（history of philosophy in China）作为申请学位的方向。① 若将此研究取向与同时代攻读文史的其他中国留美学生相比较，则颇能找到志同道合者，如胡适、冯友兰、瞿世英、陈荣捷等人，他们皆以中国哲学史为研究题目。但是，当时的美国大学还没有专门的汉学研究机构，专攻中国思想的学者寥寥无几，即便有学者关注中国哲学，也大抵只是一种宽泛意义上的东方兴趣。基于这种情况也就不难理解，这一代学习哲学的中国留学生选课时多以西方哲学为主，辅以一些趋近东方思想的课程。这种情况在汤用彤的哈佛成绩单上体现得比较明显。

表 1　汤用彤在哈佛大学的选课情况②

学科门类	课程英文名	课程中文译名	授课教师	得分
1919～1920 学年				
哲　学	Philosophy of Religion	宗教哲学	Prof. E. C. Moore	A
哲　学	Advanced Logic	高级逻辑	Dr. Sheffer	B +
哲　学	Advanced Mathematical Logic	高级数理逻辑	Dr. Sheffer	B
哲　学	Philosophic System of India	印度哲学体系	Prof. Woods	A
哲　学	Greek Philosophy, with especial reference to Plato	希腊哲学，尤其涉及柏拉图	Prof. Woods	B +
哲　学	History of Mediaeval Philosophy	中世纪哲学史	Prof. De Wulf	A -
哲　学	Present Philosophy Tendencies	当代哲学趋势	Prof. Perry	A
比较文学	The Romantic Movement in the Nineteenth Century	19 世纪的浪漫主义运动	Prof. Babbitt	B
1920～1921 学年				
哲　学	Advanced Ethics	高级伦理学	Asst. Prof. Lewis	未报告
哲　学	The Kantian Philosophy	康德哲学	Dr. Mason	未报告
哲　学	Post - Kantian Idealism	后康德理念论	Asst. Prof. Lewis	A
哲　学	Logical Theory	逻辑理论	Prof. Hoernlé	B

① 汤用彤申请哈佛大学硕士学位申请表。
② 汤用彤在哈佛大学的成绩单，以及 *Harvard University Catalogue*, *1919 - 1920*, *1920 - 1921*, *1921 - 1922*。

续表

学科门类	课程英文名	课程中文译名	授课教师	得分
1920～1921 学年				
哲　学	Spinoza, the Last of the-Mediaevals	斯宾诺莎，中世纪的终结	Prof. Wolfson	A–
印度语文学	Sanskrit in relation to English and Latin and Greek	梵文，涉及英文、拉丁文和希腊文	Prof. Lanman	A
印度语文学	Sanskrit in relation toEnglish and Latin and Greek (continued)	梵文，涉及英文、拉丁文和希腊文（续）	Prof. Lanman	A
印度语文学	Philosophical Sanskrit	哲学梵文	Prof. Woods	A
心　理　学	Psychopathology	精神病理学	Prof. Southard	未完成
1921～1922 学年①				
哲　学	Philosophy of Aristotle	亚里士多德哲学	Prof. Woods	A
印度语文学	Advanced Sanskrit	高级梵文	Prof. Lanman	A
印度语文学	Advanced Sanskrit (continued)	高级梵文（续）	Prof. Lanman	A
印度语文学	Pāli	巴利文	Prof. Lanman	A
印度语文学	Pāli (continued)	巴利文（续）	Prof. Lanman	A
印度语文学	Philosophical Sanskrit	哲学梵文	Prof. Woods	A
心　理　学	History of Psychology	心理学史	Prof. McDougall	A
宗　教　史	Origin and Development of Religion	宗教的起源和发展	Prof. G. F. Moore	A

　　从这份成绩单可以看出，哲学史方面的课程始终贯穿了汤用彤在哈佛大学期间的学习经历。由于在当时的学科体系中，心理学在很大程度上仍从属于哲学，且这向来也是哈佛哲学系的传统，詹姆士与芒斯特伯格即是这种传统的代表。此外，从学科建制来说，当时哈佛的哲学与心理学本属同一个系（Department of Philosophy and Psychology），因此汤用彤所选修的心理学课程大抵可以与哲学课程等同视之。在他所选修的哲学史课程中，从古希腊到中世纪，从德国古典哲学到最新的哲学发展趋势，可谓涉猎广

---

　① 根据兰曼教授档案中的课程记录本记载，汤用彤在 1921～1922 学年还选修了 Sanskrit Conference（梵文讨论会）。他在这门课取得的成绩也很优异，为 A。这是当时哈佛大学梵文课程体系中最后的一门课程。在汤用彤的成绩单上，原本登记有这门课程，但是后被划去，改成了巴利文（续）。

泛。如此对西方哲学史课程的兴趣与汤用彤入哈佛时所确立的中国哲学史研究方向形成呼应，从中隐约可见以西哲为张本，借鉴其体系与研究方法以返治中国哲学史的立意。

除了可以归入哲学史的课程以外，汤用彤还选修了三门逻辑学方面的课程。这与亨利·谢佛（Henry Sheffer）和阿尔弗雷德·霍尔雷（R. F. Alfred Hoernlé）两位教员所代表的方兴未艾的数理逻辑学存在联系。可惜的是，汤用彤在逻辑学方面取得的成绩并不太好，这或许恰能反映他对逻辑学的兴趣不及对哲学史的偏好，并最终未能使他像赵元任和俞大维一样致力于逻辑学研究。此外，汤用彤在1919~1920学年选修了白璧德教授开设的"19世纪的浪漫主义运动"。他之所以在入哈佛后第一年就选修这门课程，极可能与吴宓的介绍和推荐有关，但同时值得注意的是，这门课程亦在哲学系推荐学生选修的其他系所开设有关哲学的课程之列。① 白璧德的这门课所具备的哲学意蕴显然得到了哈佛哲学系的认可，而汤用彤选修这门课在某种程度上也并未脱离他对哲学史的关注。

除哲学类课程以外，汤用彤还尤其注重宗教类课程，且从哲学到宗教有一个逐渐的重心转移过程。此处所谓宗教类课程实取广义，包括宗教哲学、宗教史以及印度语文学类的所有课程。由于印度语文学课程主要研习梵文和巴利文，阅读材料亦多是佛教典籍，因此就内容而言与印度宗教和哲学有着密切联系。另外，汤用彤选修印度语文的目的显然不只是为了学习语言本身，而更看重的是将语言作为必要的工具以研读佛经和考察佛教的流传。在汤用彤三年的哈佛学习经历中，可以显著地看到他在第一年集中于学习哲学类课程，第二年兼修哲学与印度语文学，第三年则大有完全转向宗教类课程的态势。

无论是从学术史还是思想史的角度来说，学人在研究旨趣方面的转移尤其值得重视。前文已述，汤用彤入哈佛即以中国哲学史为志趣，但是他并未言明具体的着眼点。在清华学校就读期间，汤用彤曾撰文《理学谵言》，明确提出"理学救国"的理想。他尝写道："理学者，中国之良药也，中国之针砭也，中国四千年之真文化真精神也"，"故欲救吾国精神上之弱，吾愿乞灵于朱子之学。"② 由此推知，青年汤用彤至少曾在一段时期

---

① *Harvard University Catalogue*, *1919–1920*, p. 442. 除"19世纪的浪漫主义运动"以外，汤用彤还先后选修了两门在此推荐表中的外系课程，即"哲学梵文"以及"宗教的起源和发展"。

② 汤用彤：《理学谵言》，《汤用彤全集》第五卷，河北人民出版社，2000，第3、29页。

内倾心于朱熹所代表的理学，认为复兴理学是拯救中国社会与道德的希望所在。虽然汤用彤自述幼承庭训，喜读内典，但是从他留学美国之前的撰述来看并没有以佛教史为学术志业的迹象。而待他从美国留学归来，则将主要精力集中于佛教的研究和教学，这一前后的显著变化未尝不可说与他在哈佛期间学术兴趣的转移和汇聚有着密切的关联。

汤用彤之所以在哈佛期间转而集中学习以印度语文学为核心的佛学，这除了与他长期以来对佛学的兴趣有关，也与他在哈佛期间与其他师友的交往切磋存在密切联系。汤用彤在第一学年选修了詹姆斯·伍兹（James H. Woods）教授开设的"印度哲学体系"。这门课程是印度哲学思想的导论课程，尤其注重讲授吠檀多派（Vedanta）、数论派（San-khya）和瑜伽派（Yoga）的思想。[1] 尽管汤用彤此前喜读佛典，也曾与其他人探讨佛理，但是从学术训练的角度来说，这门课程可以视为他在美留学期间从比较语文学角度研究佛学的起点。伍兹教授当时是哈佛哲学系的主任，他不仅在哲学系讲授希腊、印度等古典哲学，而且同时也在印度语文学系开设"哲学梵文"课程。跨学科的身份使得伍兹教授成为沟通哲学和印度语文学的桥梁，在汤用彤之前入哈佛的俞大维正是通过伍兹的指引而认识了专治印度语文学和佛学的查尔斯·兰曼（Charles R. Lanman）。[2]

除了课堂上的正式学习以外，朋友之前的日常交往对于汤用彤将治学方向会聚于佛学也有重要的作用。吴宓曾在自编年谱中记道："哈佛大学本有梵文、印度哲学及佛学一系，且有卓出之教授 Lanman 先生等，然众多不知，中国留学生自俞大维君始探寻、发现，而往受学焉。其后陈寅恪与汤用彤继之。"[3] 吴宓在日记中多处记载与俞大维、陈寅恪、汤用彤等人聚会探讨佛学的事情，且这批青年学子对于通过佛教振兴中国思想和社会抱有共同的期望。譬如，1919 年 10 月 26 日，吴宓记道："午后，俞君大维来。谈宗教之流派，及其精义。谓权衡种种，欲图中国根本至计，则惟当复兴佛教，昌明佛学。"[4] 12 月 14 日，陈寅恪与吴宓谈到佛教时亦说："佛教实有功于中国甚大……自得佛教之裨助，而中国之学问，立时增长

---

[1] *Harvard University Catalogue*, 1919 – 1920, p. 439.
[2] 有关俞大维、陈寅恪、李济先后随兰曼学习印度语文学的经过将另文详述。
[3] 吴宓：《吴宓自编年谱》，三联书店，1995，第 187 页。
[4] 吴宓：《吴宓日记》第二卷（1917~1924），三联书店，1998，第 87 页。

元气，别开生面。"① 这段青年时期同伴之间的交往无疑对于形成一种具有相似志趣品格和行为方式的学人群体具有重要意义，而且不仅直接影响他们在美的求学经历，也将长远地对他们的学术和人生产生投射作用。

汤用彤自入哈佛之后，即开始逐渐接触并扩大选修有关印度语文学的课程。尤其是从 1920 年秋季开始，他更是集中精力在伍兹和兰曼两位教授指导下专攻印度语文学和佛学。到 1922 年夏季归国时，他已经完成当时哈佛大学印度语文学系所开设的从入门到高级的全部课程。而且难能可贵的是，汤用彤的勤勉和聪颖让他在印度语文学课程中得到全 A 的成绩。他在上课之余，甚至能胜任为吴宓讲授印度哲学和佛学的课程，可见他已能内化知识并加以系统阐述。

哈佛时期的汤用彤通过哲学和宗教的训练，已经大致形成了明确的治学方向和路数。在中国现代学术史上，他的成绩主要是在佛教史研究方面。关于治学的方法，汤用彤在《汉魏两晋南北朝佛教史》中有一段重要自述："中国佛教史未易言也。佛法，亦宗教，亦哲学。宗教情绪，深存人心，往往以莫须有之史实为象征，发挥神妙之作用。故如仅凭陈迹之搜讨，而无同情之默应，必不能得其真。哲学精微，悟入实相，古哲慧发天真，慎思明辨，往往言约旨远，取譬虽近，而见道深弘。故如徒于文字考证上寻求，而乏心性之体会，则所获者其糟粕而已。且说者谓，研究佛史必先之以西域语文之训练，中印史地之旁通。"② 若将这段治学心得与汤用彤在哈佛期间的留学经历和学术旨趣相对照，则不难看出他从求学到治学一以贯之的学术追求与理念。

三　汤用彤与兰曼的交往：兼谈其与白璧德和学衡派的关系

在汤用彤学习印度语文学的过程中，兰曼教授无疑是最重要的一位导师。在哈佛大学收藏的兰曼档案中，有一份汤用彤选课指导委员会的导师记录表。此表显示汤用彤在 1920～1921 学年，以及 1921～1922 学年皆由

---

① 吴宓：《吴宓日记》第二卷（1917～1924），三联书店，1998，第 103 页。
② 汤用彤：《汉魏两晋南北朝佛教史》，《汤用彤全集》第一卷，河北人民出版社，2000，第 655 页。

兰曼教授指导选课。① 虽然在当时的哈佛大学，硕士生的主要任务是上课而非研究，指导硕士生选课的导师也不承担指导研究的职责，但是从这个表也能充分看出汤用彤与兰曼之间的密切关系。实际上，在汤用彤之前，俞大维、陈寅恪先后都已随兰曼学习梵文，在汤用彤之后则有当时在哈佛攻读人类学博士学位的李济选修过兰曼的梵文课程。在这四位学人里，俞大维和李济都因故未能完成印度语文学的全部课程，而陈寅恪和汤用彤都经过两年时间完成哈佛印度语文学系当时开设的所有课程，且均取得优异成绩。

图 4　查尔斯·兰曼教授

　　从成绩单来看，汤用彤是从 1920 年 9 月开始跟随兰曼学习梵文和巴利文，其进阶过程与先入兰曼门下的陈寅恪相似。其中，梵文课程从基础的语法和词汇开始，通过与英文、拉丁文和希腊文等印欧语系的其他语种做比较而入门，同时辅以少量简单的文章为阅读材料；之后再通过选读一些经典的梵文文本，如《薄伽梵歌》等史诗或神话篇章巩固学习。这一初级阶段所采用的语法和阅读材料都是兰曼教授所编写。待进入"高级梵文"课程后，快速阅读成为主要的学习目标，选读的材料涉及《罗摩衍那》《故事海》《阿闼婆吠陀》等。"梵文讨论会"在梵文课程体系中居于最高的地位，主要内容为快速阅读和讨论哲学梵文文本，如《奥义书》中一些篇章。就巴利文课程来说，主要的阅读材料都是从佛教典籍中选取，如《本生经》《长部经典》等。② 除兰曼讲授的梵文和巴利文课程外，汤用彤还在两个学年里反复选修了伍兹教授开设的"哲学梵文"课程。该课程主要介绍瑜伽论的观点，尤其是学习带注疏的巴檀阇黎所撰《瑜伽经》，同

---

①　参看 "Correspondence with Pupils, 1918 – 1933." Charles Rockwell Lanman Papers, Harvard University Archives, HUG 4510.63. 汤用彤的弟子黄心川曾说，汤用彤称 Ralph B. Perry 为其在哈佛的指导老师。（参看孙尚扬《汤用彤》，东大图书公司，1996，第 26 页。）对照汤用彤的成绩单和兰曼所藏的汤用彤选课记录表来看，Perry 很可能是汤用彤第一学年的选课导师，而他在第二、第三学年则由兰曼指导选课。

②　参看 *Harvard University Catalogue*, *1920 – 1921*, *1921 – 1922*。

时参考婆恰斯巴提密斯拉的注释。① 若将兰曼和伍兹两位教授的授课内容与汤用彤日后在印度哲学和印度佛教史方面的著述做比照，不难看出其中多有承继之处。至于汤用彤在何种程度上继承并发展了兰曼与伍兹的学说，则有待学界进一步的考证。

对于跟随自己学习印度语文的四名中国学生，尤其是陈寅恪和汤用彤，兰曼给予了很高的评价。1921 年 2 月 17 日，兰曼致信哈佛大学校长罗威尔（Abbott Lawrence Lowell），谈论他对于为中国振兴培养领导人才的建议。信中写道：

> "我目前有两名格外优秀的学生——来自上海的陈，以及来自'北都'（或者大家所知的北京）的汤用彤。他们对我十分有启发，我衷心希望我们能有更多这样精神高尚而且抱负不凡的人——来充实我们本国的大批学生。我深信，他们二人将会引领未来之发展，并对中国的前途产生影响。"②

实际上，罗威尔校长的前任查尔斯·艾略特（Charles W. Eliot）十分重视推进哈佛与中国之间的联系。罗威尔接任之后在很多政策方面都进行了调整，转而注重哈佛在美国国内的发展，而对国际影响不甚热心。在这样的背景下，哈佛大学与中国的联系并未被切断，而是更多地从校长层面下移重心，转而由一批教授充当推手。从这个意义上来讲，兰曼给罗威尔校长的信无疑具有建议参谋的价值。此外，另一位与中国学生接触甚多的伍兹教授在推动哈佛于 1921 年再次设立中文教席，聘请赵元任出任，以及 1928 年筹得铝业大王查尔斯·霍尔（Charles Hall）的捐款以设立燕京学社等方面都起到了核心的筹划作用。不论兰曼还是伍兹，他们对中国的认识在很大程度上直接来自于中国留学生，像赵元任、俞大维、陈寅恪、汤用彤等人无形中以其优异表现起到了中美两国文化交流的

---

① 汤用彤在《印度哲学史略》中谈到《瑜伽经》时，提到了伍兹教授（作伍慈教授）对《瑜伽经》创作时间的考证。这很可能正是他从伍兹教授的课堂或著作中所学。参看汤用彤《印度哲学史略》，《汤用彤全集》第三卷，河北人民出版社，2000，第 101 页。

② 兰曼致罗威尔的信（1921 年 2 月 17 日），"General Correspondence, 1907 – 1924." Charles Rockwell Lanman Papers, Harvard University Archives, HUG 4510.54. 关于这封信的内容，也可以参看陈流求、陈小彭、陈美延《也同欢乐，也同愁：忆父亲陈寅恪母亲唐篔》，三联书店，2010，第 33~34 页。

良好媒介作用。

1921 年 6 月 5 日，兰曼应陈寅恪请求给留美学生监督写信告知其学习情况。他在信中对陈寅恪和汤用彤大加赞赏，他写道："他（按：陈寅恪）有着高超的智慧（与他的同学汤用彤一样），这将为他的祖国——中国赢得荣誉。"[1] 在信中，兰曼还谦逊地表示他希望培养的中国学生能够利用所学的梵文和巴利文知识，继承高僧法显在公元 5 世纪的取经事业，以现代学术服务于中国的福祉。如此高远的期待既反映了兰曼对于中国学生的良苦用心，也表达出他对中国文化复兴途径的一种认识。

由于汤用彤选修了兰曼讲授的多门课程，平日几乎每天都会有上课见面的机会，而课堂上往往仅有三五位学生，如此高频率、小规模无疑增加了他们之间相互了解的机会。兰曼不仅关注中国学生的学习，也对他们的生活多有照料。兰曼在日记中就曾多次记录邀请学生到家里做客，或外出就餐的情况。[2] 不过可惜的是，在汤用彤离开美国时，因兰曼正在法国参加学术会议而未能与其当面道别。但我们恰能从汤用彤离开美国时写给兰曼的几封信中读到他对兰曼的深深谢忱。

汤用彤是在 1921 年 2 月获得哲学方向的硕士学位，此后又在哈佛继续学习了一年多时间，于 1922 年 7 月初踏上回国旅途。根据兰曼档案中汤用彤的信件来看，他大约是在 7 月 7 日或前一天离开波士顿，前往加拿大西部海港城市温哥华，再乘船返回上海。在驶往温哥华的火车上，汤用彤寄了一张明信片给兰曼告知离开的消息，潦草简短的文字背后隐藏着深深的离愁别绪。[3] 7 月 12 号，汤用彤再给兰曼写信告别："我在几分钟之前刚刚抵达温哥华的这家宾馆，并将于明天离开。两个星期之后，我就将踏上祖国的土地。但是，在我出发之前，在离开美洲大陆之前，我要感谢您所给予我的所有帮助。一直以来，在您的指导下学习都是一种极大的快乐。"汤用彤还说，自己要到 9 月初才到南京，回国后会先去一个避暑胜地，那

---

① 兰曼致留美学生监督的信（1921 年 6 月 5 日），"General Correspondence, 1907 – 1924." *Charles Rockwell Lanman Papers*, Harvard University Archives, HUG 4510.54。

② 兰曼日记（1920 年 12 月 20 日，1921 年 3 月 31 日），"Diaries, 1863 – 1938." *Charles Rockwell Lanman Papers*, Harvard University Archives, HUG 4510.5, Box 5。

③ 汤用彤致兰曼的明信片（1922 年 7 月 7 日），"Correspondence with Pupils, 1918 – 1933." *Charles Rockwell Lanman Papers*, Harvard University Archives, HUG 4510.63. 这张明信片的邮戳地址为加拿大东部城市蒙特利尔，根据波士顿与蒙特利尔之间的距离可以推断，汤用彤当时应当离开波士顿不久。

里是净土宗创始人在 15 个世纪之前曾经居住过的。[①] 联系汤用彤此后的信件来看，此说所说的净土宗创始人正是东晋时期的慧远大师，避暑胜地则是指庐山。

8 月 17 日，汤用彤返家一周后从庐山牯岭镇给兰曼写信告知一个月后将前往南京，并可能在那里任教一年。同时，汤用彤还说自己希望能够筹集到一笔资金，然后前往印度进行一年左右的学习和考察。[②] 10 月初，抵达位于南京的东南大学仅 10 天之后，汤用彤写了一封长信向兰曼报告近况。他在信里称呼兰曼为 Old Guru。在印度宗教文化中，Guru 一词指的是有着广博知识与崇高德行的精神导师。他还告诉兰曼，"老"（Old）在中国社会里是一种尊称方式。透过这样一个融合中印文化的称呼，足以看出汤用彤对于导师兰曼的尊重之情。他在信里还提到："这里有一所佛教学校，是由一些杰出学者组成的私立学校，他们并不是佛教徒，但是却对教授释迦牟尼非常感兴趣，他们的教学是从一种科学探究的角度进行的。我将经常参加他们的讲座。"汤用彤此处提到的佛教学校正是欧阳竟无刚刚创立的支那内学院。汤用彤此后还兼任了该学院研究部导师和巴利文导师，指导学生研习佛经。在这封信里，汤用彤还谈到了自学梵文和巴利文的计划，他说由于没有巴利文字典，因此只能先习梵文，已有的梵文材料足够未来几年的研读。[③]

通过以上的史料考证，已能大致梳理清楚汤用彤在美留学四年的经过。可以说他日后的学术成就在很大程度上正是来源于在美期间的修课和钻研，尤其是西方哲学和印度语文学两个方面的学养。在影响汤用彤的学术脉络中，兰曼与伍兹两位教授显然居于十分重要的地位。近些年来，幸赖多位学者的推动，汤用彤学术思想的整理和研究都有了很大的进展。同时，自 20 世纪 90 年代后期以来，国内学界在研究文化保守主义的热潮中对学衡派多有挖掘，其中不免涉及汤用彤与学衡派以及白璧德的关系。而且，随着吴宓日记、自编年谱和书信的出版，陈寅恪、汤用彤等人与白璧德交往的经过也通过吴宓的从旁记录显得清晰起来。

不过，通过梳理陈、汤二人在美留学期间的史料，不难看出他们与白璧德之间的关系远不及与兰曼密切，其学术思想的师承与学缘关系亦有必

---

① 汤用彤致兰曼的信（1922 年 7 月 12 日）。
② 汤用彤致兰曼的信（1922 年 8 月 17 日）。
③ 汤用彤致兰曼的信（盖于上海的邮戳显示为 1922 年 10 月 11 日）。

要多从兰曼所代表的印度语文学着手。① 不可否认的是，陈寅恪和汤用彤的确曾与白璧德探讨学理，汤用彤还曾选修过白璧德开设的"19世纪的浪漫主义运动"。但是，与梅光迪、吴宓、张歆海、郭斌和等人相较，陈、汤二人显然处于较为疏远的位置。② 这不仅反映在他们留学期间所修课程上，而且也能清楚地从二人日后的治学领域上得到佐证。白璧德的几位弟子致力于在中国宣传他的人文主义，这确让他在中国现代学术史上留有显名，但是若论及对陈寅恪、汤用彤的影响，则是盛名之下，其实难副。此外，学衡派作为民国时期一股文化守成的思想流派，本身即是一个组织松散的学人群体。《学衡》在很大程度上也不过是一份表达相近文化取向的同人刊物。虽然陈、汤二人都曾在《学衡》上发表文章，但是其主题与几位学衡派主将相比则在旨趣上存有较大差异。因此，从这个角度而言，若能从兰曼、伍兹以及哈佛哲学系诸位教授的学术观点入手，将史料与思想结合起来比对梳理，则或可对汤用彤学术思想的源流有更透彻的认识，同时也或将由此建构起一种"西学东渐"的具体路径。

Tang Yongtong's Study Experience in America and Its Influence on His Thoughts

Lin Wei

Abstract：Tang Yongtong went to America for study on 1918. He first entered Hamline University and then Harvard University. Under the guidance of several prominent scholars，Tang mainly focused on the study of Western philosophy and Buddhism based on Indian philology. Harvard professor Charles R. Lanman not only influenced Tang on the research interest and methodology，but also trea-

① 笔者曾翻阅哈佛大学所藏白璧德档案，未曾见到任何与汤用彤直接相关的材料，这是在吴宓致白璧德的几封信中简要报告了包括汤用彤在内几位中国学生的近况。
② 吴宓在《悼白璧德先生》一文中罗列了白璧德的八位"中国门弟子"，其中包括汤用彤。但是，这个名单看来是以选修过白璧德的课程为依据，而不是以学术影响为标准。一个显然的例证便是吴宓虽将林语堂列入白璧德的及门弟子行列，但是却认为他"虽曾从先生受课，而极不赞成先生之学说"。参看吴宓：《悼白璧德先生》，《大公报》文艺副刊，1923年12月25日，第132期。

ted him very well in the daily life. Tang highly respected Lanman as his "old gu-ru", which meant spiritual mentor. The study experience in America was an im-portant source for Tang's academic achievement in the fields of Chinese Buddhism hlhtory and Indian philosophy.

Key words: Tang Yongtong, Charles R. Lanman, Indian Philology, Western Philosophy

（编辑：董琳璐）

集世界之知识　造极新之国家

——侨易学视阈中马君武的进化论世界观与办学理念

全守杰*

【摘要】民国时期著名的大学校长马君武通过负笈东瀛，留学德国等外在的距离变迁，而与西方学术思想进行交流互动，引发了内在的精神形变，最终促成了其进化论世界观的创生。进化论世界观对马君武的办学起着根本性作用，并极大地影响了他的教育实践。

【关键词】马君武　办学理念　侨易学　进化论　世界观

"集世界之知识，造极新之国家"是民国时期著名的大学校长马君武赠予学生的寄语。马君武对学生学习世界先进知识，进而改造国家的期待源于其进化论世界观影响下的办学理念。马君武曾留学日本和德国，并在德国获工学博士学位。这些留学经历不仅使他获得了回国从政、从教，进而执掌大学的知识资本，由留学所产生的位移还导致了其思想与西方学术思想的交流互动，从而促成其办学理念的创生。影响马君武办学理念的思想要素是多方面的，然而起根本性作用的还是进化论世界观。本文以侨易学为理论视角或理论工具，对马君武进化论世界观的创生以及对其办学理念与实践的影响进行探讨。

一　思想原型：精研西学以致强

马君武思想原型中具有较强的爱国成分和精研西学以致中国富强的愿望。首先，马君武思想原型中的爱国成分受中国传统文化中"天下兴亡，

---

* 全守杰，江苏大学教师教育学院讲师，教育学博士。

匹夫有责"的影响。4 岁时，随父母迁居广西平南县衙署西北角，并开始了家塾启蒙，其父指定阅读《历朝鉴略》《龙文鞭影》两书。1886 年随父母迁居桂林，1887 师从汤荫翘先生读书。1890 年其父病故于广西马平县衙署幕僚任上。其后家境贫困。十岁后，读《聊斋志异》《水浒传》《三国演义》《雍正上谕》《东华录》《大清例律》《圣武记》等书，12 岁抄例案公文，14 岁能八股完篇。从知识构成来看，马君武早期积极研读资政、农民起义与封建社会统治形式等书籍；1899 年考取广西体用学堂，尊唐景崧为恩师，专攻数学，并学英文，一度读经、史，醉心于宋、元、明学案，对中国传统学术的传承、发展和演变进行研习。马君武在广西体用学堂读书期间以"学位圣贤"，"天下兴亡、匹夫有责"为自励。以民生为己任的情怀感染了不少知识分子。马君武对国家大事与百姓民生的关注，是中国传统文化对知识分子强有力的思想塑造的体现。

其次，在西方列强侵略中国的背景下萌发救国强国的思想。西方列强在鸦片战争中通过坚船利炮的强迫方式轰开了中国的大门，有识之士开始救国强国的探索之途。1894～1895 年，中日甲午战争爆发，马君武在战争时期常听"战争事情"，有"不胜愤慨""悲愤填膺"之感，表现出强烈的爱国之情。1898 年，以康有为为首的改良派通过光绪皇帝所进行的资产阶级政治改革——维新变法运动，倡导西学，改革政治、教育制度，发展农、工、商业等。而康有为在变法之前曾两次到广西桂林讲学，马君武积极去听讲。马君武在广西体用学堂就读时，曾参与中法战争抗法的广西体用学堂山长（校长）兼中学科总教习唐景崧建议道："经学诗文固然好，总觉得有些空洞。国家富强有赖于精研西学，还是多学一些切实有用的东西，如算学、英文最为重要"。① 唐景崧对"切实有用"是深有体会的。唐景崧在桂林担任总教习之前，曾主政台湾，对工业和军事兵器都有相当的了解。唐景崧于 1895 年与刘永福主持台湾抗日，后因清政府腐败、布防不利等因素而失败。他回到广西后，在桂林兴办新学，慷慨地解囊捐助康有为在桂林讲学，宣传维新思想。广西体用学堂就是实践洋务派"中学为体，西学为用"口号的新型学堂。因此，唐认为当时中国受西方列强侵略，很重要的一个原因就是切实有用的科学不如西方，如军事设备、兵器等。唐的这些认识，是由于当时主政的经历，战争的见闻和清政府洋务派

---

① 王咏：《一代宗师马君武》，接力出版社，1994，第 5 页。

的思想主张等多个因素引发的。从这个意义上讲，唐景崧体用学堂的办学理念中，既有爱国思想成分，也有与西方科技知识的交互之后所形成的西方学术思想成分。由此可知，唐当时已对西方科学技术知识有了一定的认识，并意识到其重大作用，因此，精研西学，学习有切实用之学是非常重要的。西方列强的入侵，当时中国经济的落后，特别是科学文化的落后，在唐景崧的建议下，马君武意识学习西学的重要性，多关注"切实有用的东西"。马君武在广西体用学堂正是受到了唐景崧的指点，由原来好读经文转而逐渐关注切实有用之学，即主要关注实用性的科学，以图强国富民。凭着赤忱的爱国之心和忧民的强烈情怀，加之唐景崧的提点，马君武"开始接受西方科学文化，知道'非精研西学，不足以致中国于富强'"。①强烈的爱国情怀，精研西学以致中国富强的愿望和对科学的渴求，使得他到外面求学的念头应运而生，他先后到广州、上海学习外语，为日后到国外留学奠定了外语基础。

二　观念创生：进化论世界观的生成

"集世界之知识，造极新之国家"是马君武进化论世界观在办学中的集中体现；进化论世界观是马君武办学理念与实践的根基。马君武进化论世界观的形成是与达尔文、赫克尔（今译海克尔）等人进行精神"交易"（叶隽先生认为"交易"既包括交互之间的关系与变化的一面，也含有"恒常"的一面）的结果。

马君武极为推崇进化论，其中首推达尔文，因为"达尔文以天择说解释物种原始，为19世纪最大发明之一"；其在科学界之价值，与哥白尼之行星绕日说及牛顿之吸力说相等，而对于人类社会国家影响之巨大，则远过之。② 马君武是最早将达尔文学说介绍到中国的学者之一。他非常仰慕进化论名著《达尔文物种原始》（即《物种起源》），对译介工作极为重视，在自然观和社会历史观上都深受达尔文进化论的影响。他在日本时就开始翻译其中部分章节，留学欧洲期间曾暂停译介，后在北京、广东等地均不忘继续翻译。由于马君武极为认真，且追求译介的完善，认为原来翻

① 欧正仁：《马君武传》，政协广西壮族自治区委员会，1982，第5页。
② 马君武：《达尔文物种原始》序言，载曾德珪编《马君武文选》，广西师范大学出版社，2000，第54~55页。

译的不可用，又历时三个月将前面译的五章重译。"重译此书，几费予一年之精力。所以不惮烦以为此者，盖以补少年时之过；且此书为全世界文明国之所尽翻译，吾国今既不能不为文明国，为国家体面之故，亦不可无此书译本。"① 他对达尔文以适者生存，优胜劣汰为核心的自然选择学说甚为关注，对集中反映达尔文进化论学说最精华部分的两篇以《达尔文物竞篇》和《达尔文天择篇》为名出版发行。他认为达尔文的进化论学说"直抉世界事物发达之源流"，物种是由低级到高级进化而来——"共此世界之事事物物，乃常进化的而非退化的也，乃常发达的而非停滞的也。自有此世界以来，由流质而变为定质，由草本禽兽而变为人类，万劫尘尘，莫可详诘。"② 马君武由此而认为达尔文"虽非唯物论者，然其学说实唯物论"。虽然马君武以此来断定达尔文的学说属于唯物论似乎有些牵强，但基本可以认为"其持'物质是第一性'之见"；③ 且他表示唯物论是启迪思想、开化国民的学说，"欲救黄种之厄，非大倡唯物论不可"。④

马君武认为人类社会与自然界一样，也是不断进化，发达不息的。生物之进化也，以二事为断。一曰脑力之发达，二曰社会原理之发达，二者常互相连续焉。⑤ 人类社会从低级到高级，从肇始之无脑力到有脑力，后有团体，有社会。这事实上是赞同社会进化论学者斯宾塞将社会视为不断进化的有机体的观点，即"社会者，发达不息之有机体也"。⑥ 马君武反对董仲舒"天不变，道亦不变"的观点，以为这往往为拒绝改革的人所引，认为"此诚野蛮人之言。谓之天文学者，必知天下不变之说之谬。稍知道德学者，必知道不变之说之谬。……盖无论此世界、他世界，一切事事物物，莫不进步者，莫不发达者，乃宜于物竞，乃宜于天择。"⑦ 在进化论的社会历史观上，他认可这样的历史分期："一为东方古国发达之期；二为

---

① 《马君武文选》，第 54 ~ 55 页。
② 马君武：《社会主义之鼻祖德麻司摩尔》，载莫世祥编《马君武集》，华中师范大学出版社，2011，第 111 页。
③ 方婉丽：《浅析马君武的进化论世界观》，《桂林师范高等专科学校学报》2010 年第 6 期，第 79 ~ 82 页。
④ 马君武：《社会主义与进化论比较》，载莫世祥编《马君武集》，华中师范大学出版社，2011，第 85 ~ 86 页。
⑤ 同上书，第 85 ~ 86 页。
⑥ 同上书，第 85 ~ 86 页。
⑦ 马君武：《论中国国民道德颓落之原因及其救治之法》，同上书，第 85 页。

希腊发达之期；三为罗马发达之期；四为条顿人发达之期"。① 那什么样的社会才是马君武心目中理想的社会呢？马君武根据进化论的"社会原理之发达"，认为人群或族群要生存发达，必然需要不断改革社会的组织，以适宜的组织为保障。他以普鲁士改革社会组织，战胜奥、法诸国，成为欧洲霸国为例，以为"夫文明交通，人种乃发达而进化。且文明者，日积日进，而一日之可息"；② "凡一社会之组织，苟已合宜，则人民之智识必发达，能力必发达，热心必发达，其人民遂为常能战胜他族之人民"。③ 当时马君武大力宣传资产阶级的共和学说，认为专制政府是世界上最危险的政府，而资产阶级共和国的根基最为完固。

> 天下最危险之国，莫若专制国者。天下最安宁之国，莫若共和国者。共和国既有天然之秩序，其国民各以己意择业，国中之行政者皆代行民意也。故共和国之根基最完固，不可破坏，不可动摇。而专制之国，常借兵力以维其人之秩序。一旦力绌，则人民得起而覆之，异族可入而服之。故世界上最危险之政府，莫专制国之政府若；世界上最危险之人民，莫专制国之人民若。④

德国学者海克尔是一位著名的进化论学者。作为集科学家和哲学家于一身的耶拿大学教授，海克尔在当时德国学界具有重大影响。他提出的"物种起源史""原始生殖说""生物学发生根本定律"被认为进一步丰富和发展了达尔文的进化论。⑤ 马君武对海克尔早有耳闻，留学日本时就曾关注海克尔教授；他留德期间，海克尔教授还健在。自 1906 年起，马君武在《新青年》第 2 卷的 3、4、5 号上发表海克尔《宇宙之谜》前三章的译本。后因陈独秀在《新青年》上为段祺瑞、梁启超对德作战辩护。马君武认为陈是故意媚段、梁，便中断与《新青年》约稿，翻译因此中断。直到1919 年后继续翻译工作，至 1920 年 4 月译毕，8 月以《赫克尔一元哲学》

① 马君武：《唯心派巨子黑智儿之学说》，载莫世祥编《马君武集》，华中师范大学出版社，2011，第 105 页。
② 马君武：《创造文明之国民论》，载曾德珪编《马君武文选》，广西师范大学出版社，2000，第 180 页。
③ 马君武：《社会主义与进化论比较》，载莫世祥编《马君武集》，华中师范大学出版社，2011，第 90~91 页。
④ 马君武：《欧学之片影》，同上书，第 120 页。
⑤ 欧阳军喜：《以科学与理性的名义》，《学术研究》2011 年第 4 期，第 120~127 页。

为名由上海中华书局出版。对海克尔进化论著作进行译介，其主要目的是进行思想启蒙，开化国民思想。"是书综合近世自然科学之重要结果，以养成一种哲学之新系统，其势力之伟大，源流之广远，且过于达尔文之《物种原始》。世界各处皆有一元学会之设，欲以此代宗教，其势极盛。予译此书，予甚望吾国思想界之有大进化也。"① 马君武认为《赫克尔一元哲学》将进化论学说系统化，甚至超过达尔文《物种原始》，对海克尔批评宗教，反对迷信，以进化论和人类起源学说证明基督教"上帝造人"学说不成立的思想极为关注。他认为，在海克尔看来基督教是反科学、反理性的，而自然科学的发展注定了基督教将会灭亡，因此海克尔主张以一元论取代宗教。由此，马君武在译序言中亦认为"世界各处皆有一元学会之设，欲以此代宗教，其势极盛"。1917 年，马君武在国会中发表反对定孔教为国教的专题演讲，后发表《反对宪法草案第十九条第二项定孔教为国教之意见书》在《学艺》的第一号。有学者指出——海克尔的这些看法，直接成了新派人物反对"定孔教为国教"及"以孔子之道为修身大本"的理论依据。② 这些学说被革命党人推介到各杂志上以传播科学思想，破除迷信。如胡汉民肯定和赞扬马君武的译著《赫克尔一元哲学》对打破世人迷信思想具有重要的作用——"能够实实在在打破世人的糊涂思想"。③

马君武进化论世界观的创生固然为与达尔文、赫克尔等人进行精神"交易"的结果，然而侨易中的"恒常"因素亦颇大。正如前文所述，马君武在思想原型中具有较强的爱国成分和通过西方科学促进国家发展，实现国家富强的信念。值得注意的是，西方进化论学者关于自然界和社会进化的思想言论与马君武的思想原型不谋而合。马君武恰恰又借助进化论学者们的思想资源，形成自己对自然界和社会的认识，通过这样的思想交流使他个体思想认识产生了重大变化，进而形成有一定理论和思想资源支撑、相对稳定的进化论世界观。"'侨易学'的基本理念就是因'侨'而异，这其中既包括物质位移、精神漫游所造成的个体思想观念形成与创

① 马君武：《赫克尔之一元哲学》译序，载曾德珪编《马君武文选》，广西师范大学出版社，2000，第 56~57 页。
② 欧阳军喜：《以科学与理性的名义》，《学术研究》2011 年第 4 期，第 120~127 页。
③ 胡汉民：《胡汉民复函》，载莫世祥编《马君武集》，华中师范大学出版社，2011，第 355~356 页。

生，……也包括不同的文化子系统如何相互作用与精神形变……"① 马君武通过留学经历实现跨国间的物质位移，并对西方学说"兼容并纳"产生了精神形变，最终形成了进化论世界观。

马君武对达尔文、斯宾塞、海克尔这三位进化论学者的思想交互由物质位移而导致精神形变，而后又由精神形变促成物质位移以及进一步的精神交互。首先，物质位移是指马君武负笈东瀛，在日本接触了进化论学者的论说，由中国到日本的物质位移而使他的思想成分发生了变化，增加了进化论的学术知识，由此而发生精神形变。其次，精神形变使马君武的思想构成产生了变化，对欧洲的学术有了一定的了解，并为之所吸引。因而，此前的精神形变对"吸引"马君武在后来远赴欧洲产生物质位移，进一步与欧洲学术思想进行交互。马君武对德国海克尔等学者的思想交互即是一个显著的例子。马君武在自然观和社会历史观上都深受达尔文等进化论学者的影响，在日本时就开始翻译《达尔文物种原始》其中的部分章节。当时的日本经过明治维新之后，在物质层面有了巨大的变化，西方各派学说也传播到日本。马君武东渡日本留学，已经发生了物质位移，然而达尔文、海克尔等人并非日本人，但这并不影响马君武对中国的国家、社会和国民的反思。这与当初的很多留日学生选择留日的初衷基本一致——"正如康有为比喻的那样，'到日本留学，就等于喝牛奶'，只是为了能够在最短时间内学到日本人从西欧学到的精髓，然后再向中国输送"。② 因为，"日本之所以能'崛起环岛'，和它在明治维新以来一直走西方的道路关系极大"。③ 在日本对进化论的接触，为马君武打开了一扇中西思想交互之窗，为其了解西方学术思想，特别是进一步深入译介和研究进化论，形成进化论世界观奠定了基础。马君武留日时就曾关注海克尔教授，他留德后更是对海克尔进化论著作进行译介，以为国民的思想启蒙。就日本对西方道路的模仿和马君武留日、留德与进化论的思想交互而言，不难看出他在致力于改造国家与社会这一恒常的思想原型中，寻找到了进化论的思想资源，并以此开启他的救国强国之梦。但他在历经了官宦沉沦之后，由政坛转入杏坛，通过执掌大学的路径依托

① 叶隽：《侨易学的观念》，《教育学报》2011 年第 2 期，第 3～14 页。
② 叶隽等：《关于"留学生、现代性与资本语境"的对话》，《教育学报》，2012 年第 5 期，第 3～10 页。
③ 同上。

来追寻他的梦想。

三 观念运用：进化论世界观的发挥

马君武通过负笈东瀛，留学德国等外在的距离变迁，从而引发了内在的精神质变，形成了进化论世界观。马君武由"精研西学以致强"的思想原型向进化论世界观的创生是一个延伸与发展的精神变化过程。"精研西学以致强"，在目的上是"致强"，在方法上是"精研西学"。而进化论世界观的创生则是马君武"精研西学"的一种理念上的抉择，即选择进化论作为推动国家发展和富强的一种学问，或处事方略的思想指导。历经官宦沉浮后的马君武对官场灰心失望，但对为中国"致强"之心恒在。因此，他通过担任大学校长，将进化论思想加以发挥运用，并由此而对其办学理念与实践产生了深刻的影响。以下从大学理念、科系设置与科学研究三个方面来探讨马君武进化论世界观对其办学的影响。

在大学理念上强调对世界知识的吸纳和服务国家、改革社会。马君武主张大学吸纳和研究全世界的各种知识，从而建设一个"极新"的国家。当然，这样的"极新"国家是资产阶级共和国，因为在马君武看来，"资产阶级共和国的根基最为完固"。由于马君武认为人类社会与自然界一样，是不断进化，发达不息的，因此主张改革积弱的中国，这样国家才不至于被淘汰。由此，中国青年须"借它山之石，建设中国学术之基础，兼容并纳，发扬光大，则欧洲学术之吸收与中国新文化之建设，当不难收兼程并进异图同归之功。"[1] 正是因为马君武对中国与世界知识的这般态度，所以他在执掌大学时将大学视为聚集世界各地先进知识的机构，认为大学是"实行研究学术之集中点"[2]，同时也是"造求人才"的园地，[3] 大学将担负中国将来的事业。马君武主张通过大学来吸纳和研究全世界的各种知识，从而建立一个新国家，实际上是想通过大学促进中国科学技术知识的

---

① 马君武：《学术盛衰与国家治乱之关系》，载李高南、黄牡丽编《马君武教育文集》，广西美术出版社，2008，第 5 页。

② 马君武：《广西大学之使命》，《新广西》1928 年第 2 卷 20 号。

③ 马君武：《师生共同努力谋大夏大学的发达》，载李高南、黄牡丽编《马君武教育文集》，广西美术出版社，2008，第 9 ~ 10 页。

"进化"，即在整体上推进中国知识与世界知识的交流，从而促成中国知识体系的质变。由此，可以对马君武的大学理念解读为，大学是致力于中国知识体系与世界知识体系进行交流互通，推动精神形变的重要机构，或者说是一个"集中点"。

在系科设置上注重面向当地，以行业人才培养促进社会进步。由于大学是致力于中国知识体系与世界知识体系进行交流互通，推动精神形变的重要机构，只有具备世界新知识的人，能够推动社会进步，致力于国家富强的人才是担负中国未来事业的人。要真正实现马君武当初精研西学，强国富民的思想，那么必定要通过大学来培养各种实用的人才。对于马君武而言，为当时广西培养各行各业，特别是与当地密切相关的行业人才是实现社会发展进步的有效措施。换言之，社会的进化，国家的强大，都需要大批人才来进行经济建设和社会建设，否则民众贫苦，国家落后。因此，他注重通过培养人才来为资源的开发与利用打下基础。针对广西有较为丰富的矿产和林业等资源的现实状况，他主张大学应当设置相关的系科培养相关行业人才。因此，广西大学"先设农科、工科、理科"。在马君武的主张和影响下，广西大学对院系进行了调整和充实，设有理学院、农学院工学院及矿冶专修科。三院的系科设置如下：理学院设数学、物理、化学和生物四系；农学院设农学、林学两系；工学院设有土木工程系和机械工程系。通过面向当地的设置系科为广西社会改革与发展培养了大批人才，对当时的广西建设起到了积极的作用。

在科学研究上偏向应用，以应用科学推动社会进步。马君武极为重视科学对社会发展的作用，他对科学"情有独钟"，"他总以为提倡科学才可以强国"。这实际上是他进化论世界观影响下的科学研究主张。生物进化论主张适者生存，社会进化论则认为人类社会同样如此。马君武留学期间，对科学技术推动社会进步的作用颇为认同，即日本、德国等国积极发展科学技术的做法（事实上还有制度和文化上的因素，特别是文化上对发展科学技术的渴求），与西方进化论学术思想进行交互，产生了精神形变。马君武并非仅看到日本、德国等国发展各项科学技术，特别是实用的科学技术而忽视其他因素，如制度、文化等。他之所以如此重视应用技术，在大学科学研究中推崇应用科学，是出于一种亟须改变社会现状，谋得社会进步的一种心态。当然，还有一个重要因素就是马君武的知识结构问题。

马君武留学德国，研习工程科学，发生了精神形变，工程科学的应用科学知识在他的知识结构中占据了很重要的位置，而且这类应用科学知识与他的进化论世界观不谋而合。因此，在实际的办学中，他向来主张通过大学生凭借一定的科学和技术努力去改进社会，推动社会进步，所以他认为"一个社会能进步，除苦干、实干、硬干之外，千万不可瞎干"。换言之，最重要的是根据科学的基础，去从事国家与社会的建设，那才是正统、正确的。在马君武的影响和努力下，广西大学先后成立广西植物研究所，广西交通研究所等以技术研究为重点的研究机构，有陈焕镛等专家带领学校教师开展研究。为了改进科学教育，编著了《最新动物学》《最新化学》《物理学实验》等书，以"取材新颖，注重实用"为特色。[①] 学生对应用研究的兴趣浓厚，相继发表了《怎样发展广西的桐业》《无烟火药》《植物制造食物及其消耗》等应用性研究论文。有学生对稻草制造无烟火进行了研究，并获得了政府的表彰与奖励。

马君武从事教育及办学数十年，先后在上海大夏大学、北京工业大学、中国公学、广西大学等校担任校长，在当时的教育界与蔡元培并称为"北蔡南马"。[②] 他在办学理念与办学实践中都突出地强调"实用"，而这一特征事实上在很大程度上是由其进化论世界观引起的。精神质变是一切社会变动的起因，尤其是伟大人物的精神质变更会起到推动一个时代或以后若干时代的思想波澜的作用。[③] 马君武留学日、德，产生物质位移，并最终完成进化论世界观的精神形变，极大地影响了其办学理念与实践。

Learning the Knowledge of the World, Creating a New Country

Quan Shoujie

Abstract: MaJunwu's experience of studying in Japan and Germany helps

① 广西大学生自治会：《西大学生（创刊号）》，梧州文化印刷局，1936。
② 丁钢：《中国教育的脊梁——著名教育家成功之路》，高等教育出版社，2010，第49页。
③ 叶隽：《侨易学的观念》，《教育学报》2011第2期，第3~14页。

the formation of his evolutionistic world view. Such a world view deeply influ-
ences his management of the university and his teaching.

Key words: Ma Junwu, the Manaye ment of University, Kiao—Iology,
Evolutionism, World View

（编辑：董琳璐）

理 论 与 方 法

语言不可通约性之谬：探寻跨文化与元语言学认知方式

何重谊* （Jean-Yves Heurtebise）

乔修峰**　译

【摘要】要想在新的基础上重构比较研究，就需打破"东方""西方"这种二元范畴，这已是当下很多学者的共识。尽管已经认识到了这种必要性，但还需要解释人们为什么仍在使用这些范畴，又如何使比较研究摆脱这种慢性疾病。本文的主旨便是探讨这两个问题。本文首先指出，这种二元范畴的性质是从决定论角度来理解语言独特性，从存在主义角度来看待文化同质性，并由此形成比较研究的框架。本文随后剖析这种框架在进行欧洲/中国比较研究时的局限性，进而提出了一种探索性的新范式，即跨文化和元语言学的认知方式，该方式能为不同文化背景中的不同学者群体所共享。

【关键词】文化范畴　东西方哲学　不可通约性　民族精神　萨皮尔—沃尔夫假说　跨文化认知方式

导言：摆脱"东方""西方"范畴

要想在新的基础上重构比较研究，就需打破"东方""西方"这种二元范畴，这已是当下很多学者的共识。① 约翰·杜威（John Dewey）早在

---

　*　何重谊，Jean-Yves Heurtebise，台湾辅仁大学助理教授，埃克斯-马赛大学与法国高等社会科学院（EHESS）兼职研究员。

**　乔修峰，中国社会科学院外国文学研究所英美室副研究员。

　①　Amartya Sen, "Human rights and Asian values: what Kee Kuan Yew and Le Peng don't understand about Asia," *The New Republic* 217 (2-3) 1997: 33-38; "当今世界，（转下页注）

新创办的《东西方哲学》（*Philosophy East and West*）杂志第一卷第一篇文章中就明确提出，把"东方""西方"视为有着对立文化特征的、铁板一块的文化模块，是一种方法论上的错误。① 60 年后，在文化主义偏见仍大行其道的年代，安静如（Stephen C. Angle）又重申，比较研究的一个基本前提就是承认"传统并非铁板一块，其内部是繁杂多样的"。② 虽然很多学者已经认识到打破文化范畴东、西之分的必要性，但目前还需要解释人们为什么仍在使用它们，以及如何使比较研究从这种慢性病中解脱出来。这两个问题便是本文讨论的主旨。

第一步，我们将从张隆溪的《不期的契合：跨文化阅读》（*Unexpected affinities*：*reading across cultures*）谈起，指出这个问题的性质是从决定论角度来理解语言独特性，从存在主义角度来看待文化同质性，并由此形成比较研究的框架。第二步，再讨论"文化"（Culture）这个概念是如何在民族学和比较语言学的交汇点上形成的。第三步，先是指出洪堡的"民族精神"（Volkgeist）概念与所谓的萨皮尔—沃尔夫假说（Sapir—Whorf Hypothesis）的谱系关联，然后尝试解构其中所含的对语言和文化的铁板一块的、存在主义的理解。第四步，为批判一个重要的假说（即语言的不可通约性导致了文化的不可通约和二元世界观），本文将反驳其最常见的两个例证：即"中国本体论思想"中"存在"（Being）的缺失、"西方文化思想"中"心－脑"（Heart－mind）的缺失。最后，本文提出一种探索性的新范式，

(接上页注①)到不同文化内部的多样性非常重要，因为我们总是不断见到'西方文明'、'亚洲价值'、'非洲文化'等过于简单的概括。对历史和文明的这些毫无依据的解读，不仅在理论上空洞，也加剧了我们当下世界的分裂性。对亚洲价值观念的权威解读，在很多地方受到了追捧，但实际上经不起推敲。划分亚洲和欧洲价值观念，这么宏大的二元对立丝毫无助于我们的理解，反倒有助破坏自由和民主的规范性基础。" Fa－ti Fan, "Science in Cultural Borderlands：Methodological Reflections on the Study of Science, European Imperialism, and Cultural Encounter," *East Asian Science, Technology and Society*：*an International Journal* 1（2007）：213－231："我们不应对东/西、中/欧之类的简易范畴熟视无睹，因为它们并不是固定的实体，而是历史行为者们划定边界和权力协商的产物。"

① John Dewey, "On Philosophical Synthesis," *Philosophy East and West* 1（1）（1951）：3－5："要想促进文化间关系（哲学只是其中一部分）的有益发展，基本的要求就是能够理解某一国家内部、（东西方）国家之间的复杂性、差异和衍生关系。不管是单看一国，还是放在一起审视，都应如此。……东方内部和西方内部一样，都存在着巨大的根本性差异。"

② Stephen C. Angle, "The minimal definition and methodology of comparative philosophy：a report from a conference," *Comparative Philosophy* 1（1）（2010）：106－110.

即跨文化和元语言学的认知方式（Cognitive Styles），该方式能为不同文化背景中的不同学者群体所共享。

一　从文化不可通约性到语言不可通约性

张隆溪《不期的契合：跨文化阅读》一书中第一篇文章便是《文化不可通约性的谬误》，解释了"文化模块"现象及其反复出现的原因："很多人，包括很多学者，仍习惯沿用'东方'、'西方'之类的粗糙概念，仿佛它们是不可通约或有着根本差别的实体。如此强调文化差异，不仅提供了一种颇有吸引力的对称思维（且不必说其中所含的等级高下之分），而且简化了思维，使人可以轻而易举地建立自我与他者的对立，省去了细致分析具体个案的麻烦，也省去了细察观念、主题和表述方面的对等、交汇或重合之处的麻烦。"[①] 也即说，人们常用东、西方这两个文化范畴，是因为它们提供了一种不费力气的阐释模式，可以假定哲学家和作家们不分时代、地点和语言差异，都可以划入两个阵营：一是有着理性、科学、个体主义思维的"西方人"；一是有着感性、诗意、同感思维的"东方人"。此外，还有政治方面的原因：欧洲和中国[②]都有鼓吹文化独特性和文明优越性的民族自豪感，经常会丢开科学的精确性和方法上的谨慎。

张隆溪认为，要走出文化主义的死胡同，就要假定一种统一的人的范畴，或至少有超越文化差异的基本隐喻和原型意象，在不同文化和不同时代的文本中流通："东西方的文本有多种差异，受特定的哲学、社会和政治背景影响，但不管有多少差别，都不过是像弥尔顿的天使长拉斐尔说所有生物的那样，'都是同一种类，只是程度不同'。"[③] 为证实这个观点，张隆溪列举了中国和欧洲文本中的诸多相似处（特别是沈括和柏拉图对"药"［Pharmakon］的含混意义的理解——既可指良药，也可指毒药）。不过，隐喻的相似和文本的类似，还不足以说服那些相信东西二元之分

---

① Longxi Zhang, *Unexpected affinities*: *reading across cultures*（Toronto：University of Toronto Press，2007），p. x.

② 欧洲方面，张隆溪引用的是 Dunsterville："东方的每个观念、每种传统，都与西方的观念和传统截然相反。这无可厚非，本来就该这样"；中国方面，他引用的是陈独秀："东西方民族全然不同……水火不容"，"西洋民族以战争为本位，东洋民族以和平为本位"和杜亚泉："我们的文明恰好可以补救西方文明的缺陷"，ibid.，p. 4，p. 14－15.

③ *ibid.*，p. 63.

的人。

因此，有必要回到"东方""西方"文化范畴的认识论核心，即认为语言是不可通约的。之所以出现这种简单化的范畴，是因为认为"西方"和"亚洲"文化有着不可弥合的鸿沟。要消除这种范畴，只有一条途径，那就是解构以下这个语言学上的假设——不同的语言环境产生了不可共通的思想世界。

二　这种语言观的源头及文化概念的出现

从历史上看，文化概念出现在民族学和比较语言学的交汇点上：文化意指民族 - 语言（Ethno - Linguistic）的特有风格。

民族学的源头常溯至寇拉（Franz Kollár, 1718 - 1783），他将其定义为："研究民族、种族的科学；或学者们探究不同民族的起源、语言、习俗和制度，并最终回溯到它们的源头，以期回到各民族和种族所处的时代来评判他们。"[1] 要理解这个概念的新意，就要区分传统的文明概念（暗示与"野蛮人"的对立）和新兴的文化概念（暗指有着不同知识信仰和社会习俗的族群之间的差别）。在希腊[2]和中国[3]，传统的文明概念被用来表述文化优越感，而新兴的文化概念则更科学地认为不同文化之间没有高下之分。

---

[1] Han F. Vermeulen, *Early History of Ethnography and Ethnology in the German Enlightenment*: *Anthropological Discourse in Europe and Asia*, 1710 - 1808. PhD thesis University of Leiden / Proefschrift Universiteit Leiden, 12 November 2008, Conclusion.

[2] Isocrates, *Panegyricus*, § 50 (Cambridge: Harvard University Press, 1980), George Norlin transl.："吾城之思想言谈，已远在世人之上，吾城之学生已在世界各地为师；吾城已使希腊人这个词不再指一个民族，而是指一种智慧，不再只指与我们血脉相连之人，更多是指与我们有共同文化之人。"

[3] Patricia Ebrey, "Surnames and Han Chinese Identity," in *Negotiating Ethnicities in China and Taiwan*, eds. Melissa J. Brown (Berkeley: University of California Press, 1996), p. 20:"千百年来，孔子及其追随者都视中国文化高于其他文化，并认为外人也可学中国文化。" Norma Diamond, "Ethnicity and the state: the Hua Miao of Southwest China," in *Ethnicity and the state*, eds. Judith Drick Toland (New Jersey: Transaction Publishers, 1993), pp. 55 - 78. "'文化'在中国少数民族政策中并不翻译成西方社会科学所用的'culture'一词。它不是用来指称经济策略、社会组织、意识形态、价值观念和社会习俗的一个中性词，而是带有评判意味。一个人可以用汉语说人的文化是高是低，大多数少数民族被说成是文化较低或落后，有时甚至被说成是根本没有文化。"

　　不过，文化概念从一开始就卷入了政治意识形态，尤其是受到了西欧民族主义兴起的影响："'文化'的词义从强调培养，到指一整个群体（一个种族、民族或国家）的基本观念和指导思想，这个转变很可能是 19 世纪才发生的，当时正是弘扬'民族主义'的时候。于是，每个民族及其特色文化，都被理解为拥有一种别具一格的感知世界和将世界概念化的方式。"①

　　从文明概念向文化概念转变，其背景是两种社会模式的冲突——"法国"理性主义模式（强调超越民族界限的普适性）和"德国"浪漫主义模式（强调本土文化价值）②："在法国启蒙运动的世界主义看来，人都是理性的行为者，彼此并无分别；赫德尔（Herder）则与之相反，强调每个文化体对整个人类的独特贡献。由于独特的个性是由该文化的各个部分组成的，对每一个民族的研究也都应该研究其独特个性。"③

　　民族学和民族主义在起源上的交汇，生出了"民族精神"（Volkgeist）概念，以表述浪漫主义所坚信的民族 – 语言特色："洪堡认为民族性格受内在力量或民族精神驱动，表现在很多文化方面，包括习俗和道德。但更为重要的是，民族性格（Nationalcharakter）对各'部落'（Volkerstämme）的语言有着决定性的影响，是其'精神特质'（Geistegeseingenthümlichkeit）的直接产物。"④ 洪堡认为，"语言是民族才华的外在表征"。⑤ 这种认为语言承

---

① Eric R. Wolf, *Envisioning power: ideologies of dominance and crisis* (Berkeley: University of California Press, 1999), p. 29.

② Harro Segeberg, "Germany", in *Nationalism in the age of the French Revolution*, eds. Otto Dann and John Rowland Dinwiddy (London: Hambledon Press, 1988), pp. 137 – 157（142, 144）："在这种新兴的中产阶级文化中，关于民族意识的思考从未间断。考虑到启蒙运动最初是以世界主义为特征的，这种现象就难免令人吃惊。……民族个性的差异，尤其是法国和德国民族个性的差异，成为日渐重要的主题。相关的讨论也就极大地影响了德国人对法国大革命的态度。……例如，赫尔德就认为'宫廷做派'极大地玷污了法国语言，不仅驱逐了我们的'才华'、'真理'和'力量'，还呼吁用一种'有限的民族主义'来消解德国文化中的法国影响。"

③ Matti Bunzl, "Frantz Boas and the Humboldtian tradition," in *Volkgeist as Method and Ethic, Essays on Boasian ethnography and the German anthropological tradition*, eds. George W. Stocking (Madison: University of Wisconsin Press, 1996), pp. 17 – 78.

④ Wilhelm v. Humboldt, *Über die Verschiedenheit des menschlichen Sprachbaues und ihren Einfluβ auf die geistige Entwicklung des Menschengeschlechts* (Wiesbaden: Marixverlag, 2003), p. 312.

⑤ Matti Bunzl, "Frantz Boas and the Humboldtian tradition," in *Volkgeist as Method and Ethic, Essays on Boasian ethnography and the German anthropological tradition*, eds. George W. Stocking (Madison: University of Wisconsin Press, 1996), pp. 17 – 78.

载着民族思想的观点，便引向了对文化身份的一种几乎是唯我论的认识，认为跨文化的相互理解几乎是不可能的。

洪堡在6月23日从巴黎写给席勒的信中谈到法国思想家："他们除了表象什么都不知道，连略知一二都谈不上；意志力、真善、自我、自我意识，这些东西他们全然不懂。即便他们使用这些术语，也总是给它们一个完全不同的定义。"① 有意思的是，洪堡所描述的"法国人的心态"和黑格尔所说的中国人的心态相去并不甚远："这就是中国人性格的诸方面。其明显特征是对一切属于精神的东西一无所知——如不受约束的道德（无论是理论还是实践）、心、内向宗教、真正的科学与艺术等。"② 在上述两例中，法国人和中国人的心态都被说成是缺少自发的智识活动。这不足为奇：用心态二分法来描述文化特征总会制造类似的对立范畴（理性与情感、被动与主动、超验与内在等），可用来描述任何地域上的两极（东方与西方、南方与北方、城市社会与农耕社会等）。而且，将心态的差异归因于语言的差异，总会在文化间制造障碍；就连法国和德国如此相近的文化，在洪堡看来都是不可交流、不可翻译的。从这个意义上说，从民族－语言学的角度来定义文化，对比较研究来说非但不是一种工具，还是一种障碍，对中国－欧洲比较研究尤其如此。

三　从洪堡的"民族精神"概念到萨皮尔— 沃尔夫假说及之后

所谓的萨皮尔—沃尔夫假说可以看作是洪堡"民族精神"概念的现代例证。③ 尽管叫作萨皮尔—沃尔夫假说，这个属于语言相对主义的理论更应算到沃尔夫头上。萨皮尔（Edward Sapir）认为，语言是某一特定文化的表征："语言不能脱离文化而存在，也即说，不能脱离决定着我们生活的那些

---

① Jan Goldstein, *The Post - Revolutionary Self Politics and Psyche in France*, 1750 - 1850 (Cambridge: Harvard University Press, 2008), p. 127; François Azouvi, Dominique Bourel, *De Königsberg à Paris: la réception de Kant en France* (1788 - 1804) (Paris: Vrin 1991), p. 109.

② Georg F. W. Hegel, *The philosophy of history*, transl. J. Sibree (New York: Barnes & Noble, 2004), p. 153.

③ Hunt Earl and Agnoli Franca, "The Whorfian hypothesis: a cognitive psychology perspective," *Psychological Review* 98 (1991): 377 - 389.

社会传承的习俗和信仰。"① 对沃尔夫（Benjamin Lee Whorf）来说，语言渗透在文化和人的思想之中："我们用母语画出线条，来分割大自然……我们把大自然切碎，再将其组织成概念，赋予其意义，主要是因为我们都同意用这种方式来组织大自然——这种约定俗成便撑起了我们的语言共同体，隐含在了我们的语言模式之中。"② 萨皮尔—沃尔夫假说从一开始就引起了很多讨论和批判。很多人类学家批评沃尔夫理论，认为它把语言和文化的关系弄颠倒了："如果说英语的人和爱基斯摩人对雪的认识不一样，不是因为他们说不同的语言，而是因为他们来自不同的文化，有着不同的关注。"③ 大多数认知主义者则从跨文化和元语言学思维范畴的角度批判沃尔夫理论："人们不是用英语、汉语或阿帕切语来思考，而是用思想的语言来思考。"④

最近，法萨德·谢里夫（Farzad Sharifian）从新的角度重写了萨皮尔—沃尔夫假说："语言是文化认知的一个核心方面，它起到了一个'集体记忆储存库'的作用，保存着一个语言共同体在不同历史阶段上盛行的那些文化概念。"⑤ 语言是一个文化储存库，语言使用者在使用、修改并充填着这个库藏。同样的语言，在来自不同文化背景的人说来，可能会有不同的意思："作者研究了澳大利亚原住民所用的英语。研究表明，即便是日常英语词汇，如'家庭（family）'和'家（home）'，都能说明原住民的文化模式和范畴与使用标准澳大利亚英语的文化有着很大不同。"⑥ 而且，来自另一种文化的人不仅会"扭曲"原语，还会赋予其新的含义和功能。

因此，我们不能忽视语言和文化各自的异质性。诚如法国哲学家德勒兹（Deleuze）和加塔里（Guattari）所言："没有哪种语言内部没有少数群体。"⑦ 北京、上海和台北所说的汉语就不尽相同，五百年前

---

① Edward Sapir, *Linguistics* (New York, 1921), p. 211.
② John B. Carroll ed., *Language, Thought, and Reality: Selected Writings of Benjamin Lee Whorf* (Cambridge: Technology Press of Massachusetts Institute of Technology), pp. 213 – 214.
③ Alan Garnham, Jane Oakhill, *Thinking and reasoning* (Oxford: Blackwell Publishing, 1995), p. 49.
④ Steven Pinker, *The language Instinct* (London: Penguin, 1995), p. 81.
⑤ Farzad Sharifian "On collective cognition and language", in *Language and Social Cognition: Expression of the Social Mind*, ed. Hanna Pishwa (Berlin/New York: Mouton de Gruyter, 2009), pp. 163 – 180.
⑥ *ibid.*
⑦ Gilles Deleuze and Félix Guattari, *A Thousand Plateaus: capitalism and schizophrenia*, trans. Brian Massumi (Minneapolis: University of Minnesota Press, 2005), p. 103.

的汉语也与今日不尽相同，大学教授、时尚少年、老年民工、贫穷的劳动者和富有的经纪人所说的汉语也不尽相同。① 语言的每一种地域、历史或社会变体都对应着一种不同的亚文化。既然语言总是包含着多种地域、历史和社会变体，而文化也是其多重亚文化的集合体，所以，不可能从其诸多变体中抽象出 "一种" 语言和 "一种" 文化，并进而概括该语言所有使用者和该文化所有居民都共享某种单一的世界观。②

因此，关键不是知道语言决定文化和/或思想，还是文化和/或思想决定语言，而是避免概括思想、文化和语言。应像史威德（Richard Shweder）所说的那样，寻找 "普遍而非统一"。③ 更确切地说，是去界定既非普遍也非统一的、既非经验主义也非民族 - 语言学的，而是既超验又多元的 "范畴"。我们可以采用戈达德（Cliff Goddard）的方法："在任何特定语言中，都有可能发现反复出现的模式和主题，类似于沃尔夫提出的 '言谈特色（fashions of speaking）' 概念。在这种情况下，很有可能通过更加全面细致地分析一系列不同的语言，来建构一种 '认知方式' 或 '思维方式' 的类型学。"④ 文化是思想家和艺术家的基本素材：将哲学家的哲思或艺术家的美学减缩到只剩下文化背景，也就意味着将其起点看作终点，而不考虑他们创作时所经历的概念和艺术的转变过程。

四　语言不可通约性对比较研究的影响

语言的不可通约性会导致文化的不可通约以及二元的世界观，这个假说将欧洲/中国比较研究的方法论引向了歧路。

以法国汉学家葛兰言（Marcel Granet）为例。他认为，汉语本身就难

---

① Shumei Shi, *Visuality and identity*: *Sinophone articulations across the Pacific* (University of California Press, 2007), Introduction, pp. 1 - 8.

② Leonardo De Castro, "Is there an Asian bioethics," *Bioethics* 13 (3/4) 1999: 227 - 235: "我们不应忘记，如果有某些独一无二的特征能区分出 '亚洲身份'，也就有其他独一无二的特征区分出各种各样的亚洲身份"。

③ Richard A. Shweder, "Cultural psychology: Who needs it?", *Annual Review of Psychology* 44 (1993): 497 - 523.

④ Cliff Goddard, "Thinking across languages and cultures: six dimensions of variation", *Cognitive Linguistics* 14 (2/3) 2003: 109 - 140.

以形成清晰的思维，这是中国科学发展落后的原因。① 这显然是受了马克斯·韦伯（Max Weber）的欧洲中心主义的科学观影响，即认为"只有在西方，科学才明显地富有成效"。② 假装认为"中国语言"（假设它是一种单一的语言）致使"中式思维"（如果有这种东西的话）难以从事科学研究，只能说明这是对世界科学的不全面的、有偏见的描述。③ 如濮德培（Peter C. Perdue）所言："古汉语并没有为现代数学术语的形成制造障碍。相反，数学传统还吸收了许多西方技巧。"④ 最近，林力娜（Karine Chemla）通过详细分析《九章算术》所用的证明模式，反驳了葛兰言的观点。⑤ 她证明，《九章算术》提供了与欧几里得的《几何原本》类似的数学答案，表现出了同等的抽象思维能力。

法国哲学家弗朗索瓦·于连（Francois Jullien）也是不加分辨地依赖语言决定论。他说："如果离开了西方哲学的关键词，如存在、上帝、自由等，思想会是什么样子？再进一步说，如果离开了表述这些关键词的印欧语，思想又会是什么样子？"⑥ 这是于连方法论的前提：通过强调有一种"印欧语"（也即"印欧思维"的源头），将印度哲学与希腊哲学放入了同一个篮子，从而打造了中国与西方面对面的场景。在于连看来，

---

① Marcel Granet, "Quelques particularités de la langue et de la pensée chinoise," in *Etudes sociologiques sur la Chine* (Paris: P. U. F., 1990), pp. 99 – 155.

② Max Weber, "Vorbemerkung," *Religionssoziologie I* (Institut für Pädagogik der Universität Potsdam, 1999): Nur im Okzident gibt es "*Wissenschaft*" in dem Entwicklungsstadium, welches wir heute als "gültig" anerkennen.

③ James M. Blaut, Eight Eurocentric Historians (New York: the Guilford Press, 2000), pp. 25 – 26: "［韦伯］是将20世纪欧洲（包括其科学、数学、管弦乐队等）与古代的非欧洲文明、与被殖民统治压垮的当代文明进行比较。这是不公平的。其次，他在很多事实方面也有不少错误。在现代早期之前，欧洲的科学、数学和科技并没有超越中国和印度。在欧洲崛起之后，尤其是工业革命之后，不仅科学日新月异，其他方面的成就无论在规模还是数量上都有惊人的发展，如大型管弦乐队。但如果比较1492年以前，世界上的很多文明实质上仍属中世纪阶段，那时的欧洲并没有高出一筹。无论科学、艺术、法律，还是资本主义的发展，欧洲都没有独领风骚。"

④ Peter C. Perdue, "Chinese Science: a Flexible Response to the West?" *East Asian Science, Technology and Society: an International Journal* 1 (2007): 143 – 145: "同样，中草药手册也可以不费太多力气地接纳西方的解剖学。"

⑤ Karine Chemla, "Penser sur la science avec les mathématiques de la Chine ancienne," in *La pensée en Chine aujourd' hui*. Gallimard, ed. Anne Cheng (Folio, 2007), pp. 353 – 386.

⑥ François Jullien, "Conférence sur l' efficacité," in *La philosophie inquiétée par la pensée chinoise* (Paris: Seuil, 2009), p. 16.

相对于欧洲哲学和中国哲学的差异，印度哲学与西欧哲学的差异在文化上并不重要。并非所有研究印度哲学的学者都会认同于连的观点，倒是可能有中国学者深以为然，他们过去对印度文化的态度比较矛盾，认为印度文化阻碍了中国与欧洲形成直接的关系，是中国应该摆脱的一个神秘的负面形象。①

而且，于连的上述观点是以印欧语为基础的，这也许是他方法论的短板。因为，众所周知，世上并没有什么印欧语，也没有印欧民族，有的只是一系列有着某些相似之处的语言，分由不同的民族来使用。那些以伊朗语、赫梯语、迈锡尼语、鲁塞尼亚语、利古里亚语等语言为母语的人，在文化和宗教习俗（泛灵论、萨满教、拜火教、多神教等）上相去甚远，说他们对存在、上帝、自由等观念有着相近的认识，简直是无稽之谈。再联想到闪语族（对欧洲文化产生巨大影响的一神教便源出于此）并不属于印欧语系而是属于闪含语系（Hamito‐Semitic），这个观点就更不可靠了。即便是杜梅泽尔（Georges Dumézil）精彩的印欧三分的社会功能结构（the Indo‐European tripartite social functionality），② 也无法从哲学上轻易地替换，且如杜梅泽尔所承认的，希腊文化似乎并没有遍布在印欧神话之中。③在法国考古学家德穆勒（Jean‐Paul Demoule）看来，假设有一个共同的印欧民族，并在语言相似性的基础上共享一种文化，这简直就是浪漫的神话而不是严肃的科学。④

"印度日耳曼语"（Indo‐Germanisch）这个假设，是将文化定义为时代精神（Volkgeist）的一个重要的组成部分和历史关联物。因此，它也面对着一个方法论上的难题，即必须假定有一个同质的、非历史的、纯粹而

---

① 梁漱溟：《东西文化及其哲学》，台湾商务印书馆，2003，初版二刷，第83~84页："印度文化……其物质文明之无成就，与社会生活之不进化，不但不及西方，且直不如中国。他的文化中具无甚可说，唯一独盛的只有宗教之一物……世界民族盖未有渴热于宗教如印度人者，世界宗教之奇盛与最进步未有过于印度之土著……原来印度人既不像西方人的要求幸福，也不像中国人的安遇知足，它是努力于解脱这个生活的，既非向前，又非持中，乃是翻转向后，即我们所谓的第三条路向。"

② Georges Dumézil, *Mythes et Dieux Indoeuropéens* (Paris: Flammarion, 1992), p. 146.

③ Emily Lyle, "Which Triad? A Critique and Development of Dumézil's Tripartite Structure," *Revue de l'Histoire des Religions* 1 (2004).

④ Jean‐Paul Demoule, "Les Indo‐Européens, un mythe sur mesure," *La Recherche* 308 (avril 1998).

无杂糅的文化，为某个人群统一共享。①

下文主要讨论欧洲/中国比较研究中语言/文化不可通约性之说的两个最著名的例证：即所谓的"中国本体论思想"中"存在"概念（Being）的缺失，"西方非伦理思想"中"心－脑"（Heart－Mind）观念的缺失。

1. 所谓的西方的"存在"（Being）和中国的"变易"（Becoming）。

通常认为，"西方"哲学致力于阐释存在的意义，中国思维则从一开始就卷入了对变易的体悟。② 但其实，从赫拉克利特③到马可·奥勒利乌斯④，再到蒙田⑤、尼采⑥、爱默生⑦、柏格森⑧、怀特海（Whitehead），以"变易"为核心的"过程哲学"（Process－Philosophy）一直是"西方"哲

---

① Kevin Tuite, "Explorations in the ideological infrastructure of Indo－European studies," *Historiographia Linguistica* 30：1/2；205－217："关于意识形态有可能影响印欧语的建构，我可以列举五点（也可能还不止于此）：（1）指导比较历史语言学的那些假定，以及假定并重构未经证实的先祖语言；（2）设计一个说着原始母语（proto－language）的语言共同体；（3）将这个语言共同体想象成一个社会，有其祖国、政治组织、经济、占主导地位的表现型（phenotype）等；（4）将某种文化划归此原始社会；（5）重构此原始文化的基本要素（宗教、神话、社会意识形态等）'。"

② Frederick C. Copleston, *Philosophies & Culture* (Oxford：Oxford University Press，1980)，p. 57："'变易'：典型的中国观念，将世界视为不断变化的整体……实际上，对中国人来说，'存在'就是'变易'"。Jean－François Billeter, "Comment lire Wang Fuzhi," *Études chinoises* Vol. IX，1（printemps 1990）：95－127.

③ *Heraclitus DK B 6 : ὁ ἥλιος νέος ἐφ' ἡμέρῃ ἐστίν*.

④ *Marcus Aurelius, Meditations, 2. 17 : Τοῦ ἀνθρωπίνου βίου ὁ μὲν χρόνος στιγμή, ἡ δὲ οὐσία ῥέουσα, ἡ δὲ αἴσθησις ἀμυδρά, ἡ δὲ ὅλου τοῦ σώματος σύγκρισις εὔσηπτος, ἡ δὲ ψυχὴ ῥόμβος, ἡ δὲ τύχη δυστέκμαρτον, ἡ δὲ φήμη ἄκριτον· συνελόντι δὲ εἰπεῖν, πάντα τὰ μὲν τοῦ σώματος ποταμός, τὰ δὲ τῆς ψυχῆς ὄνειρος καὶ τῦφος, ὁ δὲ βίος πόλεμος καὶ ξένου ἐπιδημία, ἡ δὲ ὑστεροφημία λήθη.*

⑤ Montaigne, *Les Essais* (Paris：P. U. F.，1988)，vol. III，p. 805："Je ne peins pas l'être, *je peins le passage*".

⑥ Friedrich Nietzsche, *Thus Spoke Zarathustra*, III，Before Sunrise："Von Ohngefähr"— das ist der älteste Adel der Welt, den gab ich allen Dingen zurück, ich erlöste sie von der Knechtschaft unter dem Zwecke. Diese Freiheit und Himmels－Heiterkeit stellte ich gleich azurner Glocke über alle Dinge, als ich lehrte, dass über ihnen und durch sie kein" ewiger Wille "— will."

⑦ Ralph Waldo Emerson, *Selected Essays* (London：Penguin，1982)，p. 80："大自然不是固定的，而是流动的……所谓不动或野性的大自然，是没有精神所致；对于纯粹精神来说，大自然是流动的，活泼的，顺从的。每一精神都给自己造一座房子，房子外是世界，世界外是天堂。于是，你知道了，世界为你而存在。这现象，对你来说，是完美无缺的。"

⑧ Bergson, "La conscience et la vie," *L' énergie spirituelle, Œuvres* (Paris：P. U. F.，1970)，p. 833："Vue du dehors, la nature apparaît comme une immense efflorescence d' imprévisible nouveauté..."

学传统的基本组成部分。而且，坚持将"中国哲学"与"变易"相系也有
吸引力，因为中国哲学的名句之一（即"道可道，非常道"）肯定了一个
"永恒"和不可通约的原则，① 该原则难以把握，也无法命名，与之相比，
世间的日常俗物都是不稳定、不可靠的（总处在向其另一极端转变的边
缘）。

对中国思维（近似当代西方的过程哲学）的这种不准确的、误导
性的范畴化，也源自沃尔夫的语言理论，并深受海德格尔形而上学的
影响，② 认为"存在"概念是"印欧语"特有的，因而不会出现在中
国人的"文化认知"中。最近，法国汉学家于连沿着葛兰言的汉学和
海德格尔的哲学路径，重述了以下观点：自由、上帝、真理和存在等
概念在结构上属于印欧，因而不为中国人所知。③ 不过，葛瑞汉
（A. C. Graham）已经指出了这种思路的缺陷："我们难道是要做出这样
一个结论：只有印欧语系才有词语来表示存在这个概念，而其他语言
只能用别的词来表示'有'、'这'和'做'？这样的结论一旦说出口，
马上就暴露了它的荒谬性；……有这种预先的假定，很可能无法真正

① Patrice Fava, "A propos de *Contre François Jullien*," *Etudes chinoises* 25 (2006): 173 – 186:
"Le Daodejing commence en effet par une attaque contre tous ceux qui discourent sur le Dao, sans
savoir ce qu'est le vrai Dao, dont il faudrait un seul mot pour dire qu'il est chang 常:
éternel, universel, permanent, invariant, absolu, immuable, immémorial. Laozi vise les mai-
tres des Cent écoles et donc tout autant Confucius lui – même, même si le confucianisme n'ex-
iste pas encore. Dans ce long poème, que l'on pourrait d'ailleurs rapprocher des fragments de
Parménide, il se propose donc de dire la vérité sur le Dao car 'le Dao dont on parle n'est pas le
vrai Dao'."
② Johannes Lohmann, "Martin Heideggers 'Ontologische Differenz' und die Sprache," *Lexis* I,
1948, S. 49 – 106, trans. Joseph J. Kockelmans, in *On Heidegger and Language*, ed. Joseph
J. Kockelmans (Evanston, Illinois, Northwestern University Press, 1972), pp. 303 – 363.
③ François Jullien, *L'écart et l'entre – Leçon inaugurale de la Chaire sur l'altérité* (Paris:
Galilée, 2011), pp. 18 – 19: "que se passe – t – il pour la pensée si, sortant de la grande fa-
mille indo – européenne, on coupe d'emblée avec la parenté linguistique, qu'on ne peut
plus s'appuyer sur le sémantisme ni remonter dans l'étymologie et qu'on rompt avec les effets
syntaxiques dans lesquels s'est forgée notre pensée en Europe – dans lesquels elle s'est coulée? Ou
qu'arrive – t – il à la pensée si, sortant de 《 notre 》 histoire (celle du monde《occidental》),
on rompt du même coup avec l'histoire de la philosophie, et qu'on ne peut plus (se) reposer
sur la filiation des notions ou des doctrines – à laquelle est adossé notre esprit? Ou encore: qu'
arrive – t – il à la pensée – dans la pensée – si l'on rompt ainsi avec 《 nos 》 grands
philosophèmes, dont on perçoit bien, alors, du dehors, la connivence entre eux: 《Dieu》, l'
《 Être 》, la 《Vérité》, la 《 Liberté 》 …?"

理解中国对'是/非'和'有/无'的讨论。"① 罗伯特·沃迪（Robert Wardy）在讨论亚里士多德《范畴篇》（*Categories*）的中译本时，更犀利地批驳说："存在"概念无须用动词"在（to be）"来表述，使用动词"有（to have）"也不能说明宇宙整体论就是中国特有的。②

2. 中国的"心-脑"观念与西方的二元论

除了"存在"被说成是"西方"独有的，比较研究中还有一个常见的说法，认为西方思想是二元论的和理智主义的，而中国文化则是整体论的和具体化的（embodied）。③ 的确，如前所述，这些观点太过笼统，几乎没有任何意义。④

这种观点也认为语言是不可通约的，因此"气"和"心"是无法翻译的。黄俊杰（Huang Chun-chieh）提出："'气'是典型的中国概念，几乎无法译成英文。为气所充盈的身体，已不再是物质-机械的身体，而是有了生理和道德伦理意义的有机体，融宇宙生命的所以然与社会人类的所当然于一体……这种合社会、政治、宇宙于一体的心是形而中的，是中国、朝鲜和日本一切思想和著作的潜在核心。"⑤ 这种观点说明其对西方哲学的了解仍停留在赖尔（Gilbert Ryle）对笛卡尔身心二元论的批判上。

"气"这个概念，也许真的难以译成"英语"，但却可以翻译成其他很

---

① A. C. Graham, *Studies in Classical Chinese Philosophy and Philosophical Literature* (New York: University of New York Press, 1990), pp. 329 – 330.

② Robert Wardy, *Aristotle in China*, *Language*, *Categories and Translation* (Cambridge: Cambridge University Press, 2000), pp. 54 – 55.

③ Sakamoto, H. , "A New Possibility of Global Bioethics as an Intercultural Social Tuning Technology," in *Cross - Cultural Perspectives on the* (*Im*) *Possibility of Global Bioethics*, ed. Julia Lai Po - Wah Tao (London: Springer, 2002), pp. 359 – 368: "一般说来，亚洲精神特质的根本被说成是'天人合一'，与欧洲二元论的个人主义相反。……简言之，在亚洲的思想和生活方式中，并没有人与自然的截然二分。而且，众所周知，亚洲的思维方式一直抵制心、脑二分。"

④ Gerhold K. Becker, "Asian and Western Ethics: Some Remarks on a Productive Tension," *Eubios Journal of Asian and International Bioethics* 5 (1995): 31 – 33: "原本就没有什么西方价值观念，能将乌拉尔山脉和落基山脉两地的民俗区分开。'西方'也不是铁板一块，其文化和传统所含的价值观念也是多种多样的。"

⑤ Huang Chun - chieh, "The Mind - Body Relation," *China - West: Interculture: toward the philosophy of world integration*, eds. Jay Goulding (New York: Global Scholarly Publications, 2008), pp. 34 – 50.

多种语言，如梵语的 प्राण①，希伯来语的 רוח②，希腊语的 πνεῦμα。实际上，没有什么比生命和气的关联更普通了；没有什么比阿那克西米尼 (Anaximenes) 的观点（气包裹着世界，我们的心是气的一部分）③ 和斯多葛派的观点（我们的心是宇宙之心的一部分）④ 更有整体论和宇宙论色彩、更具体化的了。而且，气⑤和ψυχή⑥的语义演变也很相似：从经验主义的气，到动物呼吸，再到人类生命本原和宇宙力量……

"心－脑"概念、以及通过情感将身心连起来，这里面并没有"中国独有"的东西。比较语言学告诉我们，世界上很多语言都表达了心与脑的类似关联，从俄语中的 доша／duša 到东克里语中的 mitehii（心） ‑ mituneyihchikan（脑）。而且，这在所谓的西方传统中也不罕见。但如果把美国的分析哲学看成是西方文化的代表，也许就不容易看到这些了。在古希腊哲学⑦和欧洲中世纪思想中，将心与脑等同是很常见的："自 12 世纪之后，亚里士多德在西方再度复兴，他将心与生命功能、情感、感官联系在一起。《圣经》作为一个很高的

---

① Suren Navlakha, *Upanishads*, trans. Suren Navlakha（London：Wordsworth，2000），p. xxii："Prāṇa 本身就有很多用法——呼吸，气，以及赋予身体所有部位生命的生命本原。Prāṇa 作为生命本原，是宇宙和个体中最小的能量单位；而*vâyu*（air）只指宇宙之气，个体之气乃是此宇宙之气的一部分".

② Walther Eichrodt, *Theology of the Old Testament*, trans. J. A. Baker（London：SCM Press，1967），p. 136："如果说 *nepeš* 是与身体相连的个体生命，*rûa*ḥ 则是遍布各处的生命力，不依赖某个个体而独立存在。"

③ Aetius, I, 3, 4："'Just as,' Anaximenes says 'our soul [ψυχή], being air [ἀήρ], holds us together [συγκρατεῖ], so do breath [πνεῦμα] and air [ἀήρ] encompass [περιέκει] the whole world.'"

④ Paul S. MacDonald, *History of the concept of mind：speculations about soul，mind and spirit from Homer to Hume*（Aldershot，Hants：Ashgate Publishing，2003），p. 72.

⑤ Bryan W. Van Norden, "What should western philosophy learn from Chinese philosophy?", in *Chinese Language Thought and Culture*, ed. Philip J. Ivanohe（Peru，Illinois：Carus Publishing Company，1996），pp. 224‑249："气，起初指祭祀品发出的热腾腾的蒸汽，很快又用来泛指云汽。后来，孟子、庄子等思想家又将气用作医学概念，指空气和人体中的一种流体，影响着人的情感状态。最后，自古典时代末期以来，思想家们开始认为宇宙万物皆由气凝聚而成。中古时代的理学家们就强调最后这层意思。"

⑥ Richard Broxton Onians, *The Origins of European Thought：About the Body，the Mind，the Soul，the World，Time and Fate*（Cambridge：Cambridge University Press，1951），pp. 93‑123.

⑦ Scott Manning Stevens, "Sacred Heart and Secular Brain", in *The body in parts：fantasies of corporeality in early modern Europe*, eds. David A. Hillman & Carla Mazzio（London：Routledge，1997），pp. 263‑284："不应忘记，尽管柏拉图、泰奥弗拉斯托斯、德谟克利特、第欧根尼都将大脑视为身体活动的中心，但他们的具体说法却又各不相同，有些甚至不是从生物学的角度来谈的。而亚里士多德和他的追随者，则强调心是人灵魂的寓居之所。"

权威，也将心等同于内在自我，包含了良心、记忆和意志。而且，古拉丁语既用'心（cor）'作为智识、意志、品性和情感的主宰，也通常用它作为思想、记忆、大脑、灵魂和精神的同义词，这在早期基督教教父的拉丁语著作以及中世纪的'传奇'所用的语言中得到了继承。"① 因此，"西方思维"也通常将心视为思维和感知能力的中心，② 带有宇宙和政治含义。③ 实际上，只是到了17世纪，随着医学和解剖学的发展，心才成了一个血泵，④ 古希腊"精神"、"心灵"和"肉体"的心理－生理三分法（心灵等同于"意识［thumos］"和"心"），⑤ 才被笛卡尔的身（空间实体）、心（思维实体）二元论所取代。⑥

---

① Eric Jager, *The book of the heart*（Chicago：University of Chicago Press, 2000）, p. xv.

② Scott Manning Stevens, "Sacred Heart and Secular Brain", in *The body in parts：fantasies of corporeality in early modern Europe*, eds. David A. Hillman & Carla Mazzio（London：Routledge, 1997）, pp. 263 – 284："不应忘记，尽管柏拉图、泰奥弗拉斯托斯、德谟克利特、第欧根尼都将大脑视为身体活动的中心，但他们的具体说法却又各不相同，有些甚至不是从生物学的角度来谈的。而亚里士多德和他的追随者，则强调心是人灵魂的寓居之所。"

③ Eric Jager, *The book of the heart*（Chicago：University of Chicago Press, 2000）, p. xv："自12世纪之后，亚里士多德在西方再度复兴，他将心与生命功能、情感、感官联系在一起。《圣经》作为一个很高的权威，也将心等同于内在自我，包含了良心、记忆和意志。而且，古拉丁语既用'心（cor）'作为智识、意志、品性和情感的主宰，也通常用它作为思想、记忆、大脑、灵魂和精神的同义词，这在早期基督教教父的拉丁语著作以及中世纪的传奇所用的语言中得到了继承。尤为重要的是'record'（'记录'，来自古拉丁语 cor）一词在中世纪的前身，将心与记忆、写作、书本联系了起来。除了生理和心理机能，心脏还处在身体的中央部位，因而被视为'存在的核心，理解、记忆和情感的主宰，自我的缩影'。如 Jacques Le Goff 所言，心在身体中的中心地位也引出了中世纪的一个政治隐喻：正如心脏是身体的'君主'，君主也是政治躯体的心脏。"

④ Scott Manning Stevens, "Sacred Heart and Secular Brain", in *The body in parts：fantasies of corporeality in early modern Europe*, eds. David A. Hillman & Carla Mazzio（London：Routledge, 1997）, pp. 263 – 284："17世纪的生理学只是开始探究心脏作为肌肉而非作为思维器官的功能，至少没有将心脏看作我们情感生活的中心。"

⑤ Jacques Rodier, *L'ordre du cœur*（Paris：Vrin, 1981）, p. 26："Ni pur vécu biologique, ni clair conçu intellectuel, l'engagement cordial, conduite ou discours, s'enracine dans le *Thumos* qui unit les exigences de l'Esprit à l'énergie du corps."

⑥ Descartes, *Septièmes objections et réponses aux Méditations Métaphysiques*, § IV, Remarques（CC）, *Œuvres philosophiques*, Vol. II（Paris：Dunod, 1996）, p. 987："... je n'ai jamais, en aucune façon, mis en dispute ce qui doit être appelé du nom de *corps*, ou d'*âme*, ou d'*esprit*, mais j'ai seulement expliqué deux différentes sortes de choses, savoir est, celle qui pense et celle qui est étendue, auxquelles seules j'ai fait voir que toutes les autres se rapportent, et que j'ai prouvé aussi, par de bonnes raisons, être deux substances réellement distinctes, l'une desquelles j'ai appelé *esprit*, et l'autre *corps*". Paul S. MacDonald, *History of the concept of mind：speculations about soul, mind and spirit from Homer to Hume*, p. 2："笛卡尔很清楚 soul 与 mind 的区别，是第一个为推出 mind 这个新术语及其主要特征，而明确抛弃与 soul 一词相系的所有概念关联的哲学家。"

可见，"心－脑"概念非但不能说明"语言的不可通约性"，不能说明中国文化的独特特征，反而证明它是"东方""西方"共有的东西：管子将心在身体中的位置比作君主在国家中的位置，① 与中世纪欧洲思想家将君主的无上地位比作心的无上地位异曲同工。②

结论：跨文化认知方式与比较研究

用亚洲/中国、西方/欧洲等范畴来区分文化，也就无法界说古代汉语或现代汉语的使用者，与希腊语、拉丁语或欧洲语言的使用者所共有的思维方式。"认知方式"这个概念是由历史和逻辑的特征来界定的，已经超越了认知主义的普遍特征和文化主义的地域特色之争。一方面，不会因为一位哲学家或作家是"中国人"而另一位是"欧洲人"（假如这种指称还有意义的话），他们的认知方式就一定大相径庭。另一方面，如果一位"中国的"和一位"欧洲的"哲学家或作家有共同之处，也并不仅仅是因为他们谈的都是人的原型。

从历史的角度看，两位分别来自当代中国和欧洲的哲学家的关联，可能比他们与各自古代的哲学家的关联更为紧密。比较研究应该在方法论上将时间整合起来。过度关注"文化独特性"，使比较研究忽略了库恩（T. Kuhn）引入的"范式（Paradigm）"③ 概念和福柯引入的"知识型（Episteme）"④ 概念所带来的认识论革命。这种革命的影响不容小觑。简单来说，用范式和知识型来思考，就意味着承认历史差异也是文化差异。不幸的是，库恩的范式概念完全被误用了，被用来支持本质主义和孤立主义的文化观，而范式概念最重要的认识论意义恰恰在于解构 19 世纪人们所认为的思想是线性发展的观念。从范式和知识型的角度来看，历史

---

① 管子：《心术上·第三十六》："心之在体，君之位也。"

② Jacques Le Goff et Nicolas Truong, *Une histoire du corps au Moyen Âge* (Paris: Liana Levi), p. 188: "le cœur […] est devenu le centre métaphorique du corps politique." Eric Jager, *The book of the heart* (Chicago: University of Chicago Press, 2000), p. xv: "如 Jacques Le Goff 所言，心在身体中的中心地位也引出了中世纪的一个政治隐喻：正如心脏是身体的'君主'，君主也是政治躯体的心脏。"

③ T. Kuhn, *The structure of scientific revolutions* (Chicago: University of Chicago Press, 1962).

④ M. Foucault, *Les mots et les choses. Une archéologie des sciences humaines* (Paris, Gallimard, 1966).

不是奔着终点向前发展的，而是不连续的、非线性的进程，在不同时期
有不同的阐释问题的方式。如果我们用"世界知识型（World Epis-
teme）"概念来思考，则亚里士多德与孟子、杜威与梁启超更为相通，
而不是亚里士多德与杜威、孟子与梁启超更为相通。属于同一知识型，
意味着有着共同的观念和信仰，应对相似的问题，即便属于不同的文
化区域也无妨。

从逻辑的角度来说，认知方式意味着论证模式并不依赖语言，因而可
用于不同的文化背景。两位法国哲学家本伍尼斯特（Benveniste）① 和于伊
曼（Jules Vuillemin）② 关于亚里士多德的"范畴"的讨论便说明了这一
点：如果亚里士多德的范畴只是希腊语言的范畴，而不是对它们的片面
的、独创的、创造性的阐释，则如法国印度学家于兰（Hulin）所言，就无
法理解统一的语言中如何能生出亚里士多德学派和斯多噶派这两种对立的
本体论。③ 而且，冯耀明（Yiu - ming Fung）已经证明，葛兰言、安乐哲
（Ames）、葛瑞汉所主张的所谓"中国的关联式思维"和"西方的分析式

---

① Émile Benveniste, *Problèmes de linguistique générale* (Paris, Gallimard, 1966), p. 70: "Nous
nous demandions de quelle nature étaient les relations entre catégories de pensée et catégories de
langue. Pour autant que les catégories d'Aristote sont reconnues valables pour la pensée, elles se
révèlent comme la transposition des catégories de langue. C'est ce qu'on peut dire qui délimite
et organise ce qu'on peut penser. La langue fournit la configuration fondamentale des propriétés
reconnues par l'esprit aux choses. Cette table des prédicats nous renseigne donc avant tout sur la
structure des classes d'une langue particulière".

② Jules Vuillemin, *De la logique à la théologie. Cinq études sur Aristote* (Flammarion, 1967),
p. 77: "En effet, de ce qu'une philosophie emprunte aux oppositions d'une langue les con-
cepts et les oppositions reconnues fondamentales pour la pensée, il est légitime de conclure non
seulement que la langue propose des suggestions à la pensée, mais qu'il est impossible de pens-
er ce qui n'y est pas exprimé; toutefois il est illégitime de conclure que la table des catégories de
la pensée reflète celle des catégories de la langue. Pour pouvoir aller jusque là, il faudrait avoir
montré que le tableau des catégories empruntées à la langue est aussi le tableau complet de ces
catégories quant à la langue. Dans le cas contraire, il y aura sélection et, si le philosophe choisit
dans les catégories linguistiques, c'est que son choix n'est précisément plus dicté uniquement
par la considération de la langue. Or, c'est bien ce qui se passe, puisqu'on ne saurait
prétendre que la structure des catégories de la langue grecque est exhaustivement exposée dans le
tableau d'Aristote. En fait, celui - ci suit une articulation logique qui, en même temps,
possède une portée ontologique..."

③ François Chenet, "Catégories de la langue et catégories de la pensée en Occident et en Inde," in
Catégories de la langue et catégories de la pensée en Inde et en Occident, ed. François Chenet (L'
Harmattan), p. 26.

思维”的对立是站不住脚的。① 认知方式的差异来自逻辑模式而非文化。

因此，如果我们承认文化总是在不断变化的，在某一特定地区也不是同质的，是通过与其他文化的交互作用来界定自己；如果我们承认语言是多样的，是由其历史、地域和社会变体来界定的；如果我们承认思想或艺术作品必然会偏离它们最初的文化背景，就可以得出如下结论：比较研究不应该再靠划分文化范畴来解释思想家们之间的差异。相反，比较研究应该转而去探寻那些中国和欧洲、中世纪和当代共有的跨文化的认知方式。不是将西方关于“存在”的本体论与中国的“变易”智慧相对立，而是应该聚焦中国/西方的唯心主义思想和中国/西方的自然主义思想之间的差异。

The Fallacity of Linguistic Incommensurability: In Search of Transcultural and Metalinguistics Cognitive Styles

Jean – Yves Heurtebise

Abstract: It is today well recognized that deconstructing the very categories of "East" and "West" is necessary to re – establish comparative studies on a new basis. However, though many scholars agree on the necessity to overcoming "East and West" cultural categories, the reason of the persistence of their use and a radical remedy to cure comparative studies from this chronic pathology has yet to be defined. This is the aim of this paper to address both of these issues. First, we will define the scope of the problem: to frame comparative studies through a deterministic understanding of linguistic specificities and an essentialist vision of cultural homogeneity. Second, after having demonstrating the limits of this explanatory framework for the proper understanding of comparative European/Chinese studies, we will provide an alternative heuristic paradigm:

---

① Yiu – ming Fung, "Paradoxes and Parallelism in Ancient Chinese Philosophy," *Topics in Comparative Ancient Philosophy: Greek and Chinese*, Oxford Conference, 22 – 24 June 2006.

trans – cultural and meta – linguistics *cognitive styles* shared by different groups of thinkers in diverse cultural settings.

Key words：Cultural Categories, East & West Philosophy, Incommensurability, Volkgeist, Sapir – Whorf hypothesis, Trans – cultural cognitive styles

（编辑：乔修峰、王涛）

现代中国思想范式的建立：侨易学初探

吴剑文[*]

【摘要】本文是对侨易学的初步探讨。先以新儒家和邓晓芒陷入歧途的思想路径为案例，指出现代中国文艺复兴的瓶颈，在于难以摆脱传统易学和黑格尔辩证法的影响。继而以德国哲人的建树为背景，评述当代中国学人跳出这一思想范式、文化重建的努力，标出叶隽发扬的侨易学于重建现代中国思想范式的思想史位置。最后对作为理论/哲学的侨易学作初步阐释，指出侨易对"三易"的变创，实为改造了传统易学的核心部分，从而扬弃传统易学；而"交易"作为一个关键性枢纽环节的引入，使侨易学成为"二元三维"立体结构的现代哲学体系。

【关键词】侨易学 《易经》 黑格尔 思想范式

一 现代中国文艺复兴的歧途

尽管"文艺复兴"的口号在中国宣告了颇有近百年时间（自新文化运动始），但世纪之交，季羡林提出的"21世纪是东方文化全面复兴的新纪元"这一"狂言"，仍遭到不少人士哂笑。若从20世纪百年文化之成果看，哂笑有理。

陈寅恪在《冯友兰〈中国哲学史〉（下册）审查报告》中说："其真能于思想上自成系统，有所创获者，必须一方面吸收输入外来之学说；一方面不忘本来民族之地位。此二种相反而适相成之态度，乃道教之真精神，新儒家之旧途径。"[①] 陈寅恪深知"二千年来华夏民族所受儒家学说之

---

    * 吴剑文，江西广播电视报社编辑。

    ① 陈寅恪：《冯友兰〈中国哲学史〉（下册）审查报告》，《陈寅恪学术文化随笔》，中国青年出版社，1996，第17页。

影响，最深最巨者，实在制度法律公私生活之方面；而关于学说思想之方面，或转有不如佛道二教者"。① 宋代新儒家吸收佛道二家思想，不过以儒家学说之瓶装佛道思想之酒，于儒家一脉延续为有益，于佛道思想发展则无补。不惟无补，反有害佛道二家思想之精纯。故宋代新儒家之成就，不在于"有所创获"，而在于以佛道二家数百年互参融贯的产物，"弥缝"儒家学说思想之方面的粗鄙。其成功的原因不在于其"弥缝"如何圆融，而在于儒家"其说所依托之社会经济制度未尝根本变迁，故犹能借之以为寄命之地。"所以，尽管其学说系统错漏百出，仍能维系八百多年，直到"社会经济之制度，以外族之侵迫，致剧疾之变迁；纲纪之说，无所凭依，不待外来学说之掊击，而已销沉沦丧于不知觉之间。"② 时至今日，若还以儒家学说建立"本来民族之地位"，那真是"以舟之可行于水也，而求推之于陆，则没世不行寻常"了。③

叶隽在《变创与渐常——侨易学的观念》一书中指出，现代新儒家其思路在于"以西济儒"，但此处之儒也非最初之儒，而是援佛入儒之后的儒。④ 这恰恰是现代新儒家体系结构未能创新、完成的症结所在。一是"援佛入儒之后的儒"家"弥缝"的杂凑学理，缺乏逻辑一贯性与思想融贯性，无法真正与近代西学对话、参证；二是在未能完成对传统文化的批判、扬弃，在"没有把集权统治下的政治文化传统和中国文化的本体相区别；没有认识到五千年以上的中国民族文化传统与二千年的集权统治下的政治文化传统有着质的区分"的情况下，⑤ 盲目继承传统，以为除此儒家一脉外，再无其他可释放出新热能的传统文化资源。此是现代新儒家之过也。

有识之士，致力"回到经典"，以轴心时代的学说思想为本体，吸收西学逻辑思维的长处，寄望于返古开新。路径虽然正确，但在本体的择取、西学的吸收上，常常或自觉或自发地走向同一渠道：以传统易学为体，黑格尔辩证法为用。

---

① 陈寅恪：《冯友兰〈中国哲学史〉（下册）审查报告》，《陈寅恪学术文化随笔》，中国青年出版社，1996，第16页。
② 陈寅恪：《王观堂先生挽词序》，《陈寅恪学术文化随笔》，中国青年出版社，1996，第4页。
③ 《庄子·天运》，载张远山《庄子复原本注译》，江苏文艺出版社，2010，第722页。
④ 叶隽：《变创与渐常——侨易学的观念》，北京大学出版社，2014，第179页。
⑤ 陈思和：《秋里拾叶录》，山东友谊出版社，2005，第3页。

《易经》是中华文化之渊薮，列为六经之一、三玄之首，儒道两家共同推重。若要回到传统文化经典，于《易经》无论如何绕不开去。而黑格尔辩证法，作为马克思主义哲学的直接理论来源之一，已成为众多当代学人思维的惯性范式。然以传统易学和黑格尔辩证法为基础，于思想上妄求成一系统，非但不能开新，反易误入歧途。

这里有必要对传统易学和黑格尔辩证法做一个简单的阐释。胡河清在《中国全息现实主义的诞生》一文中论及《易经》，一语中的地指出："《周易》象数的推衍，实际上就是中国历史绝对精神的独特演绎方式。《周易》中的政治哲学体系，在根本上制定了中国社会生存竞争的游戏规则。"① 他洞见了易经思维与黑格尔辩证法、精神现象学的隐秘关系：传统易学的推衍原理，与黑格尔哲学相通，其实都是一次性从现象中"取象"后，便从此脱离了"存在"大地的精神现象范畴的游戏。取象之后，不再察变寻异，无视现象的变动与发展，仅以精神现象的范畴演绎与现象界乱相比附，敷衍成理。无论这位德国哲学家所创造的正反合辩证逻辑定律，是否得自《易经》的启发，可以肯定的是，传统易学的思维方式，与黑格尔辩证法并无轩轾。这也是许多中国学人竟对号称"晦涩"的黑格尔哲学及其辩证法颇为热衷的缘由所在，有两千多年《易经》辩证思维的思想积淀，黑格尔辩证法在中国思想界的普及，比之南北朝时佛家弟子援引老庄格义佛学的教授，总要轻松得多。

邓晓芒先生是这群学人中，极富思想原创力的一个。他致力结合中国本土国情和全球化视野，站在普遍人性的高度锻造自己的思想，于马克思主义哲学的研究极有创见。尤其在论感性对客观世界的本体论证明中，为实践唯物论补上感性学的缺环，使封闭的唯理主义走向开放的经验主义成为可能。邓晓芒若以此为基，当能开出一路现代中国思想范式。但他一旦面对黑格尔辩证法，便不能自拔地入其彀中。邓晓芒在其发扬的"自否定哲学"中，以马（克思）补黑（格尔），削足适履，将感性学纳入辩证法，使其颇以为傲的自否定哲学仅仅成为黑格尔辩证法的升级版。自以为避免了二元对立的中国"假黑格尔"哲学的粗鄙模式，但恰恰后脚又踏进了"真黑格尔"自否定辩证法的陷阱。

西方哲学的辩证法，有"二元"的苏格拉底式与"一元"的黑格尔式

---

① 胡河清：《灵地的缅想》，学林出版社，1994，第202页。

之别。在苏格拉底式的辩证中，二元并非斗争对立，而是相辅相成。对话双方，没有"说服者"与"被说服者"的先验设定，苏格拉底在对话中总是从"我一无所知"开始，以没有结论但引起对话者思考而结束。这种对话的辩证过程，便是思想的深化与提升的过程，是"二生三"的过程，呈现出开放式的结构。而二元对立的中国"假黑格尔"哲学，却总是从一方握有"放之四海而皆准的普遍真理"开始，最后以另一方放弃自我的独立思考、全盘接受一方的思想模板而结束。这种对话的辩证过程，便是思想的专制与一统的过程，是"二归一"的过程，呈现出封闭式的结构。"假黑格尔"哲学表面上是二元的，但其中的第二元，仅仅是扮演第一元所握"真理"的活靶、陪练的角色。不但开不出第三维，适足以让第二元成为思想一统的"炮灰"。从这个意义上来说，邓晓芒的努力有其廓清寰宇之价值。但其复归的"一元"自否定"真黑格尔"哲学，在消除了二元对立斗争哲学的同时，也关闭了二元三维的发展空间。

顾准曾指出："有人把民主解释为'说服的方法'而不是强迫的方法。这就是说，说服者的见解永远是正确的，问题在于别人不理解它的正确性。……那么说服者的见解怎么能够永远正确呢？因为他采取了'集中起来'的办法，集中了群众的正确的意见。怎么样'集中起来'的呢？没有解释。"① 而邓晓芒对黑格尔的还原为"集中起来"的"正确性"作出冠冕堂皇的解释：自否定。邓晓芒将自否定视为悖论的实质，认为"如果我们把形式逻辑的同一律（A ＝ A）理解为'树叶是树叶''太阳是太阳'等等，这是毫无意义的；但在最普通的命题如'树叶是绿的'、'太阳是恒星'、'白马是马'中，就已潜在地包含着'个别是一般'这种对立关系，并在这种对立关系中又潜在地包含着'个别不是个别'这种自否定（矛盾）的关系。"② 邓晓芒这段看似精彩之极的创见，正是其自否定哲学的谬误之源。要知道，同一律的设定，是对在同一思维过程中不能任意改变概念的内涵与外延的检验，从而保证思维的精确性。"树叶是树叶""太阳是太阳"，并非毫无意义，因为人们往往在具体的思维表达中，或有意地偷换概念，或无意中变更概念的内涵或外延，造成谬误。而邓晓芒认为的"在最普通的命题中潜在包含的对立关系及自否定的关系"，乃是将不同思

---

① 顾准：《顾准文集》，贵州人民出版社，1994，第343页。
② 邓晓芒：《实践唯物论新解——开出现象学之维》，武汉大学出版社，2007，第26页。

维层次的两个概念扭成一团，看成同一思维层次而造成的谬误。"白马是马"并非意味着"个别是一般"，而仅是元素与集合的归属关系。因为邓晓芒没有看出不同层次的概念的立体结构，所以误以为其中含有无所不在的自否定，于是将悖论上升到辩证法的高度。

由此可见，邓晓芒引以为傲的自否定哲学体系，不过是主体左右双手互搏的伪辩证，与二元对立的"假黑格尔"哲学表象相异而实无不同。唯其是自否定，一切谬误都可被其自视为迈向真理的必要条件，所以更为封闭。尼采早已说过："哲学体系仅在它们的创立者眼里才是完全正确的，在一切后来的哲学家眼里往往是一大谬误，在平庸之辈眼里则是谬误和真理的杂烩。然而，无论如何，它们归根到底是谬误，因此必遭否弃。"① 尼采所否弃的哲学体系，就是黑格尔哲学这类唯理主义的封闭体系，如果说邓晓芒的自否定哲学有何价值，那也仅仅是在清算"假黑格尔"哲学后"过渡时期"的代用品而已。

但不要以为邓晓芒的错误是浅薄的、个别的。邓晓芒对文化重建的推进之力已经超越了众多同代学人。他对儒家、现代新儒家的批判直指对手死穴，他的"普遍人性批判"闪烁着尼采的思想光辉，故他能更早地触及现代中国的思想困境，并提出自己的解决方案。无奈这种"坎井出跳"的"改良"式方案，无异于想通过抓着自己的头发而使自己离开地面。真正应了顾城为这"一代人"的传神写照："黑夜给了我黑色的眼睛，我却用它寻找光明。"

批判儒家的邓晓芒，自称是"一个自我反思、自我批判的儒家知识分子"②，这一触及灵魂的反思，显出其思想与真诚已达至鲁迅的高度。人之所以会去批判什么东西，往往是因为自己置身其中难以自拔、从而想通过批判得以从中解脱。邓晓芒的确是一个"儒家知识分子"，因为一元的自否定哲学，不待黑格尔，在儒家六经之《易经》中，已有其另一演绎范式。周文王"序卦"的推衍，便是自否定辩证法的"真正诞生地和秘密"。此一思维模式，经孔子、子夏等儒家知识分子信授，早已下延民间，普及到"百姓日用而不知"了。邓晓芒所面对的，是宛如"无物之阵"的文王易学与黑格尔辩证法的双重鬼影。其以黑格尔辩证法为"批判的武器"而

---

① 尼采：《希腊悲剧时代的哲学》，周国平译，译林出版社，2011，第43页。
② 邓晓芒：《儒家伦理新批判》，重庆大学出版社，2010年，第11页。

批判儒家思想，确实只是一种变了形的"自我否定"而已。

邓晓芒的困境并非思想史特例，中国许多力图融会中西、追本溯源以开新象的当代学人，都将面临同一困境。如何扬弃传统的易学，重择参证的西学，以驱除"绝对理念的鬼影"，将成为重建科学的现代中国思想范式的首要问题。

二 中国学人文化重建的努力

建立科学的现代中国思想范式，并不是简单地颠覆黑格尔的自否定哲学。阿城说："无产阶级文化大革命的文化本质是狭窄与无知，反对它的人很容易被它的本质限制，而在意识上变得与它一样高矮肥瘦。"[①] 同样的意思，钱钟书更为精辟地阐释道："就是抗拒这个风气的人也受到它负面的支配，因为他不得不另出手眼来逃避或矫正他所厌恶的风气。正像列许登堡所说，模仿有正有负，亦步亦趋是模仿，反其道以行也是模仿。"[②] 黑格尔哲学的辩证法作为理念的"统一场"，早已将对立面"统一"进其体系。马克思"反其道以行"的颠覆，在思维结构上并未跳出黑格尔辩证法的樊篱，但恰因马克思对黑格尔的倒置，使得"感性的"生命活动实践，得以成为人类文化结构和知识大厦的坚实基础，立体的经验主义的思想范式，只有在这一坚实基础上才能矗立起来。可以说，马克思的"出发点"是正确的，只是在思维结构上如何驱除"黑格尔的鬼影"，则有待马克思后学吸收其他德国哲人的努力成果，与时俱进发展之。

德国哲人中，歌德、叔本华、尼采三人，能于哲学领域别出手眼，对唯理主义进行了深刻的反思与批判。他们各以其独异于人的努力，驱除了"黑格尔的鬼影"，成为侨易学的异域先驱。

慧眼独具的歌德，洞见黑格尔辩证法的滥用，必然导致颠倒黑白，混淆是非。歌德因研究自然哲学而提出的"原始现象"说，使他能穿透黑格尔哲学封闭体系的云遮雾障，看出其"概念游戏"的诡辩本质。冯至指出："歌德所用的方法可以说是综合的，这原始现象是从自然界万象中综合得来的假定，把所有个别的、偶然的、特殊的事物除去了以后而得到的

---

① 阿城：《闲话闲说——中国世俗与中国小说》，作家出版社，1998，第 180 页。
② 钱钟书：《七缀集》，生活·读书·新知三联书店，2002，第 1 页。

万物的共同的现象。……原始现象是从万物观察得来的，可是得到以后，又可以利用它反过来观察万物，他先得到自然的综合，然后再把这普遍观念运用在无数个别事物上，而感到无往不利。"① 这一"原始现象"说，虽未成体系，但已与侨易学的方法——观侨阐理、取象说易、察变寻异——暗合，叶隽对歌德的强烈认同感，不为无因。

叔本华将充足理由律视为一切科学的基础，并在此基础之上建立自己的思想学说；尼采对歌德的推崇及其不事体系的自觉，都可说是黑格尔绝对理念的解毒剂。无奈这一脉西学传统，在 20 世纪中国未能成为学人共识。而黑格尔的绝对理念世界，却让中国大多数知识分子如痴如醉。仅王国维、鲁迅等零星异数，方能逸出牢笼，成为"值得庆幸的偶然事件"。

郜元宝精辟地指出："鲁迅之外，现代中国大多数知识分子，不管有没有认真读过黑格尔的书，都可以说是不幸入了黑格尔的彀中。中国传统思想本来就有对自在自为、完美无缺的'道'的迷信，宋儒更是努力追求包举宇宙、弥纶群言的终极性思想体系，因而在思想传统上，中国知识分子和坚信自己的哲学乃是宇宙中本来就存在的先验哲学的黑格尔之间，有着巨大的亲和力……问题是黑格尔的东方的学生比起西方的乃师来，又多了一点小聪明，叫做'爱而知其恶'，经常要自欺欺人地发动对乃师的批判，却不知道这种批判的结果，是把黑格尔对绝对理念的坚信，改成了东方的不成器的学生对'历史必然性'的迷信，进而改成对代表'历史必然性'的'风流人物'的绝对的委身。"② 应该说，正是新儒家的借尸还魂，使黑格尔哲学在中国得以发展壮大，以"自否定"的蛮横方式，迫使一切自由意志折腰于代表"历史必然性"的"真理在握"的集权者，从而将中国逼进了"文化大革命"的死胡同。邓晓芒的悖谬，就在于未认识到黑格尔辩证法与儒家这一脉易学文化资源的相通，在反儒的同时演出了一幕"以西济儒"的喜剧。

当代中国学人，唯有立足马克思指出的"感性"这一"一切科学的基础"，并像歌德、叔本华、尼采一样，跳出黑格尔绝对理念的樊篱，建立一种立体的经验主义的思想范式，方能完成文化重建，使中国文化得以顺道发展。在这一向度上努力者，前有顾准"坚决走上彻

---

① 冯至：《从〈浮士德〉里的人造人略论歌德的自然哲学》，《论歌德》，上海文艺出版社，1986，第 38 页。

② 郜元宝：《鲁迅、黑格尔与胡风》，《现在的工作》，广东教育出版社，2004，第 25 页。

底经验主义"① 叩其端，后有李劼"全息思维论"振其绪，直至张远山"语言三指论"和叶隽"侨易学"的提出，现代中国思想范式的建立方有了切实的成绩。

顾准曾说过："唯有科学精神才足以保证人类的进步，也唯有科学精神才足以打破权威主义和权威主义下面的恩赐的民主。"② 顾准推崇的现代科学精神，建立在叔本华所论及的充足理由律的基础上，正是彻底的经验主义。顾准以经验主义的立场批判唯理主义的弊病，如同经验主义的休谟哲学，使康德从唯理主义独断论的迷梦中惊醒。"文革"中上下求索、廓清迷雾的顾准，虽在思想原创上力有未逮，却为后来者指出了文化重建的正确向度。

李劼先生于 1986 年提出的"双向同构"思想，是跳出二元对立，构建现代中国思想范式的一次尝试。但"双向同构"与黑格尔"正反合"的区别何在，别说刚从"文革"走出来的其他同时代学人，恐怕作者本人，于其时也未必能辨析分明。作为"双向同构"思想的发展，李劼在 1993 年所撰关于《红楼梦》的论著中，提出"全息思维"概念。《历史文化的全息图像——论〈红楼梦〉》一书，可算是李劼运用"全息思维"方式进行研究的个案展示，但学理性的建设，却迟迟未见完成。（尔后，胡河清、张远山、邓晓芒等人也分别在不同研究领域，使用全息这一名相，所指互有异同。）李劼和尼采一样，认为思想不能形成体系，故只能于相关文章中，见出其全息思维的大致所指。在《论第三空间——兼论从双向同构到"三生万物"》一文中，李劼对"双向同构"的"二生三"作了详尽的解析："过去的对立统一也罢，合二而一也罢，黑格尔的正反合也罢，实际上都是一种单向的封闭的哲学，而不是双向度的开放的哲学。以前由于哲学上的封闭性，导致了实际运用当中的斗争方式，导致了文化上没有宽容余地的方式，动辄便是单向度的你死我活，而不是双向度的你活我也活。其实，双向度的开放性哲学，早在老子的《道德经》里，就已经说得明明白白。那就是几乎人人皆知的名言：'一生二，二生三，三生万物。'在一生出二之后，不是为了回到一。因为二不是为了统一而生出来的对立，而是为了继续生出三来的同构。以前的哲学，问题出在一生出二来之

---

① 顾准：《顾准文集》，贵州人民出版社，1994，第 424 页。
② 同上书，第 345 页。

后，马上把二确认为对立，从而通过对立，回到统一，回到一，回到唯一独尊，回到唯我独尊。飞龙在天之后，尚且有个亢龙有悔，可是唯一独尊和唯我独尊却从不后悔。以前的哲学，从来不向二生三进化和过渡，而总是人为地打断二向三的进化，人为地窒息三生万物的可能性。"①

这段关于"二生三"的辨析，与叶隽《变创与渐常——侨易学的观念》一书中关于"二元三维"的论述，若合符节。李劼"全息思维论"的不事体系，与叶隽"侨易学"构建的开放性体系，都从老子的宇宙论开出，是对同一向度的相反而又相成的努力。

真正在学理上可与"侨易学"相互参证的思想体系，乃是张远山先生于1992年初步成形的"语言三指论"（提纲）。同样是建构新的现代中国思想范式，张远山的语言三指论，是在对先秦名家学说创造性研究的基础上，补上索绪尔"普通语言学"之"受指"这一缺环的思维哲学系统。它包含了本体论、认识论和方法论，在三指的立体结构中建立科学的世界图式。而叶隽的侨易学，则是在民国学人李石曾发扬的"侨学"基础上，对传统"易经思维"的点铁成金。

如前文所述，传统易学与黑格尔辩证法相似，滥用必然导致颠倒黑白，混淆是非。侨学注入易学的意义，是使现象之"侨"成为把握本质之"易"的稳定剂。叶隽在书中言及："作为中国传统智慧源泉的《易经》，不仅有着具体的象数层面的推演卜测功用，而且在宏观层面往往能博而能容、具有哲学体系的'不建而构'的宇宙观色彩。"② 在传统易学的改造中最为当务之急的，就是扫清传统易学"推演卜测功用"（易经象数，本属上古天文历法学产物，并非推演卜测人运之用③）的神秘主义色彩，去除牵强附会的推演卜测，让易学成为科学的哲学体系。有了"观侨"这一严格的经验主义的限制，侨易学便可避免成为传统易学般的"万金油"式东方神秘主义。

如果说，语言三指论是从中断两千余年的先秦名家绝学中开新，具有"哥白尼式革命"的彻底性；那么，侨易学便是在传统易学和黑格尔哲学的"奥吉亚斯牛圈"中，清扫出一条道路，属于内部突破的努力。不过，

① 李劼：《论第三空间——兼论从双向同构到"三生万物"》，新浪博客2007年6月30日，http://blog.sina.com.cn/s/blog_48c6f21501000ame.html。
② 叶隽：《变创与渐常——侨易学的观念》，北京大学出版社，2014，第6页。
③ 详见张远山：伏羲学系列论文，《社会科学论坛》2014年第3期起连载。

一个开放性的科学体系的建立，必须能经受住一切现象变易的检验，"是愚人才把眼睛仰望着上天"（歌德语），开出上帝（或绝对理念）创世的巫术偏方。这正是张远山欲"究天人之际、察古今之变"后，将《语言三指论》专著留待最后写出的审慎之由。叶隽则在大量的个案研究中不断修正、补充体系，不惜把自己作为标本，将修正致思的过程呈现于众，这也是发扬真理的极大勇气。所以侨易学的完整体系，只能说初步成形，远未形成。叶隽的大量个案研究，就是其经验主义的坚实"大地"。如果说关注精神质变的侨易学仍然是一种精神现象学，那么它也已是一种"忠实于大地"（尼采语）的精神现象学。

三 作为现代思想范式的侨易学

理清思想，认识天道，需要有效的思维工具。思路不清的人，只能留下一些脱离背景、没有明确范围的格言、语录，价值极其有限。侨易学便是一种创造新的思维立体结构，从而解释人类、世界、宇宙现象的基本规律的尝试。

尽管叶隽在谈及"侨易学的缘起"时，强调了李石曾发扬"侨学"概念的历史贡献和《易经》的多重意义，致敬前贤的启迪与发凡，凸显侨易学的知识资源。以至于有人可能会以为，"侨易"观念是试图用《易经》思想来理解人类文明史。但可能少有人会注意到，作为一场静悄悄的革命，侨易学已经偷梁换柱地改造了传统易学的核心部分。侨易学已不是简单的侨学或易学，更不是两者的并集，其重心在于一种新的思想范式的建立。所以，从传统的侨学和易学的角度，不能见出侨易学的创见。

现代思想者可以依靠的思想资源极为丰富且驳杂，思想者在进入这样一个丰富驳杂的思想传统之时，更容易面临选择的困难。老子说："执今之道，以御今之有，能知古始，是为道纪。"[1] 如何应对新语境下新现象对旧体系的越轨，重新认识传统，升级思维模式，成为思想脱困和文化创新的关键。如果掩耳盗铃，对新现象的挑战视而不见，随意选择某种传统思想作为自己的依靠，而不是升级之、更新之，就很可能被自己误读的传统所欺骗。

---

[1] 高明：《帛书老子校注》，中华书局，1996，第288页。

　　《易经》便是这样一个丰富而驳杂的传统。传统易学认为，易一名而含三义：简易，变易，不易。这个观点因为钱钟书在《管锥编》开篇第一节就加以引用而为当代学人所熟知。钱氏认为，这是两个相反的意思用同一个字来表现的例子，并以此批驳黑格尔"中国语言不宜思辨"的观点。但从思维层次上看，易之三义的位格并不相同。"简易"是思维运作的形式，"变易"是思维对现象的直观，但"不易"却是对现象背后抽象结构的高度理解。在这里，"变易"属于现象层面，"不易"属于本质层面，

　　稍具逻辑学知识的人都知道，在同一思维过程中，对同一对象不能同时作出两个矛盾的判断，否则便是悖论。思维必须与思维的对象互相分离，但思维本身也可以成为思维的对象，这便是悖论产生的根源。消除悖论的出路，在于认识到一旦把"思维"当成思维对象，思维就已经进入元思维，两者并不在同一层面。[1] 而传统易学玩的花样，便是混淆不同思维层次的"统一场"。变易和不易，并非两个相反的性质互补地共存一体，而是从两个思维层次进行的不同观照。

　　叶隽有识于此，将三易做了一个精彩的变创。谓"易有三进，一为变易、二为交易、三为简易；道乃不易。"[2] 并将之与老子所言相互发覆："道生一，一生二，二生三，三生万物。万物负阴而抱阳，冲气以为和。"[3]

　　叶隽进而解释道："事物的'变易'乃是生生不息的过程，凡有宇宙客观之存也，则变易为万世之理，纵然表象为静态，其内部亦始终在运动之中；'简易'表现的是大道至简，最复杂的过程呈现可能最后落实到原理层面，则仅为言简意赅甚至公式表现的公理、定义而已，甚至其根本性之原则均有其'不易'的一面；而'交易'则是变易过程中的一个关键性枢纽环节，就是通过不同的、具有较大异质性的环境变化而导致的事物的质性变化，所谓侨易，实际上更多体现为交易的内容。因为有二元关系的相交，所以有侨易现象的产生。"[4]

　　这段话堪称一书之总纲。其中胜义颇可玩味。

　　首先，"纵然表象为静态，其内部亦始终在运动之中"一句，纠正了

---

① 张远山：《说悖论：理性的癌变》，《永远的风花雪月，永远的附庸风雅》，珠海出版社，2003，第 238 页。
② 叶隽：《变创与渐常——侨易学的观念》，北京大学出版社，2014，第 5 页。
③ 高明：《帛书老子校注》，中华书局，1996，第 29 页。
④ 叶隽：《变创与渐常——侨易学的观念》，北京大学出版社，2014，第 5 页。

传统易学将"静态"这一变易的特殊形式与不易相互混淆的谬误。而"根本性之原则均有其不易的一面"，指的是简易后公理、定义的原理相对稳定性。简易是为了认识不易的"全面"，但人难尽知天道，所以更新永无止境。一旦发现简易原理的反例，必须"察变寻异"。而交易便是在实践过程中得以检验、校正、完善原理的"察变寻异"，是文明积淀的必由之路。

为什么传统易学会相对忽视"交易"这么重要的一维？因为交易过程中的"察变寻异"与"祖宗之法不可变"的专制主义相互抵触。儒家将《易经》视为群经之首，圣人所作，不可置疑，不肯修正。在专制制度下，因循守旧最为安全。无视"察变寻异"的修正、积淀、完善过程，以为原理一旦被发现，就可以一劳永逸。一旦时移世易，因循的旧原理解释不了新现象，反成进步的障碍。

但《易经》的义理中，的确已经蕴含了交易的元素，只是隐而不显。

《易经·系辞》说："乾以易知，坤以简能；易则易知，简则易从；易知则有亲，易从则有功；有亲则可久，有功则可大；可久则贤人之德，可大则贤人之业。易简而天下之理得矣。天下之理得，而成位乎其中矣。"①

这段话因为对仗而朗朗上口，以至于许多人习焉不察，往往忽视了其中的互文关系。若受到传统易学的影响，便会以为这里是在分判天地的不同性质。但"乾以易知，坤以简能"并不是分判，而是互文。其实是乾坤"以易知，以简能"。人类的所有进步，都立基于对宇宙的认知，乾坤便是宇宙，易是"变易"，简是"简易"。以易知，就是"观侨阐理"；以简能，就是"取象说易"。乾坤互动，阴阳交易才能冲气以为和。而"易知、简能"这一"知行"互动的过程，则是为了得"天下之理"，天下之理就是"乾坤互动，阴阳交易"之类的宇宙规律。人是宇宙万物之一，获知宇宙规律，是为了能顺应宇宙法则，不行悖道之事。但庄子说过："岂唯形骸有聋盲哉？夫知亦有之。"② 既然"知有聋盲"，那么人对宇宙规律的认知必有鞭长莫及之域。只能不断"察变寻异"，通过侨易过程不断完善，有时甚至需要推倒重建，才能无限趋向于终极真理，才能以人合天。从人类文化发展史的角度而言，交易的重要性是怎样估量都不为过的。

① 潘雨廷：《周易表解》，上海社会科学院出版社，2004，第206页。
② 《庄子·逍遥游》，载张远山：《庄子复原本注译》，江苏文艺出版社，2010，第38页。

例如叶隽在"案例研究"中，以侨易学为理论背景，将中国文化的"精神三变"作了整体性个案分析。所谓"精神三变"，即内在于中国；内在于东方；内在于世界。① 这个分析将复杂的文化现象作了言简意赅的清晰阐释。但周秦以前，也即《易经》到诸子之前的"古代中国"又是如何呢？文中提及了这个问题，也引用了相关学人的各类看法。叶隽的专业并非上古史研究，但可以通过侨易学对其进行理论把握，精辟地指出："我们要注意到世界视域的必要性，但主要的重心仍应放置在中国民族性的形成上。"② 并对"中国文化西来说"自觉地抱以警惕。这里笔者引用张远山先生对上古文化史研究所得的成果，证明并补充叶隽的理论把握。张远山运用遗传学、考古学、文献学三重证据，根据百年来考古出土的大量彩陶纹样，论证了公元前 6000 年伏羲族，也即后来的神农族、炎帝族，在甘肃天水大地湾文化发祥、创制历法，随后在先仰韶 - 仰韶 - 龙山四千年里沿黄河向东扩张，与东部几大族群相遇并发生文化碰撞，历法因之东传，并不断修正、完善的过程。③ 这也是一个贯穿始终的侨易过程，可以概括为：内在于天水大地湾，内在于黄河流域，内在于华夏诸族，与叶隽概括的"三变"正好接榫。为何侨易会导致历法文化的进步？结合刘宗迪先生《失落的天书——〈山海经〉与古代华夏世界观》一书的华夏上古史研究，可以得知：天水大地湾早期的伏羲族人，是以地面东西南北各七山建立历法体系。只要看看太阳是在哪一对东西山的连线上起落，就能得知月份；只要看看太阳是在哪一对南北山的连线上，就能知道现在的大概时辰。④如果他们不离开多山的祖地，这种简捷的方式便可保持超稳定结构，长久地沿袭下去，不需要升级。例如，现在西南地区还有一些少数民族仍在使用这种方法推算时日。而一旦离开祖地，这种传统方法就不再具备普适性，历法便需要修正、升级。于是二十八山改换成天空中相对更为稳定的二十八宿，这样才能适用于黄河流域的各个地方，文化因而升级、发展。后来，华夏诸族在黄河流域相遇互动，导致了新碰撞、新交流，也带来了

---

① 叶隽：《变创与渐常——侨易学的观念》，北京大学出版社，2014，第 178 页。

② 同上书，第 181 页。

③ 张远山：《陶器之道，开天辟地——上古四千年伏羲族历法史》，《社会科学论坛》2014年第 3、4 期。

④ 刘宗迪：《失落的天书——〈山海经〉与古代华夏世界观》，商务印书馆，2006，第 121页。

新刺激、新元素，从而激发了新灵感、新创造，所以上古华夏文化转型为中古的夏商周文明，早期国家出现，青铜时代开始，此即"内在于中国"的时代。可以说，中国上古文化，也是在侨易过程中不断取得突破性进展的。

道家出于史官（道家始祖老子曾任周守藏室之官），所以先秦诸子中，道家思想者最先意识到交易的重要性。如叶隽所引老子之言："道生一，一生二，二生三，三生万物。万物负阴而抱阳，冲气以为和。"所谓二生三，三便是二交易所得，也就是"冲气以为和"。叶隽说："我们必须在一般意义的二元之外，寻求第三极，如此可以构成'三元'建构，但这个三元不是实体三元，因为那个'三'可能永远不是完整意义上可以与'二'抗衡之三。"[1] 在我看来，老子已经给出了三的所指。第三极是二元"负阴抱阳"交易所生，而交易之所得，又可与二元相参，此即《中庸》所说的"尽物之性，与天地参"。而对三的观照，又需把道体和道术区分开来：从道体看，三是阴、阳、和阴阳冲气；从道术看，三是变易、简易、和交易。

然而老子这段话，似乎没有蕴含侨易的物质位移过程，反倒近于颇具时间感的发生学过程。不过，叶隽前文已述："变易为万世之理，纵然表象为静态，其内部亦始终在运动之中。"既然侨易学是将运动（即时间中的物质位移）引发的现象作抽象归纳。因此，我们可以把在时间流变中位置相对稳定的静态表象，视为物质位移的特殊形式。只要从精神质变的角度进行反推，就能"取象说易"。因此侨易是时空二元的全息结构。有空间引发的位移之侨易，有在空间位移相对静态的特殊形式下从时间角度进行观照的语境之侨，此即时空二元的全息侨易。因此，若增加"物质时变"（《易经·贲卦·象传》有"观乎天文，以察时变"语）这一名相，将之视为"物质位移"的特殊形式，那么物质移易和精神升变的阐释力，可能会更为清晰。同时也避免了将"精神漫游"与"精神质变"两个概念混淆的可能性。

这里要补充一下对《变创与渐常——侨易学的观念》一书中"物质"这一名相的解释。在叶隽的侨易学中，"物质"一词近于佛教中"法"的概念，是指"万事万物"。佛教中的"法"和"我"，"我"是"能取"，

---

[1] 叶隽：《变创与渐常——侨易学的观念》，北京大学出版社，2014，第14页。

"法"是"（我之）所取"，此处的"物质"一词，也应作如是观。若我们不把"物质"一词作机械唯物论地理解，可能会明白叶隽此处的不得已而为之。

中国文化重建的关键是，如何从文明内部，找到升级为新文明的基因——否则只能被来自外部的新文明取代、同化（实质上的消灭）。侨易学试图从传统易学中突破开新，但从《变创与渐常——侨易学的观念》一书艰难的写作历程便可见出，这种超拔的过程是极为困难的。例如书中第一章第二节《作为理论/哲学的侨易学》对"乾坤"二卦的解读，就颇有点入了《易传·序卦》和黑格尔精神现象学的思维定式。歌德对黑格尔辩证法的看法是："但愿这种精神艺术和才能不致经常遭到滥用才好。"① 这可能也是侨易学研究中需要时时警醒，自觉规避的问题。

不过叶隽书中已言："我们强调取象的重要性，也就是说，作为狭义学科概念的侨易学并不是什么现象都可拿来研究的。"② 英国诗人布莱克说："一朵花里见天堂"，但研究天堂，却没有必要钻到花里去。老子言"执大象，天下往"，侨易学的取象，当以此言为是。毛泽东思想可以用来宏观指导及时雨宋江夺权，但没法直接指导操刀鬼曹正杀猪。当然，杀猪之道，未必不合哲学，如庄子提及的"庖丁解牛"，但却不能牵强附会。笔者相信叶隽对歌德的研究会使这个问题得以解决，因为歌德的"原始现象"说，正是侨易学可资参证的异邦友军。

The Construction of Modern Chinese Thinking Paradigm ——A Tentative Study of Kiao – Iology

Wu Jianwen

Abstrat：This paper is a preliminary study onKiao – Iology. Firstly, through the cases of DENG Xiao – mang and New Confucianism, this paper points out the bottleneck in modern Chinese Renaissance, that is, being not a-ble to get out of the influences of traditional I – ology and Hegel's

---

① 阿尔森·古留加：《黑格尔传》，刘半九等译，商务印书馆，1995，第182页。
② 叶隽：《变创与渐常——侨易学的观念》，北京大学出版社，2014，第20页。

Dialectics. Secondly, with the German philosophic achievements as a frame of reference, this paper evaluats contemporary Chinese scholar's endeavors to overcome the above mentioned defect, and highlights the role of YE Jun's Kiao – Iology in these endeavors. Finally, this paper analyses the theoretical innovations of Kiao – Iology as a thinking paradigm.

Key words: Kiao – Iology, *I Ching*, Hegel, Thinking paradigm

（编辑：王涛）

"理论旅行"抑或"观念侨易"

——以萨义德与卢卡奇为中心的讨论[*]

叶　隽[**]

【摘要】 观念与理论之间的互文性或者迁移性，是非常重要的命题，萨义德与此相关的"理论旅行"概念流行甚广。不过"横看成岭侧成峰"，相比较其由于在中东和北美之间辗转迁移而生发的诸种理论发明，本文则试图另辟蹊径，以源自中国传统知识资源的侨易学重观"理论旅行"问题，提出同样以卢卡奇为中心点的但却不同的轨迹链类型，发覆出断链点续与场域博弈、交叉系统与立体结构、二元三维与混沌见道等多层意义，进一步比较其由于在中东和北美之间辗转迁移而生发的诸种理论发明背景，结合其本人的侨易经验而消解主体，最终试图超越"理论旅行"，在更高层面的东西交通、交往行动、大道元一框架下来呈现"观念侨易"的复杂而丰富的核心景观。如此或可对萨君之理论盲点略有补充，以凸显东方思维模式之整体性意义，展开一种新型的跨文化对话。

【关键词】 萨义德　卢卡奇　理论旅行　侨易学

对于现代世界之形成而言，自大航海时代以来的全球化过程可谓至关重要。相比较货物的急速流通、贸易的密切展开、人员的频繁往来，乃至政治体之间的互通有无，文化的交流与变化，是以一种较为平和的舒缓的方式展开的。作为全球化的文化标志，思想层面的知识流通和观念互动，虽乃题中必有之义，但其运动轨迹和方式则有其特立独行的方面。马克思将世界市场、世界政治和世界文学的关系理解为一种立体结构："资产阶级，由于开拓了世界市场，使一切国家的生产和消费都成为世界性的

---

　　* 关于萨义德"理论旅行"与侨易学的学术对话问题，是周云龙君在"侨易观念的意义与问题"学术研讨会上提出的，该文成稿过程中，又与他往复讨论，贡献意见，特此致谢。

　** 叶隽，中国社会科学院外国文学研究所中北欧室研究员。

了。……各民族的精神产品成了公共的财产。民族的片面性和局限性日益成为不可能，于是由许多种民族的和地方的文学形成了一种世界的文学。"① 马克思意义上的"世界文学"其实更多地指向人类精神产品的广义概念。对于这种观念与理论之间的互文性或者迁移性，萨义德有过非常精彩的讨论，甚至成为一种甚为流行的理论模型，是所谓"理论旅行"。不过"横看成岭侧成峰"，相比较其由于在中东和北美之间辗转迁移而生发的诸种理论发明，本文则试图另辟蹊径，以源自中国传统知识资源的侨易观念重观"理论旅行"问题，或可对萨君之理论盲点略有补充，以凸显东方思维模式之整体性意义，展开一种新型的跨文化对话，能仔细观察整体性人类精神产品的产生过程。

一 "理论旅行"的案例择取及其理论模式

萨义德（Edward W. Said, 1935 - 2003）显然是有着理论建构的雄心，他试图将理论旅行进行模式化建构，强调"任何理论或者观念的旅行方式都需要经历三四个步骤"，具体言之：

> 第一，需要有一个源点或者类似源点的东西，即观念赖以在其中生发并进入话语的一系列发轫的境况。第二，当观念从以前某一点移向它将在其中重新凸显的另一时空时，需要有一段横向距离，一条穿过形形色色语境压力的途径。第三，需要具备一系列条件——姑且可以把它们称之为接受条件，或者，作为接受的必然部分，把它们称之为各种抵抗条件——然后，这一系列条件再去面对这种移植过来的理论或观念，使之可能引进或者得到容忍，而无论它看起来可能多么的不相容。第四，现在全部（或者部分）得到容纳（或者融合）的观念，就在一个新的时空里由它的新用途、新位置使之发生某种程度的

---

① Marx & Engels, "Manifest der kommunistischen Partei", *Marx/Engels*: *Ausgewählte Werke* (vgl. MEW Bd. 4, S. 466, S. 2617 - 2618, http://www. digitale - bibliothek. de/ band11. htm. 译文参见马克思、恩格斯《共产党宣言》，《马克思恩格斯选集》第 1 卷，人民出版社，1972，第 254 ~ 255 页。编者注中指出，这里的"文学"（Literatur）的概念乃是指包括了科学、艺术、哲学等等方面的书面著作，所以"世界文学"在这里是个拓展性的概念，可以看作是人类精神产品的指称，但这里的德文概念"Weltliteratur"是与歌德使用的同一个词汇，所以我倾向于将其翻译为"世界文学"，而非"世界的文学"。

改变了。①

讨论理论转换为方法的具体细节问题无疑是饶有兴味的，因为这关系到一种精神抽象层面的设想如何落实到具体研究中的效果问题。显然，萨义德有一个"从旧到新"的预设，或者从"源点"到"新生"的过程，这其中有相关之各种条件因素的考量和相互作用的力的博弈，直到最后的"再出发"，此时已经和原象不尽相同了。

具体言之，萨义德在此借助若干理论家的代表作，来呈现一种理论旅行状态的描述与分析。即卢卡奇（Georg Lukács，1885 – 1971）《历史与阶级意识》、戈德曼（Lucien Goldmann，1913 – 1970）《隐蔽的上帝》、威廉斯（Raymond Williams，1921 – 1988）《文化与社会》（Culture and Society，1780 – 1950）等。应该说，萨义德很有眼光，所选三位学者不但彼此有思想关联，而且很具代表性。即便是以更高的学术史眼光来看，卢卡奇 – 戈德曼 – 威廉斯的轨迹也是饶有意味的，他们都是马克思主义理论的代表人物，基本是左派立场，而且也都可算作文艺批评家。他们不但就时序上来说，体现了一个纵向前进的轨迹；而且就各自代表的文化圈来说，则分别展现出日耳曼、拉丁与盎格鲁的区域特色，虽然卢卡奇是匈牙利人、戈德曼早年生活在罗马尼亚，但就他们写作所使用的语言以及归依来看，这个总结应当是有道理的。

萨义德显然关注理论在不同主体之间的变化，"戈德曼曾经受惠于卢卡奇，虽然人们没有注意到，在卢卡奇那里原来是理论意识与物化现实之间的一个反讽性差异的东西，被戈德曼转化成了世界图景与 17 世纪末法国穿袍子贵族那不幸情境之间的一种悲剧性的相通。"② 要而言之，这里注意到了理论旅行过程中变异性，而且这种改变甚至可能是良性的，"戈德曼对卢卡奇的改写使理论摆脱了它的反叛作用"。③ 第三站是威廉斯，"如果想要摆脱我们直接所处的智识环境，那我们自然需要借用。……除了理论之外，还需要一种批判的认识：没有任何理论能够涵

---

① Edward W. Said, "Traveling Theory", *The World, the Text, and the Critic* (Cambridge, Mass.: Harvard University Press, 1983), pp. 226 – 227. 译文参见爱德华·W. 萨义德《旅行中的理论》，《世界·文本·批评家》，李自修译，生活·读书·新知三联书店，2009，第 401 页。

② Ibid., p. 235. 译文同上书，第 413～414 页。

③ Ibid., 译文同上书，第 414 页。

盖、阻隔、预言它在其中可能有所裨益的一切情境。"重要的是,"威廉斯就拥有了这种批判认识,并且有意识地运用它来限制、塑造并提炼他对卢卡奇和戈德曼【理论】的借用"。① 那么,我们是否可以说卢卡奇 - 戈德曼 - 威廉斯之间构成了某种有趣的知识关系,其中既有承继的一面,在传统的师生关系之外,更多地是代际之间的自觉延续;也有理论发展的自然变易,譬如改写、批判型的"借用"等等。至少,在萨义德的理论框架中,理论是在"旅行"着的,旅行的过程,就是风景变化的过程,就是主体需要不断接受新事物的过程。所以,他在理论上是有进一步思考的。

"人们认为,一切借用、解读和释义都是误读和误释"(We have become so accustomed to hearing that all borrowings, readings, and interpretations are misreadings and misinterpretations...),② 但萨义德并不持此立场,他详细论述道:"首先这意味着,只有盲从照搬的可能替代物,才是创造性的误读,并不存在着任何中间的可能性。其次,当这被提升到一种普遍原则的时候,一切解读均系误读的观念,就等于从根本上废除批评家的职责。……完全可能把误读(当它们出现的时候)判定为观念和理论从此地到彼地的历史流转过程中的一部分。"③ 具体到卢卡奇 - 戈德曼的思想关系时,萨义德进一步论述道:"1919 年的匈牙利和'二战'后的巴黎属于两个非常不同的环境。人们在何种程度上细心地阅读卢卡奇和戈德曼,便恰恰在那种程度上——在时空中,理解了这一作者与另一作者之间所发生的关键性变化"④,其本质则在于强调:"'布达佩斯'和'巴黎'是不可还原的首要条件,它们提供了局限并且施加了压力,对此,他们之中的每一作者,即使有其才华、偏好和兴趣,也要给予回应。"⑤ 这里恰恰提示了侨易学观念中的若干重要环节,譬如对地理位置的强调,以及物质位移和精神质变的关系,甚至变创与渐常之间的关系等等,那我们就不妨换一个视

① Edward W. Said, "Traveling Theory", *The World, the Text, and the Critic* (Cambridge, Mass.: Harvard University Press, 1983), p. 241. 译文参见爱德华·W. 萨义德《旅行中的理论》,《世界·文本·批评家》,李自修译,生活·读书·新知三联书店,2009,第 422 页。

② Ibid. 译文同上。

③ Ibid., p. 236. 译文同上书,第 415 ~ 416 页。

④ Ibid., p. 237. 译文同上书,第 416 页。

⑤ Ibid. 译文同上书,第 417 页。

角,尝试用侨易观念来考察一下这样一种理论变化的轨迹,看是不是可以"横看成岭侧成峰"?

二 侨易学视域中的轨迹链类型:以卢卡奇 为中心点的尝试

理论旅行首先当然是"移变",因为有了位移,所以产生变化;但如果仅仅停留在这一层面,未免太过局限。必须将"桥接""乔仿"等不同层次的意义引入进来,如此才可丰富我们所要论述的观念空间。

首先我们要确定,在这样一种研究中,何为侨易现象?侨易主体又是谁?笔者看来,这里不应该是作为理论创造者或改造者的人,即理论家,而是理论本身。所以在这个研究过程中,侨易主体是马克思主义文艺理论(更具体一些则是"物化理论"),而卢卡奇、戈德曼、威廉斯各位星光闪烁的大佬只能充作陪衬,而非我们此处研究的侨易对象。所以,消解主体之后,我们需要提出了同与不同的线索。

按照侨易思维考察之,这其中有几个思路值得关注。其一,断链点续与场域博弈。"断链点续"的意义在于可以在将链条设计的灵活性表现出来。① 这其中至少包括"前世今生"与"今生来世"两个方面,如果取卢卡奇为中心点,则必须追溯此前此后,乃至平行的同时代场域。萨义德是以卢卡奇为源点开始其旅行过程的,那我们就必须考察其前世今生,仅就马克思主义文艺理论而言,至少我们可以梳理出恩格斯-梅林-卢卡奇的线索,则为我们考察卢卡奇之前提供了一条可能的路径。然而还不,如果我们在这条线索的终点看的话,显然不仅看到了作为暂时终点的威廉斯,我们还可以看到很多,譬如至少威廉斯-萨义德-齐泽克(Slavoj Žižek,

---

① 这里"断链点续"的概念借鉴自网链点续。所谓网链,即网络中的生物链,或关系链,用网来比喻,就是强调其涉及面的广泛性和立体性;但在这张网中,不是一种单纯的"结网捕鱼"之简单的渔网而已,而必须强调"点""链"的环环相扣。每个个体可以被视作网络中的"点",而相关或同类的个体又结成关联性的链性群体,也就是说通过相互关联的"点"结成这个社会得以运行的动脉系统,但这种"点"又非完全是设计完美、畅通无阻的交通系统,它有其人为的因素,故此"点续"这个概念是很重要的,有点像互联网络下载系统的"断点下载"一样,它是可以通过不断地截断、重续、积蓄的过程完成的。(参见叶隽《中国现代留欧学人与外交官、华工群的互动》,福建教育出版社,2012,第25页。)而所谓断链,乃是强调这种链条的不完整性,它的长度和组成始终是与设计链条者的思路密切相关的。

1949 - ）是一条可以考虑的线索。而在具体场域之中，作为理论家又必须维护自己的地位，所以场域博弈是无时无刻不客观存在的游戏现象，所以我们还可以构建起若干平行的线索，譬如卢卡奇－梅内克在关于德国人民族性的问题上针锋相对，譬如与萨义德同时的如伊格尔顿－斯皮瓦克（Gayatri C. Spivak, 1942 - ）－霍米巴巴（Homi K. Bhabha, 1949 - ），这其中有友情相持、引为同道，也有互为对手、驳难共进，但总体上是一个平面的场域维度，或者简单的纵向线索。

　　其二，交叉系统与立体结构。个体仿佛是多线行道的交叉点，他是一个可以从不同的透视镜角度来把握的镜像，可以以他为中心来观察事物，也可以将其只视作一种时空隧道中暂时的过客，甚至仅将他视作为一个链接，无论其在各种专门领域或历史中如何伟大杰出，就其本质而言，不出于此。就此交叉艺术出发，我们可以构建一个类似世界三的交叉系统，时空矩阵中的观念运行枢纽；再拓高一个层次，则需要有一种"立体结构"的概念，即我们始终是在一种整体性的文明体结构之中而存在，器物－制度－文化构成一个立体结构，观念的发展可以在抽象的概念世界里运行，但也必须落实到具体的个体承载之中，需要具体的制度和器物来承载。即便就取今生来世来看的话，我们也可以举出多线并进的例子。人不可能在他的一生中穷尽其生命意义，所以追求意义者会更在意其精神遗产的流传；那么，我们则有幸站在一个更高的层面上考察问题，即观念侨易。观念虽然是人的创造物，可能其生命要远远超过其创造者本身。如何看待卢卡奇，是一个理解萨义德"理论旅行"观念的核心点。或者至少卢卡奇是萨义德案例举隅的中心人物。带着这样的目光，则卢卡奇－戈德曼－威廉斯的线索之外，我们自然可以提供多重理论旅行或观念迁变线索，其实这点亦为萨义德自身的理论反思所证明，他日后提出卢卡奇－阿多诺－法农的线索，但其实不够明确，因为彼此之间的关系不是那么清晰。实际上，我们还可延伸出的线索是，法农－萨义德－霍米巴巴。在这里，我们可以看到多重交集的可能，萨义德与威廉斯相谈甚欢，但同时他对法农也相当有认同，所以仅就理论解释而言，如果让他将自己如法炮制，或者更能显示其理论的好处与不足来。因为简单的理论旅行是很难概括这种不同线索的前进路径的，有时我们为了凸显某个链条和环节，实际上是以牺牲他者为代价的。这是往后推演，反之，则往前我们也可得出别的可能性，譬如为什么又不是狄尔泰－西美尔－卢卡奇，或者马克思－卢卡奇？而要说到异化思想的话，则必然会再往前追溯到卢梭－黑格尔－费尔巴哈的轨迹链。所以，具体的"定轨置链"过程很重要，但作为一种假设，又不妨具有开阔性，即需要具备交叉系统与立体结构意识，这样我们在讨论一个"观念"的侨易过程时就可以左右逢源、前后贯通，而免去线性思考的一叶障目之嫌。具体言之，它多少有些类似于我们的"观侨取象"，寻找出合适的侨易现象并具体进行分析，重在察变寻异。

其三，二元三维与混沌见道。所以将这样一种思维带进去后，那么我们眼前呈现的就是一个近于混沌的迁移变易过程，而非简单的线性旅行。当然，旅行是重要的，但旅行也是有不同模式的，而且理论旅行的要义，仍在于必须有一个旅行主体，有一个旅行过程，即至少主要经停的站点，甚至还需要安排一个终点。但旅行多半还是要有返程的，这种返程似乎没有得到太多的体现。而我们说大道侨易，是希望能在一个整体的变迁性思维中来把握世界发展的根本性规律，而这其中核心思维则为二元三维，即无论是在立体结构，还是场域博弈之中，一个基本态势都是二元结构，我们要特别关注第三维的开辟。但我们提倡混沌见道，则希望借助侨易学打破传统的西方线性逻辑思维的一统天下格局，在更高的一个层次上实现二元三维的道衡结构，譬如按照荣格所言，凸显一种可能的东方"同一性思维"。当然，最重要的努力开出第三维来，达到归三元一的境界。如此，则混沌思维是一个值得参考的路径，其概念诸多，我比较倾向于钱学森的言简意赅地概括："混沌是宏观无序、微观有序的现象。"① 有序－无序构成一组二元结构，其第三维在于道衡，即构建起一种无序之大序，庶几可近道焉。世界上没有绝对的真理，也就没有绝对正确的理论和观念，当然也包括方法论。我们都是在不断地试错中谨慎而稳步向前迈步，诚如莱辛所言，"人的价值不在于占有或自以为占有真理，而在于他为探寻真理所作的真诚的努力。因为人的力量不是靠占有真理，而是通过对真理的追求

---

① 转引自刘崇新编《分数阶混沌电路理论与应用》，西安交通大学出版社，2011，第3页。罗曼·罗兰说，"一切都是有秩序中的无秩序。"而韦奈（Weiner N.）说，"数学的伟大使命是在混沌中发现有序。"有论者解释为："有序中存在无序，无序中蕴含有序。"转引自吕振环、吴素文、李喜霞《论混沌学的发展、特性及其意义》，《沈阳农业大学学报》（社会科学版）2004年第1期，第84页。"混沌"（Chaos）自有其中西方不同的渊源，在《庄子》里，混沌不仅是那个被开七窍的中央之帝，而且也有深刻的论述，"万物云云，各复其根，各复其根而不知，浑浑沌沌，终身不知，若彼知之，乃是离也。"（《庄子》）。

而得到拓展，人的不断增长的完善性就在于其能力的增长。"① 我们所拥有的始终是那份追求真理的真诚，而不敢奢谈掌握了真理。所以既本见道之心，则不必蝇营狗苟，即使线索有误，也问题不大，因为条条大路通罗马。所以就以卢卡奇－戈德曼－威廉斯线索为例，可以进步考察之，应当再加上续往萨义德的道路。

若使用观念侨易的概念，或能呈现一个更为阔大的理论空间。所谓观念侨易（Kiao－Iing of Ideas），指的是作为一种精神性器物的"观念"，发生了坐标位移，但这种位移又是具有路线性不同的；它发生了各种可能变化。那么，这种变化是如何才能体现出来呢？就文明结构三层次而言，文化层最难阐释，因为它涉及人的精神、思想、文艺甚至习惯风俗等诸多层面，并无一个可以放之四海而皆准的涵盖性概念。但如果努力把握之，此中的核心当为思想，而在思想层面中，诸如概念、词汇、观念、理论等都可以构成若干可选择的维度或可能性。文化层面最为适合的表述应为知识场域，这是一个可以相对能把握的文化层的平台。相对于经济场域、政治场域等，这可以成为一个相对自足而且涵盖面也颇广泛的概念。而在知识场域中最为核心的概念应该是思想，因为其可以贯通知识场域所涉及的方方面面而成为共享者。但仅仅是思想又是不够清晰的，所以我们聚焦到观念，所谓的观念史研究比起具体的概念史或词汇史等显得格局应更大些，也就可以为我们具体落实思想史的讨论提供比较有力的支撑。意象是另外一个需要关注的概念，也就是说在知识场域里，有一些不为现有的具体概念所能包含的方面，譬如意象就属于一种在精神创造世界里的概念，它不是现实社会世界里的实在性物品。但这所谓的"意象"与我们的"知识""观念""思想"等又发生密切的"剪不断理还乱"的关系，或者按照卢卡奇的说法，"因为我们已经创造了精神生产（die Produktivität des Geistes），所以原始意象无可挽回地失去了它们之于我们的自明性，我们的思想走在一条永远也无法彻底接近它的无止尽的路上。"②

---

① Materialien zu Leben und Werk, *Leben und Werk. Lessing：Werke*, S. 8（vgl. rororo－Lessing, S. 8），http：//www. digitale－bibliothek. de/band5. htm. 中译文用李伯杰等：《德国文化史》，对外经济贸易大学出版社，2002，第 142 页。

② 卢卡奇：《小说理论》（节选），载方维规主编《文选社会学新编》，北京师范大学出版社，2011，第 344 页。

三　消解主体：萨义德的侨易经验

其实萨义德本人也是他论证的这个线路中的一个环节，或者是下一个环节，这一点我们只要看看他与威廉斯的对话就可以显示得相当清楚。他很坦率地说，"由于《东方主义》确实非常多地借助了雷蒙德的著作，或者说，我始终都在努力理解雷蒙德著作中的一个句子"，① 但他显然试图超越这种单纯的影响或接受，而是尝试进行"对话"，因为"最终只有用一种协作的或合作的方式"，② 他自称这是最重要的论点。我们在这个过程中可以看到他在卢卡奇－戈德曼－威廉斯这个轨迹链中的明确位置，也会意识到这种面对面交流可能打开的空间又远超出单纯的影响或接受，至少还必须加上"影响的焦虑"（The Anxiety of Influence）、③ "传统的发明"（The Invention of Tradition）④ 等不同层级的因素，就是一方面是合作、汲取和容纳；另一方面可能不排除隐在的拒斥感或自身创造感的需求。其中有博弈、有承继，还要有游戏的意识，如此可能用侨易的概念可能更具有包容的质感，而非简单的理论旅行而已。

我们不妨暂放下观念侨易层面的展开，而聚焦于主体消解之后的理论创造个体身上，在这里自然是发明"理论旅行"概念的萨义德，考察一下观念与个体之间的互动关系。作为学者，萨义德有着非常明显的侨易经验，在这里主要表现为地理位移之后导致的思想质变。萨义德的侨易过程

---

① 他继续说："但到了那本书的末尾，我才刚刚到达我可以开始把握住它的那个程度，也许我还没有充分做到这一点。那就是说——虽然我忘记了你在哪里说到过这个雷蒙德——需要忘却那固有的占优势的方式：那种纠缠人的、虚张声势的、依仗权势的语调，它甚至已经在文化研究中获得了成功。为了向这挑战，我们必须找到一种更富批判性的、更投入的、更能相互影响的、甚至是——虽然因为近来对巴赫金的推崇，人们讨厌使用对话这个词语——一种对话的方式，用这种方式，选择性被表现为真实的力量，而不是单单提供了一种平衡，当然，却把看不见的平衡的占有者留在了幕后——那个真正拥有权力的人。"雷蒙德·威廉斯、爱德华·萨义德：《媒介、边缘与现代性》，载雷蒙德·威廉斯《现代主义的政治——反对新国教派》，阎嘉译，商务印书馆，2002，第 256～257 页。

② 同上书，第 257 页。

③ 参见哈罗德·布鲁姆《影响的焦虑》，徐文博译，三联书店，1989。

④ "被发明的传统"（Invented Tradition）的概念指"意味着一整套通常由已被公开或私下接受的规则所控制的实践活动，具有一种仪式或象征特性，试图通过重复来灌输一定的价值和行为规范，而且必然暗含与过去的连续性。"E. 霍布斯鲍姆（Hobsbawm，Edward）、T. 兰杰（Ranger，T.）编《传统的发明》，顾杭等译，译林出版社，2008，第 2 页。

是有趣的，按照他自己的说法："语言之外，地理：尤其在离乡背井的离去、抵达、告别、流亡、怀旧、思乡、归属及旅行本身出现的地理：也是我早年记忆的核心。我生活过的每个地方：耶路撒冷、开罗、黎巴嫩、美国都是一套复杂、密致的网，是我成长、获得身份、形成自我意识与对他人的意识的非常重要的部分。在每个地方，学校都占重要位置。"[1] 在这里，萨氏已明确交代出他的地理位移的主要坐标空间，即中东－美国，当然在中东涉及的地理更复杂些，包括了圣城（也是诸文化区交汇处）耶路撒冷、埃及、黎巴嫩。这样一种地理位置的变化，对一个个体来说究竟意味着什么？对于他所连接的异质文化体来说又意味着什么？人不是一般动物，更非静态的器物，或佯静实动的植物，而是活生生、有血有肉、有思想有感情的万物灵长。所以考察萨义德的侨易过程是很有其标本意义的，更重要的一点，当然是他自己非常明确的跨越文化与语言的自觉意识与反思冲动，他回忆说：

> 我总是想方设法不仅翻译我在一个遥远环境里的经验，也翻译我在另一种语言中的经验。人人都在一种特定的语言中生活；因为每个人的经验都是在那种语言中产生、被吸收及被回忆。我生命中最基本的分裂，是阿拉伯语和英语之间的分裂，一个是我的母语，一个是我受教育及后来治学与教学所用的表达语言。用一种语言叙述发生于另一语言中的故事，是一件复杂的工作，至于我好几种语言纷杂并用，在好几个领域中出入来去，其复杂尤不待言。[2]

在这里即便是一个个体身上，那种二元分裂的关系也赫然展现。这里不仅是语言上的，在阿拉伯语与英语之间，而且也是地理上的，阿拉伯地区和美国，更是文化心理上的，在阿拉伯文化和美国文化之间。萨义德表述出的是最直接的，最关键的文化现象，就是语言。语言是一种可以明确表达出的区分，它既是我们表述的工具，同时也是规训我们表述、行动和思考的工具。这种双重性特征，是特别应当重视的。萨义德当然是个大学者，他的学术贡献诸多，而这里特别想提及的是两种理论建构，一是具体

---

[1] 爱德华·W. 萨义德：《前言》，《格格不入——萨义德回忆录》，彭淮栋译，生活·读书·新知三联书店，2004，第4页。
[2] 同上书，4页。

的"东方主义"，一是"理论旅行"，相比较前者的系统阐述，后者显然只
是蜻蜓点水。但这些无疑都属于"精神质变现象"，即是典型的侨易现象，
是因为物质位移而导致的精神质变。

　　萨义德的个体侨易历程，为我们提供了一个更好地观察其理论建构的
路径，因为正是通过地理位移的不断变动，导致了其精神质变的发生，在
这里主要体现为其理论上的发明。个体侨易与观念侨易的关系何在？那
么，我们会发掘出一个多重立体侨易的过程，即一方面是相对线性的平面
场景，在纵向的时间顺序中进行着无间断的断链点续，在横向的同时性上
发生着场域博弈；另一方面在更为宏观的时空二元立体结构（甚至可以说
是时空法的二元三维结构）中，发生着交叉系统里的万象迁变。也就是
说，个体在变，观念亦在变；观念侨易有其系统规制，有其秩序原则，从
长时段来看个体侨易只是其中的"万象一瞬"，但表现出来则可能显得相
对混沌；相对而言，个体侨易很可能有其不易被把握的一面，尤其是在仅
是就精神质变来说可能有其反复和多次性，但是总体来说应是有序的，可
以予以具体分析的。① 所以需要承认的是，在"理论旅行"这个观念侨易
的过程中，一方面萨义德的个体侨易是非常重要的助推力和创造者；另一
方面可能更多只是撬开一个新的起点而已。按照威廉斯的说法："在探讨
各种艰难的意识、复杂的意念、复杂的历史的层面上，我们可以相信有时
可能是最难驾驭的那种有形之物——并且，还是可能有那样一种联系，正
好是通往可以直接交流的那种有形之物的方式。"② 如果他更进一步，或许
应当承认，其实这也是一种交互式的关系，不仅我们创造思想、意识、观
念，它们也在创造我们人类。

　　侨易过程最后回到二元三维、大道侨易的元结构中，即无论是短时段
内的个体侨易，还是长时段之内的观念侨易，都必须放在一个立体系统中

---

① 但有时或许会出现一种"逆置混沌"现象，也就是说从大方向上来说，观念侨易现象是
　有序的，是有其内在规律可循的；而个体侨易则可能显出某种无序性，是颇难驾驭的。
　但这并不就是说个体侨易一定是非规则现象，它有其常规，但也有其非常规的面相。

② 雷蒙德·威廉斯、爱德华·萨义德：《媒介、边缘与现代性》，载雷蒙德·威廉斯《现代
　主义的政治——反对新国教派》，阎嘉译，商务印书馆，2002，第 252 ～ 253 页。威廉斯
　对方法论有自己很明确的立场："一种分析方法，最初经常是一种严格的学术上的分析方
　法，可以得到各种具体的体现，它们是更加适合于教学的、可见的和可交流的，超越了
　一种狭隘的学术环境。其次，你可以历史地、有意识地在非常不同的情境中，从政治上
　检验对各种表达的分析方法，并且发现——始终要受关于这个细节和那个细节的论证的
　支配——那种方法站得住脚。"

来接受考察。而个体侨易必然担负着观念侨易的任务，不仅仅是一个被假途的工具（所谓"上帝之手"），它们是相互被发明和创造的关系。个体的物质位移和观念侨易是相互作用的，个体观念的形成与元观念之间是有剪不断理还乱的密切关系的。

在这种框架下再来考察萨义德的学术研究历程，无疑颇有意味。他其实是颇有自我反思意识的，这一点尤其表现在他相关的"反思"论述当中，不仅有对于其赫赫有名的"东方主义再思考"（Orientalism Reconsidered），① 而且也有"理论旅行再思考"（Traveling Theory Reconsidered 1994），就指出了某种理论在新的政治和社会语境中可被重新解释并获得活力的可能性，具体举例则为卢卡奇 - 阿多诺（Theodor W. Adorno, 1903 - 1969） - 法农（Frantz Fanon，1925 - 1981）的线索。② 两相比较无疑是有趣的，阿多诺 - 法农是更多有着非学院的特征性走向，尤其是后者；而戈德曼 - 威廉斯则是相对学院化的路径。这些个案载体的侨易因子都非常明显，且不说卢卡奇本人的留德经验以及事实上的德国文化身份；阿多诺曾长期流亡美国，法兰克派学派本身的这种侨易性特征很清楚；戈德曼则是罗马尼亚裔，他日后长期在法国居留研究，甚至 1961 年应邀在比利时的布鲁塞尔自由大学创建了文学社会学中心，工作了颇长一段时间；更不用说法农本人的法籍非洲背景。这些个体人物显示出明显的跨文化因子，值得深入去探究这种物质位移与其思想变化的关系。当然，更有意味的或许还在于，如果我们将消解主体的思路引入，则显然会沿着问题的线索一路追踪下去，譬如至少可以将起点卢卡奇设置为终点，则就辩证法而言，一条黑格尔 - 马克思 - 卢卡奇的线路赫然显出，再往上溯，则康德 - 费希特 - 黑格尔无疑是有趣的，也是很传统的一条线索；康德 - 谢林 - 叔本华则提供了另类路径。再往前，莱布尼茨 - 沃尔夫 - 康德。选择以莱布尼茨为一个终点，则可以讨论的不仅是欧洲思想内部的传统变化，而且可以带出东西思想关系的宏大命题，譬如易经西渐。则康熙帝 - 白晋 - 莱布尼茨，可以形成某种平行的思想轨道，他们都是同代人，但其思想的交集似乎不能简单地以线性思维归纳，而更多近乎"同时性"（Synchronicity，以概率维度为基础）的

① Edward W. Said, "Orientalism Reconsidered", Retedions on Exile and other Essays（Cambridge, Massachusrtts: Haward University Press, 2002）, pp. 198 - 215.
② Edward W. Said, "Traveling Theory Reconsidered", Ibid. pp. 436 - 453.

路径，① 这特别值得注意。不能简单地将莱布尼茨的二进制发明视为受到易经影响，但确实其中有某种共性思维，如果我们要认知的是某种客观之"真"的话，那么或者可以说，"东海西海，心理攸同"。

与其说萨义德是为了构建理论而得出"理论旅行"的观念，那么，在考察其侨易经验之后，我更倾向于认为这只是"水到渠成"的观念侨易过程，因为在萨氏本就是"顺水推舟"，并非苦心营构。而对其个体理论框架的形成来说，或许更在于对"东方主义"论说形成的影响，不过那需要专门论述，此处不赘述。

四 超越"理论旅行"：东西交通、交往行动与"观念侨易"

我们很难说萨义德是有一整套方法论的支撑的，他对于"理论旅行"概念的理论阐释是一回事，在后面具体讨论时则不无"跟着感觉走"的痕迹。不过，笔者以为这样也很好，对于理论创造者来说，未必就是要一板一眼地硬套理论，而更需要一种挥洒自如的"庖丁解牛"之艺术。

按照萨义德的理论，"各种观念和理论也在人与人、境域与境域，以及时代与时代之间旅行。"② 如果将理论作为一种高深层次的观念，我们可以用观念来涵盖"观念和理论"。他特别指出，此类的观念在不同类文化间的转移情形尤其值得关注。对我们来说，即在异质文明之间所发生的跨文化交流无疑让人趣味猛增，譬如中国作为相对于西方的异质性颇强的文化体，是怎样面对现代性的迫来的。西方的学术范式、概念以及方法的旅行到中国时，发生了一种怎样的传输、变异、接受和型立过程？说到底，应该追问的是，某种具体的观念或理论，在不同文化语境中所发生的作用究竟如何，并进行比较观察和研究探讨。反向追索之，则东方的知识或概

---

① 荣格区分了"因果律"和"同时性"的重大差异性，也就是强调东西方思维的本质差别所在。所谓"同时性原理"，就是"认为事件在时空中的契合，并不只是概率而已，它蕴含更多的意义，一言以蔽之，也就是客观的诸事件彼此之间，以及它们与观察者主观的心理状态间，有一种特殊的互相依存的关系"。荣格：《易与中国精神》，《东洋冥想的心理学：从易经到禅》，杨儒宾译，社会科学文献出版社，2000，第 209 页。

② Edward W. Said, "Traveling Theory", *The World, the Text, and the Critic* (Cambridge, Mass.: Harvard University Press, 1983), p. 226. 译文参见爱德华·W. 萨义德：《旅行中的理论》，《世界·文本·批评家》，李自修译，生活·读书·新知三联书店，2009，第 400 页。

念进入到进入西方后发生了何种变异？这其中的各种关键性环节究竟何在？中国的理论概念究竟能在多大程度上激活西方自身思想的形成。说到这里，则一些概念值得提及，譬如"影响的焦虑""传统的发明""传统的现代转化"等，这些都能表现出人类文明发展过程中的某些结构性因素的制约。其中的"变"与"不变"的二元关系是相当清楚的，但如何去把握这种二元关系，则仁者见仁智者见智了。

在萨义德看来，"文化和智识生活通常就是由观念的这种流通所滋养，往往也是由此得到维系的，而且，无论流通所采用的形式是世所公认的或者是无意识的影响、创造性借用，还是大规模的挪用形式，观念和理论由一地到另一地的运动，既是活生生的事实，又是使智识活动成为可能的一个不无用途的条件。"① 其实不仅是文化生活，对于政治生活、经济生活，恐怕都脱离不了观念的制约。这个貌似空虚的观念和思想，其实在人类生命和发展史中发生过也正在和必然继续发生着极为关键性的作用。当然萨义德的这个判断没有问题，但他显然遇到某种困难，就是如何表达这样一种复杂的理论迁移过程，以及这种变化带来的种种更为复杂的理论变化、变形和创生的过程。笔者看来，可以将理论的旅行看作是一个某种观念的持续性的运动，但它也必然导致新观念的诞生。观念位移的过程当然是客观存在，但绝对不会仅仅停留在运动本身而已，一则它本身具有某种自然规定性，即是可以不依托客观事物而存在的；二则它必然导致事物发展的结构性改变，因为观念必然发生影响，人一旦受到观念影响就必然会改变其行动方式，尤其是那些具有重要影响力的人物，其观念的变化可能导致整个社会单位的结构性变化。笔者这里使用的观念概念是一个比较具有涵盖性的概念，因为"理论"也可被视为一种观念，只不过是更加成体系、学院化与专门化的观念而已。所以笔者试图用来展现这一过程的概念立足于中国传统的知识资源，即侨易，具体言之，则为"观念侨易"。

观念侨易最核心的内容表现为，其一，它关注一种观念的长时段迁变过程，追踪其前世今生，乃至展望其后世点续，在二元三维的基本架构之

---

① Edward W. Said, "Traveling Theory", *The World, the Text, and the Critic* (Cambridge, Mass.: Harvard University Press, 1983), p. 226. 译文参见爱德华·W. 萨义德:《旅行中的理论》,《世界·文本·批评家》,李自修译,生活·读书·新知三联书店,2009,第400页。

下重视"变创"与"渐常"的双重维度。我们甚至可以说，观念之所以成为观念，思想之所以成为思想，正因侨易过程无时无刻不在"润物细无声"，即在自由的精神空间中发生着观念侨易的现象，甚至这都不以作为主体的思想者的主观意愿为转移；其二，它尤其凸显在长期的观念迁变过程中的"交易"因素的重要性，强调异质文化接触、碰撞过程中的相交性因素，这种相交，不一定就绝对是进步的必然，可能有良性或恶性的后果，也可能是常态发展变化不大；更重要的是，其中不仅有观念作为意象因子的侨易过程，也必然涉及作为观念载体的具体人的个体的侨易过程，以及这些双重或多重侨易过程是如何发生密集的交互作用的；其三，它在具体方法论层面借助侨易学的基本分析方法，凸显"观侨取象、察变寻异"的方法论意义，希望能用一种比较普适性的路径以提供一种对侨易现象研究的研究范式。

或者我们可以说，理论一旦获得了自身的独立生命之后，它就必然是会自己说话的。而且这种话语模式有其自身的逻辑规律，学者只不过是它借来发言的载体而已。这种"物化现象"当然值得警醒，但我们也需要提醒自己必须要有更为开阔的眼界和胸襟，而不能仅仅将目光放置在自己的狭小视域和利益范围之内。旅行或许更多表达出一种自由自在的境界选择，而侨易则更在意事物平淡迁变过程中复杂的静态与动态变化关系，尤其是其间的"变创"与"渐常"之间如何守恒的维度。旅行是一种具有主体意识的主动行为选择，而侨易则往往消解主体，追溯到更为遥远的起源之地。旅行是一种走向外在的精神休憩与资源探索，而侨易则更注重如何发生彼此相和相生的交易创生过程。侨易过程其实可以包含旅行的休闲舒适，也可以学习旅行者的淡定潇洒，因为我们始终不能脱离我们的文明体去生存和思考，或许我们最后不妨回到威廉斯的那段精彩叙述："我们的文明的各种显著问题极为密集，极为严重，任何人都不能认为强调就是解决的方法。在处理每一个问题中，我们都需要扎实、详细的探讨与商榷。我们也越来越认识到，我们在探讨和商榷自己行动时所使用的词汇——即语言——绝非次要的因素，而是一个实际而且根本的因素。实际上，从经验中汲取词的意义，并使这意义有活力，就是我们的成长过程。我们接受和再创造了某些词汇的意义，我们必须自己创造并且努力传播另一些词的意义。人类的危机往往是理解上的危机。凡是我们真正理解的，我们都能做到。我写了这本书，因为我相信这本书所记录的传统对我们共同的理解是一个重大的贡献，而且对我们共同的理解的必要扩充将是一个重大的刺激。有些观念和思维方式包含着生命的种子，有些（或许就深藏在我们的心中）则包含着致命的种子。能不能认识这些种类，并且加以指出而使人们能共同认识这些种类，委实可能就是我们的未来之所在。"① 威廉斯说得真好啊，也许当我们开始换一种东方甚或更中国的思维角度来思考的时候，这种细致的对话和商榷就已经在一个更为开阔的文化空间交易之中开启了！这就是一种交往行动，这就是一种交往理性！其实，哈贝马斯的思路真的很符合东方的思维传统。而即便是按照萨义德给我们勾勒的路径图，我们也可发掘多重可能性，从卢卡奇 – 戈德曼 – 威廉斯，其实接下去应是威廉斯 – 萨义德 – ？这是值得追问的。理论旅行其实并无绝对的固定模式可言，即便面对相同的对象，它也可能需要寻找不同的风景。

　　笔者更想说，在纷繁复杂的世事乱象中，需要有一个万物归三的过程，也就是天下万物，无论是萨义德，还是"理论旅行"，无论是卢卡奇，还是"物化理论"，甚至哈贝马斯和他的"交往行动"，甚至更小的一物一器，他们都是在大千世界和万象红尘中的一份生命，所谓"一沙一世界，一花一天堂"（To see a world in a grain of sand, And a heaven in a wild flower，布莱克《天真的预言》），说得正是这样的万物相关性。其实这点在场域博弈中这显得最清楚，一方面可能是刀光剑影、折冲樽俎；另一方面则可能是欲剪还理、经脉相连。那么，由卢卡奇或上行至马克思，或下延至萨义德，他们返而归之的路径多重复杂性则可以看得相当清楚。

　　反过来再看另一条路径，就是所谓的"同时性"或"平行性"路径，康熙帝和莱布尼茨几乎是同时注意到对方作为异质文化而存在的，而且都很关注对方的知识资源和思想观念，但效果可谓南辕北辙。对这种史实，历史学家当然有不同的解释；事实上，作为理论家的萨义德也注意到这种特殊的文化史现象，但他显然想将其简单地纳入自己的理论框架："当所谓东方的先验观念，在19世纪早期输入欧洲时，或者，当欧洲的某些社会观念在19世纪末期引入传统的东方社会时，情形就是如此。但这种向新环境的运动却绝不是畅行无阻的。它势必要涉及不同于源点的表征和体制化

---

① 雷蒙德·威廉斯：《文化与社会（1780～1950）》，吴松江等译，北京大学出版社，1991，第416页。

过程。而这就复杂化了对于理论和观念的移植、传递、流通和交流所做的任何解释。"① 在这里，我们其实已可隐约感觉到萨氏理论表述的难度，即后者牵涉到诸多环节，诸如移动环节的语境条件等因素，其又是如何产生复杂的化合反应的。我可以一言以蔽之，即理论的侨易过程是如何发生的？因为各种概念，"移植"（transplantation）也好、"传递"（transference）也好、"流通"（circulation）也好，"交流"（commerce）也好，都试图完整表述出文化空间移动那种变迁感，但却又似乎都意犹未尽，难以完全概括其中的奥义。何以然？

所以，在我看来，从卢卡奇－萨义德一代，其实完成了一个非常重要的步骤，这就是东西方知识世界的一种融通可能。虽然卢卡奇已经多少具有一点跨越的背景，但还是基本上在一个大西方的范畴中的，也就是说，虽然德意志标示自己区别于英、法的"特殊道路"，但并未具有质性的范式区别；萨义德则真的是从东方走出（虽然是西方眼里的近东），又进入到西方的主流知识世界，其对东、西文化的沟通意义怎么高估也不过分。相比较欧美对异质文化探究的学术深度乃至世界胸怀的标示，东方世界的西方学与整体性研究显然有待更上层楼。中国学术的现代转型虽因西学东渐之刺激而展开，但也不宜忽视其千年传统内在转化的脉络，以及其作为东方文化主要代表的重要地位。随着时势迁移与矛盾迭出，中国学术一方面必须跟踪步武世界之知识潮流，及时输入外来之思想资源；另一方面必须追溯传统获取安身立命之根基，乃有立基易经基础上之侨易学的发明，这一既强调二元三维、大道元一的基本思维结构，又关注物质位移与精神质变的核心现象的学术思维，很可能对理解现代世界的前世今生与可能路径提供独特的理论资源。故此，侨易学的建构既是中国学人的自觉对策，也是学术史发展的必然逻辑。

具体言之，一则作为一种侨易现象的观念侨易，必须注重"观侨取象，察变寻异"，在这组观念位移过程中，其重心不在人，而在观念（理论）本身，它不仅是一个旅行的过程，更是一个侨易过程，其中包含了复杂的多元素作用、互动和博弈，所以就此而言，运用侨易学原则，可以更清晰地定位和明确所要研究的对象，以及由此进一步明确所涉及的相关对

---

① Edward W. Said, "Traveling Theory", *The World, the Text, and the Critic* (Cambridge, Mass.: Harvard University Press, 1983), p. 226. 译文参见爱德华·W. 萨义德：《旅行中的理论》，《世界·文本·批评家》，李自修译，生活·读书·新知三联书店，2009，第 400 页。

象的定位，在此处就应该是马克思主义文艺理论；二则侨易学关注物质位移和精神质变的关系，强调之间的互动关系，所以此处实际上是发生了双重侨易的过程，即一方面是观念（理论）的移动、变化、适应、调适、创生等；另一方面不能离开人的个体的位移、变化乃至生存的过程。那么我们必须在一个组合性的视野中来考察之，忽略了这两方面不但是不全面的，而且也是难以得其要领，因为在此处人（理论家）与观念（理论）是一体两面的关系，理论借助理论家而思考、言说和结构，而理论家则不仅将理论视作自己的思想产儿，而且更应体会到自己在这样一种思想创生过程中还具有"代言立意"的功用，背后有可能的"上帝之手"的存在；三则逼近根本原则"二元三维，大道侨易"，也就是说无论如何具体展开对侨易现象的研究，我们仍不能脱离更大的一个框架和背景来理解和确定相关概念，马克思主义文艺理论究竟在何种框架下可以得到一个更好的解释，它不仅是用来解释世界和批评社会的工具，而且也是构建大道的一个有力部分；这就要进一步分析其在西方知识场域与历史境域中的具体占位和角色问题。或许，最后我们又不得不回归到那个古老的二元命题，就是该如何理解和处理东方－西方的二元关系。按照歌德的说法，"谁若了解自身与他者，自当能明白。东方与西方，永不再分离。"（Wer sich selbst und andre kennt / Wird auch hier erkennen: / Orient und Occident / Sind nicht mehr zu trennen.）可吉卜林（Rudyard Kipling, 1865 – 1936）则针锋相对："东方是东方，西方是西方。/ 这一对永不相遇。/直至天地并立/ 于上帝伟大的审判之位前。"（East is East, and West is West, and never the twain shall meet, Till Earth and Sky stand presently at God's great Judgment Seat;）后世学者如亨廷顿甚至提出所谓"文明的冲突"。不过我还是更欣赏德国人的"坚守位置"和"海纳百川"，典型的例子，正是哈贝马斯一方面坚持启蒙立场，另一方面强调"交往行动"，指出其乃"使参与者能毫无保留地在交往后意见一致的基础上，使个人行动计划合作化的一切内在活动"，① 当然难免过于理想的成分在内，但却提供了一种超越简单的西方线

---

① 德文为：Zurn kummnikaliven Handeln haben Wir Zunächst alle die Interaktionen gerechnet, in denen die Beteiltgten ihre individuellen Handlungspläne Vorbehaltlos auf der Grundlage eines kommunikative ermelten Einver Ständnisses koordinieren、Jürgen Habermas, Theorie des kommunikativen Handelns Band I (Frankfurt am Main: Subrkamp Verlay, 1982), S. 410. 参见《中译本序》，载哈贝马斯《交往行理论》第 1 卷，洪佩郁等译，重庆出版社，1989，第 8 页。

性思维与二元对立的思路，即强调彼此关系的重要性。我们可以看到，他一方面是在观念侨易的空间内注重纵向的载体者的逆向梳理，譬如由帕森斯－韦伯－马克思的路径；另一方面，则试图引入异质性思维，构建出一种超越学术史的创辟之路，譬如"交往行动"就明显是一个重大拓展，这种对他者的高度重视态度，远超出西方传统的二元对立思维。这一方面当然是哈氏作为大家的气象；另一方面其实也印证了观念的自我侨易过程以及其"主体消解"背后的"主体关怀"，也就是说，正是有作为思想者（或理论家）的自我关注和反思，才有了观念本身作为侨易主体的"横空出世"与"生生不息"，无论是萨义德在追溯卢卡奇这条轨迹链时的"自我潜设定"，还是哈贝马斯在讨论行动理论时的反溯过程，都反映了这点。即其实应该是"卢卡奇－戈德曼－威廉斯－萨义德－"、"马克思－韦伯－帕森斯－哈贝马斯－"的路径。而"交往理性"概念的提出，则不仅是对韦伯"工具理性"概念的超越，同时也是一种"构三"的可贵尝试，而这正是在二元关系中开出第三维的重要路径。还需要指出的是，马克思主义是现代西方基本二元结构中启蒙思脉的重要一脉，它用一种相对极端的理想规划而成为西方内部反西方的代表路径，社会主义－资本主义的二元结构由此而来；但有趣恰在于，社会主义在欧洲本身没有取得政治的胜利；相反，在东方某些国家却"无心插柳柳成荫"，这其实不是东方自身的产物。这种"墙内开花墙外香"的现象，其实是非常值得深究的。

中国古诗曰"云谁之思？西方美人"（《诗经·邶风·简兮》），或可标示一种我们虽不能至但心向往之的阔大文化心态，也印证了侨易学的一个基本思维，即对《道德经》所述之路的反向互证，"万物负阴而抱阳，冲气以为和。万物归三，三归二，二归一，一归道"。"二"是一个最根本的架构，但在这种二中必然生存三来，就是那个"第三"，但它不是平白无故、随随便便出来的，而是在任何一个事物中，都必然要"负阴而抱阳，冲气以为和"，这是基本立场，三方面都必须顾及到了，才能"生三归一""复元寻道"。"生三归一"乃是指阴阳二元在立定负阴而抱阳的立场之后，能产生第三者即冲气，它达到的目标却是另一个全新的"一"，即"以为和"，这就接近了作为原点的那个"一"，所以我将其称之为"复元"，最后的目的当然不仅是简单地将"三、二、一"修复起来，而是归之于最初的那个"道"，这就是"寻道"的意义。或许只是"大道侨易",所谓"反者道之动",正是接近大道的必由之路。

在欧洲知识与思想史的谱系中,不乏曾开辟这种传统的可能,从莱布尼茨到孟德斯鸠,从歌德到黑塞,从花之安到卫礼贤,萨义德显然也可归入到其中的某个轨迹链中去,他所发明的"东方主义"观念正是在这种立体结构和系统交叉里或许才更能彰显其特别的意义,而非仅是"后殖民"而已;而与其掎角相依的"理论旅行"观念则从理论角度来说更是"小荷才露尖尖角",有待发扬光大,或许参之以哈贝马斯的"交往理性",乃至自歌德而荣格的伟大日耳曼贤哲的智慧,或许更可有所发明,乃为现代世界这伟大的"生三归一""构二维三""复元寻道"的过程贡献其意义!由此而言,观念侨易的视角或许也正在这场接力赛中跑上必要的一棒!

Traveling Theory or Kiao – Iing of Ideas: A Focusing on Edward W. Said and Georg Lukács

Ye Jun

Abstract: EdwardSaid's ideas on the contextuality and migration of ideas and theories become a popular theoretical model called "Traveling Theory", which are mainly formed out of his own travels between Middle East and North America. But there is another kind of "travelling" with George Lukács as the center and forms a different route. This paper attempts to find a new way to make up for the blind point in Said's Traveling Theory, with the help of Kiao – Iology drawn from the resources of Chinese traditional culture, highlighting the Eastern ways of thinking and unfolding a new type of crosscultural dialogue.

Key words: Georg Lukács, Edward W. Said, Traveling Theory, Kiao – Iology

(编辑:王涛)

书 评 互 照

《抉择：波兰，1939～1945》
（伊爱莲）

杨 梦 评[*]

西方世界反映纳粹屠犹题材的作品可谓汗牛充栋，近年来不少幸存者回忆录被译成中文，逐渐为中国读者熟知。通常情况下，幸存者们不懂中文，不会对中文版提出具体中文译词要求，而这部译作非常特殊，译者在作者的密切关注和帮助下完成翻译。这便是来自以色列的伊爱莲教授（Prof. Dr. Irene Eber）的个人自传《抉择：波兰，1939～1945》（*The Choice：Poland，1939~1945*）。[①]

伊爱莲教授（1930～）生于德国小镇哈勒（Halle），她是犹太大屠杀幸存者，在纳粹屠犹时期不幸失去多位家族成员。目前，她是耶路撒冷希伯来大学洛乌·弗雷伯格东亚研究中心名誉教授、哈里·S·杜鲁门研究所的资深研究员。伊爱莲教授于1966年在美国加利福尼亚的克莱蒙研究院获得博士学位，师从著名学者陈受颐。迄今为止，这位长居耶路撒冷的汉学家已参与撰写了六部关于中国历史文化的学术著作。或许正是因为她的汉学家和纳粹屠犹幸存者的双重身份，她在这部自传的中文翻译过程中制定了特殊规则，并让译者严格执行，进行了一次文本再创作。这让此书从诸多同类主题作品的中译本中脱颖而出，从形式到内容均体现了标题"抉择"二字（The Choice），更表明了作者的坚定姿态。

作品分为七章，结构上，每一章会由一本书或文章的节选文字，甚至中国古诗词或者佛教寓言作为引子，然后进行第一人称叙述，中间或者结尾安插上多年后相关联的日记。开篇第一章描述了叙事者一家被纳粹从梅

---

[*] 杨梦，德国柏林自由大学德文系博士研究生（allshallpass@ gmail. com）。本文选题和写作过程中受到南京大学哲学系宋立宏教授的帮助，在此表示感谢！

① 中译本《抉择：波兰，1939－1945》，吴晶译，学苑出版社，2013。以下涉及中译本之处直接在括号内标注页数，不再另行注释书名。

莱茨（Mielec）押遣至索斯诺维茨村庄一路上惨绝人寰的遭遇。第二章展现了叙事者全家在该村庄的艰辛生活和继续躲藏的经历，其中最为惊心动魄的莫过于叙事者与家人诀别，独自逃回梅莱茨，最后躲入一位波兰好心人的鸡笼。第三章呈现了叙事者一家在梅莱茨的战前生活（其间祖母逝世），以及犹太新年里德国纳粹火烧犹太人的暴行。第四章在中国古诗词的引子下娓娓道来，记录了在德国人完全控制梅莱茨前叙事者与童年好友托史卡的友谊，后者最终在贝乌热茨灭绝营丧命。第五章写叙事者躲入鸡笼一年又十月后重获自由，与母亲和姐姐重逢后的生活，她追忆了犹太施粥所与绣帏（一种刺绣而成的编制艺术品）。第六章展现了幸存者们的战后生活和对于新生活的抉择，叙事者在战后四处漂泊，最后赴美留学，获得中国历史的博士学位。第七章的标题"当初"取自希伯来语《圣经》的第一句话"in the beginning"，引子中还讲了一则佛教寓言，叙事者在本章着力书写自己的大家族史以及从德国被押遣至波兰的经历。

此书有以下三大特点，这三大特点与作者的纳粹屠犹幸存者、汉学家、女性三重身份密不可分。

特点一：作者严格规定中译本的某些具体用词，作品娴熟展现中国古诗词，蕴含丰富的中国文化元素，中译本是一次成功的再创作。

作者不允许"德国"的"德"字出现在犹太人和国际义人名字的中文译名中。比如，犹太女名 Mindel 被翻译成"敏得乐"；作者父亲家族姓氏 Geminder 作"歌敏得"；意第绪语男名 Mordche 作"摩得可"；Friedman 作"费里得曼"；犹太姓 Trumpeter 作"楚琵得"；德语女名 Friedel 作"费尔得乐"。甚至已经约定俗成的人名翻译也呈现出不同形式，譬如，著名的好莱坞电影《辛德勒名单》中为中国民众熟知的男主角辛德勒在作品中被翻译成"辛得乐尔"。作者坚决、独特的翻译选词在同类题材译作中极为罕见，无疑是本书一大亮点，表明作者对于犹太同胞和国际义人的尊敬，以及与纳粹德国势不两立的坚定姿态。如果说译本是原作的一次再创作，作者的幸存者与汉学家双重身份在中译本的再创作过程中发挥了重要作用。

译者表示本书翻译过程中最大的挑战在于西方社会已经为"二战大屠杀"建立起来的非中文专用词汇以及事件的表述系统（第 1 页）。作者不仅是当事人，而且还是当代知名学者，于是，译者与作者联手进行了习惯译法和新译法两种不同尝试。比如"Death March"在专业历史书中通常被译为"死亡行军"，在本书中被译为"死亡之旅"。

值得一提的是，在第三章中，作品将犹太神秘学（Kabbala）对于1945年前犹太人将遭受灭顶大难的预言与中国古典名著《红楼梦》里少年游戏蕴含的命运警示联系在一起，试图表达对没能及时改变可预知的悲剧命运的遗憾和哀叹。这样的中西联系可谓别具一格。

不仅如此，作品多处恰如其分地引用中国古典诗词，如陈子昂的《登幽州台歌》、韦应物的《初发扬子寄元大校书》、王维的《送别》、杜甫的《赠卫八处士》、李煜的《子夜歌》和《浪淘沙》，这在同类题材作品中更为罕见。从某种意义上而言，中国读者在阅读此书时，当能比西方读者更易体会作者通过中国古诗词试图表达的情感。

在中译本中，作者还特地在末页根据有限记忆和资料文献整理出作者家族成员名单，其中注明家族成员性别和具体被害时间，整个家族被害情况一目了然。一方面，大大方便中国读者阅读与理解，毕竟中国读者面对作品中出现的一连串西方姓名往往难以很快在阅读过程中归类，并明确他们与作者的亲属关系；另一方面，这也在形式上表达了作者通过家族遭遇控诉纳粹暴行的鲜明立场。正如作者在中文版前言中所述，这本书的重点不是讲述几百万人是怎样死去的，而是尝试展现作者家庭的遭遇和作者为存活而做的努力。这张名单在形式和内容上均表达了作者留存、展现历史的决心。

特点二：叙事者混杂的叙事方式使得整个叙事充满思辨，不失流畅，其中的私人化叙述体现"抉择"主题，摆出个人姿态。

许多自传作品通过作者第一人称的回忆进行叙述，一般按照时间顺序，或倒叙、插叙，此书也不例外，在描述了从迫害到幸存的过程后又安插了迫害前犹太社区的生活。有趣的是，每个章节除了这样的传统时间顺序写法以外，叙事者在每个章节结束或中间安插上作者在几十年后与此相关联的日记，这些日记多出自于20世纪90年代，少数出自于20世纪80年代，最近的来自2000年，其中涉及耶路撒冷的风情、故地重游的感慨、以色列汉学系中国文学课的教学场景等。当然，作为个人传记，全书还引用了不少历史文献和私人照片。

在整个叙述过程中，叙事者保持冷静和理性的批判态度，没有表现出过激的情绪，并多次自问记忆有多可靠，认为个体只能收藏记忆碎片，觉得现有的历史文献无法还原出当时真正的场景。这个原本并无太大新意的幸存者故事因为遵循了叙事者关于历史和记忆的讨论主线，走出单方面历史呈现的惯常模式，从而显得有一定深度，展现作者对于历史学家们记录和呈现历史时的淡化和消解态度的质疑和遗憾；对于战后各种形式主义的赔偿金调查表的揶揄和无奈；面对未来生活种种选择和挑战的思考、焦虑和恐惧。叙事者在形式上采用了历史叙事，其中又夹杂了相关日记，于是，可以自由跳出原有的叙事时间框架，以当前眼光对于彼时的历史进行评述，这样的处理使得整个叙述充满思辨，不失流畅。

作者在中文版前言中表示，她并不想进行宏观的历史叙述，只是尝试讲述她的家庭在"二战"期间的遭遇，以及她为了存活而做的努力。关于写作内容，作者解释道，"这本书写的是，在浩劫带来的痛苦中，波兰犹太人是如何保持勇气，以及当他们在突然又能活下去时怎样做出决断的前前后后"（第3页）。纵观全文，作者其实没有成功呈现勇敢的波兰犹太人的群体形象，甚至还尖锐质问犹太人为什么很早放弃对自己生命的掌控权。至于对于抉择的讨论，表面上作者仅单列一章，这一主题却贯穿全文。身为教授的作者在作品中勇敢透露自己为了活命去偷窃，为了求生两次舍弃家人独自逃生，没有一丝自责和内疚（第45页），并将自己从一个虔诚犹太教女孩转变为虔诚天主教女孩，最后又蜕变成不信教女孩的心路历程和盘托出。她甚至尖锐自问是不是由于自己的自私和无情才幸存下来。这些私人化叙述从另一侧面表现了作者的姿态，同时也是本书看点之一。作品给出了她对于抉择的定义："选择不认为自己是可怜巴巴的受害者"（第173页），而正是这样的抉择，她去学中文，去美国攻读博士学位，回到父亲歌声中的锡安。

此外，叙事者对于纳粹行径进行了犀利的讥讽和精准的表述，而不是以唯唯诺诺博取同情的受害者形象出场。叙事者不失时机有力摆出自己的姿态，这些带有个人色彩的表述却不显主观，反而更显真实可信。例如，第一章中提到德国人的命令在3月7日下午1点30分通过电话传达，叙事者随即补充说明这个时间应该是在德国人刚刚享用完一顿丰盛的午餐之后（第9页）。后文也明确提到纳粹行凶者"对喋血感到极度亢奋"和德国士兵们"恪尽职守"和有条不紊的杀戮，并偶尔用德国人的眼光来评价当时被迫害折磨的犹太人，展现德国施虐者在受害人的逆来顺受中得到享受和满足（第26页）。

特点三：父权形象在文本中严重缺位，纳粹屠犹在一定程度上改变了女性幸存者的家庭角色和身份认同。

书中提到许多幸存者们在新生活的最初阶段忙着选择结婚，作者坦言当时普遍的心态，"与谁结婚并不重要，重要的是不要再独自一人"（第166页）。这个表述深刻揭露了失去家人的幸存者们在战后的最大挑战——孤独。值得注意的是，作者在此处马上提到了她当时心有所属的一位男性，但是整部作品宁可将整整一个章节献给共度两年孩童时光的玩伴都没有提及一句她的丈夫或她战后的人生伴侣，甚至在她后来如何寻找伴侣，如何结婚等人生重大决定事宜上均留白，却时不时以母亲的形象登台。

传记文学理论中有传记文学虚构本质一说，[①] 作为纳粹屠犹题材的自传，虚构自然是相当敏感的话题，如前文所述，作者在文中主动就历史和记忆的真实性进行讨论，巧妙规避了就本文虚构成分的争议。自传作为文学的一种形式，其本质是一种叙述，通过分析选择叙述和不叙述的对象，可以在一定程度上获知叙述者的身份认同和价值判断。作品中父权形象的留白反倒能更真实展现作者的生存境遇。

从女性主义视角可以观察到，叙事者始终在没有男性的陪伴下面对所有的困难，无论在屠杀中还是在战后，当她的父亲不再唱歌，无法拯救家庭成员时，她独自一人选择出逃，她母亲的形象在她独自出逃时显现了出来，在战后的生活中，作品亦没有提供男性形象。

作者对于自己的父亲没有直接进行评价，而是通过第二章的引子（J. M. 库切：《等待野蛮人》）将心中倒塌的父亲巨人形象诉诸笔端："……从此她不再崇拜父亲……他们伤害她时他却没能……从此她不再是一个完整的人，不再与我们亲如姐妹。某种悲悯心已逝，某种心灵的颤动对她来说也不再可能"（第24页）。同时，通过作品可以感觉到作者对于父亲的不满和怨念，正是因为父亲的懦弱，不顾当时具体情况，仍然死脑筋，按照作者并不喜欢的祖母的决定来行事，导致全家痛丧离境逃难的良机（第80页）。

不仅作者自己的父亲形象在作品中轰然倒塌，作者孩子的父亲也未曾在作品中闪亮登场。作品提到她在子女青春期教育时感到压力和挑战，因为在她自己的青春期时，受纳粹迫害无奈别离家人独自逃难，彼时的伤疤在此时发生了撕裂。叙事者坦白"对我来说十四五岁那一段从我成长过程中提出了，因此没有经验可借鉴，我不知道如何引导我女儿去应对青春期

---

① 参见赵白生：《传记文学理论》，北京大学出版社，2003，第42页。

的那些困难。奇怪的是，她好像对此也有感觉"（第 111 页）。甚至在讨论
照顾生病的子女时，子女父亲的形象严重缺位，作品中大段独白道"我从
不相信医生，尤其是那些不愿详细解释的医生。谁知道他们瞒着我什么
呢，也许他们不愿意让我知道孩子病症有什么可怕状况呢。我不止一次被
医生轰出去，让我不要再带着生病的孩子找他们……'失去'这个威胁一
直悬在半空中，因为我'知道'现存的一切是多么的靠不住，我必须持续
不断保持警惕，随时准备好保护和拯救我的家人。现今要在隐蔽的地方藏
好，以备匆忙离开时用；紧急情况下手头一定要有食物；还要准备一些金
首饰能随手带走（经验告诉我，到什么时候黄金都能换到必需品）"（第
177 页）。甚至在前文提到的作者家族成员列表中，作者仍没有列出她孩子
父亲的名字，而她姐姐的名字与她姐夫的名字列在了一起。尽管无法确认
父权形象或男性角色的缺位究竟是因为叙事者婚姻感情的缘故，还是因为
纳粹屠犹时期父亲权威的丧失造成她独立处事的惯性思维，但是后者对于
叙事者的影响不可低估，作品中引用了她在 1999 年 8 月的日记："……但
作为儿女的母亲，不管遇到多大的危险，也要保护和拯救他们。就像当年
我母亲救我的命一样。"（第 198 页）作者作为女性所体现出的强势和独立
在作品的形式和内容上得到互相加强，展现了女性幸存者所表现出的特
质；从另一侧面，也可以反映出纳粹屠犹对于女性家庭角色的改变，迫使
女性在家庭角色中做出不由命运摆布的抉择，摆出强者的姿态。

　　此书封面引用犹太作家、诺贝尔和平奖得主埃利·威塞尔对此书的评
价，他认为作者回忆她在"二战"期间波兰充满极度恐惧和绝望的气氛
下，从押遣中死里逃生的经历描述是众多大屠杀作品中最催人泪下的。笔
者倒是认为，其实根本无法评价大屠杀作品中普遍存在的各种死里逃生的
描述哪个更催人泪下，只能说各自分别有什么特点。既然受难者的生命无
法比较，不同幸存者的描述亦各有各催人泪下的方面。

　　说到作品不足之处，笔者认为本书的文字翻译还可以更流畅些，作者
对于赴美留学，重回以色列任教的生活一笔带过，如果此处能多加笔墨，
可以更好体现"抉择"主题。瑕不掩瑜，瘦弱又强悍的以色列中国研究奠
基者伊爱莲教授通过此书生动展现了其家族在纳粹迫害时期的坎坷经历，
分享了自己对于历史和记忆的质疑与思考、对于故人和消逝的欧洲意第绪
文化的痛惜与感伤，文中通透的伤感正如作品引用的中国诗词所表现的那
样，"人生不相见，动如参与商"。作者的纳粹屠犹幸存者、汉学家、女性

三重身份使得这部作品对于中国读者与众不同，她的中译本是一个成功的再创作。她对于中文译名的严格要求将对纳粹屠犹主题作品的中文译介产生借鉴意义和参考价值。作者家破人亡、死里逃生从零开始到今日以色列汉学界第一人的奋斗过程就是作者对于"抉择"最好的实践，这也是此书在形式和内容上带给中国读者的精神力量，是抉择，更是姿态。

《奥斯维辛的余存》（阿甘本）

赵　倞 评*

　　1998 年，意大利哲学家乔吉奥·阿甘本（Giorgio Agamben）在都灵出版了《奥斯维辛的余存——见证与档案》，① 这是他极受关注也极受争议的一本书。针对纳粹德国所犯下的种种罪行，西方人文学倾注了大量的研讨与反思，而大抵可作如下划分：一为史学上、实证上对大屠杀历史及档案的发掘与梳理，其中希尔伯格（Raul Hilberg）的大作《欧洲犹太人的毁灭》"占据了特殊的位置"（p.7）；② 二为幸存者、亲历者、涉事者的述说与回忆，以及从此生发而出的诸多文学作品，其中普利莫·列维（Primo Levi）及保罗·策兰（Paul Celan）的作品尤为重要；三为对奥斯维辛事件在思想上、伦理上的阐释与衍说，阿多诺、阿伦特、列维纳斯、福柯等人，以各异的身姿和立场，留下了难以磨灭的声音。20 世纪 90 年代中后期，凭借《Homo Sacer——主权与赤裸生命》（1995）一书的出版，阿甘本在欧美学界声名大噪。作者在此书中曾提出一个颇为耸听的命题（Te-si）：

　　　　今日西方生命政治的示范［Paradigma］，不是城市，而是集中营［Il campo］。③

　　可以想见，此题一出，便激发了无数争议。专门写一本书，谈一谈为

---

* 赵倞，中国人民大学文学院比较文学与世界文学专业博士研究生。

① Giorgio Agamben, *Quel che resta di Auschwitz. Il testimone e l'arichivio* (Torino: Bollati Borin-ghieri, 1998). 英译本：Giorgio Agamben, *the Remnants of Auschwitz: Witness and Archive*, trans. Daniel Heller – Roazen (New York: Zone Books, 1999). 下文引此书只以括号标明页码。

② Raul Hilberg, *The Destruction of European Jews* (New York: Holmes & Meyer, 1985).

③ Giorgio Agamben, *Homo Sacer. Il potere sovrano e la nuda vita* (Torino: Einaudi, 1995), p. 202.

什么"今日西方生命政治的示范是集中营"，是十分必要的了。这样，就有了三年后的《奥斯维辛的余存》。在 2001 年的一次访谈中，阿甘本确认了这种联系："起初，是 homo sacer 这个形象，让我以一个新的视角来审视奥斯维辛"。① 因此，阿甘本所书写的奥斯维辛，似应是以 homo sacer（即"可杀死而不可作牺牲用的神圣生命"②）为出发点的一种生命政治研究。1994 年刊出的一篇短文《什么是集中营？》（Che cos'è un campo?）中，阿甘本就已将"集中营"理解为某一"范式转换"的标志："在这个节点上，政治成为生命政治；潜在意义上，homo sacer 与公民淆乱不分"。③ 除生命政治外，全书还有一条关于语言、诗歌与见证的线索，或可追溯到更早。20 世纪 80 年代，阿甘本已初步注意到策兰诗歌对语言本质的叩问，及其与集中营的联系。④ 1992 年的一则日记中，见证的问题已明确提出：

> 据说，那些曾经——以及那些正在——从集中营里归来的幸存者，却没有什么事情可讲，他们更多只是在说，他们的见证是真的，却很少告诉我们，他们到底亲历了什么。⑤

作为"现代性的开端之地"，⑥ 集中营以极端非人的经验掏空了幸存者，此时的"见证"被还原到一种纯粹潜能的状态，如同语言也被还原到这一"无区分的晦暗空间"（zona opaca di indifferenza）。⑦

《奥斯维辛的余存》即是一部以上述两条线索为基本关切、融合了诸多因素的复杂之作。全书采取片段式写作，分为四章：《见证者》（Il testimone）、《穆斯林》（Il musulmano）、《羞耻，或论主体》（La vergogna，o

---

① Hanna Leitgeb und Cornelia Vismann：*Das Gespr ch：Giorgio Agamben – Das unheilige Leben*，*Cicero Online*，accessed April 2，2014，http：//www. cicero. de/salon/das – unheilige – leben/47168.

② Ibid.

③ Leland De la Durantaye，*Giorgio Agamben：A Critical Introduciotn*（Stanford：Stanford University Press，2009），p. 38.

④ Giorgio Agamben，*Idea della prosa*（Macerata：Quodlibet，2002），prima edizione 1984，p. 29. 策兰说"诗歌是语言命定的唯一"；策兰的父母死于纳粹集中营，当朋友们问他，为何以杀害了父母的语言作诗时，他回答说"只有用母语才能说出真理，外语则是诗人用来说谎的"。

⑤ Giorgio Agamben，*Mezzi senza fine. Note sulla politica*（Torino：Bollati Boringhieri，1996），p. 94.

⑥ Ibid. ，p. 95.

⑦ Ibid. ，pp. 94 – 96.

del soggetto）和《档案与见证》（*L' archivio e la testimonianza*）。作者笔意颇为率性，大抵有触及发，材料的编排不拘一格，或许也保存了作者思考的痕迹。本文略作铺陈介绍，唯望尽抛砖之用。

首先应注意书的题名，以及其中蕴含的方法论品格。"Quel che resta di Auschwitz"，较直白地翻，大致为"那仍然属于奥斯维辛的"，故我翻为"奥斯维辛的余存"。奥斯维辛是既已发生之事，作者却谈它（现在）的余存，意在从中推证出一般的政治伦理原则——此所谓 "Ethica more Auschiwitz demonstrata"（"凭奥斯维辛方法所示明的伦理学"①，p.9）。全书《卷首语》（*Avvertenza*）说，奥斯维辛的难题是历史知识（conoscenza storica）本身的难题，因为在事实与真理、核验（历实）与理解（意义）之间，总存在着一个错差（Scarto），而达成历史知识的"唯一可行的路"，即是"盘桓于这一错差之中"（indugiare in quello scarto, pp. 8 – 9）。

所谓"余存"，到底是指什么呢？余存是见证者（Il testimone），哪怕他们已罕有可言。而"余"（Il Resto；Remnant；Rest）这一概念，让人联想到犹太神学（特别是《以赛亚书》）。阿甘本将先知的预言与保罗的书信联系起来，强调二者中共通的弥赛亚品格，确立了"余"这一概念与"拯救"的关联：所谓"弥赛亚时间，既非历史亦非永恒，而是二者之间的错差"，所谓"见证者，既非死难者亦非幸存者，既非淹没者，亦非获救者，而是二者之间的余存"（p. 153）。因此《奥斯维辛的余存》也与阿甘本后一本书《余存的时间——〈罗马书〉评注》建立了联系。②

借鉴神学思想，或让犹太人所遭罹的大屠杀蒙上一层宗教色彩。阿甘本在书中无数次地引用了列维的见证，可在他们看来，任何神学引申都急需谨慎。"一些极端的宗教分子，试图以先知口气将大屠杀解释为：对我们这些罪人的惩罚"，这大大激怒了列维（p. 26）；有人说幸存者是出于神意的拣选，列维亦嗤之以鼻，认为这种观点"骇人听闻"（Mostruosa, p. 54）。阿甘本则从他擅长的语文学角度，对"olocausto"（Holocaust）和"šo'ah"（Shoah）这两种对大屠杀的命名作了批判。据他考释，拉丁文通行本圣经用 holocaustum 对译《利未记》中的 olah（燔祭）一词，教父们

① 斯宾诺莎的名著《伦理学》全名"凭几何方法所证明的伦理学"（*Ethica more geometrico demonstrata*），阿甘本造此语即模仿了斯氏。

② Giorgio Agamben, *Il tempo che resta. Un commento alla Lettera ai Romani*（Torino：Bollati Boringhieri, 2000）.

也用这个词喻称烈士的殉道。可是焚化炉绝不能等同于祭坛，况且该词本来就有反犹色彩，因此，"继续使用这个词的人，只说明自己无知，否则就是麻木不仁"（pp. 27 - 29）。至于"šo'ah"一词，则是犹太人对大灭绝的"婉辞"（Eufemismo），然而该词在《以赛亚书》中指某种大灾难，进一步说，则与上帝的惩罚有关。所以，该词虽聊胜于前词，仍失之于太过含糊（pp. 28 - 9）。

作者选用的术语（Terminus Technicus），是不含有任何宛转的"灭绝"（Sterminio）一词。这种"正名"不止于技术上的准确，更严格地承袭了生命政治的命意。福柯曾言：集中营的原型不过是"医院加养鸡场"（Hôpital plus basse - cour），党卫军执行的种族清洗，则近似于老妈子的家务活，"他们拿着抹布和扫帚干活，想要把他们认为的社会上的一切血脓、灰尘、垃圾都清除掉"[1]。能与这种行径相匹配的，大概只有"灭绝"（Extermination）一词，须知"这个词恰恰是用在虫子、老鼠、虱蚤身上的"[2]。

对上述框架性问题略作说明后，眼下，可以进入《奥斯维辛的余存》的正文。阿甘本开宗明义地将全书的核心议题订立为"见证的结构本身"（p. 8）；作者虽不提供新的见证，全书却可以当作"为见证所作的永久的评注"（commento perpetuo alla testimonianza）来读（p. 9）。见证的艰难性首先在于，见证者并非纯白无辜。幸存者往往为其幸存而抱有一种极深的负疚感。列维也为他的作家身份而深感不安。阿甘本提到，他在艾瑙迪出版社（Einaudi）开会碰到列维时，也感到了这种不安；不过，"他［列维］只为幸存负疚，而不是为作见证负疚"（p. 15）。此时，阿甘本假道语文学，他分析了拉丁文中表示"见证者"的两个词：testis 源于 *terstis（第三人，尤指在诉讼中起调停作用的第三方），superstes 的意思则是亲历者、幸存者（ibid.）。前一词涉及法律领域。然而阿甘本和列维一样，认为对奥斯维辛的反思，应属于"伦理"范畴，而超越法律范畴。伦理不应同司法相混淆，更糟糕的，是进一步将司法与神学混淆起来，形成"新的神正论"。以约拿斯（Hans Jonas）为代表，对奥斯维辛的神正论思考，遭到了作者的辛辣批判："神正论是一场不愿意盘查人的责任、而把责任归给上

---

[1] 福柯：《性的教官萨德》，载杜小真编选《福柯集》，蒲北溟译，上海远东出版社，1998，第 287 页；Michel Foucault, *Dits et Écrits*, vol. 2（Paris: Gallimard, 1994）, pp. 821 - 832.

[2] Roberto Esposito, *Bios: Biopolitics and Philosophy*, trans. Timothy Campell（Minneapolis: University of Minnesota Press, 2008）, p. 117.

帝的审判。同一切神正论一样，［约拿斯的］这一款也以无罪宣判告终"
（p. 18）。

让法律和神正论变得不可能的，是一个"灰色区域"（Zona
Griglia），阿甘本认为，这是列维"前所未有的发现"（p. 19）。所谓灰
色区域，即指"受害者与刽子手被绑在同一条长链锁上"（ibid.），受害
者成了加害者，加害者也成了受害者，淆乱不清。灰色区域的典型案例，
是著名的"别动队"（Sonderkommando）。别动队由集中营关押的犹太人
组成，他们负责将其他难民送入毒气室，从尸体上摘选出值钱的东西，
再将其送入焚化炉，最后清理骨灰。列维说，"设想并组织出这样的一
队人，是国家社会主义最魔鬼的罪行"（p. 23）。此外，列维通过其他见
证者了解到，别动队还曾与党卫军在焚化炉门口踢过一场足球赛，没有
上场的党卫军和别动队成员还分成了两拨人，在场下投注设赌，并为球
员鼓掌、加油，"仿佛比赛不是在地狱的大门口举办，而是发生在乡村
的空地上"（p. 23）①。这才是作者及许多幸存者眼中"集中营真正的恐
怖"（p. 24）！对于阿甘本来说，这场比赛的可耻触及了存在论的根本结
构，成为了超时间的永恒，这让奥斯维辛的创伤与羞耻已经处于了尼采
意义的永恒循环之中（cf. pp. 92 – 94），理解这种耻辱、中止这场比赛，
成了当务之急。

见证之真正艰难，在于其结构本身。"见证包含着一个空白［Lacu-
na］"（p. 31）。列维反复说，极少数的幸存者并不是"真正的见证者"，
而是"那些……没有触及最深处的人"，只有"那些'穆斯林'，那些沉
默者，那些完整的见证者［I testimoni integrali］，只有他们来作证，才可能
有普遍的意义（ibid.）。完整的见证必须有不可能作见证的人来说，是为
见证结构的不可能性。"越是不可见证，人们却越要见证。以大灭绝为主
题的电影、诗歌、文学作品层出不穷，耶鲁大学学者费尔曼（Shoshana
Felman）和劳布（Dori Laub）提出，电影中"话语、声音、节奏、旋律、
书写与静寂之间"的错综交织，构成了电影的见证力量（p. 33）。作者对
这种美学化的倾向，亦持批判意见："诗或歌，都不能拯救见证的不可能
性；相反，只有见证才能为诗歌的可能性奠基"（ibid.）。

---

① Also see Debarati Sanyal, "A Soccer Match in Auschwitz: Passing Culpability in Holocaust Criti-
cism," in *Representations*, Vol. 79, No. 1 (2002): pp. 1 – 27.

次章题为《"穆斯林"》。"穆斯林"（der Muselmann）是集中营里的黑话，指那些放弃了生的希望，继而营养状况极端恶化，身体溃烂，四肢僵直，目光失神，乃至全无一切常人的情感心智，状如行尸的人们。党卫军可以随手杀死出现在他们面前的"穆斯林"，犹太人则竭力遏制着正从他们身上涌出的"穆斯林"。"穆斯林"的得名，大多是说他们体态远看像是阿拉伯人做祷告的缘故。"穆斯林"让死与生、人与非人变得难以区分，是"集中营完美的密码"（p.43）。想要理解奥斯维辛，就要首先理解穆斯林，就要"学习和他一起看见戈尔贡"（p.47）。

为此，作者思考了"尊严"的问题。尊严（Dignità）是人最后的情感。可是，"奥斯维辛标志着一切尊严伦理学的终结或毁弃"（p.63）。"幸存者［……］未能从集中营中抢救出来的财产"，正是尊严。更可怕的是，如果穆斯林的极端状态、纳粹的例外状态的成为我们生活其中的常态，如果人性在经历了"极端降卑"（degradazione più estrema）之后，即仍然以赤裸生命、"穆斯林"的形态活着，这将是"幸存者从集中营带到整个人类大地的最残忍的消息"（Ibid.）。

生命的尊严丧失了，死亡的尊严也难保守。奥斯维辛中，死亡死掉了，而只有"尸体的生产"（fabbricazione dei cadaveri）。1949年在不来梅的一次演讲中，海德格尔也用到了"尸体的生产"，以说明"死亡的本质阻隔于人"（p.68）。可是，作者认为，海德格尔有关可能性、不可能性、本真与非本真的一切讨论，在奥斯维辛面前都失效了。

阿多诺曾有"奥斯维辛之后不应写诗"之论，意在将大灭绝看作西方文化根本的断裂。作者批评阿多诺对死亡问题的理解并不能"精确地指出奥斯维辛的具体罪行所在"（p.75）。在作者看来，集中营真正的密码在于"穆斯林"。传统的生命之尊严以及古老的死亡之神圣，都已在"穆斯林"身上涤荡殆尽，他既是"顽固地表现为人的非人，又是无法从非人中分离的人性"（p.76）。

至此，作者势所必然地引用了福柯的生命政治分析（pp.76-79）。在从传统政治到生命政治的转换中，有一个关键因素，福柯称之为"人口"（Population）。在人口概念中，政治权力不是将人当作具体的身体，而是当作统计的对象，依照其生物学特征来加以区分、操控、治理，故这种新型的权力称为"生命权力"（Bio-potere）。生命政治的兴起，即是"人民"

（Popolo）转化为人口（Popoluzaione）的过程。① 1933 年纳粹推出的《保护德意志人民遗传健康》法案，即为这一过程具体实现。而"集中营在纳粹生命政治系统中所扮演的决定性功能"，即是穆斯林的生产，相比之下，死亡与灭绝，倒成了次要的了（p. 79）。作者提到，希特勒在 1937 年的一次秘密会议上，首次提出了一个"极端的生命政治设想"：即将中东欧那片人口稠密、各民族杂居的地区建为一个"无民族空间"（Volkloser Raum）（pp. 79 - 80）。② 所谓"无民族"，或译为"无人民"，并不是字面意义上的，而只有依其"根本的生命政治强度"才能理解：它将人民转化为人口，将人口转化为"穆斯林"，实现生存空间与死亡空间（Lebens - e Todesraum）重合，"此时，死亡不过是一种伴随现象"（p. 80）。

全书第三章探讨了羞耻、见证与主体的关系。这一部分国内学人历来鲜有论及，这里也作一介绍。据列维回忆，1945 年 1 月 27 日，当苏军先头部队解放奥斯维辛集中营时，笼罩着难民的，不是得救的喜悦，反倒是一种深深的羞耻（p. 81）。幸存者的负罪感（senso di colpa）也成了奥斯维辛文学中的经典主题（locus classicus, p. 82）。有一种通常的解释认为，幸存者的羞耻源于负罪感，因为他们"代别人活着"（vivi al posto di un altro），在绝大多数的死难者面前，他们必须负疚（p. 85）。然而列维在一首题为《幸存者》（Il superstite）的诗中写道：："没有人替我死去。没有人"（Nessuno è morto invece mia. Nessuno, p. 83）。对此，阿甘本的基本立场类同于列维，而且有更深刻的解释。安泰尔莫（Robert Antelme）曾记载过一件小事。③ 德国即将战败时，受到盟军追击的党卫军携带大批囚徒，从布痕瓦尔德（Buchenwald）向达豪（Dachau）转移。对于有可能延缓行军速度的囚徒，他们予以枪决了事。这种杀戮并没有特别的标准，只是叫到谁，就杀掉谁。当党卫军对一个博洛尼亚大学生喊道"Du komme hier!"

---

① See Giorgio Agamben, *Mezzi senza fine. Note sulla politica*（Torino: Bollati Boringhieri, 1996），pp. 30 - 34. 在这篇题为《什么是人民？》的小文中，阿甘本发现了现代民族国家兴起过程中，"人民"的内在断裂，一方是政治性的、具有崇高意义的大写人民，另一则是无公民权的赤裸生命（犹太人、吉普赛人等）。这与福柯所谓的"人口化"，有近似之处。

② 即所谓的"霍斯巴赫备忘录"（Hossbach Memorandum）。Cf. Hannah Arendt, *Eichmann in Jerusalem: A Report on the Banality of Evil*（New York: The Viking Press, 1965），pp. 206 - 220.

③ 罗贝尔·安泰尔莫（1917 - 1990），作家、法国抵抗运动成员，1939 年与著名作家玛格丽特·杜拉斯结婚。1944 年被送入集中营，后获救，著《人类》一书（Robert Antelme, l' *Espèce humaine*（Paris: La cité universale, 1947）。

（你过来）时，安泰尔莫看到，大学生立刻脸红了。阿甘本认为，莫名的脸红（Rossore）恰恰解开了所谓"代别人死去"的真正意义：

> 所有人，都在代别人活着或死去，没有理由、没有意义；在集中营里，没有人能够真正为自己［al proprio posto］死去或幸存。奥斯维辛亦说明：人正在死去，可在他的死亡中，除了脸红，除了羞耻，找不到任何别的意义。（p. 95 – 96）

接下来，作者进一步借鉴了列维纳斯的分析，认为羞耻的本质特征即人无法与自己的存在相决裂的体验（p. 97）。海德格尔则提出，羞耻是一种具有存在论意义的情感，它源于人与存在的遭遇（p. 98）。凯连伊（Kerényi）则发现古希腊人的"羞耻"（Aidòs）中蕴藏着看与被看、既主动又被动的双重结构：[1] 羞耻者被旁人观看着，与此同时，他又为旁人所观看着的可耻之事作了见证（pp. 98 – 99）。双重结构揭示了主体性与解主体性在主体中的交缠，作者将其推及见证。幸存者与"穆斯林"，构成了这一结构的两极：前者并未经受一切，只是伪见证者；后者是完整的见证者，可已经与非人无异，不能开口了。到底谁来作见证呢？列维说，他代表（per delega）"穆斯林"作见证。表面上，是人（幸存者）为非人（"穆斯林"）作见证，可是"根据司法原则，被代表者的行为应归结于代表人"（p. 111），所以是"穆斯林"在作见证。此时，"见证的主体是见证解主体化的主体"（ibid.）。

作者进一步思考了人从沉默中发言、意识从无意识中觉醒的决定性契机。亚里士多德将人定义为"拥有语言的生命物"（zōon logon echon, p. 120），然而"生命"与"语言"并不重合，正是在二者的连接处，即发言的时刻，阿甘本找到了见证与羞耻的本质地位（p. 121）。换言之，"羞耻"是人之为人的根由。羞耻对应着主体结构中人与非人、说话者（Parlante）与生命者（Vivente，即人身上的动物）之间的根本错差（Scarto）；唯有见证能够回应羞耻，回应这一错差。此前，此题实有三层含义：首先，就"穆斯林"或灰色区域而言，非人从人之中幸存；其次，就幸存者而言，人又从非人之中幸存；最后，第三层意义融合了前两层，也回答了

---

[1] 卡尔·凯连伊（Károly Kerényi, 1896 – 1973），匈牙利籍学者，20 世纪的古典学巨擘之一，对阿甘本有较大影响。

为什么穆斯林才是完整的见证者："人是非人，只有那些人性全然被摧毁的人，才是真正的人"（pp. 124 - 125）。可是，"人性不可能完全毁掉，而总会有所余存。见证者就是这一剩余［resto］"（p. 125）。因此，见证是人性不可摧毁的幸存。人永远不需要为见证而羞耻。奥斯维辛的余存，除羞耻外，还有见证。

全书末章《档案与见证》首先涉及本维尼斯特的语言学及福柯的《知识考古学》。作者发现，二者的共同点在于都关注语言的实际发生，或谓"语言的事件""言语的实存"，福柯称之为"陈述"。借此，阿甘本推进了福柯的方法思考，区分了考古学中两个重要的维度："档案"（Archivio）与"见证"（Testimonianza）。档案乃指"陈述的形成与转化的一般系统"（p. 133）。档案不只是对事实的惰性记载，相反，它处于语言（Langue，"任何可能语句的建构系统"）与文献（Corpus，"全部已说的总体"）的中间，是已说（Già Detto）与未说（Non Detto）的关联系统（p. 134）。见证则指"语言［Langue］内部与外部、可说与不可说之间的关联系统"（p. 135）。档案意味着解主体化（主体仅仅是主体功能），在见证中，主体留下的"空位"则至关重要。因此，见证位于语言的潜能（Potenza）与言语（Linguaggio 或 Parola）的实存之间。同时，见证中蕴含着言语的可能性与不可能性的复杂辩证："凭借说话的可能性，一种不可能性获得了实存，凭借这种不可能性及言说的无能，一种潜能获得了现实性，这种潜能就是见证。"（ibid.）

列维曾在集中营中遇到过一个小孩，或为这一逻辑提供例证。小孩没有名字（人们称他为 Hubrinek），不会说话，半身瘫痪，极为可怜。有一天，他突然开口说话了，只吐出一个字，读音类似于 massklo 或 matisklo，虽是个清清楚楚的词语（有人猜可能是波希米亚语面包或吃的意思），但没有人知道他到底在说什么。这种"残损、晦暗的语言"，不仅准确地处于语言发生的时刻，更有可能成为完整的见证：因为作为一种"非语言"，它首先见证了见证的不可能性（pp. 34 - 36）[①]。

为深入探访见证的结构，作者又一次造访了拉丁文化，从中拈出了"auctor"（权威者、授权者、建议者、说服者、售卖者、民族或城邦的建

---

① 亦参见耿幼壮：《诗歌的终结与见证的不可能》，《外国文学评论》2010 年第 1 期，第 83 ~ 94 页。

立者等意，亦有"见证者"之意）一词。据本维尼斯特的分析，该词源于"augere"（生长），阿甘本将其训为"让……生长"（Far crescere），其关键在于，能够赋予某人以某种能力（pp. 138 – 139）。任何见证都需要有其作者或授权者（*Auctor*; autore），然而这个作者并不直接行使权力，而须有一个协作者（Co - autore）。"穆斯林"与幸存者，恰好构成了这种二元结构。

1987 年，利恩与克沃津斯基的著作《生死临界——集中营中的穆斯林现象研究》中，有一章题为《我曾是一个"穆斯林"》（*Ich war ein Muselmann*），该章收录了 10 位曾是"穆斯林"后又生还者的证言（p. 154）。阿甘本摘译了这些证言，也将见证的悖论性推向了极致。胪列之后，全书以"*Residua desiderantur*"（余者阙如）煞尾。① 余者（Resto; Residuum）的空阙，也同是对它的顾念、期盼与索求（Desiderare）。故特以此语为本文命题。

---

① 斯宾诺莎逝世时，其著作并未完成。待其作品出版时，编者补上了一句"reliqua desiderantur"（余下部分阙如）。阿甘本盖化用此意。

《虚构的犹太民族》（施罗默·桑德）

傅　聪评*

特拉维夫大学历史系教授施罗默·桑德（Shlomo Sand）的《虚构的犹太民族》最初以希伯来语出版，[①]在以色列畅销书排行榜上停留达19周之久，其法文、英文版也陆续引起巨大轰动。如同所有"离经叛道"之作，《虚构的犹太民族》也遭遇了从"经典"到"披着学术外衣的恶意攻击"的各色批评。[②]

《虚构的犹太民族》涉及民族、历史、身份、民族主义、身份政治等主题，其基本论点是：当代犹太民族并非一个具有单一生物起源的有机共同体，圣经也并非证据确凿的民族历史，犹太人的民族性是犹太民族主义、复国主义史学家通过历史编纂发明塑造而成。

全书包括绪论和正文五个章节。绪论《记忆的重负》主要讲六个小故事，以此，以色列建国初期身份构建的荒诞、巴勒斯坦人在家园成为陌生人的悲哀以及个人身份意识和国家身份界定之间的冲突等一览无余，故事笔调嘲弄讥讽，掩盖其间挥之不去的悲哀，似乎奠定了全书的基调。

第一章《制造民族：主权和平等》围绕民族、民族主义和知识分子这几个话题对19世纪以来的相关理论进行梳理和讨论。在民族理论方面，桑德强调同质的文化和主观想象在民族界定中的重要角色，同时他还反复强调，"民族"是一个现代概念和现象，与其他人类共同体概念"人民""族群"特别是"宗教共同体"有本质区别。在民族形成过程中出现了两种形

---

*　傅聪，南京大学哲学系宗教学系硕士研究生。

①　英文版 *The Invention of the Jewish People*，trans. by Yael Lotan，（London：Verso，2009）；中译本《虚构的犹太民族》，王崇兴、张蓉译，上海三联书店，2012。

②　Ilse J. M. Lazaroms："The Invention of the Jewish People（review），" *European Review of History* 18（2011）：618. Derek J. Penslar："Shlomo Sand's *The Invention of the Jewish People* and the End of the New History，" *Israel Studies* 17（2012）：162.

式的民族主义，即基于公民权、以英、美、法等为代表的政治－公民民族
主义和基于族群起源、以德国、波兰、俄罗斯等为代表的族群－有机体民
族主义，后者的"民族认同缺乏自信……依赖于亲属关系和古老的血统，
并把民族界定为僵化的、从建制上排他的实体"（第28页，引资中译本，
下同，但引文有时据原文略有改动）。在民族意识兴起和巩固的过程中，
知识分子的创造活动承担着勾勒民族形象、培养民族意识的重任，并且桑
德认为，历史学是所有学科中最具民族主义倾向的。

从第二章到第四章均为桑德对犹太民族主义、复国主义史学编纂的批
判。第二章《神话与历史混合的史学：起初，上帝创造人民》中，桑德指
出，圣经在现代犹太历史编纂中被赋予的历史真实性逐渐加强、最终成为
用来证明犹太人统一历史起源和对以色列地所有权的一部权威历史记载。
这一历史化、民族主义化圣经的过程由前民族主义犹太史学家海因里希·
格拉茨肇始，被他的继承者西蒙·杜步诺、萨洛·巴龙发展，最终在复国
主义史学家伊扎克·贝尔和本·锡安·迪努尔笔下发扬光大。以色列建国
后，宣扬与巩固"圣经—民族—圣地"之间的不可分割性，成为官方教
育、政治和考古界乐此不疲的事业。但是，近几十年来的考古发现对圣经
的历史真实性提出了越来越多的质疑，乃至于从亚伯拉罕迁移到迦南地到
大卫所罗门联合王国之间的所有神话都可被一一瓦解，乃至于哥本哈根学
派将圣经定性为"有宗教和哲学性质的多层文学构建，或是出于教育目标
尤其旨在教育未来几代人……而有时会采用准历史描述的神学寓言"（第
122页）。

第三章《虚构的流亡：改宗和皈依》指出，与第二圣殿被毁后犹太人
被驱逐出故土这一流行于传统记忆的叙事相反，公元1、2世纪的犹太战争
并没有导致犹太人的驱逐，犹太民族主义、复国主义史学编纂都默认了这
点，但没有主动去更正传统观点。古代近东、地中海沿岸出现的大批犹太
社团大概是宗教皈依的结果。此外，当年留在巴勒斯坦地的犹太人，有可
能在穆斯林入侵后皈依了伊斯兰教，成为今日巴勒斯坦人的祖先。在犹太
民族主义、复国主义历史编纂中，改宗和巴勒斯坦人起源这两个话题，要
么避而不谈，要么根据政治形势更改主张。第四章《沉默的王国：探求不
再为人知的（犹太人的）时代》沿着第三章皈依的线索，发掘了希米亚王
国、柏柏尔人、卡根人、卡扎尔人等异教徒皈依犹太教的史实，这些浓墨
重彩的篇章被民族主义、复国主义历史编纂者悄悄忽略，因为皈依的直接

结果——并非所有犹太人都是两千年前以色列民族的直系后代，而今日占犹太人大多数的东欧犹太人更是有可能起源于犹太化了的卡扎尔王国——会立刻威胁到眼前犹太人占有巴勒斯坦地区的合法性。由此，犹太历史学家们不得不费尽心思打造现今各色犹太人具有共同起源的、从古至今一以贯之的形象。

第五章《差异性：以色列的身份政治》从批判历史编纂转而批判以色列政治现状，即复国主义所主张的民族主义其实是族群民族主义，以色列为了维持脆弱的犹太身份认同，不得不借助遗传学和充满孤立主义倾向的犹太宗教元素。以色列国其实是一个族群国家，实行的是族群统治，虽然它自诩为既是犹太人的国家，又是民主国家，但它的自由民主着实有限，非犹太公民生于斯长于斯，却无法完全属于、也无法完全拥有这个国家，这是对以色列民主莫大的讽刺。

《虚构的犹太民族》最为评论家所诟病的，大概是桑德的某些论述过于简单化、片面化，以及他关于现代之前犹太人只构成一个"宗教共同体"的论断。比如，根据桑德的叙述，民族主义考古学家马扎尔发现族长故事中的非利士人"在该地区的出现不会早于公元前 12 世纪"，阿拉姆人"第一次出现在公元前 11 世纪的近东碑文中"，而骆驼"最初被驯养是在公元前第一个千年之初"（第 111 到 112 页），均与传统界定的族长时期（公元前 20 世纪到公元前 17 世纪）不符合，马扎尔因此被迫将族长时期后移——这位考古学家似乎认为这是唯一的解决办法，要维持族长故事原本的断代是不可能的，而这似乎得到了桑德的肯定。桑德又随即提出更为激进的"非以色列学者"的看法，即族长故事"不是表明随着时间流逝不断演化、改进的一个模糊的大众神话，而是数百年后一部有明确目的的意识形态之作"（第 112 页）。但是，仅以故事中包含的年代误植来否定整个族长故事的传统断代，依据何在？假设故事基本内容是真实的，那么在口口相传的历史过程中，难道不会出现把某个已不见踪迹民族替换成更为熟悉的非利士人和阿拉姆人，或者把原来的旅行方式换成现在的骑骆驼这些情况？笔者并非主张《圣经》字句皆为史实，也非坚持族长故事的悠久年代或真实性，只是以此为例说明桑德在分析尚未有定论的话题（东欧犹太人的起源、意地绪语的起源等）时显得有些"霸道"，只选取有利于自己的观点，对一些合理的、可能出现的反驳声音没有给予足够的考虑。当然，这或许和篇幅限制有关。

关于现代民族主义兴起之前，世界犹太人是否只构成一个宗教共同体这点，也引起了很大争论。首先，在古代和中世纪，宗教与世俗的界限并非那么明显，宗教几乎渗透了生活的方方面面，包括节日、饮食限制、律法、历史记忆，从而衍生到商业、慈善领域，而桑德一定要以是否存在"非宗教性的公分母"——和宗教原因无关的连接各地犹太人的因素——作为界定共同体的标准，是否有点吹毛求疵的意味？其次，即使在客观事实上，世界犹太人只构成了一个因共同宗教而产生联系的共同体，犹太人的自我界定是否也为宗教团体？诚然，民族主义、复国主义史学编纂在历史学上"发明"（Invent）了一个同质的、一以贯之的犹太民族，可是，对于犹太人的自我意识来说，难道他们从不认为所有犹太人信奉同一个宗教，拥有一个共同起源，而《圣经》记载了他们共同的民族历史？桑德倾向于认为，犹太人一向自视为宗教团体，因此犹太民族的诞生是双重的，诞生于史学编纂，又随之诞生于犹太人身份意识之中。然而，这个结论在书中似乎没有经过仔细讨论或证明，这对于一个本身非常复杂的问题来说是不合适的，在任何结论之前，至少要考虑：犹太人的身份意识是否随着历史发展变化而变化？同一时期不同地区犹太人的身份认同是趋同还是相异？同一地区犹太人内部，比如较有希望融入社会的犹太上层和始终格格不入的底层之间，认同感是否有差异？历史上林林总总不同派别的犹太人对这个问题看法如何？而在上述每个问题之下，我们都可以再问，在相应的身份构建中，《圣经》、圣地又处于何种地位？在这点上，若《圣经》故事只有在民族主义、复国主义史学家笔下才从宗教神学转化为历史进入犹太人的意识，那么何以解释《圣经》中多次命令以色列人"记住"的词句——记住，自然是记住上帝显现于其中的历史。在犹太人眼中，《圣经》固然并非纯粹的历史著作，而是上帝对万世万代的话语，但这与《圣经》作为历史信息的来源并不冲突。总之，现代之前犹太人的身份意识这个话题绝非三言两语就能言明的，也非单纯的历史编纂批判能解决的问题。即使历史编纂中有过把犹太人看作宗教团体的倾向，那也只能说明一时、一地或一人的看法，不能以偏概全。

不得不承认，尽管桑德在批判民族主义、复国主义史学编纂，解构历史神话方面有点矫枉过正，他却成功地揭示了以色列历史、身份叙事中隐含着的种种问题，也成功地指出了身份政治对史学编纂的影响，提醒读者对传统的犹太历史叙事——乃至一般历史叙事——提高警惕。最为可贵的是，该书"大逆不道"地企图瓦解"永恒的犹太民族"这一神话，为的是警醒国人重新审视自我以及自我与他者（尤其是以色列巴勒斯坦人）的关系，自我身份认同的转变，或可成为解决巴勒斯坦一个多世纪的冲突的一个心理契机，当然，这并不是单方面的反思就可以实现的，需要巴以双方共同的努力。最后，《虚构的犹太民族》文笔辛辣，说它非常具有攻击性（Polemic）也无可厚非，如果给予一点诠释上的宽容（Hermeneutic Charity），笔者倒觉得这既体现了桑德对以色列巴勒斯坦人境遇的深切同情，也透露了他对以色列犹太人"爱之深，责之切"的感情。

（编辑：王涛）

《宅兹中国：重建有关"中国"的历史论述》（葛兆光）

王　雨　评*

　　1978 年，萨伊德（Edward Said）出版《东方学》一书中，借西方对中东的研究深入地讨论了帝国主义与学术发展之间的互动。此书一出，引起学界巨大震动。1984 年，柯恩（Paul A. Cohen）推出《在中国发现历史》一书，在北美中国学的语境下对西方中心主义进行严厉批判，并提出要按中国的方式理解中国历史，影响一代学者。在这一脉络之下，葛兆光先生在其 2011 年出版的大作《宅兹中国：重建有关"中国"的历史论述》（中华书局，2011 年，下文引用在括号内直接标注页码，不再另行标明书名）中进一步提出，单是从中国看中国还是不够的，还要从周边看中国。只有这样，才能使中国在多方参照中，找到自己合适的位置，发现被欧美中心论，日本中心论，以及中国中心论的中国研究所遮蔽的历史事实。

　　在《绪说》中，葛先生细致地对多种影响较大的分析中国的模式进行分析和讨论。我将它们粗略概括为："区域研究"模式，"亚洲"模式，"同心圆"模式，"民族"模式，"后现代"模式。在作者看来，这些模式都有着取消"中国"作为一个基本分析单位的危险，动机可疑。这样的指责并非是空穴来风，这些模式多产生于"冷战"背景之下，学术与政治的交织更加隐秘，不易察觉。但这并不能掩盖它们之间的关系。

　　葛兆光以历史为镜，借 19、20 世纪日本日本学，日本中国学，和包括日本和中国在内的亚洲学的发展，用大量篇幅讨论学术研究与国家政治之间的密切关系。在日本学方面，葛指出日本学界一直在中国道教与日本神道教和天皇的关系上纠缠不清。究其原因，是日本学者受民族主义影响，极力否认日本在历史上所受的中国影响（第六章）。如果说民族主义政治

* 王雨，加拿大多伦多大学历史系博士研究生。

使得日本寻求脱离中国之路，那么它同时还促使日本学者寻求其他方式进入中国。这便是日本对中国四裔研究热潮兴起的缘由。葛兆光敏锐地捕捉到早期日本学者对中国东北、内蒙古、西藏，以及广泛意义上的西域的兴趣，与日本民族主义和军国主义扩张密不可分。后来的"中国非国论"更是直接为日本帝国主义侵略中国张目（第七章）。无论是脱离中国，还是进入中国，早期日本学者都受到政治势力的深刻影响。后来的亚洲主义主张更是如此。学者们主张应由日本带领亚洲国家，赶走西方侵略者，建立一个亚洲人自己的亚洲。在这个美好的旗帜下，我们看到的实际上是日本取代西方侵略者，继承它们的殖民地，继续进行殖民压迫（第五章）。

除了立场上的争议，葛兆光还认为必须对外来理论进行适度反思和修正，才能使其成为研究中国的典范。他从民族主义理论下手，对安德森的民族国家理论进行批评，这给我们提供了一个经典案例。在葛兆光看来，民族或者民族国家作为想象的共同体并不适用于中国。欧洲的民族国家可能是想象而出，但中国的民族国家则在资本主义出现之前就初步形成。

宋朝是中国民族主义发展的第一阶段。这一时期，宋朝和周边政权确立一般意义上的外交关系，对知识流通和人员流动进行控制，确立意识形态上的道统。这些证据表明，中国此时已有明确的边界，并有意识区分自我与它者（第一章）。

葛兆光还借用利玛窦来华前后中国地图和有关异域的知识变化来论证中国民族国家形成的历史性。利玛窦来华之前，中国地图以中国为中心，甚至以中国为全部世界。涉及异域的知识则充满奇幻想象，荒诞不实。即使有准确的异域知识慢慢出现，也丝毫不能改变异域在汉字世界的奇幻形象。利玛窦来华之后，传播西方知识。同时，不断扩大的海外贸易带来更多有关外部世界的准确知识。到了康熙朝，职贡图中的外国人就已经比较真实了（第二、第三章）。

除此之外，葛兆光还利用早期的朝鲜和日本材料发现明清变革导致东亚内部出现认知分歧，以儒家文化统一的东亚作为一个整体因明朝的灭亡而分崩离析。通过分析朝鲜人和日本人对明清变革的激烈反应，他推论出明清时期是继宋朝之后，中国民族主义和民族国家形成的第二阶段（第四章）。

在这本书中，葛兆光犀利指出既有分析中国框架的弊端，又建设性地提出新的思考和论述方案。笔者对其中的大部分深深赞同，小部分有自己的意见。这一小部分包括葛先生对民族国家的定位。

在《绪说》中，葛兆光对安德森以来"后现代历史学"有关民族国家的论述进行了一番梳理。在肯定他们对民族国家研究贡献的同时，葛兆光对他们提出尖锐的批评。安德森的"想象的共同体"理论，不顾历史，执迷于想象。而杜赞奇的《从民族国家拯救历史》则更是依据"某种西方时尚理论的后设观察"，"过度放大了民族、宗教、地方历史的差异性"，"过度看小了"中国"尤其是"汉族中国"的历史延续性和文化同一性（第3页）？"这里的"某种"指的当是上下文中反复提到的福柯式"权力"和"话语"理论。在葛兆光看来，这些对"民族国家"的批评，以及超越民族国家的口号和分析方式可能适用于分析欧洲史，但在世界其他地方，尤其是中国，则会遇到水土不服。原因很简单，民族国家在中国并不是一个"晚近"的产物。"在中国自从宋代以后，由于逐渐强大的异族国家的挤压，已经渐渐形成，这个民族国家的文化认同和历史传统基础相当坚实，生活伦理的同一性又相当深入与普遍，政治管辖空间又十分明确，因此，中国民族国家的空间性和主体性，并不一定与西方所谓的'近代性'有关。在这样的一个延续性大于断裂性（与欧洲相比）的古老文明笼罩下，中国的空间虽然边缘比较模糊和移动，但中心始终相对清晰和稳定，中国的政治王朝虽然变更盛衰起伏，但历史始终有一个清晰延续的脉络，中国的文化虽然也经受各种外来文明的挑战，但是始终有一个相当稳定、层层积累的传统。而在宋代之后逐渐凸显出来的以汉族区域为中心的国家领土与国家意识，则使得'民族国家'相对早熟地形成了自己认同的基础（第25~26页）。"

葛兆光对历史研究的政治性是非常敏感的，笔者也认为这种敏感是非常必要和重要的。但我们并不能因为后现代史学强烈的政治性而完全将其弃于一旁，置之不理。而且，笔者认为，后现代史学鲜明的反国家立场并不是专在分析中国近现代史时才出现。它所针对的是近现代以来全球化背景下资本主义通过建立民族国家，控制历史书写等方式进行殖民和帝国统治这样一个暴力现象。不能看到这一点，就很容易对后现代史学产生误解。将安德森和杜赞奇的民族国家理论放回后现代史学的框架对其进行梳理则显得尤其必要。限于篇幅，本文仅能粗笔勾勒，力求得当。

安德森"想象的共同体"，并不完全是想象，它有实在的技术和社会基础。在《想象的共同体》一书中，他始终强调，民族国家得以出现，需要统一的世俗化的语言为支撑。在欧洲的具体表现则是，拉丁语走下神坛，为各民族语言所取代。各民族语言依靠国家力量和印刷资本主义，国家的普通语言。这一理论的缺点多多：它过分依赖印刷媒体，忽视其他媒体在构建共同体中的作用；强调现代民族国家与传统民族国家之间的断裂，忽略二者之间的连续性。尽管如此，它很重要的一个优点是指出了民族国家形成与资本主义全球化之间的关联性。正是因为资本主义的全球化，信息的流通才显得日益重要和频繁，统一的信息承载工具才有必要出现。

这一点在杜赞奇的《从民族国家拯救历史》中得到更细致的体现。① 杜赞奇在书中多次指出，民族主义并不是什么新东西。它之所以在 19、20 世纪受到前所未有的重视，是因为这一次它是作为资本主义全球化和制度化的产物而出现（比如第 9 页和第 69 页）。资本主义为了不断发展，将自身的利益诉求制度化，其直接产物就是民族国家。为了树立自身的合法性，民族国家借用原先存在的多种想象共同体的方式中有利于自己的部分，压抑和排斥不利于自己的部分，最终形成单一的排外性的想象共同体的方式。资本主义想象共同体的强大之处在于，它形成自己的一套线性历史叙述方式，将自身利益镶嵌于普遍真理之中。简言之，历史不断向前，产生强者和弱者。强者消灭弱者，是自然选择；改造弱者，是人性所在。在这样的历史叙述下，强者对弱者的压迫和剥削被正当化和自然化。杜赞奇指出现代民族国家形成与资本主义全球化的同构关系，并认为前者对国家内部民众同样形成强权压迫。基于此，杜赞奇挖掘民族国家历史中被压抑和扭曲的群体以及群体叙述，以还原它们在历史中应有的地位。

现在，我们回到福柯。福柯的"权力"和"话语"理论立足于欧洲背景，而且在分析现代社会和国家的特征时绝口不提殖民主义。这当然是他的局限所在。但不可否认的是，19、20 世纪的世界史就是以欧洲国家为蓝本的民族国家在全球范围内确立其统治地位的历史。帝国主义国家将自身制度强加给殖民地，或者殖民地为求摆脱帝国控制，主动接受现代国家制度。这两种方式不论哪一种，都以继承民族国家这种组织方式和线性史观

---

① Prasenjit Duara, *Rescuing History from the Nation*: *Questioning Narratives of Modern China*, (University of Chicago Press, 1995).

这一历史叙述方式为基本特色。福柯对国家批评最重要的贡献就在于他敏锐地观察到现代国家治理是一种技术，它以与以前完全不同的方式管理人口，这包括人的身体（性、健康、疾病、疯癫、卫生），身体存在的空间（牢房、博物馆、城市），群体的掌控（信息统计），对紧急事件的预测与掌控（瘟疫、饥荒）等等。可惜的是，安德森和杜赞奇的书都忽略了这一点。

福柯式的分析之所以对中国有效，并不是因为其自身不言自明的普遍适用性，而是因为中国在资本主义制度全球化的过程中，也仿照西方建立了民族国家和线性史观，成为现代世界中的一环。换句话说，资本主义的全球化，对之前所有想象共同体的方式进行删减、修正、整编成一种单一的方式，这就是我们今天的民族国家及其配套的线性史观。

虽然笔者不能认同作者对后现代史学的批判，但对他批判的初衷以及另辟的蹊径是赞同和满心欢喜的。葛兆光出于对国内学者未经检讨就使用某些进口的概念的担忧，深刻地指出历史研究与政治的密切关系。20 世纪 30 年代，顾颉刚对当时学界使用日本进口而来的"满洲"一词而不能识别日本的险恶用心而深感耻辱。当时种种，重新出现，令人不得不警惕。更何况当代的中国学者生活在完全不同的背景下，尤其是民族意识逐渐淡薄的时代，像当时的顾颉刚那样坚持立场尤其困难。

同时，民族国家立场的局限性也使葛兆光焦虑。这一立场虽然起到抵御西方政治意识的学术入侵，但它同样也可能过分以自我为中心，而无法看到中国在历史中的合适地位。他发问道："超越国家历史和国家感情的研究如何可能？"在此问题上，葛兆光做的尝试是可贵的。以往对明清转型的研究，往往停留在清朝政权对传统汉族中国统治政策的独特性，虽然强调了满族的重要性，但影响却仅限于中国内部。葛兆光从朝鲜和日本存的数量巨大的《燕行录》及其他从朝日角度记录中国的史料出发，同时使用新的方法和视野，指出清朝建立对整个东亚共同体的巨大影响。这是"新材料、新方法、新视野"下研究历史的重要成果。

19 世纪末 20 世纪初的日本学者从周边看中国，看到的实际上是日本。日本是出发点和最终的归宿。他们对中国的研究也是受到这样的影响。现在的"从周边看中国"中国学者虽然从周边找材料，但研究的并不是周边，而是中国。中国的周边所提供的视角是中国本土视角和西方视角之外的第三个角度。它能帮中国走出西方的阴影，同时更好的发现和挖掘自己。同时，它还有助于摆脱资本主义框架下排外的线性史观和社会达尔文主义，为中国与日本及朝鲜半岛在交流上创造更多的可能。

融合众多重要观点和洞见的《宅兹中国》，值得每一个认真的中国学者阅读。

《泰坦尼克号上的"中国佬":种族主义想象力》(程　巍)

孙健敏　评 *

　　非常凑巧,笔者写了一年多的小说正是以泰坦尼克号为引子而展开的,这部仍在创作中的小说主人公也是个中国人,只是那时他还不知道他是个中国人,还以为自己是个美国人。就在写作过程中,笔者看到了程巍的《泰坦尼克号上的"中国佬"》,似乎某种程度上为自己纯属虚构的臆想找到了一个可靠的旁证。

　　笔者之所以选择泰坦尼克号作为自己小说的引子,是觉得它太像一个现代性危机的隐喻。这艘豪华邮轮和它的姊妹船奥林匹克号在当时被称作是"埃菲尔铁塔之后最大的钢铁奇迹"。在这之前,由启蒙理性和资本主义构建的"新世界体系"(现代性),一直在以遇山开山、遇水劈水的势头所向披靡,新生后的欧洲通过对其他大陆一系列成功的征服行动,证明了"新世界体系"的先进性,也从另一方面验证了达尔文博士"物竞天择,适者生存"的进化论世界观。自此整个世界都被绑架到了这部"争先恐后"的战车上,而且在当时看起来,新世界在全球取得最终胜利已是不言而喻的未来。

　　然而偏偏就在这新世界的巅峰时刻,被命名为"泰坦尼克"的钢铁奇迹却离奇地沉没在大西洋深处。舆论几乎一致认定,只有在同时犯下所有不可能犯的错误时,这样的事情才会发生。然而不可能事实上却成为可能。此后不久,"一战"爆发,紧接着苏联发生了革命,资本主义的新世界派生了一个反射的镜像。这还不是结束,二十年后规模更大的第二次世界大战接踵而来,"泰坦尼克"这个古希腊神话中被击败的巨人之名似乎正好预言了"现代性"这一系列厄运的到来。某种程度上,"泰坦尼克号"

---

　　* 孙健敏,自由撰稿人。

之所以会成为众多文艺作品被反复提及的主题，正是创伤效应的结果，它类似心理治疗，以不断审视来化解机体深处那些失败的记忆和隐喻。因此泰坦尼克事件不仅是事件本身，也是现代性危机的征兆。

就像关于现代性危机的阐述有无数多个版本，关于这场征兆的叙述也有无数多种。叙述或许无关事件的真相，却能隐约显现出叙述者的真相，它的立场、动机以及叙述的方式。显然，由于时过境迁，又因为叙述者的存在，了解事件的真相几乎是一个不可能完成的任务；但是，因为叙事能在时过境迁后继续存在，透过这些叙事之网的差异和缝隙，去了解叙述者的真相却又是可能的。某种意义上来说，了解叙述者的真相要比了解事件的真相，更接近于人类生活的真相。这正是程巍这部《泰坦尼克上的"中国佬"》的立足点，① 这让他的叙述拥有了自觉的可能：这是一项知识考古学的工作，只考证故事形成的历史过程，而非事件的本来面目；同时，他又毫不避讳自身作为一个叙述者的立场，这是一个关于泰坦尼克号上被叙述的中国人的故事。

那么，在泰坦尼克事件发生的年代，作为现代性策源地的西方又在经历着怎样的历史过程呢？书中是这样描述的："泰坦尼克号的处女航发生在大西洋两岸的英美工人罢工此起彼伏之时。这正是形形色色的社会主义思潮在工人中获得青睐的时刻……"在美国，工业化和城市化正在引起一系列连锁反应，市、州及国家各级责任制政府在崩溃，大城市中贫民窟、犯罪和贫困在蔓延，劳动人民尤其是妇女儿童在遭受剥削，工业和金融领域里垄断变得越来越猖獗，下层阶级对上层阶级的不满在普遍化。

由此可见，现代性的内在危机已到了一触即发的临界点，泰坦尼克号的首次航行正好身逢其时。因为受到罢工的影响，直至 1912 年 4 月 6 日，距离处女航出发时间只剩 4 天，泰坦尼克号才刚刚开始招募船员。如此短的时间根本不足以让船员们彼此熟悉，也无法充分了解这艘构造复杂的新船以及各种设施的性能，事后一位美国乘客曾这样追述："船员由一些外行的男子组成，颇不称职。"这样的匆忙，或许还可以解释为何泰坦尼克上会找不到对航海安全极为关键的望远镜，以至于两个瞭望员只能凭裸眼观察海面上的情况。通常，在追溯某个事故的原因时，我们往往会更注重寻找其中的技术、天灾或者人为因素，而很少将这些看似无关的元素联系

---

① 程巍：《泰坦尼克号上的"中国佬"：种族主义想象力》，漓江出版社，2013。

在一起，当作一个整体加以考察。但事实上，对这个协作化程度空前庞杂的现代世界来说，任何大的错误总是许许多多小错误的聚沙成塔，所有这些错误之所以能同时具备，更内在的原因还是人与人关系的错误。不是一个环节错了，而是绝大部分环节都错了，其背后的原因不仅造成了泰坦尼克号的灾难，也是之后一系列空前浩劫的罪魁祸首；这个被认为是人间喜剧的现代性本身出了问题。

　　然而要西方社会对整个制度进行反思，一个泰坦尼克号这样的海难事故显然还不够分量。在这样的危急时刻，如何用神话抹平上层阶级和下层阶级之间的隔阂，以一种感人肺腑的海难叙事来创造"阶级团结"的神话，成了集体无意识的共谋。书中，程巍以大量翔实的史料，剖析了这个泰坦尼克号神话的形成过程：当那些海难的幸存者还在前往纽约的路上时，美英各报就已经开始刊登大量"栩栩如生的故事"，并声称幸存者几乎全是妇女儿童，然后故事围绕文明的盎格鲁－撒克逊男子如何在海难中表现他们的"骑士精神"而展开，重心则落在了那些遇难的富翁和政要头上。然而撇开这些故事，实际的统计数字却令人失望：男性幸存者一共有335 名，而妇女儿童的生还数字并未大大超过，其中女性 314 名，儿童 54 名。而且，男性幸存者中英美男子占了绝大部分，头等舱乘客生还率达到了 62%（二等舱为 48%，三等舱才 25%）。此外，照片显示，头等舱的乘客中，有的在获救后还随身携带了行李箱和宠物狗。即便如此，上流社会的骑士神话还是成了这起海难报道中的重点内容。从轮船公司、政府部门到报纸媒体，似乎都乐于默认这些细节明显违背常识的故事，如船上的乐队一直演奏到船只沉没的一刻，但事实上，泰坦尼克号在沉没前，其倾斜程度已经到了连勉强站立都困难的地步，而且这样的细节在以前的海难故事中已经被编造过了。更耐人寻味的是，当幸存者到达纽约后，在他们日后追溯这段经历时，几乎都不约而同地和岸上纯属揣测或者流言的记者报道统一了口径，甚至在细节上都保持了高度的一致。更有甚者，几乎所有受访的英美男性幸存者都会强调，自己是在把妇孺护送上船后，最后一刻才跳上救生艇的。但因为这样的最后一刻过多，而陈述者又各自坐在不同的救生艇上，这些最后一刻获救的故事本身就成了自相矛盾的证伪。

　　但显然，并没有人愿意推敲这些基本的事实，人们更多被故事所制造的情节剧所感染，宁愿相信他们身处的那个现代性的英美社会依然在和谐地运作着，依然代表了现代文明的先进方向。为了印证这一点，一个作为盎格鲁－撒克逊参照系的他者就在这故事中粉墨登场了。事有巧合，泰坦尼克号上正好有八个"中国佬"，其中竟然有六个人幸存了下来，而当时美国又在施行种族主义的《排华法案》，因此抹黑这六个"中国佬"正好可以一箭双雕，既突出了英美男子的骑士精神，又证明了华人在种族、道德和文化上的卑劣本性，于是在相关报道中，这六名"中国佬"被歪曲成偷渡客，藏身在泰坦尼克号的救生艇里，随身带着女人用的披巾，在听到"女士优先"的呼喊后，顺理成章地将自己伪装成了女人，从而在这场有无数英美绅士献身的海难中幸存了下来。事后，为了证明这报道的正确性，当时和中国佬同乘一条救生艇的头等舱乘客证实，这六个中国佬通过藏身在救生艇的座板下面，才让同船的乘客没有在一开始就发现他们。

然而，事实又是如何呢？通过对相关文献的梳理，程巍首先澄清了上船的"中国佬"并非偷渡客，而是英国唐纳德轮船公司雇用的司炉工，而之所以会雇用他们，也是因为罢工而造成的缺乏劳工的影响。严格说来，这八个中国人其实来自香港，从当时的国籍归属上应隶属大英帝国，而他们将去服役的英国轮船被包租给了一家美国水果公司，负责从西印度群岛向美国东部城市运送香蕉。但即使如此，因为他们是华人，又因为《排华法案》的存在，他们仍然被想当然地认定为偷渡客。至于那个扮成女人的细节，从陈述此事的见证者所在救生艇的序列号看，伪装者极有可能是一名叫作细野正文的日本人。此外，据说能让六个"中国佬"藏身的座板之下的空间，高和宽只有30厘米，长度在60~160厘米之间，根本不可能藏得住4~6名成年男子。然而这样荒诞的故事却偏偏有多个"目击者"出来为此作证，而这些"目击者"的陈述却几乎和报道的内容如出一辙。同时，在所有这些针对"中国佬"的报道中，被控诉者却没有发出过任何声音，但《亚利桑那前哨周刊》却以此为据，想象出了一种叫做"男子优先"的"中国规则"，这跟"妇孺优先"的盎格鲁－撒克逊的男子气概一比较，高下自然立判。这里可以看出现代性转嫁自身危机所采用的一贯策略，以一个愚昧落后的他者来抹平其内部因阶级差异、贫富不均而造成的裂缝，维持下层阶级对整个西方体制的认同，用野蛮人这个想象的他者来增强现代性的西方这一想象的共同体的凝聚力。在"一战"爆发前，这一策略也一直被证明是卓有成效的。

还有一个值得注意的地方是，在现代之前，对灾难的叙述大多会被认为是上天或神灵对人类的惩戒；将灾难演绎成一个受难者自我救赎的神话是现代性的一大发明，灾难从此成为对普罗大众最为有效的动员手段，民族国家和统治阶级的意志有了一个充分展现自己的媒介，关于泰坦尼克号的故事正是这个发明的集大成者。

不过，作为有自身立场的叙述者，程巍重新讲述这个泰坦尼克的故事，显然不仅仅是要梳理泰坦尼克事件成为神话的过程，或者为故事中的"中国佬"正名，恰如他在序言中所声称的那样，他关心这由西方制造的关于中国人野蛮卑劣的故事，是怎样反过来构造了中国人的"现代自我"并摧毁中国人的文化自信的。换句话说，如果这些知识或者结论本身是虚构的产物，那么以这种虚构的知识来对自己的"国民性"进行反思，是否也是一种谬误？这里，程巍对"五四"以来的新文化传统提出了严厉的质疑。他指出，"中国人的劣根性"经由1917年后执舆论和教育之牛耳的新文化派的反复强化，逐渐渗入中国人的集体无意识，成了现代中国人"自我认知"的流行方式。在这种心理氛围下，对本国传统进行言辞激烈哪怕违反常识和逻辑的攻击，都会被认为是"现代精神"的表现，最终导致了社会进化论为理论基础的历史观，任何对新文化运动进行质疑的言论，都因此被打上了"反动"和"落伍"的标签，其影响直至今天。

换个角度说，所谓启蒙与其说是个一开始就正确的选择，还不如说是个借助错误的假定而得以展开的进程，恰如法国的启蒙者也曾将封建的中华帝国当作哲人治理的理想国。对一个在1840年后被资本主义强行拖入现代进程中的古老国家来说，洋务运动、戊戌变法和五四时期的启蒙者的所有努力，更多时候是由那些痛苦的记忆所驱使的，身处那种激烈历史背景下的个体要保持置身事外的冷静和理智有些勉为其难，而且显然，激烈的声音更容易得到民众的响应，无论极端的激进还是极端的保守，其实都是如此。然而启蒙真正的价值，不是它提供了一个正确的答案，而是打开了潘多拉的魔匣，释放了隐藏其中的可能性，并在这可能性之流中，提供了可以不断反思不断拨乱反正的过程。因此，撇开具体的言说，作为一个动作，新文化运动依然有其特定价值，而对新文化运动的反思本身也正是新文化运动的继续和深入，在这一意义上新文化运动和各种反对新文化运动的声音，都是新文化运动的一个组成部分，这也是我们现在来探讨这个问题的历史语境。

今天，中国事实上已经成为现代世界体系不可分割的一部分，这个时候程巍能发出这样的声音，我并不认为是一种退缩的姿态，更不是对"五四"新文化传统的全盘否定，它更像是一次探索，表面上似乎是要在前现代和现代这两种传统之间找到一个平衡点，但基于所有对过去的理解都是当代基础上的重构，因此本质上无疑是全新的出发，是中国人在赢得文化自信之后，对我们的"现代自我"进行再构造的努力。它不是要从"世界"中"逃离"，而是要以更健康的姿态"出现"。程巍的研究本身就展现了这样的努力：作为一个中国人，他进入了一个传统上西方人最擅长的故事领域，然后运用西方的材料和理论知识，将这耳熟能详的故事讲出了他的新意，同时表明了他作为一个中国人的立场，这本身就是新文化运动长期积累的结果，但显然又不是戊戌变法或者五四时期的启蒙者所预测的那个结果。在完成了这样一个否定之否定的过程后，新的文化建设的大门已经打开，某种意义上，《泰坦尼克号上的"中国佬"》正是这个长远文化建设工程的一个产物。

如此，笔者也明白了自己小说引子中那个泰坦尼克号上中国人的隐喻所在，那个以为自己是西方人的中国人，仅仅只是以为自己是西方人，事实上他一直都是中国人。

（编辑：王涛）

《社会的经济》（卢　曼）

徐　畅　评*

　　某财经微博近日曾在其粉丝中做过一个非正式的小调查："你认为在读过的金融类著作中，哪一本是最晦涩难懂的？"很多人给出的答案是乔治·索罗斯的《金融炼金术》。我们都知道索罗斯是一位著名的股票和货币投机家，而《金融炼金术》是他的投资日记，记录了他如何分析股市、把握市场转变的时机以及面对不利行情及时调整对策的投资经验。那么这样一本讲解股票投资术的书为何会当选"最难懂"呢？原因或许很大程度上在于这本书对股市的基本理解不太是传统金融学和投资学视角的，而更接近于从社会学的角度把股票市场视为一个由自组织的信息沟通活动组成的社会互动系统。书中之所以一再谈及"社会科学问题"和"社会科学的窘境"，原因可能恰在于此。

　　索罗斯认为，卡尔·波普的"科学统一性原则"并不适用于将社会活动作为对象的研究领域，在自然科学和社会科学的研究对象之间存在着根本的区别。为此，他提出"反身性"作为理解社会活动的关键概念。反身性，意味着在社会的信息沟通活动中既不存在单纯的自变量也不存在纯粹的因变量，参与者的观察和认知改变着他所观察的对象，反过来又被改变了的观察对象所改变。因此，不同于自然科学领域的情况，在社会沟通领域中，价值和意义的"现实"是在认知与认知对象持续相互作用的过程中以"众口铄金"的方式产生的。在索罗斯看来，如果一个观察者能够充分认识并利用这一点，就可以在股票市场成功地施行一种金融炼金术。然而这真的是可能的吗？

　　对社会的运行和结构方式的观察，是否以及在多大程度上可以为人们有目的地影响和控制社会进程提供帮助？这个问题很大程度上也是自 20 世

---

　　* 徐畅，中国社会科学院外国文学研究所中北欧室副研究员。

纪四五十年代开始兴起的系统论、控制论和信息论等研究试图回答的问题，而德国社会学家卢曼（1927～1998）的社会系统论思考就是在这一知识背景下展开的。

卢曼与索罗斯互不相识，但在对社会活动之反身特点的认识上却不约而同地惊人相似。卢曼认为，反身性是以区分和升级为特征的社会活动的一般原则，它使得社会过程通过自身来对自身进行调控成为可能。但这种可能性的前提条件是社会的功能分化已经达到一个程度，使得自我参照的反身性已经具备了足够的初始依附点。这样的前提条件的具备，于整个社会而言，就意味着各个社会系统的分立。当社会拥有大量反身性可供支配时，就能够将轻度的、但会引发各种后续效应的可干扰性与高度的恢复能力结合于自身。尽管并未进行具体的分析，但卢曼在解释社会系统的反身性特征的时候所推举的典型范例恰恰是货币金融系统，从这个意义上说，我们在阅读索罗斯与阅读卢曼时经验性地感受到的相通性显然并非纯粹的巧合。

正如索罗斯的《金融炼金术》不是从传统股市理论的角度理解股市，卢曼的《社会的经济》也不是从传统经济学的角度理解经济，[①] 这个共同点或许正是令他们的论述对于某一规范学科领域的读者来说显得不那么好懂的原因。在《社会的经济》一书中，卢曼明确表示：一切经济行为都是社会行为，经济的运转同时也就是社会的生成。索罗斯用"炼金术"一词加以概括的那种自反式生成性，在卢曼这里有另一个名字：经济的自我生成。经济被视为由无数自我生产的事件构成的一张网，这张事件之网必须不断地自我再生，否则它就将不复存在。然而，尽管在经济与社会的同构性（某种程度上甚至是同一性）这一点上表现出相通的基本理念，但社会性于索罗斯而言更多只是他观察股市的思维工具，卢曼则恰恰相反，他对经济的观察和分析，真正的落脚点在于社会："通过分析经济我们可以对社会有所了解，尤其是通过对货币经济的分析可以对现代社会有所了解。"这一根本导向上的区别，使得卢曼这本以经济为名的书对于经济学领域的读者来说或许比索罗斯的书更显疏离。

《社会的经济》是卢曼在比勒菲尔德大学从事的一个研究项目所产生的众多成果著作中的一本。卢曼在当初申请该项目的计划书中写道："研

---

① 中译本《社会的经济》，余瑞先、郑伊倩译，人民出版社，2008。

究计划：社会理论。拟用时间：30 年。"从实际产出的成果来看（50 多本专著和数百篇文章），这是一项规模庞大得令人咋舌的研究。政治、法律、经济、艺术、教育、生态、宗教、传媒、爱情……卢曼的视野几乎囊括了社会生活的全部方面，而他用以驾驭这个宽广得一眼望不到边的对象领域的终极武器是系统论的方法。社会系统论不是卢曼的发明，但是他将它发展和发挥到了极致。通过与生物学、信息科学（包括控制论）、数学等领域的相互沟通和方法上的借鉴，卢曼掌握了一种能够观察和分析一切社会现象的思维方法。就思考所及的广度和理论的强大囊括性而言，思想史上能与之比肩的恐怕只有黑格尔。正如德国学者波尔茨所言，卢曼给人的阅读感受很像《精神现象学》给人的阅读感受：读者很快便发觉，一切思想、一切理论在他的书里都已经被想到、被给予了准确的定位并且被"扬弃"了。读者的窘境犹如甘泪卿面对渊博的浮士德时所感受到的：这个男人无所不知无所不晓，真叫人不知如何是好！

　　然而，与黑格尔在历史上所收获的巨大声名相比，卢曼无论是在主流学界还是在一般读者中都算不上炙手可热。尤其是在我国，对卢曼的译介和研究不仅起步晚，而且进展得也相当缓慢，始终未成规模。究其原因，可能与卢曼思想的自身特点有关。总体来说，这是一种非介入性的思想主张。在卢曼的社会系统理论大厦里，"人"处在一个无关紧要的位置。这倒不是说社会可以没有人而运转，而是说每个具体的人都是可替代的，因此也都是偶在或曰权变的。这有点类似奥地利作家穆齐尔在小说《没有个性的人》中借主人公乌尔里希之口表述的一个观点：社会集体的力量是如此盲目和如此巨大，乃至其中的单个人无论做什么或不做什么，都不会对整体有真正的影响，与整体力量相比，他的自由与意志所具有的力量显得"微不足道"。

　　系统以反身的方式自行决策着自身的进展，人只构成系统的环境，他无法在实践中合目的地改变系统的走向，因为"系统不会有一个未经选择的过去，也不会按照某种线性预期进入未来"。卢曼的这种基本思路导致他在 20 世纪 70 年代遭到批判理论传人哈贝马斯的指责和攻击，因为理论上和逻辑上这一思路似乎只能导向无所作为的悲观主义。事实上，当卢曼把他的这一主导思想运用到对经济系统的分析时，他确实给自己招致了"调控悲观主义者"的称号。批评者选取一些政治干预的成功例子来证伪卢曼的理论，指责卢曼的经济调控观在经验上是错误的，在政治上则是反动的和保守的。而卢曼的身后代言者们对此的反驳是：成功的例子与失败的例子并存，究竟是人为的政治调控改变了事态，还是系统的自我调节给人们造成了政治调控成功的错误印象，这一点并不容易说清。

关于调控悲观主义的讨论，使我们很容易立刻联想到凯恩斯和哈耶克关于经济调控问题的世纪论争。凯恩斯主张以积极的财政政策和政府干预来影响市场经济过程，他的观点和主张在 20 世纪 30 年代世界经济大萧条中以及在"二战"以后影响了许多西方工业国家的经济政策，以其理论为指导的调控实践也被认为确实在一定程度上平滑了经济危机，避免了灾难性的崩溃。但奥地利学派的经济学家哈耶克则认为，政府对经济的不当干预往往不仅不能达到预期目的，而且反而会扰乱市场自身的运行规律，造成更加难以处理的困难局面。哈耶克认为，经济周期是不可避免的，长期来看，市场会自行调节。而凯恩斯对此的著名反驳则是：长期而言，我们都会死的。

坐以待毙不是人的本性，现实似乎并不在乎理论说什么。卢曼本人其实非常清楚这一点，他明确表示：很难或者几乎不可能完全放弃调控这个概念，很难让人们无所作为地坐等未来降临而不去采取努力做点什么。而且，未来越是被论证得不确定和不可把握，想要"做点什么"的愿望就越是会强烈。在经济生活的现实历史中，调控几乎从未缺席过，从这个意义上说，卢曼对"调控的限度"问题的讨论不应被理解为拒绝调控的呼吁。卢曼的诉求更多的是在观察经济系统的过程中，对于与系统问题伴生的调控现象也同时进行观察，分析鉴别其可能或不可能的条件。

概括而言，卢曼认为政治对经济的调控在人为设定的限定条件中是有可能较高程度地达到预期目标的，但这种类似自然科学实验一样的调控成功，只能局限在那个它所设定的条件框架之内，而不能扩展到总体的经济生活中——正如空调只能控制室内温度，却不能控制全球温度一样。在现实社会经济中，为确保调控成功，需要构建一些难以真正实现的假想式条件，比如让全社会普遍适应调控，习惯于被计划，从而齐心协力地致力于某个单一的共同目标。由于这种理想的单纯环境并不存在，现实的调控实践往往会导致事与愿违的结果，比如某些意在改善妇女劳动条件的公益性的、有价值的、受工会支持的计划，一旦被采用，其现实作用却是排斥妇女进入劳动力市场，因此反而遭到妇女的反对。

这就是说，卢曼在对政治调控经济问题的看法上，确实与哈耶克有相似之处。这种相似源自两者在理论思路上的一个共同点，那就是强调现代社会的高度复杂性超出人类理性可以把握的范围。哈耶克区分了小团体与大社会两种不同性质的社会，认为两者具有不同的秩序形式：小团体中的互动是面对面式的，因此它有可能在共识基础上进行有效的目标绑定的行动；与此相反，大社会是由无数匿名互动组成的，每个行动者只追寻各自的个体目标，互不相同的个体目标相互冲突，导致总体式的人为规划成为一种"理性的僭妄"。

与哈耶克不同的是，卢曼的调控观虽然表面上看似乎也会导向反对调控的结论，但他的理论的高度反思性就在于能够把调控需求的存在本身也作为一种社会现象囊括进来，而这在某种意义上等于也承认了凯恩斯主义的合法性。尽管在一位系统论观察者看来，一切调控的结果归根到底其实是系统自我调节的结果，但这位观察者也不可能提出另一种方案来替代调控。卢曼为此而打的比方是：尽管我们都知道外太空是没有温度的，但人们在冬天照样还是得打开暖气才能不挨冻。只不过在具体到类似经济危机这类问题的时候，调控的结果往往并不是调控预期的达成，而更像是一种抹平效应：面对甘苦之间的巨大差异，"同甘"的调控目标最终只能通过落实为一定程度的"共苦"来达成；平滑经济周期波动的努力虽然在整体上有可能成功地推迟甚至避免崩溃，但却要以在更多细节上制造潜在的问题为代价。用卢曼的话说："缩减到中等水平并非调控的目的，而是它的（或许无可避免的）命运。它关心的是向上靠拢，正是这一点确保它具有一种西西弗斯式的持续作用。"

或许正是这个西西弗斯神话隐喻所透露出的那种悖论般的宿命色彩，使得卢曼的某些批评者愤怒地指责他的思想只是一些"无用的抽象思辨"。确实，仅以对调控问题的讨论为例，卢曼的分析能给我们什么积极的实践指导呢？如果说索罗斯对反身性的探讨还给人们一种期待，似乎金融炼金术果真是可以由某个聪明的观察主体切实掌握并在实践中有效利用的，那么卢曼在他的理论体系中给作为行动主体的我们留下任何一条光明的出路了吗？如果我们的每一次自以为目标明确的理性行动最终都被证明为是系统矩阵中的无意义努力，那么这样的分析和观察对于我们的现实社会而言又有什么意义呢？对于这个问题，《社会的经济》全书最后一句话或许可以作为回答。

如果每一次观察、每一个描述以及在某种极特殊意义上的每一次调控，都是一次标划差异的操作，并且因此而起到系统构成性的（＝排外性的）作用，那么就不应该指望这个问题能通过某种辩证的综合得到解决。但人们至少可以认为，将这个问题包括在现代社会的自我描述之中，正是科学分析和社会学启蒙的任务。

正如前面提到过的，卢曼对于经济系统的观察和分析，真正的落脚点是对现代社会的理解。卢曼将这种理解的方式称为"社会学启蒙"，这是一种与哈贝马斯所代表的批判式的启蒙传统迥然相异的理论态度：如果说哈贝马斯诉诸一种理想的话语情境来作为主体间交往的前设架构，并坚信作为规范性标准而存在的理想情境是可以"无限接近"的，那么卢曼则坦然承认，在高度分化和高度复杂的现代社会中，分歧和差异不可消除并且永续再生，但这一事实不应该被理解为一种有可能通过批判加以解决的迷误，因为规范性的批判本身也只不过是制造新的话语差异和新的视域盲点。按照卢曼的思路，我们能做的，或者说他的社会学启蒙想做的，是为这个现代社会提供一种新的语言，帮助它获得一种新的自我意识，因为"如果我们学会一种新的不同的理解方式，社会局面也将会有所不同"。曾有批评者指责卢曼既不向过去退守，也不向未来挺近，只一味地停留在社会和政治世界的"此时此地"之中，对此，卢曼也许会说：生活不在别处。社会在不断演化的自我理解中延续自身，不同的社会语义催生不同的社会面貌，而卢曼的真正关怀或许正在于此。

《继承人》与《再生产》（布尔迪厄）

刘　晖评[*]

　　按照布尔迪厄的理论，在差异化社会中，社会空间的结构是经济资本与文化资本这两个基本区分原则的产物。一个行动者在社会空间中占据的位置是由他拥有的资本的总量和结构决定的。资本的持有者为了保住社会空间中的位置，也就是为了实现社会再生产，必须拥有最有用、最合法的资本。资本是布尔迪厄理论建构的关键概念之一。布尔迪厄借鉴了马克思的资本概念，但他把资本扩展到经济范畴之外，除经济资本之外，还增加了文化资本、社会资本和象征资本。不同种类的资本可以互相转换，而且资本的持有者必须进行资本转换，将他们拥有的资本转化为再生产工具中最有利的资本，才能实现社会再生产。

　　法国大革命推翻了王权，共和学校以自由、平等、博爱为旗号，致力于公民的精神和智力解放，以国家贵族代替了血统贵族。社会再生产的机制发生了变化，教育成为社会上升的主要途径，并因此成为一种需要获得和保持的资本。然而20世纪60年代大学的危机揭露了社会与学校关系的理想表象：由于大学生迅速增长，传统的资产阶级大学变成了中产阶级占支配地位的大学，旧大学的僵化体制无法适应"民众"高等教育的新需求。这些新学生对学业准备不足，对未来出路没有把握，导致自身的社会边缘化。在这种形势下，布尔迪厄和帕斯隆对高等教育进行了比较深入的社会学考察。他们在《继承人》（*Les héritiers*，1964）和《再生产》（*La reproduction*，1970）中依靠调查、统计和图表研究的成果，从不同社会阶级接受高等教育的不平等状况出发，分析学业成功的不同因素，揭示民众阶级被淘汰的机制。《继承人》可以说是经验研究的必要阶段，《再生产》是《继承人》的理论综合。他们看到，大学生数量的增加引起了就业机会

---

　　* 刘晖，中国社会科学院外国文学研究所东南欧拉美室副研究员。

的一种结构平移，同时维持了各个阶级之间的差距。教育系统虽然表面上保证学历与职位之间的对应关系，实际上却掩盖了已获学历与继承的文化资本之间的关系，它仅以形式平等的表象记录这种关系，最终为遗产的继承提供了合法性。尽管学校一直被认为是促进社会流动的民主工具，但它实际上具有使统治合法化的功能。学校对文化资本分布的再生产进而对社会空间结构的再生产具有决定作用。最终他们得出结论：学校通过再生产（Reproduire）文化资本的分配结构，以此来完成社会再生产的功能。他们甚至把"救世学校"当作人民的新鸦片，认为学校教育制度仍在维护社会等级制度。更重要的，教育制度可以通过其自身逻辑的作用使特权永久化，为特权服务，却无须特权人物主动利用它。所以，布尔迪厄强调："作为象征暴力，教育行动只有在具备了强加和灌输的社会条件，即交流的表面化定义不包括的权力关系的时候，才能发挥自己的作用，即纯粹的教育作用。"① 由此，学校成了不言明的统治工具。无疑，这令等级的捍卫者愤怒，进步的拥护者难堪。尤其这两本书在法国1968年5月学生运动的前后出版，恰逢其时。当时的大学生们奋起反对大学的压迫，反对家长制和等级森严的官僚制度，反对阻碍晋升的社会机制，对传统的阶级结构发出挑战，希望通过改造大学来改造社会。我们可以在《继承人》和《再生产》中找到大学生们的激进态度和要求的根源。

一 文化再生产即社会再生产

"教育系统"通常被定义为保证文化传承的所有组织的或习惯的机制。布尔迪厄和帕斯隆提出了异议，他们认为，这种理论把文化再生产从社会再生产的功能中分离出来，不考虑象征关系在权力关系再生产中的作用。学校不仅是文化再生产的工具，也是社会再生产的工具。为了实现社会再生产，学校配备了以否定这种再生产功能为基础的一个表象系统。首先是天才观念。作为共和学校的创立原则，天才观念认定学习成绩的不均等反映了天赋的不均等，把低等阶级的淘汰归咎于他们不善于学习。布尔迪厄和帕斯隆驳斥道，"隐藏在超凡魅力中的本质主义使社会存在论的作用成倍增加：因为学校中的失败不被视为与一定的社会环境有关，比如家庭中

① 布尔迪厄：《再生产》，邢克超译，商务印书馆，2002，第15页。个别处有改动。

的智育氛围、家庭所用语言的结构和家庭所支持的对学校和文化的态度等，所以它自然归咎于天赋的缺乏。"① 他们认为学习成绩的好坏取决于习性。一个人与学校及其传递的文化的关系，按照他在学校教育系统中生存的可能性，表现为自如、出色、吃力、失败，根源就在于习性，即生产最持久的学校和社会差异的本源。作为提供持续培养的长期灌输行为，教育通过习性来再生产实现文化专断的社会条件。也就是说，教育使文化专断的原则以习性的方式内在化。习性是什么？按照布尔迪厄的说法，"与一个特定的生存条件的阶级相关的影响产生了习性，即持久的和可移植的配置系统，准备作为建构的结构（Structure Structurante）也就是作为实践和表象的生成和组织原则发挥作用的被建构的结构（Structure Structurée），这些实践和表象能够从客观上符合它们的目标，但不意味着是在追求有意识的目的，也不意味着明确支配对达到目的而言必要的活动；这些实践和表象在客观上是'有规律的'和'有规则的'但丝毫不是遵守规则的产物，而且，与此同时，是集体上协调一致的，但不是一个乐队指挥的组织行动的产物。"② 也就是说，习性是一个由受到客观条件作用的个人内在化了的配置系统，这个系统作为无意识的行动、认识和思考原则（模式）发挥作用。从习性上来看，高等阶级的子女拥有从家庭继承的文化资本。这种资本可表现为智力资质，比如较高的领悟能力和沟通能力，也可表现为学习环境，很早就能接触书籍、艺术品，旅行等。这些有利条件培养了习性，并伴随着整个学习过程。正是习性导致民众阶级远离学校教育机构。与"继承人"不同，与学校教育制度疏远的学生几乎没继承什么文化资本，一切都要从头学起，同时要经历脱离自身传统文化的过程，他们的习性与学校教育并不契合。因为学校具有脱离社会生活的中世纪经院特征：不同阶级出身的大学生生活在特殊的时间和空间里，暂时不受家庭和职业生活的节奏的束缚。这种自由的幻象使大学与社会相比，具有一定的价值和实践的自主性。这正是布尔迪厄所说的经院配置的形成条件："这段脱离实践事物和考虑的时间是学校教育训练和摆脱直接需要的活动的条件，学校（也是学园）从这段时间中开发出一种享有特权的形式，即用于学习的娱乐，这些活动包括体育运动、游戏、创作和欣赏艺术作品以及除了自

---

① 布尔迪厄：《继承人》，邢克超译，商务印书馆，2002，第93~94页。
② Pierre Bourdieu, *Le sens pratique* (Paris, Editions de Minuit, 1980), pp. 88 – 89.

身别无目的的一切形式的无动机思辨活动。"① 我们看到，由于出身环境的限制，这种严肃"游戏"对民众阶级的学生而言是陌生的，而他们对经济必要性有切身体会，对实用知识更有兴趣，他们在学校里要逐步培养这种与世界疏远的习性，而资产阶级习性则倾向于否认社会世界和经济必要性，所以更适应学校教育的这种无关利害的形式训练。但学校并不关心学生习性差别，也就是社会差别，一律要求学生有良好的文化意愿，学校不传授的音乐或文学修养，这些对统治阶级的习性非常有利。由此，二者拥有的语言资本不同。鉴于上流社会的礼节要求高雅地保持距离、有分寸地自如，资产阶级语言具有抽象化、形式化、委婉化和理智主义的特点；而民众阶级直截了当，不拘小节，不讲形式，所以他们的语言有很强的表现力和个人色彩。所以，资产阶级的语言与学校教育规范相符，因为学校"不把语言视为一种工具，而是视为一个观照、享乐、形式探索或分析的对象"。② 而民众阶级的语言则表现出具体的和不正规的特点，无法适应学校教育。为了在学校教育系统中生存，被统治阶级被迫学会另一种陌生的语言，一种学院语言。否则，就会被学校排除出去。与此同时，学习成绩的判断标准也让人想起社会等级标准。口试被视为"风度"的考察，以最微妙的社会认可标志如姿态、发音、趣味等为标准，重视形式超过实质："各种教育，尤其是文化教育（甚至科学教育），暗含地以一整套知识、本领、特别是构成有教养阶级遗产的言谈为前提。"③ 笔试也通过写作风格寻求相同的素质。

在布尔迪厄和帕斯隆看来，教学内容的选择反映了社会集团之间的力量关系。学校通过规定这种文化的专断，向被统治阶级灌输统治阶级的文化，让被统治阶级承认统治阶级的文化，却贬低自身的知识和技能。无疑，学校教育文化与合法文化之间的差别越大，学业成功的可能性越小。低等阶级的文化与统治阶级的文化之间不存在同源性，低等阶级被淘汰是很正常的。所谓的教育中立就这样导致了被统治阶级被排斥。所以，学校教育文化不是一种中立文化，而是一种阶级文化。由于没有看到教育和文化方面的社会不平等，天赋观念把学校教育不平等和社会不平等合法化了。学校以保证教育机会均等为借口，否定每个人的社会出身差别，把他

---

① 布尔迪厄：《帕斯卡尔式的沉思》，刘晖译，三联书店，2009 年，第 6 页。
② 同上书，第 5 页。
③ 布尔迪厄：《继承人》，邢克超译，商务印书馆，2002，第 24 页。

们视为权利和义务上是平等的。而且，"表面的机会均等实现得越好，学校就越可以使所有的合法外衣服从于特权的合法化。"① 于是，学校教育等级成了被天赋观念掩盖的社会等级，学校教育遴选成了社会遴选。学校充当了社会不平等的合法化工具。调查同样证明，在大学里出身资产阶级的学生比出身低微的学生比例高，教育的民主化并没有改变不同阶级进入学校教育系统的机会。很自然地，由于习性的作用，被统治阶级根据切身经验，按照对教育的观念设想未来，他们不做非分之想，不会把社会上升的希望寄托在教育上。只有继承人才会想到靠教育改变社会轨迹。无继承权的人甚至意识不到在文化上被剥夺，把学校和社会命运的不济当成是天资缺乏或成绩不好的结果。这样，学校教育就对被统治阶级实施了象征暴力，鉴于教育工作"可以把自己的权威委托给教育行动的集团或阶级，不用求助于外界压力，尤其是身体方面的强制，便能生产和再生产它在精神和道德方面的整合。"② 所以，教育行动无论从它施行的方式来看，还是从它灌输的内容和面对的对象来看，都符合统治阶级的客观利益，总是有助于阶级之间文化资本分配结构的再生产，从而有助于社会结构的再生产。

二　文化即与文化的关系

布尔迪厄和帕斯隆以系谱学的方法和比较的方法审视了法国教育的发展状况。法国现代教育继承了耶稣会学校的人文主义传统，要求以贵族社交的高雅超然完成职业使命，因而把最高价值赋予文学能力，尤其是把文学经验变成文学语言的能力，甚至把文学生活乃至科学生活变为巴黎生活的能力。正如托克维尔所说，法国教育的"主要目的是为进入私人生活做准备"③。勒南指出："法国大学过多地模仿了耶稣会枯燥无味的高谈阔论和它们的拉丁文诗句，使人往往想到罗马帝国后期的演说家。法国的弊病是需要夸夸其谈，试图在演说中使一切发生变化。大学的一部分，还通过顽固地坚持轻视知识基础和只重视风格与天资，继续保持着这种弊病。"④

---

① 布尔迪厄：《继承人》，邢克超译，商务印书馆，2002，第 41 页。
② 布尔迪厄：《再生产》，邢克超译，商务印书馆，2002，第 45 页。
③ 转引自雷蒙·阿隆、丹尼尔·贝尔：《托克维尔与民主精神》，陆象淦等译，社会科学文献出版社，2008，第 168 页。
④ 转引自布尔迪厄：《再生产》，邢克超译，商务印书馆，2002，第 183 页。

所以，法国教育系统把口头传授和注重修辞放在首位。被学校鼓励和承认
的那种与文化的关系，体现在不受学校束缚的知识分子的最无学究气的言
辞中。法国式作文也是法国教育系统的产物。布尔迪厄和帕斯隆把这种作
文与中国八股文、英国大学随笔进行了对比。八股文是明清两代科举考试
的专用文体，非常注重章法与格调；英国大学随笔是散淡、轻松、幽默
的。法国式作文由生动而华丽地提出概然判断的引言开始，不似随笔那般
通俗和充满个性，与八股文托圣人之言，不发表个人观点相似。但它怀有
的知识分子抱负和文人情趣与八股文和随笔都是一致的。学校贬低最有学
校教育特点的价值，比如卖弄学问、学究气或死用功，而抬高自然、轻松
的态度，学校厌恶专业化、技术或职业，欣赏令人愉悦的谈话艺术和高雅
举止。正如韦伯所说的中国君子风范："语带双关、委言婉语、引经据典，
以及洗练而纯粹的文学知性，被认为是士绅君子的会话理想。所有的现实
政治都被排除于此种会话之外。"① 在布尔迪厄和帕斯隆看来，学校暗中推
崇这种高雅就是要求科学文化服从于文学文化，文学文化服从于艺术文
化，因为艺术文化无限地推动高雅游戏。勒南指出，这是法国南特敕令的
撤销（1598）在法国知识生活中产生的严重后果，从此科学活动受到遏
制，文学精神受到鼓励。耶稣会教育进一步加大了天主教国家与新教国家
的知识分子精神气质的差异：新教偏重实验科学和文献考据，天主教偏重
文学。② 托克维尔在《美国的民主》中也指出了国民教育的这种弊端，强
调现代教育只要是"科学的、商业的和工业的，而不是文学的"，就有利
于社会流动性。③ 所以，法国制造的巴黎式文化不是知识，而是对文化的
态度，与文化的关系。这种态度或关系是为了在优雅的谈话或散漫的讨论
中卓然不群，是为了充当上流社会的装饰或社会成功的手段。所以，在布
尔迪厄看来，法国教育系统不是在进行技术选择，而是在进行社会选择。
由此可见，学校一方面具有生产和证明能力的技术功能；另一方面具有保
存和认可权力与特权的社会功能。学校教育系统把社会优势转化为学校优
势，而学校优势可再转化为社会优势，如此循环往复。所以，教育系统

① 马克斯·韦伯：《韦伯作品集5：中国的宗教、宗教与世界》，康乐、简惠美译，广西师范
大学出版社，2004，第195页。

② 参见布尔迪厄：《再生产》，邢克超译，商务印书馆，2002，第183页。

③ 雷蒙·阿隆、丹尼尔·贝尔：《托克维尔与民主精神》，陆象淦等译，社会科学文献出版
社，2008，第170页。

"通过掩饰以技术选择为外衣的社会选择，通过利用把社会等级变为学校等级从而使社会等级的再生产合法化，为某些阶级提供了这种服务。"① 表面上，特权阶级把选择权力完全委托给学校，是把世代传递权力的权力交给了完全中立的机构，取消了世袭权力的特权。实际上，在一个以民主思想为基础的社会里，学校成了保证法定秩序的再生产的唯一方式。

三　生产还是再生产？

布尔迪厄和帕斯隆的社会再生产理论引起了人们的争论和质疑。有人认为这种理论无法解释社会变化，学校进行再生产的观点是僵化的和反历史的。作者过分强调学校教育文化的专断性和严格性，把统治阶级的文化视为永恒的和普遍的，没有看到学校遴选和成绩好坏的标准的变化。作者局限于学校的功用问题并预先给了答案：在一个阶级社会里，学校只能忠实地再生产社会秩序及其不平等。而历史表明，学校也具有生产能力，小学教育的普及无疑促进了法国的文化一体化。有人认为再生产理论忽视了主体的角色，使得个人沦为社会逻辑的提线木偶。这种理论无法解释主体的行为，不承认主体的自由。比如雷蒙·布东认为个人具有理性行动能力，解释社会现象只能依据个人及其动机和行动。再生产不过是个体之间的互动的可能情形之一，主体的行动可能依照情形不同产生社会再生产抑或一种新的社会现象。所以不必参照社会结构就可解释受教育的行为，这是行动者的理性选择。由此，学校教育前途被视为一系列选择的结果。② 我们看到，布东的观点不过是方法论个人主义的变种，他没有看到理性选择的社会条件。吕克·费里认为《再生产》中的论断是无法证伪的。人们无法证明再生产不存在。举个例子，如果在中学开设就业指导课程，有人就会从中看到公开的选择意图，因为这类课程的存在通过一种并非中立的指导规定了学生的前途。反之，如果没有就业指导课程，有人就会看到任由市场野蛮竞争宰割的企图，因为这种竞争有利于象征资本的最大受益者。由于无法被任何经验现实驳倒，布尔迪厄的话语只遵循其自身的逻辑，也就是意识形态的逻辑。这种话语带有意识形态的结构："带有社会选择功能特点的学校

---

①　布尔迪厄：《再生产》，邢克超译，商务印书馆，2002，第165页。

②　Cf Patrice Bonnewitz, *Premières leçons sur la sociologie de Pierre Bourdieu* (Paris: Presses universitaires de France, 1997), pp. 119 – 120.

教育系统，无论主体的态度如何，都会再生产出来，而主体在这里不过是这个系统的无意识的和盲目的玩弄对象。"① 甚至，"这样一种话语的科学弱点，可能暗藏着一种非常巨大且令人担忧的政治力量"。② 还有人说《继承人》让教师们非常沮丧，因为社会文化差距给了人们不行动的借口：由于社会出身，某些孩子注定无法取得学业成功，教育行动对此无能为力。

应该说，布尔迪厄和帕斯隆对不同社会等级入学机会的不平等的揭露，并不是悲观论的和宿命论的。作者强调有可能通过真正合理的教学方法弥补教育不平等，逐步遏制文化特权："真正民主的教育，其目的是无条件的，那就是使尽可能多的人有可能在尽可能短的时间内，尽可能全面地、完整地掌握尽可能多的能力，而这些能力构成既定时刻的学校教育文化。"③ 这就是说，要努力把学校教育变成传授知识和能力的主要机制，以系统学习的方式减少造成文化特权的偶然因素。事实证明，他们的研究是一项无可争议的社会学成果，对教育家和负责教育系统管理的政治家产生了很大影响。在《继承人》1964 年出版之前，教育问题在法国从未成为一个社会问题，也从未成为研究对象。从那之后，人们关于教育的看法和做法发生了转变："一个新的科学对象建立了，一种研究学校教育系统的新方式创立了，一个社会斗争的新场所开辟了，没人能忽略其政治意义。"④ 学校采取许多措施帮助成绩不好的学生，采用积极的教学手段因材施教，国家为下层阶级的子女创办优先教育区。与此同时，教育科学研究得到了很大发展。这就是社会理论对实践的指导作用，理论改变了世界。

（编辑：王涛）

---

① Luc Ferry et Alain Renaut, *La pensée 68* (Paris: Gallimard, 1988), p. 262.

② Ibid., p. 263.

③ 布尔迪厄：《继承人》，邢克超译，商务印书馆，2002，第 98 页，有改动。

④ Christian Baudelot et Roger Establet," Ecole, La lutte de classes retrouvée", in Patrick Champagne et al., dir., *Pierre Bourdieu, sociologue* (Paris: Fayard, 2004), p. 192.

《侨易》第一辑编后记

　　编辑刊物，推出丛书，本乃是学术发展到一定阶段的必由之路。此所谓"构建平台、聚集人气"的不二法门，就资本社会发展的基本逻辑而言，也有其促成知识酝酿的自身规律在。然而在现时代的中国，却有所谓的"集刊现象"之整形出世，自然与我们所处的"吾国吾乡"的本土气候密切相关。章太炎有所谓"学在有司者，无不蒸腐殰败；而矫健者常在民间"之说（《代议然否论》），自然倡导"学在民间"。然而就学术的发展轨迹而言，在民间与官方之间，或许也无法真的截然分开一条疆界分明的界线，因为毕竟无论是"处庙堂之高"，还是"居江湖之远"，经由学术追求而达致知识的获得，乃是人类近道的终极道路。寻道永在途中，历史不会终结。这一点，我们看看王国维所言就可清楚："国家与学术为存亡，天而未厌中国也，必不亡其学术；天不欲亡中国之学术，则于学术所寄之人，必因而笃之。世变愈亟，则所以笃之者愈至。"（《沈乙庵先生七十寿序》）其实，"东海西海，心理攸通"，洪堡亦谓，国家"不应就其利益直接相关者要求大学，而应抱定以下信念：大学倘若实现自身目标，那也就实现了、并且是在更高层次上实现了国家的目标，而这样的收效和影响的广大，远非国家之力所能及"。所以，关键不在于推动学术的主体是谁，而在乎对学术当抱有敬畏之心，对历史当怀有使命之感，对生命当葆有精神之担当。所以，《侨易》集刊之缘起，也不外乎以求知之诚而见求真之心，学之所在，知之所在，而亦有寻道之迹焉！

　　展化为集刊的具体栏目，则暂置为五，曰："学术空间与知识史"；"资本、制度与文化"；"器物、意象与观念"；"理论与方法"；"书评互照"。其间意趣，需要稍作阐释。学术本乃天下公器，故此营构学术空间，不仅是"公共领域"的分门别类，更是学人自身的内在诉求；而在人类文明发展进程中，知识之功用至关重要，不仅是处于高端的学术殿堂，还有普遍乃至世俗的一般知识，所以从知识史的角度回顾之，则"别有清泉活水来"，此"学术空间与知识史"所以立名也。"资本、制度与文化"、"器物、意象与观念"是我们具体考量事态万象的一组概念，前者关注资本、制度与文化的关系，属于从经济层面延伸而凸显政治、制度与社会之间的互动关联，但又不忽视文化因素者；后者则更强调从具体的器物层面入手，同时强调对非物质层面的意象建构的重视，并始终将其与观念史相关联。"理论与方法"是任何想提升自我、追求进步、完善学理者的必然关注点，因为若想别出手眼，除了"上穷碧落下黄泉、动手动脚找材料"之外，就必须关注方法，具备理论自觉，如此这也可视作我们不断自我反省、辩难方家、呈现新意的平台开辟尝试；"书评互照"栏目似属别出机杼，但也不无来由，"互照"一词来自 A commerce of light，大致是指彼此间的"观念互文性"，一方面是以书评形式给读书种子们以"牛刀小试"的空间；另一方面也希望通过这种方式能彰显出"胸怀全局"其实可以无处不在，读书本身就关乎大道。

在本辑的"学术空间与知识史"中，邹振环讨论近代"百科全书"的译名问题，尝试从历史学的角度来检讨"百科全书"这一译名在近代东亚汉字文化圈的形成、变异及在近代知识与思想转变中的意义；赵章靖则重提"思想学术不可分离之初见"，对似乎已成定议的"思想淡出，学问凸显"别有发明，强调真正的思想学术无所谓"民间"与"学院"标签，无论民间思想还是学院学术，均从不同领域呈现出体制内外"大家"的气象与抱负；沈国威从一个非常具体而微的入口讨论"旧文学改良与新国语建构"，重考名篇《文学改良刍议》，尝试把胡适的主张放回五四新文化运动前的历史场景之中进行讨论，关涉非常重大的学术命题，即现代汉语究竟该如何建构。而区志坚则认为中国近代学风的传承与学系、学术体制的发展甚有关系，进而以南高国文史地部的发展为例，具体考察学术制度、团体与"保守"学风的兴起。

在"资本、制度与文化"主题中，王宏志从蒲安臣使团国书的中译的细节问题入手，剖析国书英译本的翻译问题，并重点评论方根拔的批评是否合理，再度显示了其翻译史研究的独特立场和方法；麦劲生则细致梳理了德国来华军官汉纳根的在华书信，尝试从中德交流史的另类视角考察出晚清社会和军事改革的多元景观。周云龙则希望"再铭写本真性"，具体言之，则试图在隐喻意义上探讨文化战争中的图像生产打击其"标靶"的策略，意图对中国当下的全球形象建构问题作出专业式的回应；林盼通过王仁乾、孙淦两位旅日商人在《时务日报》创办及经营过程中的努力过程的揭橥，试图考察"商人群体与清末新式媒体"之间的密切关系。

在"器物、意象与观念"栏目里，谭渊考察歌德的"中国之旅"与"世界文学"之创生，在一个阔大语境中展现中德文学因缘，标示歌德对"中国女诗人"作品的译介对其"世界文学"概念的形成有着重大意义；林伟则通过对海外档案的细致爬梳，考察汤用彤的留美经历，并进而追溯其青年时期思想源流，强调留美经历成为其日后治中国佛教史和印度哲学的重要资源；全守杰研究另一位留学海外的民国前贤马君武，认为其通过负笈东瀛、留学德国等外在的距离变迁，而与西方学术思想进行交流互动，引发了内在的精神形变，最终促成了其进化论世界观的创生尝试，乃所谓"集世界之知识，造极新之国家"。

"理论与方法"让人确实心生理论自觉和争论辩难的冲动。何重谊强调语言不可通约性之谬，试图探寻跨文化与元语言学认知方式，进而找到打破"东方""西方"二元范畴的方法，在新的基础上重构比较研究；吴剑文设置了一个宏大主题，他指出现代中国文艺复兴的瓶颈在于难以摆脱传统易学和黑格尔辩证法的影响，继而以德国哲人的建树为背景，评述当代中国学人跳出这一思想范式、文化重建的努力，标出侨易学于重建现代中国思想范式的思想史位置；叶隽进一步讨论"理论旅行"抑或"观念侨易"，聚焦以萨义德、卢卡奇为例的不同轨迹链类型，发覆出断链点续与场域博弈、交叉系统与立体结构、二元三维与混沌见道等多层意义，进而比较其由于在中东和北美之间辗转迁移而生发的诸种理论发明背景，结合其本人的侨易经验而消解主体，最终试图超越"理论旅行"，在更高层面的东西交通、交往行动、大道元一框架下来呈现"观念侨易"的复杂而丰富的核心景观。

"书评互照"试图营构数组不同的主题，本辑若干书评都属于"别有会心"。伊爱莲的《抉择：波兰，1939～1945》、阿甘本的《奥斯维辛的余存》乃至施罗默·桑德著《虚构的犹太民族》都关涉犹太问题，这不仅是简单的历史反思或文化记忆，更关系到流易民族和世界命运的关键所在，所以无论是抉择，还是姿态，我们都必须有长时段的眼光，至于说到"民族叙事"的矫正与矫枉过正，也都还有另类叙述可以期待。我们生活此中的"吾国与吾民"，是任何时候都不能离开的基本语境和问题出发点，不管从哪个角度出发，或内或外，或周边或本土，都会有对于"中国"的再阐释，所以从这个角度看葛兆光的《宅兹中国》、程巍的《泰坦尼克号上的"中国佬"》，也就不仅饶有情趣，还意味深长。卢曼、布迪厄是德、法同时代的大家，他们社会学理论建构的宏大让人"高山仰止"，《社会的经济》、《继承人》与《再生产》等作品所表现出的问题意识、理论深度和敏锐度，都是可圈可点，所以无论是追问"社会的经济，还是社会的自我理解？"或者考量"社会再生产机制如何运作？"也就都不是简单的空穴来风。

编刊之难，非亲历者难得体会；此中甘苦，自有不足为外人道者。然而为何还要编刊？或许这只是一个坚信"学术共同体"的学人的本性使然，德国知识精英早就有所谓"学者共和国"的梦想，傅斯年也有过建一个"学术社会"的豪言，只要我们都能坚持，或许这一天真的未必就是"空中楼阁"。总体而言，我们希望能借助对相关主题的集中讨论来显示多元互动景象，譬如我们会高度重视学术伦理和学术元问题的讨论，为以学术为业提供厚实的学理基础；在方法论上，则尽可能多地借鉴社会科学的研究方法，譬如社会学、人类学、教育学等，将实证研究和人类学田野相结合，将文史方法和教育命题相结合，将外来资源与本土问题相结合，将现时代关注和理论发微相结合，努力走一条广收博采、综合求道的守正创新之路。而要做到这一点，就要做到不以门户为限、画地为牢，不能坐井观天、故步自封，而是努力兼容学界同仁的锐见，所以，学术集刊的推出无疑是十分必要的。本辑集刊的出版受到中国社会科学院外国文学研究所"马克思主义文艺理论与外国文学批评：文学史体现的资本语境与诗性资源"创新项目的经费支持，特此鸣谢。

编　者

2014 年 5 月 30 日

《侨易》集刊征稿启事

　　《侨易》是以中国社会科学院外国文学研究所侨易观念工作坊和资本语境项目组为学术主持的学术集刊，旨在资鉴西学资源的基础上进一步凸显中国本身的文化资源，指向对事物的本体性认知乃至更广阔的思维模式探寻。将由社会科学文献出版社纳入"学术集刊群"推出，目前计划每年一辑。

　　本刊具体关注的核心领域有三，一为知识形成的流转过程，是所谓"知识史"；二为资本语境的客观现象，是所谓"资本论"；三为伦理本身的规约维度，是所谓"伦理学"。

　　本刊高度重视学术伦理和学术元问题的讨论，在方法论上，则希望尽可能多地借鉴社会科学的研究方法，譬如社会学、人类学、教育学等，将实证研究和人类学田野相结合，将文史方法和教育命题相结合，将外来资源与本土问题相结合，将现时代关注和理论发微相结合，努力走一条广收博采、综合求道的守正创新之路。而要做到这一点，就要做到不以门户为限，不能固步自封。

　　为博采众长，努力兼容学界同仁的锐见，本刊拟设"学术空间与知识史""资本、制度与文化""器物、意象与观念""理论与方法""书评互照"五个栏目，今后将视具体情况适当调整充实。

　　欢迎人文社科学界各学科的友人惠赐大作，以光篇幅。本刊只接受未曾发表的原创性汉语稿件；若系外语写作的论文，我们将酌情组织翻译，将主要刊登首发性论文。论文字数一般不超过2万字，学术书评不超过5000字。

　　投稿请通过电子邮件以附加WORD文本方式寄往集刊联系人邮箱，如果系合著论文，署名请按对论文的实际贡献和相应责任进行排序。编辑部将尽量在两个月内对来稿是否能够采用进行明确反馈，请投稿者尽量不要在这期间一稿多投，如遇特殊情况，望及时说明。

论文应附上中、英文内容摘要，中文字数不超过 250 字，英文不超过 200 词。请在首页注明论文标题、作者姓名、通讯地址、电子邮件地址、电话号码、内容摘要等基本信息。编辑部有权对来稿作必要的编辑处理。因系学术集刊，出版周期较长，请作者予以理解和谅解。来稿一经刊用、出版，即致薄酬，并奉样刊。

本刊通信地址：北京建国门内大街 5 号　中国社会科学院外国文学研究所

邮政编码：100732　　**电话**：010 - 85195583

集刊联系人：王涛　　**联系人电邮地址**：billow125@ 263. net

图书在版编目（CIP）数据

侨易. 第 1 辑 / 叶隽主编. —北京：社会科学文献出版社，
2014. 10
ISBN 978 - 7 - 5097 - 6578 - 4

Ⅰ.①侨…　Ⅱ.①叶…　Ⅲ.①社会科学 - 文集　Ⅳ.①C53

中国版本图书馆 CIP 数据核字（2014）第 229088 号

侨易(第一辑)

主　　编 / 叶　隽

出 版 人 / 谢寿光
项目统筹 / 宋月华　张倩郢
责任编辑 / 张倩郢

出　　版 / 社会科学文献出版社·人文分社（010）59367215
　　　　　　地址：北京市北三环中路甲 29 号院华龙大厦　邮编：100029
　　　　　　网址：www. ssap. com. cn
发　　行 / 市场营销中心（010）59367081　59367090
　　　　　　读者服务中心（010）59367028
印　　装 / 三河市尚艺印装有限公司

规　　格 / 开本：787mm × 1092mm　1/16
　　　　　　印张：21.5　字数：355 千字
版　　次 / 2014 年 10 月第 1 版　2014 年 10 月第 1 次印刷
书　　号 / ISBN 978 - 7 - 5097 - 6578 - 4
定　　价 / 48.00 元